창세기 원역사와 손잡고 거닐기 2

세상 안에서 세상과 다르게

창세기 원역사와 손잡고 거닐기 2

세상 안에서 세상과 다르게

정현진 지음

바이북스
ByBooks

"하늘과 땅은 비록 오래 된 것이라도 끊임없이 새것을 낳고(天地雖久 不斷生生)
해와 달은 비록 오래 된 것이라도 그 빛은 날로 새롭다.(日月雖久 光輝日新)"

연암(燕巖) 박지원(朴趾源 1737-1805)이 〈초정집 서〉(楚亭集 序)에서 한 말이다. 하나님의 말씀도 그렇다.

창세기에 관한 책을 쓰는 것은 매우 조심스럽다. 기라성 같은 학자들이 이미 다양한 시각으로 이 책의 뜻을 충분히 밝혀주었기 때문이다. 얼핏 떠오르는 이름만 들어보면 카일과 델리취(C. F. Keil & F. Delitzsch 초판 1852, 5판 1872) 궁켈(H. Gunkel, 초판 1898, 5판 1922) 스킨너(J. Skinner 1910) 폰 라트(von Rad 초판 1972, 12판 1987) 붸스터만(C. Westermann, Genesis 초판 1974, 3판 2004) 브루거만(W. Brueggeman 1980) 해밀턴(V. Hamilton 2005) 등이 탁월한 저서를 냈다. 특히 붸스터만은 창세기 주석서를 1848쪽에 이르는 방대한 양으로 냈다. 그 밖에도 창세기에 관한 책은 수없이 많다.

이번에 나는 창세기에 관한 책을 펴내고 싶은 욕심에 용기를 냈다. 비록 거장들처럼 새로운 이론을 제시하지는 못하더라도, 여기 저기 흩어져 있을 뿐만 아니라 자료의 홍수 탓에 참고하기 어려운 탁월한 학문적 성과들의 가닥을 잡아보고 싶었기 때문이다. 그뿐만이 아니다. 창세기를 통해 나의 신앙과 사고방식과 세계관을 나름 정리하고 싶었다. 모든 신앙 · 신학적인 저술이 그렇듯이, 이 책에도 나의 그런 것이 들어 있다.

나에게는 성경에 쓰인 것을 있는 그대로 믿고 받아들였던 어린 시절이 있었다. 고교시절에는 함께 자취하던 친구와 매일 아침마다 성경을 한 장씩 순서대로 읽어 내려갔다. 그때는 입시준비에 온통 정신이 팔려 있던 때였다. 아침에 일어나자마자 자취방에서 잠옷을 입은 채 세수도 하지 않고 만나는 하나님 말씀을 곰곰이 생각하거나 묵상하지 못했다. 그러면서도 언뜻언뜻 스쳐가는 영적인 세계를 향한 호기심과 함께 이해하기 어려운 말씀들에 고개를 갸우뚱거렸다.

대학생, 그것도 신학생이 되고 보니 신앙적인 갈등이 생겼다. 고등학교 시절의 습관대로 아침에 일어나자마자 성경을 한 장씩 읽어나가기는 했어도 내 마음은 오히려 그때보다 갈피를 잡지 못했다. 흔히 역사비평학이라고 말하는 성경연구방법을 배우면서 성경의 권위를 어디서 찾아야 할지 방황했다. 고려시대 이규보의 시 한 편을 읽으면 그것이 분명 이규보의 것이라고 자신 있게 말할 수 있다. 역사비평학을 따르다보니 창세기를 읽고 연구하면서도 이것이 누구의 글인지, 어느 시대의 것인지조차 종잡을 수 없었다.

나중에 보니 사실(史實, 事實)에 근거하기보다는 가설과 추측으로 끝없이 이어지는 주장들이 학문이라는 이름으로 얼기설기 얽혀 있었다. 역사비평학 위에 선 학문으로서의 신학은 중간 중간에 뻥뻥 뚫려 있는 논리적 비약과 구멍을 인간적인 상상력과 지식으로 메꾸었다. 이성적인 논리를 펼치다가 막히면 그때 가서야 마지못해 '믿음'으로 땜질을 했다. 그때 나는 그런 것을 최고학문으로 여겼다. 지금에 와서 그때(대학교~대학원 시절) 쓴 글들을 읽으면 '어어, 이런 글도 썼네' 하며 신기할 때도 있고, '에이….' 하며 쥐구멍에라도 들어가고 싶을 때도 있다.

독일에서 유학하던 시절 히브리어를 주 전공으로 하는 지도교수님(Dithelm Michel)을 만났다. 그분은 칼 바르트를 그리 좋아하지 않으면서도 그가 했다는 말을 자주 인용했다. 요약하면 '중세기 신학은 성경을 교리에 묶어놓고 그 하수인으로 삼았다. 근현대 신학은 성경을 역사와 지식에 얹어놓고 그 노예로 만들었다.'는 것이다. 이런 식으로는 성경 본래의 뜻을 제대로 밝힐 수 없다고 그는 거듭 강조했다. 이 말씀을 들으며 '정말 그렇구나' 하며 고개를 끄떡이게 되었다.

물론 같은 대학교의 다른 구약학 교수님들 중에는 히브리어 본문보다는 여전히 역사비평학에 더 비중을 두는 분도 있었다. 나는 지금도 스피노자(1632-1677)와 아스트뤽(J. Astruc 1684-1766) 라이마루스(H. S. Reimarus 1694-1768) 드 붸테(de Wette 1780-1849)으로부터 시작하여 에발트(H. Ewald) 그라프(K. Graf 1815-1869), 벨하우젠(J. Wellhausen 1844-1918)을 거쳐 둠(B. Duhm 1847-1928) 궁켈(H. Gunkel 1862-1932) 디벨리우스(M. Dibelius 1883-1947) 아이스펠트(O. Eissfeldt 1887-1973)를 지나 불트만(R. Bultmann 1884-1976) 붸스터만(C. Westermann 1909-2000) 포러(G. Fohrer 1915-2002)와 예레미아스(J. Jeremias 1939-)에 이르는 역사비평학자들이 본문과 고전어를 대하는 진지함에는 절로 고개를 숙인다.

그들은 한 문장, 한 절(節), 한 구(句)뿐만 아니라, 한 낱말, 자음의 철자 하나, 모음의 점 하나까지 흩으로 넘어가지 않는다. 낱말과 본문의 의미를 어떻게든 찾아내려는 그들의 정성스러운 노력에는 혀를 내두를 수밖에 없다. 진실로 감동스럽다.

다만 그렇게 하는 것만으로는 하나님 말씀의 오묘하고 신비한 의미를 다 깨달을 수 없다는 데 문제가 있다. 거기에는 인간의 이성과 지식과 지각을 초월하는 하나님의 섭리와 목적이 들어 있기 때문이다. 성경 말씀에는 자신이 동원할 수 있는 지각능력을 최대한 끌어들여야 이해가 되는 부분이 있는가 하면, 도무지 모르겠다며 넘어가야 오히려 이해되는 부분이 있다. 후자의 경우 인간의 이성과 경험과 지식이 오히려 하나님 뜻을 아는 데 방해가 된다.

지도교수님들(D. Michel & W. Zwickel)은 누구나 동의할 정도로 명백하거나 부득이한 경우가 아니라면 성경 본문에 일체 손대지 말고 전후 문맥에 따라, 그리고 문자로 쓰여 있는 그대로 보라고 했다. 그래도 모르겠으면 말씀을 수십 번이고 수백 번이고 계속 읊조리라고 했다. 아마 그분들이 동양문화를 알았더라면 독서백편의자현(读书百遍义自见)이란 유명한 말을 멋지게 인용했으리라!《삼국지三國志 · 위서(魏書)〈왕숙전 王肅傳〉》

나는 역사비평학을 폄하하거나 거부하는 사람들 가운데서 성경 본문을 붙들고 그들보다 더 진지하고 깊이 있게 씨름하는 예를 많이 보지 못했다. 역사비평학을 무시하는 그들은 하나님 말씀에 최고의 가치를 두고 사는 것처럼 말하곤 한다. 말씀을 줄줄 외울 뿐만 아니라 평소에도 자주 입에 올리는 이도 있다. 그러면서도 그것의 진의를 알아내기 위해 땀나게 파고드는 사람은 소수다. 많은 경우 성경을 해석할 때도 판박이, 인생살이에서 부딪히는 문제에 대답을 할 때도 천편일률적이다.

역사비평학을 활용하는 사람들 중에도, 그것을 거부하는 사람들 중에도 진지하고 신실한 이들이 많다. 그리고 건성 건성인 사람도 양측에 다 있다. 자기 맘에 드는 성경의 말씀을 아주 강하게 주장하면서도 그렇지 않은 부분에는 눈을 감거나 마치 하나님의 말씀이 아닌 것처럼 덮어버리는 태도도 양측에 다 있다. 하나님의 말씀을 자기 자신에게보다는 남에게 적용시키려는 경향도 양쪽에 다 있다.

내 생각에는 말씀의 진의를 깨달으려는 노력보다 더 중요한 것이 있다. 그것은 그 말씀을 자기 자신에게 적용하는 생활이다. 우리는 하나님 말씀을 머리와 가슴을 넘어 몸으로도 읽어야 한다. 이에 비하면 성경을 진보적인 혹은 보수적인 눈으로 보느냐는 크게 중요하지 않다. 그보다는 성경을 보며 느껴지는 감흥과 깨달은 진리를 남에게가 아니라 자기 자신에게 우선적으로 적용하느냐가 가장 중요하다.

이런 저런 가르침에 접하며 나는 비로소 어린 시절과 청소년기처럼 성경을 있는 그대로 읽으며 받아들이는 것이 최선이라고 생각하게 되었다. 그때보다 더 나아진 것이라면 히브리어와 그리스어 낱말 및 문장을 분석하며 성경말씀의 본래 의미를 파고드는 실력이 조금 생겼다는 것이리라. 그렇더라도 나는 그 시절만큼 순수하게 성경을 읽지 못한다. 세월이 스치고 지나간 흔적들이 내 안에 있고, 역사비평학도 40년 가까운 세월동안 내 곁에 함께 있기 때문이다.

이 책에는 역사비평학과 거리를 두고 있는 그대로의 창세기를 읽고자 하는 나의 마음이 들어 있다. 하나님 말씀에 들어 있는 넓고 깊고 높은 진리를 채 40년도 못되게 공부한 것 가지고 깨닫기에는 어림도 없다. 그러면서도 하나님 말씀을 붙들고 살아야 하는 나를 위해, 그리스도인을 위해 이 책을 낸다. 이것이 창세기를 읽는데 반딧불만한 빛이라도 던져줄 수 있다면 더할 나위 없이 기쁘겠다.

이 책이 나오기까지 함께 해준 고마운 사람들이 있다. 정성들여 쓴 귀한

시를 자유롭게 사용할 수 있게 허락해 준 정바름 시인님, 글의 내용을 꼼꼼히 살펴 준 아내 오주화님과 김원석 목사님, 도서관 자료를 참고할 수 있게 도와 준 감리교신학대학교 김문성 과장님, 발행과 편집을 위해 애써 준 바이북스의 윤옥초님과 편집팀 여러분에게 감사의 마음을 전한다.

한반도 기후의 역사를 새로 쓰는 8월의 폭염을 지내며 인왕산 기슭에서

— 차례 —

세상 안에서 세상과 다르게

세상 안에서 세상과 다르게

하나님께서 우리 부부에게

주신 첫 열매 정이랑(1987. 9. 1)에게

사랑의 마음을 담아…

만물이 그에게서 창조되되 하늘과 땅에서 보이는 것들과
보이지 않는 것들과 혹은 왕권들이나 주권들이나 통치자들이나
권세들이나 만물이 다 그로 말미암고 그를 위하여 창조되었고
또한 그가 만물보다 먼저 계시고 만물이 그 안에 함께 섰느니라

(골로새서1:16-17 참조)

55

새로운 피조물

(창 5:1)

개역개정	직역
1 이것은 아담의 계보를 적은 책이니라 하나님이 사람을 창조하실 때에 하나님의 모양대로 지으시되	1 이것이 바로 그것 곧 아담의 톨레도트 책이다. 하나님께서 아담을 창조하시던 그 날 그분께서 그를 하나님의 자신의 모양에 따라 만드셨다.

이것은 아담과 하와의 족보 첫머리이다. 창세기 5장에는 아담과 하와에서 시작하여 노아에 이르는 10대의 족보가 있다.(대상 1:1-4 참조) 카숫토는 이것이 창 6:8까지 이어진다고 보았다.(249 이하; WBC 263) 폰 라트는 이것을 노아 이야기의 서막이라 하면서도 5장 그 자체만으로도 큰 의미가 있다고 했다. 그 범위를 창 9:29까지 길게 잡았다.(46) 역사 비평학자들은 이 부분을 제사장 문서로 분류한다. 우리는 그런 분류와 관계없이 본문을 중심으로 살펴보고자 한다.

여기에는 톨레도트란 말과 함께 빠라(= 창조하다)란 낱말이 1-2절에 두 차례 쓰였다. 1절에는 빠라 다음으로 아사(= 만들다)라는 낱말이 쓰이면서 하나님의 창조를 각인시켰다. 여기에 복을 주셨다는 말(바라크)과 일컫다(이름 붙이다)는 말(카라)이 좋은 출발을 예고했다.

창세기에는 톨레도트란 말이 열한 번 쓰였다. 그 가운데 오직 본문에만

‘제 세페르 톨레도트’(= 이것은 아담의 계보를 적은 책이니라)로 표현되었다. 나머지는 모두 ‘엘레 톨레도트’(= 이것은 …의 족보니라)로 쓰였다.

창세기 원역사(1-11장)에는 4-5장과 10장 및 11:10-29에 그것이 있다. 그것은 온전한 하나님의 형상대로 출발한 인간이 죄악과 타락함에 따라 노아 시대에 홍수심판을 맞이하는 어두운 이야기를 꿰뚫고 한 세대로부터 다음 세대로 계속 이어졌다.

창세기 원역사에 이야기와 족보(톨레도트)가 서로 엇갈리며 차례로 등장하는 구조로 표현되었다.(Hamilton, Genesis I, 248; 송병현 52) 이 낱말과 직간접으로 관련 있는 내용에 따라 창세기 원역사를 분류하면 다음과 같다.

창조 이야기 (창 1:1-2:3)

 톨레도트 (창 2:4a)

아담과 하와 이야기(창 2:4b-3:24)

 톨레도트(하와의 아들들, 창 4:1-2)

가인과 아벨 이야기(창 4:3-16)

 톨레도트(가인의 아들들, 창 4:17-22)

라멕의 노래 (창 4:23-24, 25-26)

 톨레도트 (아담 및 셋의 후손, 창 5:1-32)

노아홍수 이야기(창 6::1-9:29)

 톨레도트 (노아의 후손을 통해 민족들이 생겨남, 창 10:1-32)

바벨탑 이야기 (창 11:1-9)

 톨레도트 (셈의 후손들, 창 11:10-32)

 톨레도트 (셈의 후손인 데라의 후손들 창 11:27-25:11)

창 5장은 창조 때 하나님께서 말씀하신 복이 실현되는 것을 기록했다. 그것은 창 1:26-31을 회상하며 시작되었다. 비록 인간의 타락과 죄(창 3-4장)가 하나님의 창조질서를 방해해도 그들을 향한 하나님의 복은 여전히 유효했다는 것이다. 비록 개인은 그 수명이 다해 죽더라도 하나님께서 주시는 생명(세대)은 계속 이어졌다. 이 점을 분명히 하려고 창 5:1-2에는 만들다는 말(아사)이 한 번, 창조하다는 말(빠라)이 세 번 쓰였다. 3절에는 낳다(출산하다)는 말(얄라드)이 나왔다. 이와 관련하여 '이것은 00의 역사(계보, 후예)이다'(엘레 톨레도트)라는 뜻을 지닌 표현(Toledot-Formeln)이 창세기에 10차례 기록되었다.(민 3:1; 룻 4:18)

	본 문	이어지는 내용
1:1-2:3	창조이야기	하나의 통일적인 내용을 담고 있는 이것에는 표제어가 붙어 있지 않으며, 일종의 서문형식 또는 예배형식
2:4	이것이 천지가 창조될 때에 하늘과 땅의 내력이니	아담과 하와, 에덴동산에서 유혹에 넘어감, 그 후손들의 이야기가 하나의 통일성을 이루고 있음. 창 1:1-2:3 뒤에 이어지는 이야기
5:1	이것은 아담의 계보를 적은 책이니라	'책'이란 낱말이 강조되는 성경의 첫 번째 족보. 인간이 공간 안에서뿐만 아니라, 시간 안에서도 서로 관계되어 있음을 보여줌.

6:9	이것이 노아의 족보니라 노아는 의인이요 당대에 완전한 자라 그는 하나님과 동행하였으며	노아와 그의 세 아들, 셈과 함과 야벳이야기. 피조물들이 서로 다른 모습으로 살아가는 이야기.
10:1	노아의 아들 셈과 함과 야벳의 족보는 이러하니라 홍수 후에 그들이 아들들을 낳았으니	노아의 후손들이 여러 지역으로 흩어져 나가며(번성하며), 서로 다른 길(운명)을 가는 모습
11:10	셈의 족보는 이러하니라 셈은 백 세 곧 홍수 후 이 년에 아르박삿을 낳았고	인류의 조상과 아브라함을 연결하는 교량역할.
11:27	데라의 족보는 이러하니라 데라는 아브람과 나홀과 하란을 낳고 하란은 롯을 낳았으며	메소포타미아 출신의 아브라함과 그 일가친지.
25:12	사라의 여종 애굽인 하갈이 아브라함에게 낳은 아들 이스마엘의 족보는 이러하고	아랍민족의 조상 이스마엘이 히브리민족 조상 아브라함과 혈연관계인 것을 보여줌.
25:19	아브라함의 아들 이삭의 족보는 이러하니라 아브라함이 이삭을 낳았고	히브리민족의 조상 이삭과 아랍민족의 조상 에서가 같은 뿌리에서 나왔음을 보여줌.
36:1, 9	1 에서 곧 에돔의 족보는 이러하니라 … 9 세일 산에 있는 에돔 족속의 조상 에서의 족보는 이러하고 …	아랍민족의 조상 에서와 이스라엘의 관계를 보여줌.
37:2	야곱의 족보는 이러하니라 …	요셉의 이야기가 그의 아버지 야곱을 통해 여러 형제들과 얽혀있음을 보여줌.

이 낱말은 본디 '낳다(얄라드)에서 나왔다. 창세기에 10번 나온 이것의 쓰임새는 크게 두 가지이다. i) 이야기 형식의 경우 – 2장 4절: 천지가 창조된 내력; 6장 9절: 노아의 족보; 11장 27절: 데라의 족보; 25장 19절: 이삭의 후예; 37장 2절: 야곱의 족보 ii) 족보를 소개하는 경우 – 5장 1절: 아담 자손의 계보(系譜); 10장 1절: 셈과 함과 야벳의 자손들(셈과 함과 야벳의 족보; 11장 10절: 셈의 족보; 25장 12절: 이스마엘의 족보 36장 1절: 에돔의 대략; 36장 9절: 에서의 족보 등이다.

톨레도트란 말이 창 2:4에는 내력으로, 창 5:1에는 계보로 번역되었다. 우리말을 비롯해 현대 언어들 중에는 이 용어의 본래 뜻을 제대로 전해 줄 낱말이 없다고 보아야 할 것이다.(개역성경은 이 말을 대략 계보 사적 후예 약전 세대 등으로 옮기며 그 말맛을 살리려 노력했다) 이것의 기본 요소는 i) 사람 이름과 ii) 그 이름에 결부하여 자녀를 낳은 나이와 죽었을 때의 나이이다. 본문은 이를 기초로 군더더기 없이 간단명료하게 기록되었다.

이것은 아담의 계보를 적은 책이니라(창 5:1)

아브라함과 다윗의 자손 예수 그리스도의 계보라(마 1:1)

신약성경은 이 낱말을 게네시스(Genesis)라고 옮겼다.(마 1:1 참조) 히브리 성경은 그 책의 첫 낱말에서 제목을 붙이는 관례에 따라 창세기를 가리켜 쁘레쉬트라고 했다. 어떤 번역은 이를 '모세의 첫 번째 책'(Das erste Buch Moses)이라고도 한다. 유럽권 성경 대부분은 Genesis(게네시스)라고 부른다. 이는 창세기를 대표하는 낱말이 창조보다는 톨레도트라는 뜻이다.

오늘의 적용

기독교는 책의 종교다. 어느 종교나 나름대로 경전이 있지만, 특히 기독교는 책(성경)과 결코 분리될 수 없다. 창세기 5장의 두 번째 낱말은 '책'(쎄페르)이다. 이 낱말은 사람의 숫자나 물건의 개수를 셀 때도 쓰였다.(창 15:5; 32:2 등) 곧 '세다'라는 뜻의 동사에서 나왔다. 이것이 강의형(피엘)으로 쓰이면 '이야기하다'라는 뜻이다.

> 그의 영광을 모든 민족 중에, 그의 기이한 행적을 만민 중에 선포할지어다(대상 16:24)

그 이야기들을 기록해서 엮으면 책이다.

> 그들을 생명책에서 지우사 의인들과 함께 기록되지 말게 하소서(시 69:28)

우리가 쓰는 책이란 말(book, livre)은 라틴말 리베르(liber)에서 왔다. 그리스말로는 비블로스(biblios)라고 한다. 이것은 목재의 내피나 파피루스라는 식물 이름을 뜻하는 낱말들이다. 인류 역사의 초기에 문자를 새겨 넣던 재료에서 유래했다. 성경이란 말(bible)도 이에서 왔다. 주전 3000년경 이집트에서 부터 사용된 파피루스는 여러 장을 이어 붙여 두루마리(volumen, scroll)가 되었다. 양가죽(양피)에 기록된 문서도 공존했다. 그것들이 여러 묶음으로 등장한 것은 대략 2세기 전후다. 그것을 양피지를 잘라 묶은 것을 흔히 코덱스(codex)라고 불렀다. 주후 105년경 중국 후한(後漢)의 채륜(蔡倫)이 종이를 개발했다. 그것이 중동과 유럽에 전해진 것은 그보다 몇 백 년이 지나서였다.

56

하나님께서 창조하셨다

(창 5:2–3)

개역개정	직역
2 남자와 여자를 창조하셨고 그들이 창조되던 날에 하나님이 그들에게 복을 주시고 그들의 이름을 사람이라 일컬으셨더라	2 그분(하나님)은 그들을 남성과 여성으로 창조하셨다. 그리고 그가 그들에게 복을 주셨다. 그리고 그들의 이름을 사람이라 부르셨다, 그들이 창조되던 그 날에.
3 아담은 백삼십 세에 자기의 모양 곧 자기의 형상과 같은 아들을 낳아 이름을 셋이라 하였고	3 그리고 아담이 130세가 되었을 때 이런 일이 있었다. 그리고 그는 자기 모양에 따라 자기 형상대로 아이를 낳게 했다. 그리고 그의 이름을 셋이라 불렀다.

이것은 하나님께서 세상에 태어나게 하신 아담으로부터 후손들이 나오는 이야기이다. 창 5:1-2는 창 1:26-28을 상기시킨다. 창 5:1-3은 인간 창조에 관해 네 가지 사실을 재확인한다. i) 하나님은 인간을 자신의 형상대로 지으셨다. ii) 하나님은 사람을 남성과 여성으로 창조하셨다. iii) 하나님은 그들에게 복을 주셨다. iv) 하나님께서 창조하신 그들은 아담(인류)이라고 불렀다.

이 족보는 10대에 걸쳐 기록되었다. 10이라는 숫자는 충만하다 완전하다는 뜻이다. 이는 타락과 죄에도 불구하고 하나님께서 인간에게 주신 복이 변함없이 그리고 완전하게 관철되는 것을 가리킨다.

아담과 하와는 하나님 말씀을 어기고 선악과를 따 먹었다. 가인은 부모가 하나님 뜻을 어기다가 에덴에서 쫓겨난 것을 알면서도 동생을 살해했다. 라멕은 가인을 통해 살인이 얼마나 큰 일인지를 알면서도 그 죄를 대수롭지 않게 여겼다. 사람들이 이렇게 하나님 뜻에 거슬리게 행동을 하였어도 하나님은 그들의 생존과 가정을 지켜주셨다. 더 나아가 자녀들을 낳게 하심으로 생육하고 번성하라는 축복의 말씀을 실현시키셨다.

창 1:27에는 남자와 여자라는 말로 자카르와 느케바를 썼다. 창 2:23에는 잇쉬와 잇샤가 쓰였다. 창 5:2에는 그것이 창 1:27과 같은 용어로 기록되었다. 이로써 아담이란 말이 남녀 모두를 포괄하여 인류를 가리키는 것을 알 수 있다.

3절의 아담이란 말은 창세기 1장과 달리 보통명사가 아니다. 이것은 특정한 사람을 가리키는 고유명사이다. 하나님의 형상과 모양대로 창조된 그 아담이 자기 모습을 닮은 셋을 낳았다. 여기에는 아담과 하와가 낳은 두 아들 가인과 아벨이 완전히 빠져 있다. 그들을 대신하는(창 4:25에서 전치사 타카트로 표현됨) 셋만이 기록되었다.

하나님의 형상(뜨무트)대로 창조된 인간의 모습이 첫 번째 인간인 아담에게만이 아니라 그 후손에게 대대로 이어졌다.(von Rad 48) 형상과 모양에 관한 말씀은 창 1:26-27에 처음 나왔다. 창 5:1-3은 그것을 중심 용어로 쓰면서도 낱말의 순서를 바꾸었다.(1:26 첼렘-뜨무트; 5:3 뜨무트-첼렘) 그러면서도 성경은 하나님의 형상과 모양(imago Dei)이 구체적으로 어떤 내용인지에 관해서는 침묵했다.

짧게 요약하자면 형상과 모양(모상 模像)에 대해 다음과 같이 풀이를 할 수 있다:

i) 비슷하다는 뜻에서 이마고 데이.(The Image of God as Similarity)

ii) 하나님과 교제한다는 뜻에서 이마고 데이.(The Image of God as Counterpart)

iii) 다스린다는 뜻에서 이마고 데이.(The Image of God as Dominion)

iv) 대리한다는 뜻에서 이마고 데이.(The Image of God as Representation)

초대교회 교부 이레내우스(Irenaeus)는 185년 영지주의자인 헤레지에스(Heresies)를 반박하는 글을 썼다. 거기서 그는 하나님의 형상과 모양이란 낱말을 구분하여 풀이했다. 그에 따르면 인간은 타락함으로써 하나님의 모양(the likeness of God)을 상실했다. 그런 그에게 하나님의 형상(image of God)은 그대로 남았다. 이레내우스에게 하나님 형상은 이성적이고 자유로운 생명체이다. 세상에는 죄가 존재하고 인간이 타락했더라도 하나님의 형상은 아직 손상되지 않은 채 인간에게 남아 있다. 이를 근거로 인간은 그리스도 예수를 통하여 잃어버렸던 하나님의 모양을 회복할 수 있다.

그에 따르면 하나님을 향하는 인간 모양의 회복(the restoration of people's likeness to God)은 그리스도 중심적이다. 예수님은 말씀이 육신이 되어 인간 세상으로 오신 분이다. 그분은 그리스도가 되셔서 훼손되지 않은 하나님의 모양이 어떻게 인간에게 회복될 수 있는지를 우리에게 보여주셨다. 그리스도 자신이 하나님의 모양이기 때문에 그분을 닮아감으로써 사람은 자기의 진정한 존재를 회복할 수 있다는 것이다.

토마스(Thomas von Aquin)는 하나님의 형상(the imago dei)이 인간의 지성과 이성으로 존재한다고 보았다. 그에 따르면 지성이야말로 가장 하나님과 같은(God-like) 인간의 성질이다. 이에 비해 동물은 덜 이성적인 존재이다. 그들은 사람의 마음(mind)에 있는 것과 같은 능력을 지니지 못했다. 따라서 그들에게는 하나님의 형상이 없다. 다른 한편 천사들의 마음은 사람의 그것보다 우월하다. 그러므로 그들에게 있는 하나님의 모양은 사람의 그것보다 더 우월하다.

그에 따르면 타락 이전에 인간 내부에 이성과 저급한 능력들(lower powers) 사이의 투쟁이 있다. 저급한 능력이란 욕망이나 폭음폭식과 같은 인간적인 유혹 등을 가리킨다. 그것들은 때로 인간의 이성적인 능력을 압도했다. 죄에 물든 사람들은 이성으로도 그런 충동을 통제하지 못한다.

인간은 창조되자마자 곧바로 타락하지 않았다. 그들은 초자연적인 은혜를 받았고, 그것으로 그들 자신을 스스로 통제할 수 있었기 때문이었다. 인간이 불순종함으로써 그들에게 주어졌던 초자연적인 은혜도 상실했다.

> 그러므로 내가 그의 마음을 완악한 대로 버려 두어 그의 임의대로 행하게 하였도다(So I gave them over to the stubbornness of their heart, to walk in their own devices 시 81:12)

> 그러므로 하나님께서 그들을 마음의 정욕대로 더러움에 내버려 두사 그들의 몸을 서로 욕되게 하게 하셨으니(Therefore God gave them over in the lusts of their hearts to impurity, so that their bodies would be dishonored among them 롬 1:24)

인간의 마음이 i) 하나님을 향해 있는 한 ii) 그 영혼(soul)의 저급한 능력이 자신의 이성적인 마음으로 향하는 한 iii) 그의 몸이 영혼을 향해 있는 한 인간은 하나님께서 본래 주시는 은혜와 특권에 감싸여 있다. 하나님을 향해 완악한 모습으로 방치되는 마음은 죄악에 빠지기 마련이다. 그 저급한 능력은 자신의 이성에 온전히 반응하지 못한다. 이성에 반하는 육체의 그런 반역 때문에 결국 그는 자신의 영혼에게 온전하고 책임적인 반응을 할 수 없게 되었다.

그가 말하는 하나님의 형상에는 세 가지 단계가 있다. i) 기독인이든 유대인이든 무슬림이든 유신론자이든 무신론자이든 상관없이 모든 사람이 다 해당되는 단계다. 그들 모두가 다 하나님을 이해하며 사랑을 일깨울 능력을 가지고 있다. 이를테면 인간은 이성을 통해서 만물의 궁극적인 근원(an Ultimate Cause of all things)을 알 수 있다. 토마스는 그것을 '변하지 않는 원동력'(Unmoved Mover)이라고 불렀다.

ii) 올바른 사람으로 구성된 단계다. 이것은 하나님을 알고 사랑하는 것이다. 물론 인간이 하나님을 아는 지식이나 사랑은 불완전하더라도 하나님을 향한 그들의 감성은 순수하고 진실할 수 있다. 그 한계는 타락과 죄로 인해 생겨났다. 온전하게 살기에는 사람은 누구나 약하고 부족하다.

토마스에 따르면 사람은 두 가지 이유로 두 번째 단계에 들어갈 필요가 있다. i) 사람은 자신이 행한 타락이 가져오는 폐해로부터 치유될 필요가 있다. 두 번째 단계에 들어감으로써 그의 이성이 회복될 것이다. ii) 사람은 초자연적인 덕과 같은 가치 있는 선을 실현하기 (achieve the meritorious good of supernatural virtue) 위해 두 번째 단계에 올라설 필요가 있다. 첫 번째 단계에서 사람은 하나님에 관해서는 알 수 있다. 그렇더라도 하나님을 아는 지식은 없다. 더구나 첫 번째 단계에 머무르는 한 인간은 구원받은 것이 아니다.

iii) 하나님을 아는 지식과 사랑에서 온전해지는 단계다. 토마스는 이런 사람들을 가리켜 '복 받은 자'(blessed)라고 불렀다. 그들은 세상에서의 삶이 끝난 다음에야 비로소 이 완전함을 붙드는 것이 아니다. 이 세상사는 동안에 이미 이런 단계에 접어들 수 있다. 두 번째 단계에 있는 사람들은 은혜에 순응함으로써 하나님의 형상을 지닐 수 있는 반면에 세 번째 단계의 사람들은 하나님의 영광의 모양(a likeness of God's glory)을 소유함으로써 그리되는 것이다.

사도 바울은 예수 그리스도 안에서 하나님의 형상이 회복된 모습을 가리켜 '새로운 피조물' 또는 '새사람'이라 불렀다.

> 그런즉 누구든지 그리스도 안에 있으면 새로운 피조물이라 이전 것은 지나갔으니 보라 새것이 되었도다(고후 5:17)

> 22 너희는 유혹의 욕심을 따라 썩어져 가는 구습을 따르는 옛 사람을 벗어 버리
> 고 23 오직 너희의 심령이 새롭게 되어 24 하나님을 따라 의와 진리의 거룩함으
> 로 지으심을 받은 새사람을 입으라(엡 4:22-24)

오늘의 적용

造物寵我爲人 (조물총아위인)

조물주 날 사랑해 인간으로 만드시니

再拜謝天謝地 (재배사천사지)

거듭 절하며 하늘과 땅에 감사해

出萬象媚吾目 (출만상미오목)

온갖 형상 내어 내 눈 즐겁게 하고

有萬聲樂吾耳 (유만성낙오이)

온갖 소리 있게 해 내 귀 즐겁게 하네 (이언진 李彦瑱, 1740~66) .

57

인류는 한 가족

(창 5:3-5)

개역개정	직역
3 아담은 백삼십 세에 자기의 모양 곧 자기의 형상과 같은 아들을 낳아 이름을 셋이라 하였고	3 그리고 아담이 130세가 되었을 때 이런 일이 있었다. 그리고 그는 자기 모양에 따라 자기 형상대로 아이를 낳게 했다. 그리고 그의 이름을 셋이라 불렀다.
4 아담은 셋을 낳은 후 팔백 년을 지내며 자녀들을 낳았으며	4 그리고 아담의 날들은 그가 셋, 그를 낳게 한 뒤 800년이 되었다. 그리고 그는 아들들과 딸들을 낳게 했다.
5 그는 구백삼십 세를 살고 죽었더라	5 그리고 그가 살았던, 아담의 날들은 모두 930년이었다. 그리고 그는 죽었다.

이것은 아담과 하와의 생애에 관한 이야기이다. 아담이란 낱말은 창세기 1-5장에 34번 쓰였다. 그 가운데 개인의 이름(고유명사)으로 쓰인 것은 5번뿐이다. 그 내용과 말맛은 항상 같지는 않다. 이를테면 창 1:26에서 아담은 인류를 가리키는 대표단수다. 그것은 남녀를 모두 포함하여 그냥 사람(인류)이라는 뜻이다. 창 2:18-19, 22에서 그것은 여성과 구별되는 남성을 가리킨다.

3절은 '그리고 아담이 있었다'란 말로 시작된다.(봐여히 아담…) 이것은 아담이 창조된 이래 이 세상에 인간으로 존재했던 시간을 나타내는 말이다. 하나님께서 선물로 주신 이 세상에서의 삶을 성경은 이런 형식으로 표현한 것이다.

주의 손이 나를 만들고 세우셨사오니 내가 깨달아 주의 계명들을 배우게 하소서(시 119:73)

이는 또한 죽을병에서 회복된 히스기야의 외침과 다르지 않을 것이다.

오직 산 자 곧 산 자는 오늘 내가 하는 것과 같이 주께 감사하며 주의 신실을 아버지가 그의 자녀에게 알게 하리이다(사 38:19)

톨레도트는 사람 이름을 단순히 시대 순서로 기록한 것이 아니다. 그것은 인간의 타락과 혼돈 속에서도 하나님의 창조원리가 계속 적용되는 것을 보여준다. 하나님께서 역사의 주인이신 것을 알려준다.

이에 따르면 이 세상 사람은 모두가 아담의 후손이다. 아담은 하나님의 피조물이다. 그러므로 온 세상 사람이 다 하나님의 형상과 모양을 닮은 한 가족이요 한 공동체이다. 여기서 사해동포주의(코스모폴리타니즘)이 나왔다. 우리는 세계화 시대에 살고 있다. 그런데도 여전히 가족 종족 부족 민족(나라) 등 인간의 작은 테두리에 갇히곤 한다. 우리에게는 인간적인 그 작은 울타리를 넘어 인류 전체를 바라보며, 지구촌 전체를 배려하는 폭넓은 전망이 필요하다. 창세기에 기록된 톨레도트는 이런 믿음과 활동의 기초다.

사람은 창조된 이래 도시를 형성하며 성을 쌓고(창 4:17) 목축업(창 4:20)과

철기문화를 발달시켰으며(창 4:22) 음악 등 예술 활동을 전개했다.(창 4:21) 이런 뜻에서 창세기 5장의 족보는 피조물인 자기 존재를 긍정하는데서 출발하여 생명을 향한 긍정으로 나아간다.(Westermann 483) 이 이야기는 다음과 같은 틀(형식)에 따라 기술되었다.

○○가 ○○○세에 아이를 낳게 했다.
그 아이 이름을 ○○○○라 불렀다.
그는 ○○○○을 낳게 한 뒤 ○○○년을 살면서 자녀를 낳게 했다
○○의 날들(연수)은 ○○○세였다.
그리고 그가 죽었다.

이 계보는 누가 몇 살에 누구를 낳게 하고 얼마나 살다가 죽었는지 자세히 기록했다. 이런 내용이 가인의 후손에게는 나타나 있지 않다. 이 계보는 위에서 보듯이 매우 단순하게 기록되었다. 다만 아담(3절 뒷부분과 5절 앞부분)과 에녹(22, 24절)과 라멕(28b-29절)과 노아(32절)의 경우에만 그 내용에 의미있는 변화가 있을 뿐이다. 특히 노아의 경우 "홍수 후에 노아가 삼백오십 년을 살았고 그의 나이가 구백오십 세가 되어 죽었더라"(창 9:28-29)에서 위의 형식이 마무리 되었다.

아담 에녹 노아 - 이 세 사람을 빼놓고 나머지 일곱 사람의 생애는 의미없거나 있으나 마나한 것이었을까? 결코 그렇지 않다. 그들에게는 특별한 기록이 남아있지 않더라도 그들은 셋과 에녹과 라멕을 길러냈다는 사실이 중요하다. 신앙에 합당하게 살아갈 후손을 낳아 길렀다는 사실 하나만으로도 그들의 생애는 결코 헛되지 않았다.

아담(남성과 여성)을 통해 하나님의 형상과 모양은 그 후손에게 전달되었다. 에녹은 하나님과 동행하며 살았다. 그런 그를 하나님께서 데려가셨다. 이로써 여기 등장하는 10대에 걸친 사람들 가운데 유일하게 죽었다는 말이 적용되지 않은 사람이다. 그에게서 우리는 인생의 롤 모델과 죽음 없는 영생의 신비를 발견한다. 라멕에게서 우리는 위로받기를 소망하며 이 땅에 살아가는 우리 자신의 모습을 본다. 노아는 현실에 몰두하느라 하나님 없이 사는 세상에서 구원의 통로가 된 사람이다.

이 부분은 i) 첫 아이를 낳은 연령이 매우 높은 것과 ii) 사람의 수명이 아주 길었다는 점 iii) 비록 그 이름을 밝히지 않았더라도 아들들과 딸들을 많이 낳았다는 점이 우리 눈길을 끈다. 성경에 따르면 인간의 수명이 700~1000세에서 서서히 줄어들어 노아부터 아브라함 이전에는 200~600세로, 족장들과 모세 및 여호수아는 100~200세로, 그 후대에는 70~80세로 줄어들었다. 오늘날에는 그것이 조금 더 늘어나고 있다. 성경에 따르면 가장 오래 살았던 므두셀라도 천년을 넘기지 못했다. 하나님께 그 연수는 하루나 다름없다.

> 주의 목전에는 천 년이 지나간 어제 같으며 밤의 한 순간 같을 뿐임이니이다…. 우리의 연수가 칠십이요 강건하면 팔십이라도 그 연수의 자랑은 수고와 슬픔뿐이요 신속히 가니 우리가 날아가나이다(시 90:4, 10)

> 사랑하는 자들아 주께는 하루가 천 년 같고 천 년이 하루 같다는 이 한 가지를 잊지 말라(벧후 3:8)

1절처럼 3절에도 아담이란 말은 관사 없이 쓰였다. 이는 어떤 개인을 가리키는 고유명사이다.(창세기 2-3장과 같다) 그에게서 셋이 태어났다. 창세기 1장에는 인간은 하나님의 형상으로 창조되었다고 했다. 셋은 아담의 형상을 가지고 태어났다. 여기서 개역개정은 뜨무트란 말을 형상이라 옮겼다. 창 1:26에는 그 말이 모양이란 용어로 번역되고, 첼렘이란 낱말이 형상으로 번역되었다.

이것은 매우 놀라운 사실을 알려준다, 하나님의 형상이 처음 인간에게만이 아니라 자손 대대로 대물림된다는. 하나님의 형상이 최초인 인간에게만 주어지고 사라진 것이 아니라, 그 후손들에게 대대로 이어졌다. 이로써 창조 이야기는 스쳐지나가는 신화로 끝나는 대신에 인간의 모습 속에 분명한 현실로 자리 잡았다.(von Rad 48) 바로 이런 점에서 성경의 창조 이야기와 다른 민족과 나라들의 창조설화가 완전히 다르다.

창 5:1에는 뜨무트란 용어만 쓰였는데 3절에는 창 1:26처럼 첼렘과 뜨무트가 나란히 등장했다. 아담에게 적용된 하나님의 형상과 셋에게 적용된 아담의 형상이 넓은 의미에서는 비슷할 것이다. 물론 정확히 말하자면 하나님의 형상보다는 약화된 것이 틀림없다. 아담의 모양에는 타락과 추방 이후 아담의 현실이 반영되었기 때문이다. 아담과 하와에게서 태어난 사람도 그들처럼 죄를 지고 태어났다. 죄뿐만 아니라 죄의 결과로 발생하는 모든 연약함을 그대로 받아 안아 세상살이에서 고통을 겪을 존재로 태어났다. 여기서 모든 인류가 원죄를 가지고 태어난다는 교리가 나왔다.

브루거만은 이를 가리켜 제왕적인 하나님의 형상과 위협받는 아담의 형상이 결합된 것이라고 보았다. 곧 인간의 안정적인 모습과 불안정성에 대한 깨달음에서 이런 이중적 표현이 나왔다는 것이다.(Genesis 68)

그렇더라도 우리는 이런 일이 에덴동산이 아닌 추방당한 곳에서 일어났다는 점에 주목할 필요가 있다. 비록 죄를 지은 인간이었어도 그 가운데에는 여호와의 이름을 부르는 에노스도 있고, 하나님과 동행한 에녹도 있고, 그 시대와 사람들을 아우르며 위로하는 노아도 있었다. 하나님께서 고단한 인생을 위해 이런 사람들을 보내주셨다.

오늘의 적용

우리에게는 하나님께서 우리 안에 창조하신 하나님의 형상과 모양이 들어있다. 세상사는 동안에 이 은혜를 어떻게 실현시켜 나갈 수 있을까?

비록 이 세상에서는 정해진 기간 동안에만 살더라도, 삶을 긍정하고 사랑하고 감사하며 사는 모습을 어떻게 보여줄 수 있을까? 석시현문(昔時賢文)의 한 구절이다.

남들은 흰머리를 한탄하지만 (人見白頭嗔 인견백두진)
나는 흰머리를 기뻐한다네 (我見白頭喜 아견백두희)
많든 적든 젊은 나이에 죽은 이들은 (多少少年亡 다소소년망)
흰머리가 나기도 전에 떠나갔다네 (不到白頭死부도백두사)

58

시간의 흐름 속에 오가는 인생

(창 5:6-11)

개역개정	직역
6 셋은 백오 세에 에노스를 낳았고	6 그리고 셋은 105년 살았다. 그리고 그는 에노스를 낳게 했다.
7 에노스를 낳은 후 팔백칠 년을 지내며 자녀들을 낳았으며	7 그리고 셋은 에노스, 그를 낳게 한 뒤 807년을 살았다. 그리고 그는 아들들과 딸들을 낳게 했다.
8 그는 구백십이 세를 살고 죽었더라	8 그리고 셋의 모든 날들은 912년이었다. 그리고 그가 죽었다.
9 에노스는 구십 세에 게난을 낳았고	9 그리고 에노스가 90년을 살았다. 그때 게난을 낳게 하였다.
10 게난을 낳은 후 팔백십오 년을 지내며 자녀들을 낳았으며	10 그리고 에노스가 게난을 낳게 한 뒤 815년을 살았다. 그리고 그는 아들들과 딸들을 낳게 했다.
11 그는 구백오 세를 살고 죽었더라	11 그리고 에노스의 모든 날들은 905년이었다. 그리고 그가 죽었다.

이것은 아벨이 죽은 뒤 아담과 하와에게서 태어난 아들 셋과 그 후손의 족보이다. 창세기 5장은 창 1:28의 '생육하고 번성하라'는 말씀이 구체적으

로 실현되는 모습을 보여준다. 셋이란 말은 기초 토대라는 뜻이다. 그 이름 뜻 그대로 그는 가인으로 인해 망가진 하나님의 구원역사에 새로운 토대를 쌓아간 사람이다. 그는 105세에 첫 아들을 낳았으며 912세 까지 살았다.

계보가 기록된 형식에는 흥미로운 점이 있다. 아담과 하와는 셋보다 앞서 아들 둘을 낳았다. 셋 이후에도 아들딸들을 낳았다. 그런데도 여기에는 오직 셋의 이름만 기록되었다. 그 이후의 기록에도 그 형식이 그대로 이어졌다. 여기 나오는 사람들이 다 맏아들이란 보장이 없다. 무슨 이유에서인지 몰라도 그들은 그 대(代)를 대표하는 사람들이었다.

인간은 세상에 태어나 살다가 죽는다. 이로써 삼라만상의 생성과 소멸과정이 인간에게도 동등하게 적용되었다. 이것이 선하신 하나님께서 정하신 창조의 질서이다. 결국 인간의 운명은 하나님의 구속사(Heilsgeschichte)의 흐름에 맡겨진 것이다.

> … 하나님은 홀로 모든 존재의 유일한 근원이시요, 모든 만물은 그에게서 나오고, 그로 말미암고, 그에게로 돌아간다.(롬 11:36) 그는 가장 절대적인 주권을 가지고 모든 만물을 통치하시며, 그것들에 의하여, 그것들을 위하여, 또는 그것들 위에 자신이 기뻐하시고 원하시는 것은 무엇이든지 행하신다.(계 4:11; 딤전 6:15; 단 4:25,35) 그의 앞에서는 모든 만물이 드러나며(히 4:13) 나타난다…. (웨스트민스터 신앙고백 2조 2항)

'생육하고 번성하라'는 창조주 하나님의 뜻에 따라 이스라엘 민족은 자녀를 낳기에 높은 비중을 두었다. 자녀는 하나님을 섬기기를 계승하고, 종족을 번성하게 하는 등 매우 중요한 역할을 하는 당사자였다.

넓게 보면 창 5:1-9:29는 창 1:1-2:4a와 창 2:4b-4:26에 이어지는 원역사의 제3막이다. 창세기 4-5장의 명단을 살펴보면 다음과 같다.

	가인의 후예(창 4:17–22)				셋의 후예(창 5:1–32)		
1		아담-하와				아담-하와	
2		가인				셋(셸)	
3		에녹*				에노스 (에노쉬)	
4		이랏				게난	
5		므후야엘				마하랄렐	
6		므드사엘				야렛	
7		라멕*-	야다, 씰라			에녹*	
8	야발	유발	두발가인	나아마		므두셀라	
9						라멕*	
10						노아	
11					셈	함	야벳

창 5:1의 아담에게 이중적인 의미가 있듯이 6절의 에노스(에노쉬)란 말도 그렇다. 이것은 고유명사인 동시에 사람(인류)을 가리키는 것이다. 창 4:17-24와 5:3-32를 비교하면 에녹과 라멕 등 두 사람이 동명이인이다.

사람은 아무리 늙고 싶지 않아도 늙을 수밖에 없는 존재다. 그래서 영어(years old) 독일어(Jahre alt)에는 나이를 표시할 때 항상 '늙다'는 낱말이 들어가나 보다. 고려 시대 우탁(1263-1342)이 쓴 시조이다.

한 손에 막대잡고 또 한 손에 가시 쥐고
늙는 길 가시로 막고 오는 백발 막대로 치렸더니
백발이 제 먼저 알고 지름길로 오더라

창세기 5장에는 죽다는 말이 여덟 차례 쓰였다. 이곳에서 죽음은 에녹과 노아 및 그 아들들을 빼고 모두에게 적용되었다. 성경에서 죽다는 뜻으로 쓰인 낱말이 두 개 있다. 하나는 하라그요 다른 하나는 무트이다. 앞엣것은 타인에게 살해당하는 경우에(창 4:8, 23) 뒤엣것은 나이 들어 자연사하는 경우에 쓰였다. 창 5장에 나오는 사람들의 죽음은 모두 이 경우에 해당된다. 그것은 가인에 의한 아벨의 죽음과는 다른 자연사이다. 바야흐로 인간은 수명의 길이나 죽음에 이르는 나이와 형태에만 차이가 있을 뿐 죽는다는 사실에서는 아무도 벗어날 수 없다.

16 여호와 하나님이 그 사람에게 명하여 이르시되 동산 각종 나무의 열매는 네가 임의로 먹되 17 선악을 알게 하는 나무의 열매는 먹지 말라 네가 먹는 날에는 반드시 죽으리라 하시니라(창 2:16-17)

사람은 반드시 죽게 되어 있다. 그래서일까? 셋은 아들을 낳은 뒤 그 이름을 에노스(에노쉬)라 지었다. 이 이름은 때로 아담이란 이름이 그러하듯이 사람을 가리키는 말로도 쓰였다. 이 낱말이 사람이란 뜻으로 쓰일 때에는 항상 피조물 덧없음 유한함 등의 말맛을 지닌다.

성경은 인간이 하나님의 형상과 모양대로 지음 받은 존엄한 존재라는 사실을 알려준다. 동시에 인간은 흙먼지로 만들어진 피조물이라고도 한다.(창 2:7) 먼지가 흙보다 더 가치 없고 보잘 것 없다는 점에서 인간은 유한하고 허무한 존재이다.(창 3:19c 직역: 참으로 너는 이런 자 곧 먼지이다. 그러니 먼지로 네가 돌아가리라.)

내가 사람(에노쉬)을 순금보다 희소하게 하며 인생(아담)을 오빌의 금보다 희귀하게 하리로다(사 13:12)

이렇게 유한하고 연약한 인간을 하나님은 방치하지 않으신다. 그를 지키며 보호하신다. 이것이 사랑 많으신 하나님께서 주시는 은혜다.

사람(에노쉬)이 무엇이기에 주께서 그를 생각하시며 인자(벤-아담)가 무엇이기에 주께서 그를 돌보시나이까(시 8:3)

여호와여 사람(아담)이 무엇이기에 주께서 그를 알아주시며 인생(벤-에노쉬 = 사람의 아들)이 무엇이기에 그를 생각하시나이까(시 144:3)

창세기 5장에서 사람의 일생에 관한 기록은 매우 단순 명확하다. 이런 기록 형식은 오늘날 묘비에 재현되고 있다. 공동묘지에는 묘비가 수없이 많이 서 있다. 거기 묻힌 사람의 일생이 아주 간단하게 요약되어 있다: 이름과 함께 "0000년 00월 00일 출생; 0000년 00월 00일 소천"이라고 적혀 있고, 뒷면에는 그 당사자보다 같은 대 혹은 아래 대에 속하는 가족의 이름이 적혀있다.

그 사람이 한 평생 살면서 즐거워하며 웃음 지었던 일들, 슬퍼하며 눈물 흘렸던 일들이 얼마나 많았을까? 그런데도 묘비에는 그 사람은 사는 동안 무엇 때문에 웃고 무엇 때문에 울었는지 그 흔적이 하나도 남아 있지 않다.

사람은 사는 동안에는 그런 일들에 얼마나 목을 매고 사는가? 그렇게 중요하게 여기는 것들이 하나님 부름을 받은 후에는 아무 흔적도 없이 사라지는 것이다. 성경은 그런 주관성을 다 빼고 완전히 객관적인 사실만 기록했다. 사람은 죽어서야 비로소 객관화될 수 있는 존재인가?

바벨론을 멸망시키고 중근동 지역의 패권을 장악한 페르시아의 왕이 어느 날 신하들에게 명령을 하나 내렸다. 곧 마음이 슬플 때는 기쁘게, 기쁠 때는 슬프게 만드는 물건을 가져오라는 것이었다. 신하들이 모여 앉아 밤새 토론한 끝에 마침내 반지 하나를 왕에게 바쳤다. 그 반지에 적힌 글을 읽은 왕은 크게 너털웃음을 터뜨리며 만족했다. 거기에는 이런 글이 새겨져 있었다:

"이것 또한 지나가리라."

"승리에 도취한 순간 왕이 이 글을 보면 자만심이 금방 가라앉을 것이고, 왕이 절망할 일을 당하였을 때 이 글을 읽으면 이내 큰 용기를 얻을 것"이라는 뜻에서 신하들이 중지를 모아 새긴 글이었다고 한다. 그렇다. 랜터 윌슨 스미스라는 사람이 여기에 이런 해석을 덧붙였다:

슬픔이 그대의 삶으로 밀려와 마음을 흔들고 소중한 것들을 쓸어가 버릴 때면 그대 가슴에 대고 다만 말하라. "이것 또한 지나가리라." 행운이 그대에게 미소 짓고 기쁨과 환희로 가득할 때 근심 없는 날들이 스쳐갈 때면 세속적인 것들에만 의존하지 않도록 이 진실을 조용히 가슴에 새기라. "이것 또한 지나가리라."

알렉산드르 푸시킨(1797-1837)

삶이 그대를 속일지라도
슬퍼하거나 노여워하지 마라.
설움의 날을 참고 견디면
기쁨의 날이 오고야 말리니.

마음은 미래에 살고
현재는 언제나 슬픈 것.
모든 것은 순식간에 지나가고
지나간 것은 또다시 그리움이 되는 것.

59
삶과 죽음의 변주곡

(창 5:12-20)

개역개정	직역
12 게난은 칠십 세에 마할랄렐을 낳았고	12 그리고 게난이 70년을 살았다. 그리고 마할랄렐을 낳게 했다.
13 마할랄렐을 낳은 후 팔백사십 년을 지내며 자녀들을 낳았으며	13 그리고 게난이 마할랄렐을 낳게 한 뒤 840년을 살았다. 그리고 그는 아들들과 딸들을 낳게 했다.
14 그는 구백십 세를 살고 죽었더라	14 그리고 게난의 모든 날들은 910년이었다. 그리고 그가 죽었다.
15 마할랄렐은 육십오 세에 야렛을 낳았고	15 그리고 마할랄렐이 65년을 살았다. 그리고 야렛을 낳게 했다.
16 야렛을 낳은 후 팔백삼십 년을 지내며 자녀를 낳았으며	16 그리고 마할랄렐이 야렛을 낳게 한 뒤 830년을 살았다. 그리고 아들들과 딸들을 낳게 했다.
17 그는 팔백구십오 세를 살고 죽었더라	17 그리고 마할랄렐의 모든 날들은 895년이었다. 그리고 그가 죽었다.
18 야렛은 백육십이 세에 에녹을 낳았고	18 그리고 야렛은 162년을 살았다. 그리고 에녹을 낳게 했다.
19 에녹을 낳은 후 팔백 년을 지내며 자녀들을 낳았으며	19 야렛이 에녹, 그를 낳게 한 뒤 800년을 살았다. 그리고 그는 아들들과 달들을 낳게 했다.
20 그는 구백육십이 세를 살고 죽었더라	20 그리고 야렛의 모든 날들은 962년이었다. 그리고 그가 죽었다.

이것은 셋의 가문이 계속 이어지는 이야기이다. 아담에 이어지는 계보(족

보)는 노아의 셋째 아들 셋으로 연결되었다. 가인의 후손은 하나님의 구원사에 동역하지 못했다. 인간에게 주어진 하나님의 형상의 실현이라는 과제는 셋과 그 후손에게 계승되었다.(McKeown 42)

창세기 4장에 있는 가인의 후손과 창세기 5장에 있는 셋의 후손 사이에는 뚜렷한 차이점이 있다.(하경택 111) 곧 칼의 노래를 부르는가, 여호와의 이름을 부르는가의 차이이다. 앞엣것은 인간이 만들어내는 물질문명의 발달 과정을 먼저 소개했다. 그리고 보복과 복수의 화신인 라멕의 노래(칼의 노래)로 끝났다. 그 뒤끝이 영 개운하지 않다.

뒤엣것은 여호와의 이름을 부르는 에노스로 시작했다. 그 신앙의 맥은 하나님과 동행한 에녹 및 노아로 이어졌다. 영적 여정이 에노스로부터 에녹을 거쳐 노아로 이어지며 활발하게 전개되었다. 그들을 통해 하나님은 인류 역사에 새로운 길을 여셨다.

본문은 셋의 후손 가운데 게난에서 야렛까지의 족보이다. 에노쉬는 게난을 낳게 했다. 만일 게난(케난 qênān)이란 말의 뿌리가 가인(카인 qājin)과 같은 것이라면(DDD 479) 그 뜻은 만들다 창조하다이다. 어근을 어떻게 보느냐에 따라 이 이름은 소유(게제니우스) 태어난 한 아이(퀴르스트) 대장장이 또는 창 쓰는 사람(데이비스) 소유자 또는 창 쓰는 사람(머피) 등 다양하게 풀이된다.

마할랄렐이란 이름에는 찬양 감사라는 말(마할랄)과 하나님(엘)이 합쳐져 있다. 그 뜻은 하나님께 드리는 찬양(감사)이다. 이 이름 자체에 벌써 경건성이 묻어난다. 자녀 이름에 '엘'을 붙이는 것은 나중에 이스라엘에서 자주 있었다.(이스마엘 다니엘 나다나엘 등) 가인의 후손들의 이름에는 인간중심 또는 인간을 주체로 보는 사상이 강하게 표현되었다. 이에 비해 셋의 후손들의 이름에는 하나님 중심 사상이 부각되었다.

만일 야렛(jared)이란 이름이 이랏('jīrad)과 같은 뿌리에서 나왔다면 창 4:17-

24의 족보와 창세기 5장의 족보에는 에녹과 라멕에 이어 동명이인이 한 사람 더 늘어난다. 이 이름은 본디 내려가다는 뜻이다.(야라드) 이는 아마 목초지를 찾아 이동하는 목자들의 모습이나 거주지를 이동하는 유목민의 생활이 반영된 것이리라. 긍정적으로 보자면 그를 통해 생활영역이 확장되었다.

창세기 5장의 족보에는 아담 가문의 열 세대가 기록되었다. 이런 점은 고대 근동의 다른 기록들과 비슷하다. 고대 바빌론 왕들의 리스트(8명 또는 10명)에 보면, 그들은 18,600년(우바르투투) ~ 43,200년(엔멘루안나)을 산 것으로 되어 있다. 그 8명의 나이를 합쳐 보면 무려 241,200년이다.(ANET 365이하; Westermann, 478; Soggin 115; Hamilton, 252) 앗시리아의 기록도 그와 비슷하다. 바빌론에서 발굴된 앗시리아의 베로쏘스(Berossos) 목록에는 왕 10명의 이름이 있다. 그들은 10,800~64,800년씩 살았다. 그 연수가 무려 432,000년에 달한다.(Soggin 115-6)

이렇게 긴 수명을 도저히 받아들일 수 없는 사람들은 창세기 5장의 해(년)를 달(월)로 바꾸어 보기도 했다.(Sarfati 447이하) 이를테면 무드셀라가 969세 산 것을 969달 살았다고 하는 것이다. 그러면 그의 나이는 80이다. 어렴풋이 오늘날의 수명과 비슷하다.

과연 이렇게 계산해도 되는 것일까? 결단코 아니다. 이런 계산법(reductio ad absurdum)에 따르면 무드셀라는 16살에 아들을 낳았다. 그의 아버지 에녹은 겨우 6살 때 이미 아버지가 되었다. 도대체 말이 되지 않는다. 해는 어디까지나 해이고 달은 달이다. 만일 그렇지 않다면 히브리말로 달을 가리키는 말 코데쉬(chōdesch)가 왜 있겠는가? 더구나 창 7:11에는 해와 달이란 낱말이 나란히 쓰이는 이유가 무엇이란 말인가?

창세기 5장의 연수와 고대 바빌론에서 기록된 수메르 왕들의 통치 기간을 비교해 보자.(Westermann 473; Hasel 366; Hamilton, Genesis 252)

본문	창세기 5장		수메르		베로쏘스	
(세)대	이름	수명	이름	통치기간	이름	통치기간
1	아담	930	알루림	28,800	알로로스	36,000
2	셋	912	알랄가르	36,000	알라파로스	10,800
3	에노스	905	키둔누		아멜론	46,800
4	게난	910	알림마	28,800(?)	아메논	43,200
5	마할랄렐	895	(두무)지	36,000	메가라로스	64,800
6	야렛	962	(엔므)엔투안나	43,200	다오노스	36,000
7	에녹	365	(에)시파지안나	28,800	에우에도라코스	64,800
8	므두셀라	969	엔메두란나	21,000	아멤프시노스	36,000
9	라멕	777	우부르투투	18,600	오티아르테스	28,800
10	노아	950	지우수드라		크시수트로스	64,800
합계		8575년		241,200		432,000

위 연대기를 비롯해 고대 근동의 것들과 창세기 5장의 인물들 사이에는 두 가지 공통점이 있다. i) 비록 그 길이에는 엄청난 차이가 있더라도 오늘날 우리가 보기에는 상상할 수 없을 정도로 오래 살았다. ii) 족보 목록이 10명으로 되어 있다. 10번째 등장하는 노아와 지우스드라는 둘 다 대홍수의 피해를 모면했다.

물론 위 둘의 차이점을 결코 간과할 수 없다. 하젤(G. F. Hasel, The genealogies of Genesis 5 and 11 and their alleged Babylonian background, Andrews University Seminary Studies 16: 361–374, 1978)이 밝힌 열 가지 차이점 가운데 중요한 부분만 발췌하면 다음과 같다. i) 창세기 5장의 것은 수명을 기록한데 비해 수메르 것은 통치 기간만 나타낸다. ii) 창세기 5장에는 낳은 자녀들에 관한 언급이 있는데 수메르 것에는 그것이 빠지는 대신 도시 이름이 있다. iii) 창세기 5장은 믿음의 계보이고, 수메르 것은 왕의 연대기이다. iv) 창세기의 족보는 노아 이후에도 계속 이어지는데 비해 수메르 것은 위의 10대로 끝났다.

이런 사실들을 감안하여 폰 라트는 말했다.(48) "이 이름들은 고대 도시국가의 왕들 곧 신화적인 대표자의 것이 아니다. 이것은 조상의 이름 곧 국가 형성 이전의 시대에 인류를 대표하는 사람들 이름이다. 이로써 특정한 도시 국가의 종교를 창조에까지 소급시키고, 그로부터 신화적인 요소를 이끌어 냄으로써 그 종교를 절대화시키려는 유혹에 이스라엘은 결코 굴복하지 않았다."

이 족보는 어떤 사람이 죽더라도 그 이름과 전통과 신앙이 그 자녀를 통해 계속 이어져 내려가는 것을 보여준다. 이것이 유한한 인생에게 주신 하나님의 은혜이다.

오늘의 적용

선산(先山)을 오르며 (정바름)
저 산이 아버지 같은 이유를 알겠네

육탈(肉脫)한 아버지의 뼈가 산을 떠받치고
세상의 중심을 잡아주기 때문이지
아버지는 저 품으로
헝클어진 뿌리를 보듬어 나무를 세워주고
다람쥐 같은 자식 몇을 키웠네
나무도 다람쥐도 사람도
모두 다 그 품에서 자랐으므로
나이를 먹을수록 산은 얼마나 그리운가
언젠가 저 넉넉한 품으로 돌아갈 수 있음은
또 얼마나 행복한 일인가
만만찮은 이 세상 살아낸 뒤엔
발길에 채이는 뼈다귀처럼
함부로 구르지 않았으면 좋겠네
내 뼈다귀도 저 산에 묻혀
산을 떠받치고 하늘을 떠받치고
사람 사는 세상을 떠받치면 좋겠네

시집 《사랑은 어둠보다 깊다》 중에서

60

개똥밭에 굴러도 이승이 최고(?)

(창 5:21-24)

개역개정	직역
21 에녹은 육십오 세에 므두셀라를 낳았고	21 그리고 에녹은 65년을 살았다. 그리고 므두셀라를 낳게 했다.
22 므두셀라를 낳은 후 삼백 년을 하나님과 동행하며 자녀들을 낳았으며	22 그리고 에녹이 그 하나님과 함께 오갔다, 므두셀라를 낳게 한 뒤 300년 동안. 그리고 아들들과 딸들을 낳게 했다.
23 그는 삼백육십오 세를 살았더라	23 그리고 에녹의 모든 날들은 365년이었다.
24 에녹이 하나님과 동행하더니 하나님이 그를 데려가시므로 세상에 있지 아니하였더라	24 그리고 에녹이 그 하나님과 함께 걸어갔다. 그리고 그는 더 이상 없었다, 하나님께서 그를 데려가시므로.

이것은 에녹의 일생에 관한 이야기이다. 그에 관한 기록에는 다른 사람들의 그것과 구별되는 내용이 세 가지 들어 있다. i) 하나님과 동행 ii) 하나님께서 데려가심 iii) '죽다'는 말 대신에 세상에 있지 않게 되었다고 표현함.

이는 매우 특별한 묘사 기법이다. 아담-하와로부터 10대에 이르는 창세기 5장의 족보에서 '죽었다'는 말이 나오지 않은 사람이 단 둘 있다: 에녹과 노아. 이 두 사람의 생활은 같은 시대에 살았던 다른 사람들과 전혀 딴판이었다. 이 두 사람은 하나님과 동행하였다. 그 중에 한 사람인 에녹은 하나님과 동행하다가 죽음을 보지 않고 곧바로 하늘나라로 들려 올라갔다. 그의 이름이 이 족보에서 일곱 번째로 나오는 것부터가 심상치 않다. 고대 근동의 목록과 비교해 봐도 일곱 번째 등장하는 인물이 매우 독특한 역할을 했다.

또 하나 중요한 것이 있다. 에녹이 하나님과 동행했다(봐이트할레크 엣 하엘로힘)는 표현이다.(ckd 6:9 참조) "그리고 에녹이 그 하나님과 함께 오갔다(창 5:22 직역)" 이와 비슷한 표현은 말 2:6에만 있다.

> … 그가 화평함과 정직함으로 나와 동행하며 많은 사람을 돌이켜 죄악에서 떠나게 하였느니라(말 2:6)

하나님에 정관사(하 = 그)가 붙은 것은 하나님을 독보적인 존재로 나타내기 위한 것이다.(Keil-Delitzsch, Biblical commentary on the Old Testament Vol. 1[1885] 125) '그 하나님과 함께 걸었다'는 이런 표현은 '하나님 앞에서 걸었다(행했다)'(창 17:1; 24:40)거나 '하나님을 따라 걸었다'(신 13:4)라는 표현보다 한결 더 직접적이고 친밀하게 느껴진다. 말라기에서 이것은 제사장(레위지파)에게 적용되었다.

이 부분에는 에녹이 '하나님과 동행하였다'는 말이 두 차례 되풀이 쓰였다.(22a, 24a) 성경에 하나님과 동행했다고 기록된 이는 에녹과 노아뿐이다.(창 6:9) 이는 매우 신비로운 표현이다. 사실 에녹의 이야기 전체가 신비 그 자체이다. 동행하다는 말(할라크)은 본디 '가다 걷다'는 뜻이다. 이 사실이 매우 중요하기에 두 차례나 언급되었다.(22, 24절) 이것이 히트파엘형으로 쓰였다.(이트할레크) 이로써 하나님과 교제하며 사는 그의 모습이 특별하게 강조되었다. 그가 하나님과 함께 걸으며 생활하였다는 것이다.(Wenham 129; 창세기: 어떻게 설교할 것인가 213) 에녹은 뛰어난 업적을 쌓거나 놀라운 공을 세운 것이 아니다. 그저 하나님과 교제하며 살았을 뿐이다. 그런 그를 하나님은 죽음을 맛보지 않게 하시고 하늘로 데려가셨다.

고대 근동과 그리스 · 로마의 문헌에 경건한 사람을 하늘로 직접 데려가는 이야기들이 있다. 이를테면 메소포타니마 신화에 나오는 현인 우투압주(Utuabzu)다. 그는 대홍수 이전 일곱 번째 왕인 엔메두랑키(Enmeduranki)의 왕사(王師)였다.(WBC 273)

에녹에게 일어난 이 일은 후대 유대인에게 커다란 영향을 끼쳤다. 그들은 그에 관한 이야기를 더욱 풍부하게 만들었다. 그를 계시와 묵시적인 환상의 시작으로 보는 저작들을 연달아 펴냈다.(1, 2, 3 에녹서)

하나님은 에덴동산에서 거니셨다.(미트할레크 창 3:8 ←할라크의 히트파엘 분사꼴) 에노스 시대 사람들은 하나님과 동행하였다.(창 4:26 참고) 노아도 하나님과 동행했다.(창 6:9) 믿음의 조상 아브라함(창 17:1; 24:40) 야곱(창 48:15)에게는 '하나님 앞에서 행하다'(히트할라크 르파나브 = 하나님 얼굴을 향하여 걸었다)는 말이 붙어있다. 하나님께서 사람에게 요구하시는 주요 사항 세 가지 중에 하나가 하나님과 동행하는 것이었다.(미 6:8) 예언자 말라기를 통해 하나님은 제사장들에게 자신과 동행하라고 하였다.(말 2:6) 이런 표현들은 그들이 한결같이 하나님과 나누었던 특별한 친교와 경건한 삶을 가리키는 것이다.(WBC 272)

아담-노아 시절에 사람들은 700-1000년 동안 살았다. 그들 가운데 에녹은 가장 짧게 살았다. 그는 이 세상에 365년 동안 머물렀다. 그런데도 그가 모든 이 가운데 가장 복있는 사람이었다. 그는 죽음으로 끝나지 않는 삶을 살았기 때문이다. 다른 한편 그는 하나님 앞에서 '완전하게' 살았다.(Westermann I 358; WBC 272)

이 부분을 놓고 챠흐만(L. Zachmann, ZAW 88[1976] 272-74)은 그가 죄악으로 가득 찬 세상과 더 이상 접촉하지 않도록 하나님께서 그를 세상에서 일찍 데려가셨다고 보았다. 해석이 여기까지 나가는 것은 성경 이야기들의 흐름에 비추어 볼 때 무리다. 하나님은 죄악 많은 세상에 노아를 보내셨으며, 예언자들을 보내셨다. 그리고 마침내 예수님을 보내셨다. 사도들을 보내셨다. 그분들은 죄악 많은 세상 및 사람들과 격리되어 사는 대신에, 그 한 가운데 자리를 잡고 사셨다.

하나님과 동행했다는 말은 도덕적인 의로움이나 하나님께 절대 순종하는 것을 나타내는 것일까? 브루거만은 그런 의미도 배제할 수는 없지만 그보다는 하나님의 비밀에 들어갈 특권을 가리킨다고 보았다.(Genesis 69) 일찍이 사도 바울은 말하였다. '사람이 마땅히 우리를 그리스도의 일꾼이요 하나님의 비밀을 맡은 자로 여길지어다. 그리고 맡은 자들에게 구할 것은 충성이니라'(고전 4:1-2) 하나님의 비밀은 과연 무엇일까?

에녹이 남긴 업적이 무엇일까? 그는 가인처럼 성읍을 건설하지 않았다. 라멕의 아들 유발처럼 문화 창달에 이바지하지도 않았다. 단지 하나님과 동행하였을 뿐이다. 그의 일생의 특징은 하나님과 동행하였다. 곧 하나님과 매우 친밀하게 교제하였다는 것뿐이다.

> 믿음으로 에녹은 죽음을 보지 않고 옮겨졌으니 하나님이 그를 옮기심으로 다시 보이지 아니하였느니라 그는 옮겨지기 전에 하나님을 기쁘시게 하는 자라 하는 증거를 받았느니라(히 11:5)

사도 유다는 에녹이 당시에 '가인의 길을 걷는'(유 1:11) 사람들과 사뭇 달랐다고 했다.

> 14 아담의 칠대 손 에녹이 이 사람들에 대하여도 예언하여 이르되 보라 주께서 그 수만의 거룩한 자와 함께 임하셨나니 15 이는 뭇 사람을 심판하사 모든 경건하지 않은 자가 경건하지 않게 행한 모든 경건하지 않은 일과 또 경건하지 않은 죄인들이 주를 거슬러 한 모든 완악한 말로 말미암아 그들을 정죄하려 하심이라 하였느니라 16 이 사람들은 원망하는 자며 불만을 토하는 자며 그 정욕대로 행하는 자라 그 입으로 자랑하는 말을 하며 이익을 위하여 아첨하느니라(유 1:14-16)

사람은 업적을 통해서가 아니라 하나님과 동행함으로써 대대로 이어질 유산을 남기는 것이다. 오늘날 사람들은 자신의 업적과 성취를 이루기 위해 온갖 죄를 저지른다. 유다서도 그런 사실을 분명하게 밝혀놓았다. 패역한 세상에서는 업적이나 성취가 많으면 많을수록 지은 죄도 덩달아 많아지는 역설이 작용한다. 세상적인 의미에서 기여도가 높으면 높을수록 하나님 안에서의 평화와는 거리가 멀어지는 것이다.

에녹에게는 '죽다'는 말 대신에 '이 세상에 있지 않았다'는 표현이 쓰였다. 그를 빼놓고는 구약성경에서 엘리야에게만 이런 표현이 적용되었다.(왕하 2:11) 이것은 죽음을 표현하는 우회적인 말로 볼 수도 있다.(욥 7:21; 8:22; 시 38:13; 103:16 참조) 그러나 여기서 이 말은 분명히 죽음이란 말과 대조적인 용법으로 쓰였다. 하나님을 그를 죽음을 넘어서는 사람으로 만들어주셨다.

오늘의 적용

오늘은 요한복음 3장 14-16의 말씀을 묵상하자: "14 모세가 광야에서 뱀을 든 것 같이 인자도 들려야 하리니 15 이는 그를 믿는 자마다 영생을 얻게 하려 하심이니라 16 하나님이 세상을 이처럼 사랑하사 독생자를 주셨으니 이는 그를 믿는 자마다 멸망하지 않고 영생을 얻게 하려 하심이라"

훌륭했던, 그러나 영생의 소망 없이 살았던 열자(列子)는 말했다.

십년 만에 죽어도 역시 죽음이요
백년 만에 죽어도 역시 죽음이다.
어진이나 성인 역시 죽고
흉악한 자와 어리석은 자도 역시 죽는다.
썩은 뼈는 한 가지인데
누가 그 다른 점을 알겠는가?
그러니 현재의 삶을 즐겨야지
어찌 죽은 뒤를 걱정할 겨를이 있겠는가.

비록 우리는 열자만큼 훌륭한 선생은 아니더도 영생의 소망을 품고 사는 사람들이다. 그렇다면 어떻게 살아야 하는 것일까?

61

천년을 살더라도 한 번은 죽는다

(창 5:25–27)

개역개정	직역
25 므두셀라는 백팔십칠 세에 라멕을 낳았고	25 그리고 므두셀라는 187년을 살았다. 그리고 라멕을 낳게 하였다.
26 라멕을 낳은 후 칠백팔십이 년을 지내며 자녀를 낳았으며	26 그리고 므두셀라는 라멕을 낳게 한 뒤 782년을 살았다. 그리고 아들들과 딸들을 낳게 하였다.
27 그는 구백육십구 세를 살고 죽었더라	27 그리고 므두셀라의 날들은 모두 969년이었다. 그리고 그가 죽었다.

이것은 므두셀라 이야기이다. 그는 창세기 5장에 등장하는 인물들 가운데 가장 오래 살았다.

창세기 5장의 족보에는 계속 되풀이 나오는 내용(형식)이 있다. 아무개가 몇 살 때 누구를 낳고, 그 다음에 몇 살까지 더 살다가 죽었다는 기록이다. 그 안에는 또한 끊임없이 바뀌는 것도 있다. 그것은 사람 이름과 나이다. 므두셀라는 이 세상에서 969년을 살아 가장 장수했다. 에녹은 이 지상에서 365년을 살아 가장 짧게 살았다.

우리가 창세기 5장을 읽으면서 깜짝 놀라는 것들이 있다. 그 가운데 하나가 사람들의 수명이다. 그것은 상상하기 어려울 정도로 길다. 그들 가운데 므두셀라가 가장 오래 살았다. 그는 969세를 살아, 10명 가운데 제일 오래 살았다. 이런 나이가 우리에겐 매우 놀랍다.

므두셀라가 태어났을 때 아담은 647세였다. 그 뒤로 243년 동안 므두셀라와 함께 살았다. 그의 나이 300세 때 하나님과 동행하던 아버지 에녹이 죽음을 보지 않고 하나님 품으로 갔다. 이 모두가 다 노아 홍수 이전의 일이다.

노아는 창조 이래 1056년에 태어났으며, 그의 나이 600세가 되던 해 2월 17일(성경 연대로 계산하면 1656년 2월 17일)에 홍수가 발생하였는데 이 해가 바로 므두셀라가 사망하는 해였다. 그의 이름은 크게 두 가지로 풀이된다. i) 창을 던지는 자 곧 마을을 지키는 자다. 그런 사람이 죽으면 마을이 망한다. ii) 무트(죽다) + 샬라흐(보내다)의 합성이다. 그가 죽으면(죽을 때) 하나님께서 홍수를 보내 심판하신다는 뜻이다.

성경에 따르면 인간의 수명은 노아홍수 이후에 갑자기 짧아지는 것을 볼 수 있다. 이것은 고대 바빌론(수메르)의 기록과도 별로 다르지 않다. 그것은 i) 왕권의 근원에 대한 소개 ii) 8명(어떤 기록에는 10명)의 왕이 241,200년을 다스림 iii) 대홍수 iv) 39명의 왕이 26,997년을 다스린 것(가장 길게 다스린 에타나왕이 1560년)으로 기록되었다. 여기서도 홍수 이후와 이전의 수명은 현저하게 차이가 났다.

그 이유를 우리는 분명히 알지 못한다. 어떤 사람들은 창세기 1:6-8과 7:9-12에 비추어 이렇게 설명하였다:

> 6 하나님이 이르시되 물 가운데에 궁창이 있어 물과 물로 나뉘라 하시고 7 하나
> 님이 궁창을 만드사 궁창 아래의 물과 궁창 위의 물로 나뉘게 하시니 그대로 되

니라 8 하나님이 궁창을 하늘이라 부르시니라 저녁이 되고 아침이 되니 이는 둘째 날이니라

9 하나님이 노아에게 명하신 대로 암수 둘씩 노아에게 나아와 방주로 들어갔으
며 10 칠 일 후에 홍수가 땅에 덮이니 11 노아가 육백 세 되던 해 둘째 달 곧 그
달 열이렛날이라 그 날에 큰 깊음의 샘들이 터지며 하늘의 창문들이 열려 12 사
십 주야를 비가 땅에 쏟아졌더라

이 말씀에 보면 하나님께서 하늘 위에 물을 있게 하셨다. 노아 홍수 때에 하늘의 문들이 열리면서 하늘 위의 물이 다 땅으로 쏟아져 내렸다. 그 결과 하늘의 물 위에 있던 태양으로부터 인간에게 내려오는 광선들 가운데 인체에 유해한 광선을 제대로 걸러내지 못하게 되었다. 방사선도 그 가운데 하나이다. 태양에서 분출되는 이 유해한 광선을 수증기나 구름만으로 다 막아내기에는 역부족이라는 것이다.

이런 주장이 얼마나 정확한지는 나도 잘 모르겠다. 한 가지 분명한 것은 인간의 죄와 타락이 결국 인간의 수명을 단축시켰다는 사실이다. 노아 홍수 이전에 8-9백년 살던 인간이 노아홍수를 걸쳐 아브라함 등 믿음의 조상 시대에는 130-180년으로 수명이 줄어들었으며, 지금은 100여년 남짓으로 줄어들었다.

분명한 것이 한 가지 더 있다. 아무리 1000년을 살더라도 사람은 반드시 한 번 죽는다는 사실이다.

3 사람이 비록 백 명의 자녀를 낳고 또 장수하여 사는 날이 많을지라도 그의 영
혼은 그러한 행복으로 만족하지 못하고 또 그가 안장되지 못하면 나는 이르기를

낙태된 자가 그보다는 낫다 하나니 … 그가 비록 천 년의 갑절을 산다 할지라도 행복을 보지 못하면 마침내 다 한 곳으로 돌아가는 것뿐이 아니냐 7 사람의 수고는 다 자기의 입을 위함이나 그 식욕은 채울 수 없느니라(전 6:3, 6-7)

한번 죽는 것은 사람에게 정해진 것이요 그 후에는 심판이 있으리니(히 9:27)

"삶은 이 세상에서의 숙식이요 여행이고 죽음은 본향으로 돌아가는 것이다."(생기야 사귀야 生寄也 死歸也. 회남자[淮南子] 정신훈[精神訓]) 이 세상에 모든 만남은 헤어짐을 포함하고 있다. 죽음을 통한 이별은 친구와 친구가 잠시 이별하는 것과는 그 차원이 전혀 다르다. 아무도 원하는 일이 아니지만 기어이 찾아오고 마는 그런 이별이요, 다른 어떤 이별보다도 후회와 아쉬움을 많이 그리고 오래 남기는 이별이다. 물론 죽음은 태어날 때부터 이미 예고된 것이다. 다만 언제일지를 아무도 모른다. 전혀 뜻밖의 순간에 갑작스런 사고로 사랑하는 사람과 하루아침에 이별한 사람도 있다.

이렇게 생각해 보면 서로 사랑하고 아껴줄 수 있는 시간은 그리 많지 않다. 하나님께서 선물로 주실 영원한 나라를 소망하며 이 땅에 살 시간도 그리 많지 않다. 사랑할 시간, 서로 이해해 줄 시간, 서로 감싸줄 시간이 그리 많지 않다.

아담-하와로부터 10대에 이르는 이 족보에서 에녹과 노아에게만 '죽었다'는 말이 쓰이지 않았다. 이 두 사람의 생활은 같은 시대에 살았던 다른 사람들과 전혀 딴판이었다. 그 둘은 하나님과 온전히 동행했다. 그 중에 한 사람인 에녹은 하나님과 동행하다가 죽음을 보지 않고 곧바로 하늘나라로 들려 올라갔다. 에녹은 언제나 하나님을 믿고 언제나 하나님과 동행하였다. 하나님께서 에녹과 동행하셨다는 말은 대신에 에녹이 하나님과 동행하였다고 기록되었다. 이것은 진실로 놀라운 사실이다.

완벽한 하나님의 창조에 나타난 처음 세상은 생로병사의 고통이 없는 아름답고 선한 세상이었다. 인간은 피조물 가운데 중심에 있었으나, 피조물에 대하여 축복으로 받은 상속자와 청지기로서의 사명을 제대로 감당하는 대신에 불순종의 길을 가고 말았다. 그 결과 하나님은 이 땅에 태어난 인간이 반드시 죽게 만드셨다. 하나님의 은혜는 이 심판을 초월하는 새 하늘과 새 땅을 창조하시는 데로 나아갔다. 이로써 몇십 년을 살더라도 이 세상과 반드시 한번은 이별하지만, 그 이별이 끝이 아니요 예수님을 그리스도(구세주)로 영접하는 사람은 누구나 하나님 나라에서 생로병사를 초월한 영원한 생명을 누릴 수 있게 되었다.

> 6 너희는 하늘로 눈을 들며 그 아래의 땅을 살피라 하늘이 연기 같이 사라지고 땅이 옷 같이 해어지며 거기에 사는 자들이 하루살이 같이 죽으려니와 나의 구원은 영원히 있고 나의 공의는 폐하여지지 아니하리라 7 의를 아는 자들아, 마음에 내 율법이 있는 백성들아, …9 나의 공의는 영원히 있겠고 나의 구원은 세세에 미치리라 (사 51:6-8)

> 2 또 내가 보매 거룩한 성 새 예루살렘이 하나님께로부터 하늘에서 내려오니 그 준비한 것이 신부가 남편을 위하여 단장한 것 같더라 3 내가 들으니 보좌에서 큰 음성이 나서 이르되 보라 하나님의 장막이 사람들과 함께 있으매 하나님이 그들과 함께 계시리니 그들은 하나님의 백성이 되고 하나님은 친히 그들과 함께 계셔서 4 모든 눈물을 그 눈에서 닦아 주시니 다시는 사망이 없고 애통하는 것이나 곡하는 것이나 아픈 것이 다시 있지 아니하리니 처음 것들이 다 지나갔음이러라 … 6 또 내게 말씀하시되 이루었도다 나는 알파와 오메가요 처음과 마지막이라

내가 생명수 샘물을 목마른 자에게 값없이 주리니 7 이기는 자는 이것들을 상속
으로 받으리라 나는 그의 하나님이 되고 그는 내 아들이 되리라 8 그러나 두려워
하는 자들과 믿지 아니하는 자들과 흉악한 자들과 살인자들과 음행하는 자들과 점술가들과 우상 숭배자들과 거짓말하는 모든 자들은 불과 유황으로 타는 못에 던져지리니 이것이 둘째 사망이라(계 21:2-8)

오늘의 적용

李彦瑱(이언진, 1740-1766)

癡獃朽聰明朽(치애후총명후)

어리석은 자도 썩고 총명한 자도 썩으니

土不揀某某某(토불간모모모)

흙은 사람을 가리지 않는다네

兎園册若干卷(토원책약간권)

보잘 것 없는 책 몇 권만

吾證吾千載後(오증오천재후)

천년 뒤의 나를 증명해 주리라

62

참된 위로를 기다리는 사람들

(창 5:28-32)

개역개정	직역
28 라멕은 백팔십이 세에 아들을 낳고	28 라멕은 182년을 살았다. 그리고 아들을 낳게 하였다.
29 이름을 노아(안위함)라 하여 이르되 여호와께서 땅을 저주하시므로 수고롭게 일하는 우리를 이 아들이 안위하리라 하였더라	29 그리고 그의 이름을 노아(노아흐)라고 불렀다, '이 (아이)가 여호와께서 저주하신 그 땅에서 우리 일과 우의 손의 수고로부터 우리를 위로할 것이라'고 말하면서.
30 라멕은 노아를 낳은 후 오백구십오 년을 지내며 자녀들을 낳았으며	30 그리고 라멕이 노아를 낳게 한 뒤 595년을 살면서 아들들과 딸들을 낳게 하였다.
31 그는 칠백칠십칠 세를 살고 죽었더라 32 노아는 오백 세 된 후에 셈과 함과 야벳을 낳았더라	31 그리고 라멕의 모든 날들은 777년이었다. 그리고 그가 죽었다. 32 그리고 노아가 500세가 되었다. 그리고 노아가 셈과 함과 야벳을 낳게 하였다.

이것은 라멕에게서 노아가 태어나는 이야기이다. 창세기 4장에는 이름만 노아의 아버지와 같았던 사람이 있다. 그는 가인의 후예였다. 그는 주먹을 휘두르고 피바람을 일으키며 살았다. 그는 이렇게 말하였다:

23 … 나의 상처로 말미암아 내가 사람을 죽였고 나의 상함으로 말미암아 소년

을 죽였도다 24 가인을 위하여는 벌이 칠 배일진대 라멕을 위하여는 벌이 칠십 칠 배이리로다 하였더라 (창4:23-24)

노아의 아버지인 라멕은 위의 라멕과 동명이인이다. 가인 후손 라멕과 셋 후손 라멕 사이에는 두 가지 사실이 두드러지게 차이난다.(Mathews 316) i) 전자의 냉혹함과 후자의 경건함이 크게 대조된다. ii) 일곱이란 숫자의 쓰임이다. 전자가 말하는 77배의 보복(창 4:24)과 후자는 셋의 7대 손이며, 수명이 777년(창 5:31)이었던 것이 대조적이다.

노아의 아버지가 살았던 시대도 아마 다른 라멕의 사회현실과 크게 다르지 않았을 것이다.(창 6:5 참조) 이렇게 죽고 죽이는 현장에서 살았으니 그 인생이 얼마나 고단하였을까? 우리는 어떤 사람을 보면서 "저 사람은 왜 저리도 모진 모습으로 살아갈까"하며 고개를 갸우뚱하거나 흉을 보기도 한다. 그리고 그가 겪는 내적인 고민과 고단함이 상상할 수 없을 정도로 크다는 것을 눈치 채지 못할 때가 많다. 비록 남들 앞에서는 강한 척 모진 척 아무 거침이 없는 듯 행동하더라도 실제로는 그 사람 역시 연약한 보통 사람에 지나지 않는다. 이렇게 서로 서로 상처를 입히고, 또 상처를 받는 거칠고 험한 세상에서 고단한 인생을 산 사람 중에 하나가 바로 라멕이다.

그렇게 살아가던 어느 날 그가 아들을 하나 낳았다. 그 보다 앞선 사람들은 모두 아들들과 딸들(빠님 우빠노트)을 낳았는데 라멕은 아들 하나만 두었다. 그 이름을 노아라고 지었다. 그렇게 이름 붙인 이유는 이렇다:

28 라멕은 백팔십이 세에 아들을 낳고 29 이름을 노아(노아흐)라 하여 이르되 여호와께서 땅을 저주하시므로 수고롭게 일하는 우리를 이 아들이 안위하리라(예나헤메나) 하였더라(창 5:28-29).

이 두 낱말 사이에는 자음 눈(n)과 헤트(ḥ)가 겹친다. 앞엣것은 인명이고 뒤엣것은 보통명사이며 그 뜻은 휴식(쉼)이다. 그가 살았던 시대는 하나님의 저주 아래 있었다. 여기 쓰인 땅을 저주하셨다는 말(아라르)은 창 3:17보다 훨씬 더 강한 의미(피엘형)로 쓰였다.

두 명의 라멕

라멕이란 이름을 가진 사람은 두 명이다. 9동명이인) 창 4–5장에 한 사람은 가인의 후예이고 (창 4:23) 다른 한 사람은 셋의 7대손이요, 노아의 아버지이다.(창 5:25; 대상 1:3)

자기 동생 아벨을 죽인 가인이 에덴의 동쪽 놋(= 유리함)에 자리 잡은 이래 사람들에겐 진정한 휴식이 없었다. 그들의 생활은 생존경쟁과 영역차지를 둘러싼 투쟁으로 점철되었다. 모두가 다 고단하게 살았다. 그런 세월이 오래 흘러 이제는 라멕-노아의 때가 되었다.

생활투쟁, 생존경쟁에 지친 라멕은 안식을 그리워했다. 이에 아들을 낳았을 때 노아라고 이름 지었다. 그 이름에는 위로(휴식)라는 뜻이 들어 있다. 그는 아들에게 커다란 기대를 가졌다. 그것은 저주받은 땅 죄악이 가득한 땅에서 보내지는 하나님의 위로를 향한 외침이었다. 그렇다. 노아는 모든 위로의 하나님께서 사람과 세상을 위로하시려고 보내신 선물이었다. 그는 고단하고 절망적인 시대에 위로와 희망의 징표였다.

3 찬송하리로다 그는 우리 주 예수 그리스도의 하나님이시요 자비의 아버지시요
모든 위로의 하나님이시며 4 우리의 모든 환난 중에서 우리를 위로하사 우리로
하여금 하나님께 받는 위로로써 모든 환난 중에 있는 자들을 능히 위로하게 하
시는 이시로다 5 그리스도의 고난이 우리에게 넘친 것 같이 우리가 받는 위로도
그리스도로 말미암아 넘치는도다 6 우리가 환난 당하는 것도 너희가 위로와 구

원을 받게 하려는 것이요 우리가 위로를 받는 것도 너희가 위로를 받게 하려는 것이니 이 위로가 너희 속에 역사하여 우리가 받는 것 같은 고난을 너희도 견디게 하느니라 7 너희를 위한 우리의 소망이 견고함은 너희가 고난에 참여하는 자가 된 것 같이 위로에도 그러할 줄을 앎이라(고후 1:3-7)

본디 노아란 말은 창세기 6:6-7에 두 번 나오는 후회한다는 말과 뿌리가 같다. 그리고 노아(노아흐)라는 말에는 '위로한다'는 뜻도 있다. 곧 구약성경에서 후회한다는 뜻으로 쓰이는 나캄이라는 말은 위로한다는 뜻으로도 자주 쓰였다.(창 24:67; 37:35; 50:21; 삼하 10:2이하; 13:39; 렘 16:7; 31:15) 이 말에는 이전 계획을 돌이킨다는 뜻도 있다. 때로는 돌아서다, 바꾸다(슈브)라는 말과 함께 쓰이기도 하였다.(렘 4:28; 시 90:13; 출 32:12; 욘 3:8-9; 욜 2:14; 암 7:2, 4)

세상살이의 위로는 어디 있는 것일까? 승리와 쟁취? 소득과 소유? 학력과 경력? 지위와 명예? 그것도 잠시뿐이다. 내 나이 많아지면 내가 피땀 흘리며 차지했던 것들이 나보다 젊은 다른 사람의 몫으로 넘어간다. 그래서 사람들은 보다 젊게 보다 건강하게 보다 힘 있게 오래 오래 살고 싶어 하나 보다. 젊음을 유지하려 열심히 애쓴다. 이런 노력은 어느 정도 효과만 있을 뿐이다. 세월을 이길 장사는 아무데도 없다. 창세기 5장에도 이런 사실이 뚜렷이 나타나 있다.

우리는 어디서 위로와 안식을 찾을까? 하나님 품이다. 세월 지나갈수록 나이들어갈수록 우리가 평생 믿었던 하나님과 만날 날이 가까워진다. 평생 믿고 의지했던 그분과 만날 때를 향한, 그분이 우리에게 예비해 두신 것들을 향한 기대가 점점 현실로 다가온다는 사실이 곧 위로다. 이것이 인생 모두가 반드시 얻어야할 위로다. 그러면 만년이 가까울수록 자기 역할은 더욱 분명해지고, 인생의 품위와 평안은 더욱 커지리라.

強折花枝揷白頭 (강절화지삽백두)

꽃가지 억지로 꺾어 흰 머리에 꽂아보지만

白頭不與花相好 (백두불여화상호)

흰 머리와 꽃은 서로 어울리지 않네요

손곡(蓀谷) 이달(李達 1561-1618)이 쓴 대화탄로(對花歎老, 꽃을 보며 늙어감을 한탄하다)의 일부분이다. 해 마다 봄이 오면 작년에 심은 꽃나무에 다시 꽃이 핀다. 사람은 봄이 다시 찾아와도 다시 젊어지지 않는다. 나무는 나이를 먹더라도 봄이 되면 꽃 장식을 달고 아름다워진다. 사람은 주름살과 흰머리가 늘어간다. 이를 안타까워하는 시인은 혹시 꽃을 꺾어 장식하면 나무처럼 싱싱하고 아름답게 보일까하는 생각으로 백발이 성성한 머리에 꽃을 꽂았다. 그리고 서로 어울리지 않는다는 서글픈 사실을 재확인했다.

요즘 사람들은 꽃이 아니라 보톡스와 필라테스로 젊어 보이려 한다. 그것으로 세월이 남긴 흔적을 가릴 수 있을까? 아니다. 그것은 잠깐일 뿐 오래 가지 않는다. 나이 듦을 자연스럽게 받아들일수록, 몸이 늙어감도 자연스럽게 받아들일 수 있으리라.

63
자기 자신을 위하여

(창 6:1–2)

개역개정	직역
1 사람이 땅 위에 번성하기 시작할 때에 그들에게서 딸들이 나니	1 그리고 이런 일이 있었다. 진실로 그 사람이 그 지면 위에 많아지기 시작하였다. 그리고 딸들이 그들을 위하여 태어났다.
2 하나님의 아들들이 사람의 딸들의 아름다움을 보고 자기들이 좋아하는 모든 여자를 아내로 삼는지라	2 그리고 그 하나님의 아들들이 보았다, 그 사람의 딸들이 매우 아름다운 것을. 그리고 그들이 선택한 모든 이(여자) 중에서 그들의 아내를 삼았다.

이것은 인구가 많이 불어나는 이야기이다. 이런 일은 본디 하나님께서 기뻐하실 일이었다. '번성하라'는 하나님 말씀이 실현되니 사람에게도 즐거울 일이었다. 남성도 여성도 많아지는 것은 자연스러운 현상이다. 그런데도 본문에는 어찌된 일인지 부정적인 냄새가 난다. 무슨 까닭일까? 창세기 6:1-4의 내용은 매우 압축된 것이라 그 내용을 파악하기가 거의 불가능하다.

창 6:1-8은 노아 시대에 대홍수가 일어난 이유들 중에 하나를 알려준다. 어떤 면에서는 이것이 창세기 4-5장의 결론이다.(웰튼 425) 그래서 중요하다. 본문을 이해하는 첫 번째 단서는 우바노트 율두 라헴(= 그들을 위해 딸들이 태어났다)이라는 1b의 언급에 있다. 여기에 쓰인 전치사 라메드(ㄹ)는 세 가지 중요한 말맛을 지닌다.

i) 목적지 및 방향(to them, ihnen)을 나타낼 수도 있다. 사람들(부모)에게 딸들이 태어났다. 그렇다면 아들들의 탄생은 어인 사유로 언급되지 않았는가? 딸들의 탄생을 도드라지게 강조하는 이유가 무엇일까? 개역개정을 비롯한 대부분의 성경 번역은 이런 물음에 대답을 주지 않는다.

ii) 전치사 르의 중요한 기능은 목적을 나타내는 것이다.(for them, für sie) 이런 번역은 자녀의 탄생을 언급하는 대신에 딸들이 태어난 것을 언급한 이유를 알게 해 준다. 딸들이 누구를 위해 태어났다는 말인가? 그 사람(하아담) 곧 인류 가운데 남성을 위해서 라는 말이다.(1a) 그들은 딸들을 인간으로 대접하기보다는 일종의 효용가치로 평가했다. 혹시 이 시대 기생관광으로 수입을 올리는 어느 나라처럼 딸들이 태어나면 잔치를 하는 것과 비슷한 양상일까?

iii) 출처를 나타낸다. 그 딸들이 누구로부터 태어나 세상 존재하게 되었느냐는 것이다.

창세기 6장은 신비한 이야기로 가득 차 있다. 이는 '그 사람(하아담)'이란 말로 시작되었다. 이런 용례는 창 1:27; 2:7-8에도 있다. 여기서 말하는 그 사람은 누구인가? 이것은 남녀를 구분하는 의미에서 남성이 아니다. 남녀노소를 다 포괄하는 인류를 가리킨다. 보다 범위를 좁혀 본다면 아마 창세기 1-5장에 등장하는 사람들과 그 살아가는 모습을 모두 포함하는 것이리라. 그 범위를 조금 더 좁히자면 창세기 3-4장에 엿보이는 타락한 인간이다. 그것을 아주 좁혀서 본다면 창세기 5장에 언급된 셋의 후예다.

여기서 '하나님의 아들들'(브내-하엘로힘 = 그 하나님의 아들들)이란 누구를 가리키는가? 여기에 정관사가 붙은 것으로 보아, 비록 오늘날의 우리에게는 그것이 생소하더라도, 당시 사람들에게는 그들이 누구인지 잘 알려져 있었던 것 같다. 이에 관한 가설이 여러 가지 있다. 그 가운데 주요한 것만 들자면 다음과 같다.(Gunkel 56-57; Westermann 501-503; Hamilton 262-264; McKeown 151-53; Mathews 323-332)

i) 하나님의 아들들은 천사들인가? 그 근거는 대체로 세 가지다. 1) 욥기는 천상회의에 참여하는 천사들을 하나님의 아들들이라 부른다.(1:6; 2:1; 38:7) 2) 칠십인역(LXX 앙겔로이 튜 테유)을 비롯해 고대 사본들 가운데 여러 개가 그렇게 번역했다. 3) 고대 근동 설화에는 신적인 존재와 인간이 살과 피를 섞는 이야기들이 있다. 2세기까지는 이 견해가 폭넓게 받아들여졌다. 이럴 경우 엘로힘이란 낱말은 고유명사가 아니라 '삔'(= 아들)을 꾸며주는 말이다.(신적인 존재) 고대 메소포타미아와 그리스 이집트 등에는 신과 인간 사이에 중간역할을 하는 존재(천사)에 관한 기록이 많다. 헤르만 궁켈 이래 많은 학자들은 이런 입장에 반대한다. '만일 이런 해석이 맞는다면 하나님은 어이하여 천사들이 아니라 인간을 심판하셨을까'라는 의문이 저절로 생기는 것이다.

ii) 왕족과 후궁 및 권문세가의 딸들. 고대인에게는 왕족이 신(하늘)의 후손이라는 정서가 있다. 성 아우구스티누스는 《신국》(The city of God)에서 이런 입장을 취했다. 이런 해석은 19세기 초까지 신학계를 주도했다. 그들은 인간 통치자를 엘로힘으로 표현한 출 22:8-9; 시 82:6을 근거로 이런 주장을 폈다.(웰튼 427) 헤르만 궁켈은 하나님의 아들들이란 하나님께 속한 어떤 존재를 가리키는 것은 분명하지만 천사를 가리키는 것은 아니라고 했다. 이에 영향을 받은 학자들은 이를 거대한(막강한) 권력자로 보았다. 자신의 존재 또는 권력이 신(하나님)으로부터 온 것이라고 믿는 파라오는 물론 다윗조차도 자기 맘에 드는 아리따운 여인이라면 기혼여성이라도 가리지 않았다. 이를테면 아브람의 아내 사래를 이집트 왕이 취한 것이다.(창 12:10-20) 다윗이 우리아의 아내 밧세바를 취하고 우리아를 죽인 사건도 그렇다. 그들이 본 것은 단지 여인의 미모였다. 그녀들에게 이미 가정(남편)이 있는 것을 전혀 보지 않고 자기들의 마음이 움직이는 대로 처신했다. 이밖에 다윗의 인구조사로 인해 이스라엘에서 칠천 명이 죽었다는 이야기(삼하 24:15-17)도 여기에 해당될 것이다. 이런 일들은 강력한 권력을 지닌 자들의 욕망에서 생겨나는 부정적인 단면을 보여주는 것이리라.(Westermann 502-504)

> 6 내가 말하기를 너희는 신들이며 다 지존자의 아들들이라 하였으나 7 그러나 너희는 사람처럼 죽으며 고관의 하나 같이 넘어지리로다(시 82:6-7)

통치자들은 자신의 욕구를 관철시키려고 법질서나 인간의 기본 도리를 짓밟곤 했다. 때로는 신(하나님)에 대해서조차 경배와 찬양의 상대로 받아들이기보다는 자기의 이익을 위한 도구로 전락시켰다. 그 한 가지 예는 자기가 다스리는 영토 안에서 결혼하는 여성들에 대하여 초야권을 행사하는 것이다.(예: 길가메시 서사시) 사람의 딸들이 어떤 사람들이냐에 대해서도 의견이 분분하다. i) 지체 낮은 천민 계층의 딸들 ii) 인간의 딸들 iii) 가인 계통의 불경건한 자녀들, iv) 후궁 및 권문세가의 딸들.

이런 해석은 '자기들이 좋아하는 모든 여자를 아내로 삼는지라'는 말씀과 어울리지 않는다.

iii) 하나님의 아들들은 신앙적인 셋의 아들들이며 사람의 딸들은 가인 후손들이다. 셋의 후손은 하나님을 무시하는 다른 이들과는 달리 신실하게 예배와 찬양을 드리는 자라는 차이가 있었다. 이 입장은 영적인 사람들을 가리켜 하나님의 자녀라 부르는 신 14:1에 근거를 두었다. 이 문제를 장 깔뱅은 심각하게 받아들였다.(Calvin, Genesis 67) 그들은 두 집단 사이의 영적인 차이를 주장하면서 영적인 이족 결혼(exogamy)을 범죄로 보았다. 만일 이런 해석을 받아들인다면 그들이 하나님 없이 사는 가인 및 세상 사람들의 딸들이 결혼하는 것은 하나님의 뜻을 거스르는 가인의 문화가 셋의 후손에게 스며드는 것이다. 이로써 영적인 흐름과 세속적인 흐름 사이의 분별이 없어졌다. 결국 하나님을 거역하는 풍조가 전 인류에게 퍼진 것이다. 초대교회 교부들과 마틴 루터, 쟝 깔뱅, 프란츠 델리취 등이 이렇게 해석했다.

iv) 그들은 이스라엘 주변 국가들의 신화에 나오는 거인들 또는 괴물들(dramatis personae)일 것이다. 월트 디즈니는 이런 것에 착안하여 미녀와 야수(die schöne & das Beast)란 만화영화를 만들었다. 고대 바빌로니아의 길가메시 서사시에 나오는 주인공도 반신반인(半神半人)이다. 만일 '엘로힘'이란 낱말을 명사가 아니라 형용사 '강력한'이란 뜻으로 읽는다면 그들의 용모가 그려진다.

> 13 주께서 주의 능력으로 바다를 나누시고 물 가운데 용들의 머리를 깨뜨리셨으며 14 리워야단의 머리를 부수시고 그것을 사막에 사는 자에게 음식물로 주셨으며(시 74:13-14)

> 여호와의 팔이여 깨소서 깨소서 능력을 베푸소서 옛날 옛시대에 깨신 것 같이 하소서 라합을 저미시고 용을 찌르신 이가 어찌 주가 아니시며(사 51:9)

그렇다면 그들은 창 6:4의 네피림과 비슷한 존재이리라. 물론 이런 해석은 그들의 존재를 인정하지 않는 성경 전체의 흐름에서 벗어나는 것이다.

v) 이것은 여호와를 숭배하는 이스라엘의 신앙과 배치되는 고대 근동의 풍요제의를 상징한다. 그것은 농토의 풍년과 여성의 다산을 결합시키는 의

식이다. 이 제의에서 제사장은 '신의 아들'로 여성은 '사람의 딸'로 분장한다.(E. Lukas, Can We Believe Genesis Today? 152) 그들은 성소에서 만나 성관계를 맺으며 풍요와 다산을 기원하는 것이다. 만일 이 해석이 맞다면 본문은 이방종교와 그 제의를 폄하 · 혐오하는 것이다.

위와 같은 설명은 각각 나름대로 근거가 있으며, 동시에 치명적인 약점이 있다. 그러므로 어느 쪽 입장을 선택해야 할 지 모르겠다. 그런 판단을 하기 위한 근거로 본문은 너무나도 짧고 주어진 정보가 너무나 적기 때문이다. 이 부분을 억지로 꿰어 맞추어 풀이하기 보다는 '알 수 없는 영역이자 신비한 영역'으로 남겨놓은 편이 더 나을 것이다.

2절에는 하나님의 아들들의 상대역으로 사람들의 딸들이 등장했다. 하나님의 아들들이 주도적으로 행동했다. 여기 쓰인 용어는 아담과 하와가 에덴동산에서 범죄 하는 과정과 교묘하게 얽혀 있다.(Mathews 331) i) 거기서도 그들은 보았다(라아) ii) 그들 눈에 그것이 좋아보였다.(토브 = 아름다워 보였다) iii) 그들을 그것을 취하였다.(라카흐 = 혼인했다, 아내로 삼았다) 창 3장에서 그러하듯이 여기서도 '취하는 것' 곧 혼인관계로 맺어지는 일은 이야기의 긴장감을 최고로 높여준다.

이 이야기를 이해하는 두 번째 단서는 '봐잇르우 브네-하엘로힘 엣-쁘노트 하아담 킷 토바트'(그리고 그 하나님의 아들들이 보았다, 그 사람의 딸들이 매우 아름다운 것을.) 여기 나오는 토브(여성형: 토바트)를 개역성경은 '좋아하는' 표준새번역은 '아름다운' 공동번역개정은 '아리따운'으로 옮겼다.

남성이나 여성이 자기 짝을 찾는 것은 자연스러운 일이다. 하나님의 창조섭리이기도 하다. 더구나 개역개정처럼 '좋아하는'이라고 옮기면 그들의 선택에는 아무런 하자가 없다. 여기서 왜 그것이 문제가 되는가? 자기 배필을 선택하는 기준이 얼른 눈에 들어온다. 자기 인생의 평생 동반자를 구하는 기준에서 아름다움 곧 외모가 가장 중요한 요소라면 그것은 인간의 품격이 어디까지 떨어질 수 있는지를 보여주는 단서가 되리라. 그리스의 극작가이자 철학자인 에피카르무스(Epicharmus of Kos, 주전 550-460?)는 인생의 네 가지 소원을 말하면서 그 가운데 하나로 '아름다운 몸매'라고 했다. 이렇듯 미모란 사람이 쉽게 빠질 수 있는 유혹거리다.

에스더서에 나오는 이야기다. 페르샤를 다스리던 아하수에로 왕이 기존의 왕비를 쫓아내고 새로운 왕비를 뽑게 되었다.(에스더서 1-2장) 왕들과 귀족들의 눈요기 감이 되기를 거부하다가 와스디 왕후가 폐위된 지 4년이 지났다. 이제 왕은 지난 시절을 되돌아보기 시작했다. 에 2:1에 '생각하거늘'(자카르)이란 말은 본디 '기억하다 고려하다'는 뜻이다. 이 부분에서 그 말은 아쉬워하거나 후회하는 말맛을 강하게 풍긴다. 그는 사소한 이유로 왕비를 폐위까지 시켰던 자신의 행동을 되돌아 보았으리라. 자신의 처사가 성급하였을 뿐만 아니라 과도했다고 받아들였을 것이다. 이에 대해 역사가 요세푸스는 이렇게 말했다:

> 왕은 왕후를 몹시 사랑하였기 때문에 그녀와 떨어지자 도저히 견딜 수가 없었다. 그러나 왕후를 다시 데려오는 일은 법적으로 불가능하였다. 왕은 자기가 원하는 것을 할 수 없게 되자 몹시 괴로웠다. 왕의 친구들이 왕이 괴로워하는 모습을 보다 못해 이렇게 말하였다: "제발 왕후에 관한 모든 기억을 잊어버리십시오. 왕후에 대해 계속 연민의 정을 품으면 별로 좋지 않습니다. 그러니 전국에 사람을 보내어 아름다운 처녀를 찾아오게 하고, 그 중에서 가장 마음에 드는 처녀를 택해 왕후를 삼으십시오. 새로 왕후를 맞아들이시면, 그전 아내에 대한 사랑은 사라지게 될 것이며, 새로 맞이한 왕후에게 사랑을 쏟으면, 지나간 일을 잊어버릴 것입니다."(요세푸스, 유대고대사 6, 195-196쪽)

에 2:4의 '왕의 눈에 아름다운 처녀'란 문자적으로 왕의 눈에 보기에 좋다는 뜻이다. 이 말(야타브)에는 기쁘게 하다 즐겁게 하다는 뜻도 있다. 곧 그 미모로 왕을 기쁘게 할 만한 처녀로 번역된다.(수 22:33; 삿 18:20; 19:6, 9) 사사기에는 이 말이 성적(性的) 즐거움을 가리키는 용어로 쓰였다.(삿 19: 6. 9)

에 2:2-3에는 왕후를 뽑는 기준이 두 가지이다. i) 아름다운 용모를 갖출 것 ii) 전국 각 지방에 사는 처녀들 가운데 뽑을 것.

이 기준만 봐도 그 나라가 겉으로는 큰 나라더라도 속은 튼실하지 못한 나라다. 새로 선택될 왕후의 자격에는 아름다운 용모에 강조점이 있다. 여기에는 그 용모가 아름다웠던 와스디(1:11)를 왕이 하루 빨리 잊게 하려면 그에 버금가거나 그 보다 우월한 미모를 지닌 여인을 왕후로 세워야만 한다는 신하들의 잔꾀가 들어 있다.(그 당시 페르시아가 제대로 된 나라가 아니라는 사실은 2:12-14에도 나와 있다)

그들이 왕비를 뽑으려고 내건 두 번째 조건은 페르시아의 전통에도 어긋난다. 당시 페르시아의 왕비는 반드시 자국 여성이라야만 했다. 역사가 헤로도투스에 따르면 그 기준은 매우 엄격했다. 왕비가 될 사람은 반드시 페르시아의 칠 대 귀족 가문에 속한 처자라야 했던 것이다.(iii, 84) 그런데도 신하들은 출신에 관계없이 모집된 모든 여성들 중에서 왕이 마음에 드는 사람을 왕비로 선택하도록 제안했다. 이로써 왕에게는 기대감과 함께 선택의 폭이 넓어졌다. 위와 같은 가문에 속하지 않은 여성에게는 자기도 왕비가 될 수 있다는 꿈을 품게 했다.

여기서 우리는 간사한 이들의 무궁무진한 술책을 본다. 보통 사람은 이런 간교한 술책을 흉내도 내기 어려우리라. 그들은 악한 일을 한번 한 다음에 그것을 회개하지 않았다. 그 대신 또 다른 술책을 생각해내어 관철시켰다. 당시 페르시아는 하만 같은 자에게 휘둘리는 사람이 왕이요 그런 자가 좌

지우지 하는 나라가 되었다. 이런 것이 타락이 아니라면 무엇이 타락인가?

일찍이 예수님은 세상이 자신을 영접하지 않는 이유를 말씀하신 적이 있다:

> 18 … 믿지 아니하는 자는 하나님의 독생자의 이름을 믿지 아니하므로 벌써 심판을 받은 것이니라 19 그 정죄는 이것이니 곧 빛이 세상에 왔으되 사람들이 자기 행위가 악하므로 빛보다 어두움을 더 사랑한 것이니라 20 악을 행하는 자마다 빛을 미워하여 빛으로 오지 아니하나니 이는 그 행위가 드러날까 함이요(요 3:18b-20).

본문에서 우리는 세상의 바로 이런 모습을 본다. 왕의 후회, 한 인간에 대한 정성어린 배려보다는 자기의 이익에만 정신이 팔려있는 간사한 신하들의 조언, 이기적인 목적으로 관습에서 벗어난 왕비 간택령, 그리고 후회하던 마음을 기대하는 마음으로 바꾸는 왕의 변덕스러운 결정 등이 2:1-4절의 내용이다. 인간적으로 보면 온통 신물 나는 광경들뿐이다.

물론 이것이 전부 다는 아니다. 인간 사회와 역사의 주인은 인간이 아니라 따로 있다. 그 주인은 하나님 한 분뿐이다. 하나님은 겉으로 주인행세를 하는 인간의 이런 사악한 모습까지도 활용하여 목적과 섭리를 이루시는 분이다.(악까지도 선용하시는 하나님!) 이 부도덕과 음모와 잔꾀와 변덕 - 그 다음에 이어지는 이야기는 인간과 역사의 주인은 오직 하나님뿐이심을 우리에게 분명히 보여주었다. 우선 하나님은 이런 추악한 것들을 에스더가 부각되는 기회로 만드셨다. 결국 이 변덕스럽거나 간교한 인간들은 자기도 모르는 사이에 하나님 목적에 봉사하였으며, 하나님 백성들이 나아갈 길을 닦는 역할을 했다.

인간 만사와 만물은 서로 얽혀있다

순갈즉치한 노주박이한단위(脣竭則齒寒 魯酒薄而邯鄲圍). “입술이 없어지면 이가 시리고, 노나라 술이 묽으면 조나라의 한단이 포위된다.” 『장자』「외편、거협」에 나오는 말이다. 중국 춘추 전국 시대의 일이다. 초(楚)나라 선왕(宣王)이 제후들을 모아 큰 잔치를 벌였는데 노(魯)나라에서 바친 술이 묽어서 맛이 없었다. 선왕은 이를 괘씸히 여겨 노나라를 공격했다. 그 틈에 위(魏)나라가 초나라의 보호를 받던 조(趙)나라를 쳤다. 그들은 조나라 수도 한단을 포위했다. 조나라는 아무런 책임이 없는데도 노나라의 잘못 때문에 엉뚱하게 피해를 입었다.

사람의 일이나 자연의 일이나 세상의 모든 일이 그물망처럼 엮여 있다. 얼핏 보기에 서로 무관할 뿐 실제로는 그렇지 않다. 나(우리)의 의지와 행위만이 나(우리)의 미래를 만들어가는 것이 아니다. 나(우리)를 둘러싼 모든 존재가 나(우리)의 현재에 관여하고 있다. “대저 사물이 서로 변화하여 영향을 주고받는 것은 심오하고 신비한 일이다. 그 어떤 예지를 가지고도 논하기 어려우며 그 어떤 변설을 가지고도 풀어낼 수 없다.(夫物類之相應 玄妙深微 知不能論 辯不能解)” 《회남자》 <남명훈>의 한 구절이다. 창세기 6-8장에는 그 내용을 일일이 다 이해할 수 없는 일들이 나온다. 그런 것들이 얼기설기 얽혀 인간의 타락과 죄를 가속화시켰다. 그리고 모든 피조물을 위태롭게 만들었다.

64

사람은 누구인가?

(창 6:3)

개역개정	직역
3 여호와께서 이르시되 나의 영이 영원히 사람과 함께 하지 아니하리니 이는 그들이 육신이 됨이라 그러나 그들의 날은 백이십 년이 되리라 하시니라	3 그리고 여호와께서 말씀하셨다. '내 영이 영원히 그 사람에게 영원히 머물지는 않을 것이다. 왜냐하면 그는 육신에 지나지 않기 때문이다. 그리고 그의 날들은 120년이 되리라.

이것은 사람의 본질에 관한 하나님의 평가이다. 하나님은 두 가지를 말씀하셨다. i) '나의 영이 영원히 사람과 함께 하지 아니하리라'(3a) ii) '그들이 육신이 됨이라.'(3b)

창 6:3에서 우리는 네 가지 사실을 확인해야 한다.(Mathews 332) i) '나의 영'(루키)이란 말은 무슨 뜻인가? ii) 야돈이란 말(jādôn ⇦ dwn)은 '주장하다'(contend)는 뜻인가 남아있다(remain)는 뜻인가? iii) 바싸르(bāśār)란 말은 '인간'이란 뜻인가 '타락했다'는 뜻인가? iv) 120년이란 말은 무슨 뜻일까?

'나(여호와)의 영'(= 루앗키)이란 말은 하나님의 인격적인 현존을 가리키는 말이다. 여기서 떠나가시는 영은 창 1:2의 수면 위에 운행하시던 '하나님의 신(영)'이다.(Hamilton, Genesis 267; Mathews 332) 물론 그 말맛은 사뭇 다르다. 그분이 함께 하실 때에는 빛이 생겨나고 혼돈과 공허상태가 질서정연한 모습으로 바뀌었다. 그분이 물러가시는 곳에 심판이 찾아왔다. 생명의 기운(루앗흐 카이임 창 6:17; 7:15, 22; 루앗흐 겔 37:14 참)을 지녔던 생명체에게 파멸이 다가왔다. 다행스럽게도 하나님은 홍수 중간에 노아와 방주 안에 있는 모든 들짐승과 가축을 생각하시고 바람(루앗흐)을 보내셨다. 그때부터 다시 홍수의 물이 줄어들며 생명체가 살아갈 소망이 보였다. 하나님께서 창 2:7처럼 다시 생기(니샤마트 카이임 = 생명의 호흡)를 불어넣어 주신 것이다. 그러면서도 하나님은 인간을 영원히 살게 하시지는 않으셨다. 여기에 쓰인 영원히 라는 말(르올람)은 창 3:22-24의 영생이라는 말과 이어진다.

'함께 하다'는 말(뚠 dûn)은 무슨 뜻일까? 성경에 이 낱말이 단 한 번만 쓰였기에 그 의미를 정확히 파악하기가 어렵다. 함께하다(머물다)라고 풀이하는 것은 그리스어(katamēnō)와 라틴어(permanevit)에 따른 것이다. 궁켈(57)과 폰 라트(85) 붸스터만(506-7) 해밀턴(266-7)이 주석한 것을 정리해 보면 그 뜻은 다음과 같다.

i) 심판하다는 뜻이다. 이는 문맥에 잘 어울리지 않기에 일부 학자들은 이를 '관리하다, 통제하다'로 옮겼다. ii) 아람어에서 단나(dâna)는 '낮아지다 비천해지다'는 뜻이다. 여기서 이것은 (자신의 가치를) 상실하다는 뜻이다. iii) 아카드말에서 다나누(danānu)는 강하다 강해지다는 뜻이다.(수 15:49 '단나' 참조) iv) 아카드말에서 디나누(dinānu)는 '…을 위하여 개입하다(뛰어들다)는 뜻이다. v) 우가릿말에서 dnt는 '억압당하다, 비참(비루)해지다'는 뜻이다. vi) 이집트-아랍어에서 단, 이단(dân, jidân)은 '그는 머물러야 하리라'이다. vii) U. 카숫토는 아카드말 탈무드 아람어 그리고 히브리어 등의 용법을 연구한 끝에 '영구적으로 지속하다'(to abide permanently)로 옮겼다.(Genesis 1, 295-296) 학자들은 오랫동안 이것을 개역개정처럼 '머물다'는 뜻으로 풀어왔다. 칠십인역과 불가타 등 고대 사본들도 그렇게 옮겼다. 여기서는 이렇게 하는 것이 가장 알맞은 번역이리라.

성경에는 인간의 몸과 관련된 말들이 여러 가지 있다. 여기에 쓰인 빠사르(바사르 = 살 육체 몸 고기) 말고도 쉬에르(= 육체 고기 친지) 끄뷔야(= 육체 시신) 에쳄(= 뼈 골격) 께렘(= 뼈) 끼트(= 근육) 오드(= 살갗 피부) 로쉬(= 머리) 등이 그것이다.

빠사르는 성경에 히브리어로 270번 아람어로 3번 쓰였다. 그 가운데 오경에 138번(레위기에만 61번) 쓰였다.(ThWAT I 850-51; THAT I 376) 또한 104번은 동물에 관련되었다. 이 낱말의 의미에 관한 이하의 내용은 GM와 HAL 및 볼프(H. W. Wolff 49-56)의 설명을 정리한 것이다.

i) 빠사르는 피부(살갗)의 뜻으로 쓰였다.(시 102:5 나의 탄식 소리로 말미암아 나의 살이 뼈에 붙었나이다) 때로는 사람의 외모를 가리킨다.

ii) 빠사르는 사람의 살(고기)을 가리킨다.(창 2:21 여호와 하나님이 아담을 깊이 잠들게 하시니 잠들매 그가 그 갈빗대 하나를 취하고 살로 대신 채우시고)

iii) 빠사르는 식용으로 쓰이는 동물의 고기이다.(창 9:4 그러나 고기를 그 생명 되는 피째 먹지 말 것이니라; 삼상 2:15 기름을 태우기 전에도 제사장의 사환이 와서 제사 드리는 사람에게 이르기를 제사장에게 구워 드릴 고기를 내라 그가 네게 삶은 고기를 원하지 아니하고 날 것을 원하신다 하다가)

iv) 빠사르는 희생제물이다.(렘 11:15 나의 사랑하는 자가 많은 악한 음모를 꾸미더니 나의 집에서 무엇을 하려느냐 거룩한 제물 고기로 네 재난을 피할 수 있겠느냐 그 때에 네가 기뻐하겠느냐)

v) 빠사르는 신체기관들 가운데 하나이다.(욥 10:11-12 [주께서] 피부와 살을 내게 입히시며 뼈와 힘줄로 나를 엮으시고 생명과 은혜를 내게 주시고 나를 보살피심으로 내 영을 지키셨나이다)

vi) 빠사르는 성기 또는 신체의 일부분을 표현하는 낱말이다.(창 17:11 너희는 포피를 베어라 이것이 나와 너희 사이의 언약의 표징이니라; 레 15:19 어떤 여인이 유출을 하되 그의 몸에 그의 유출이 피이면 이레 동안 불결하니 그를 만지는 자마다 저녁까지 부정할 것이요)

vii) 빠사르는 살(육체 몸)을 가리킨다.(민 8:7 너는 이같이 하여 그들을 정결하게 하되 곧 속죄의 물을 그들에게 뿌리고 그들에게 그들의 전신을 삭도로 밀게 하고 그 의복을 빨게 하여 몸을 정결하게 하고; 겔 11:19 내가 그들에게 한 마음을 주고 그 속에 새 영을 주며 그 몸에서 돌 같은 마음을 제거하고 살처럼 부드러운 마음을 주어)

viii) 빠사르는 가족(친지)을 가리킨다.(창 2:24 이러므로 남자가 부모를 떠나 그의 아내와 합하여 둘이 한 몸을 이룰지로다; 레 18:6 각 사람은 자기의 살붙이를 가까이 하여 그의 하체를 범하지 말라 나는 여호와이니라)

ix) 빠사르는 죽을 수밖에 없는 허무한 인생이다.(창 6:3 여호와께서 이르시되 나의 영이 영원히 사람과 함께 하지 아니하리니 이는 그들이 육신이 됨이라 그러나 그들의 날은 백이십 년이 되리라 하시니라; 사 31:3 애굽은 사람이요 신이 아니며 그들의 말들은 육체요 영이 아니라 여호와께서 그의 손을 펴시면 돕는 자도 넘어지며 도움을 받는 자도 엎드러져서 다 함께 멸망하리라)

x) 빠사르는 인간에게 속한 것 전체 또는 인간이 사는 세상이다.(창 6:12 하나님이 보신즉 땅이 부패하였으니 이는 땅에서 모든 혈육 있는 자의 행위가 부패함이었더라; 사 40:5 여호와의 영광이 나타나고 모든 육체가 그것을 함께 보리라 이는 여호와의 입이 말씀하셨느니라)

xi) 빠사르는 정신(혼) 영혼 생명 등과 대조되는 사람의 육체이다.(민 16:22 그 두 사람이 엎드려 이르되 하나님이여 모든 육체의 생명의 하나님이여 한 사람이 범죄하였거늘 온 회중에게 진노하시나이까)

xii) 빠사르는 사람(인류) 또는 동물이다.(창 6:17 내가 홍수를 땅에 일으켜 무릇 생명의 기운이 있는 모든 육체를 천하에서 멸절하리니 땅에 있는 것들이 다 죽으리라; 신 5:26 육

신을 가진 자로서 우리처럼 살아 계시는 하나님의 음성이 불 가운데에서 발함을 듣고 생존한 자가 누구니이까)

몸(육, 육신)은 성경에서 이중적인 의미를 지니고 있다. 하나는 긍정적인 뜻이다. 이것은 하나님께서 지어주신 것이다. 인간은 몸과 영혼과 마음으로 이루어진 종합체이다.

다른 하나는 부정적인 의미이다. 이것의 대표적인 예가 본문이다. 여기서 육신이란 죄와 악으로 인하여 하나님 뜻과 멀어진 타락한 인간을 가리킨다.(칠십인역은 이것을 사륵스로 옮겼다)

하나님은 사람의 수명을 120년으로 제한하셨다. 그 120년은 회개하지 않을 경우에 노아 대홍수 이후에는 그리되리라고 경고하신 기간일까?(벧전 3:20 참조) 오늘날 어떤 사람들이 주장하듯이 인간의 정신적 · 신체적 요건들을 살펴보면 120년을 살 수 있게 되어 있다는 말을 뒷받침하는 것일까?

사람의 수명에 제한이 생긴 이유가 무엇인가? 성경은 '뻐샤깜 후 바사르'이라고 했다. 이것은 무슨 뜻인가?(Westermann 507; Hamilton, Genesis 267-8; Mathews 334) 뻐샤깜은 전치사 뻐 + 관계대명사 쉐 + 부사 깜이 합쳐진 말이다. 문자 그대로 옮기면 '또한 … 인 것 안에'이다. 몇몇 학자들은 '깜'에서 단모음(a)을 장모음(ā)으로 바꾸어 읽는다. 그러면 전치사 + 동사 샤가그(샤가 = [잘못] 움직이다, 탈선하다)+소유격 어미로 된다. 이 부분은 "나의 영이 사람 안에 영원히 머물지 않으리라. 잘못된 방향으로 가는 그는 육신이다"라는 뜻이다.

폰 라트가 바르게 풀이했듯이(84) 히브리 성경 본문 그대로도 의미가 잘 통한다. 전치사 뻐를 칠십인역처럼(디아 토 에이나이 아우튜스 사르카스) 이유나 원인을 나타내는 의미로 푸는 것이다.(… 이는 그가 육신이기 때문이다) 이럴 때

쉐가 마음에 걸린다. 오경 어디에서도 이것이 관계대명사로 쓰이지 않았기 때문이다. 그 낱말은 오경 이외의 책들에서는 널리 쓰인다.

하나님은 사람을 본디 영과 육과 혼을 지닌 존재로 만드셨다. 이 세 가지 요소가 균형과 조화를 이룰 때 사람은 온전해진다. 그것들 가운데 어느 하나가 지나치게 도드라지거나 위축되면 될수록 인생은 건전 · 건강에서 멀어진다.

이 이야기에서 우리는 하나님의 은총을 찾아볼 수 있을까? 3절에 집중해 보자. 하나님은 타락한 사람에게도 120년을 살 수 있게 해 주셨다. 이 120년을 어떻게 보아야 할까? 학자들은 여기서 두 가지 주님의 은총을 발견했다.(Westermann 508; Hamilton, Pentateuch 63-64) i) 하나님께서 인간에게 단축시킨 수명도 120년이나 된다. ii) 하나님의 최종 심판을 120년 동안 유예시키셨다.

창 6:3에서 육신이란 말(빠사르)은 영(루앗흐)과 대조적으로 쓰였다.(GM 183) 이사야서 31:3에서도 그렇다.

> 애굽은 사람이요 신이 아니며 그들의 말들은 육체요 영이 아니라 여호와께서 그의 손을 펴시면 돕는 자도 넘어지며 도움을 받는 자도 엎드러져서 다 함께 멸망하리라

이런 뜻에서 하나님은 말씀하셨다.

> 형제들아 내가 이것을 말하노니 혈과 육은 하나님 나라를 이어 받을 수 없고 또한 썩는 것은 썩지 아니하는 것을 유업으로 받지 못하느니라(고전 15:50)

하나님의 영이 인간의 몸에 내주하시지 않으면 인간의 육체는 사실상 죽은 것이며 결국 흙으로 돌아가고 말 것이다.(WBC 295)

> 14 그가 만일 뜻을 정하시고 그의 영과 목숨을 거두실진대 15 모든 육체가 다 함께 죽으며 사람은 흙으로 돌아가리라(욥 34:14-15)

만일 죽음이 하나의 심판이 될 수 있다면 그 심판이 120년 동안 보류된 것이다. 인간에게는 120년 동안이나 유예(猶豫)기간(시간)이 주어졌다. 이것이 얼마나 큰 은총인가!(Brueggemann 72) 이것은 회개하며 자신을 바로잡기에 충분한 시간이다. 세속 · 세상에 속한 것을 떠나 하나님 · 하나님 나라에 속한 것으로 되돌아와 살기에 아주 충분한 시간이다.

오늘의 적용

시경≪詩經≫ 소아 정월(小雅 正月)에 나오는 구절이다. '謂天蓋高(위천개고) 不敢不局(불감불국) 謂地蓋厚(위지개후) 不敢不蹐(불감불척)' 하늘이 높다 말하더라도 감히 몸을 숙이지 않을 수 없고 땅이 두텁다 말하더라도 감히 발을 조심하지 않을 수 없다는 뜻이다. 이어지는 구절은 다음과 같다. '이 말을 외치는 것은 도리도 있고 이치도 있다'(維號斯言 有倫有脊 유호사언 유륜유척) '슬프다 지금 사람은 어찌해 독사요 도마뱀인가'(哀今之人 胡爲虺蜴 애금지인 호위훼척)

"육체의 아름다움이 덧없다는 것을 깨달은 우리는 여러 가지 다른 종류의 지식 속에 있는 미를 보아야 한다…. 그리고 영혼(정신)의 아름다움이 육체의 아름다움보다 훨씬 소중하다는 것을 알아야 한다. 따라서 그 영혼이 아름다우면 비록 육신은 아름답지 않더라도 이를 더 소중히 여기고 사랑하며 선도해야 할 것이다."(플라톤의 《향연》 중에서)

고대 근동의 다른 나라들과는 달리 성경은 모든 인간(아담)이 하나님의 형상과 모양을 지니고 있다고 가르친다. 이는 모든 인간이 존엄한 존재라는 뜻이다. 이것은 어떤 개인의 사회 · 정치 · 경제적 위치나 지위를 따지지 않는다. 어떤 합리적인 판단력이나 숭고한 도덕성 등 이성의 작용이나 감정 · 감각의 능력도 고려하지 않는다. 인간이 존엄하다고 선언하는 유일한 근거는 그가 하나님의 피조물이며, 인간이라는 사실 그 자체이다.

인간이 육적으로 행동할 때 나타나는 결과가 이렇다.

65

네피림

(창 6:4)

개역개정	직역
4 당시에 땅에는 네피림이 있었고 그 후에도 하나님의 아들들이 사람의 딸들에게로 들어와 자식을 낳았으니 그들은 용사라 고대에 명성이 있는 사람들이었더라	4 그 네피림들이 그 날들에 그 땅에 있었다. 그리고 또한 그 뒤에도 그 하나님의 아들들이 그 사람의 딸들에게 들어갔다. 그리고 자신들을 위하여 자녀를 낳게 하였다. 그들은 옛날부터 있었던 그 용사들 곧 유명한 사람들이었다.

이것은 인류가 번성하기 시작하면서 일어난 일을 기록한 것이다. 에덴동산에서의 거역(창 3:6) 형제살해(창 4:8) 타인의 생명을 무시하며 이기적인 자기주장(창 4:23-24)에 이어 창 6:1-4는 인류가 지상에 번성하였다는 말로 시작되었다. 달도 차면 기운다는 말이 있듯 인간이 이룩하는 번영의 끝은 항상 타락과 부패와 멸망일까? 안타깝게도 인류역사에는 그런 사실이 수없이 많다, 개인이나 국가나. 그런 것은 여기서도 예외가 아니었다. 인간의 타락과 죄가 점점 더 심해졌다.

창 6:1-4는 성경 전체에서도 그 뜻을 풀기가 매우 어려운 부분이다. 본문을 풀이함에 있어서 이것은 항상 도전으로 다가온다. 헤르만 궁켈은 말했다. "이것은 미완성품이다. 이것은 거의 이야기라 할 수 없다. 이것은 세 문장으로 이루어졌다.(1-2절, 3절, 4절) 그것들 사이에는 밀접한 연관성이 전혀 없다. 아마 본래 이야기는 이보다 훨씬 더 풍부한 내용을 담고 있었으리라. 그 속에 천사들이나 거인들에 관한 내용이 들어 있으리라곤 상상하기 어려울 정도로 생소하다"(59)

1-2절은 신적인 존재와 인간 사이의 경계가 혼란스러워진 것을, 3절은 창조질서를 어지럽힌 것에 대한 하나님의 심판을, 4절 앞부분은 네피림의 존재를 4절 뒷부분은 하나님의 아들들(브네 하엘로힘)은 사람의 딸들(브노트 하아담)에게 반하여 결혼하고 자식을 낳은 것을 이야기한다. 창세기 3장에 이어서 이것은 하나님처럼 되려는 인간의 교만과 타락을 보여주는 또 다른 이야기일까?

네피림(nĕpillîm)이란 이름의 거인족 용사들(깁보림)은 누구일까? 이하의 내용은 주로 붸스터만(494-497)과 콕손(P. W. Coxon, NEPHILIM, in DDD 618-620)의 서술에 따른다.

그들은 흔히 강한 자 영웅 용사들로 불렸다. LXX는 호이 기간데스(= 거인들, 큰 사람들), 아퀼라는 에피프톤테스, 심마쿠스는 비아오이, 불가타는 기간테스(gigantes)라 했다. 거인에 관해서는 성경에 몇 차례 나온다.

> 20 이곳도 르바임의 땅이라 하였나니 전에 르바임이 거기 거주하였음이요 암몬 족속은 그들을 삼숨밈이라 일컬었으며 21 그 백성은 아낙 족속과 같이 강하고 많고 키가 컸으나 여호와께서 암몬 족속 앞에서 그들을 멸하셨으므로 암몬 족속이 대신하여 그 땅에 거주하였으니(신 2:20-21)

> 르바임 족속의 남은 자는 바산 왕 옥뿐이었으며 그의 침상은 철 침상이라 아직도 암몬 족속의 랍바에 있지 아니하냐 그것을 사람의 보통 규빗으로 재면 그 길이가 아홉 규빗이요 너비가 네 규빗이니라(신 3:11)

내가 아모리 사람을 그들 앞에서 멸하였나니 그 키는 백향목 높이와 같고 강하기는 상수리나무 같으나 내가 그 위의 열매와 그 아래의 뿌리를 진멸하였느니라 (암 2:9)

21 용사 가운데에 강한 자가 그를 돕는 자와 함께 스올 가운데에서 그에게 말함이여 할례를 받지 아니한 자 곧 칼에 죽임을 당한 자들이 내려와서 가만히 누웠다 하리로다… 27 그들이 할례를 받지 못한 자 가운데에 이미 엎드러진 용사와 함께 누운 것이 마땅하지 아니하냐 이 용사들은 다 무기를 가지고 스올에 내려가서 자기의 칼을 베개로 삼았으니 그 백골이 자기 죄악을 졌음이여 생존하는 사람들의 세상에서 용사의 두려움이 있던 자로다(겔 32:21, 27)

네피림이란 말이 동사 나팔(nāpal = 떨어지다, 넘어지다)에서 나왔다면 (하늘에서) 떨어진 자(Gefallene = ones who are fallen) 전쟁에 패한 자(죽은 자) 도덕적으로 타락한 자를 가리킨다. 분사형의 형용사적인 의미를 살려 옮기자면 '떨어지도록 만들어진 자들, 던져진 자들'(those who were made to fall, those who were cast down)이다. 히필형의 의미를 살린다면 '누군가를 떨어지게 하는 자들'(those that cause others to fall down)이다. 만일 그 뿌리가 명사 네펠(nēpel)이라면 낙태 또는 조산 또는 비정사 분만(욥 3:16; 시 58:8; 전 6:3)이다.(GM) 에스겔서 특히 6:1-4; 32:20-27에는 전사(戰士)과 쓰러지다는 말(nōfelîm ⇦ nāpal의 분사)이 번갈아 나온다.(Mathews 337) 해밀턴은 이 부분을 독립된 구절 또는 삽입구로 보고 분리시킨다.(Genesis 270) "한네필림 하우 바아레츠 빠얏밈 하헴"(= 그 네피림은 그 당시 세상에 있었다, 그리고 그 이후에도 역시)

그들은 하나님의 아들들과 사람의 딸들이 육체적으로 결합하여 생겨난 존재인가? 네피림은 하나님의 아들들의 다른 표현이며, 그들은 하나님께 죄를 범한 자들일까? … 등 금방 손에 잡히지 않는 물음이 이 본문에서 생겨나는 것이다.

겉보기에 이 본문의 내용은 아무런 문제도 없는 듯하다. 그저 자연스러운 현상을 기록한 듯이 보인다. 그 뼈대는 이제까지 보아온 톨레도트의 한 부분이다.

2 하나님의 아들들이 보았다…
그들은 아내를 얻었다….
4 그들은 자신들을 위해 아들을 낳게 했다 …

그렇더라도 이것은 명칭의 유래(Ätiologie)를 포함한 족보의 확장된 형식은 아니다.(Westermann 494) 그보다는 결혼에서 비롯되는 당시의 사회현상을 보여주는데 주안점이 있다.

네피림은 누구인가? 여러 가지 해석이 있다.(Hamilton 269-71; 송병현 168-9) 어떤 사람은 그들을 하나님의 아들들과 동격으로 본다. 그리고 칠십인역에 도움을 받아 '타락한 천사'로, 사람의 딸들을 세상에 사는 평범한 사람으로 보기도 한다. 또 다른 사람은 거인, 셋과 가인의 후손 등으로 본다. 그들이 결합하여 결혼하는 것은 창조를 통해 하늘과 땅을 구분해놓으신 하나님의 섭리를 거스르는 타락이라는 주장이다.(강성열 93-94; 김경래 70) 이런 입장은 기독교 안에서는 별다른 이의 없이 받아들여질 수도 있다. 그러나 일반인이 받아들이기에는 무리가 있다. 창 6:2를 창 3:6과 비교해 보자.

여자가 그 나무를 본즉 먹음직도 하고 보암직도 하고 지혜롭게 할 만큼 탐스럽기도 한 나무인지라 여자가 그 열매를 따 먹고… (창 3:6)	하나님의 아들들이 사람의 딸들의 아름다움을 보고 자기들이 좋아하는 모든 여자를 아내로 삼는지라 (창 6:2)

우리 말 번역은 다른 용어로 되어있더라도 여기에는 세 가지 낱말이 똑같이 쓰였다: 보다(라아) 좋아하다(토브) 취하다(라카흐) 이런 점만 보아도 그 내용이 타락이라는 것을 금방 알 수 있다.

네피림에 관한 기록은 창세기 말고는 민수기에만 있다. 가나안 정탐꾼들은 '그러나 그 땅 거주민은 강하고 성읍은 견고하고 심히 클 뿐 아니라 거기서 아낙 자손을 보았으며(13:28)'라고 하면서 '그리고 거기서 우리는 네피림 중에서 아낙 자손 네피림을 보았다'고 알렸다.(민 13:33; 참조 신 1:28 우리의 형제들이 우리를 낙심하게 하여 말하기를 그 백성은 우리보다 장대하며 그 성읍들은 크고 성곽은 하늘에 닿았으며 우리가 또 거기서 아낙 자손을 보았노라 하는도다 하기로; 2:10-11 이전에는 에밈 사람이 거기 거주하였는데 아낙 족속 같이 강하고 많고 키가 크므로 그들을 아낙 족속과 같이 르바임이라 불렀으나 모압 사람은 그들을 에밈이라 불렀으며) 그렇더라도 창세기 6장과 민수기 13장의 네피림이 동일한 존재라고 보기는 어렵다.

사도 베드로는 이 네피림의 존재와 노아 홍수를 나란히 언급하며, 죄와 악으로 물든 세상에 대한 하나님의 심판을 가리킨다고 보았다:

> 4 하나님이 범죄 한 천사들을 용서하지 아니하시고 지옥에 던져 어두운 구덩이에 두어 심판 때까지 지키게 하셨으며 5 옛 세상을 용서하지 아니하시고 오직 의를 전파하는 노아와 그 일곱 식구를 보존하시고 경건하지 아니한 자들의 세상에 홍수를 내리셨으며(벧후 2:4-5)

사도 유다도 이와 비슷한 내용을 언급하였다:

> 또 자기 지위를 지키지 아니하고 자기 처소를 떠난 천사들을 큰 날의 심판까지 영원한 결박으로 흑암에 가두셨으며(유 1:6)

이로써 신약성경시대의 사도들은 네피림을 죄를 범한(타락한) 천사로 보았다. 어떻게 보든 이 네피림은 그 얼굴에 세속적인 독이 가득 들어 있는 사람들이었다. 그런 사람들을 보시며 하나님은 한탄하셨다. 그 대신 얼굴에 세상의 독들이 다 빠진 모습의 사람(노아)을 특별히 눈여겨보셨다.

오늘의 적용

지난 1세기 동안 산업 의료 과학기술문명 등은 가히 혁명이라 부를 만큼 놀라운 발전을 이룩했다. 인간의 줄기세포를 연구해 DNA의 구조를 밝혀내기도 했다. 이런 것들은 사람들에게 장밋빛 환상을 심어주고 있다. 이것들이 우리 시대의 네피림이 되어 가고 있다.

문명의 진보는 그 자체로 구원이 될 수 없다. 불치병 · 난치병을 치료해 인간의 수명을 늘리는 동안 인간이 짓는 죄도 점점 더 교묘해지고 늘어나고 있다. 인간의 노화를 가져오는 유전자들을 뽑아내 그것을 늦추거나 되돌릴 수는 있더라도 그것으로 인간의 정신이 치료되지 않으며, 인간의 죄도 제거되지 않는다.

C. S. 루이스는 말한다. "나는 인간이 얼마나 오래 사느냐보다 어떻게 사

느냐에 훨씬 더 많은 관심을 가지고 있다. 나에게 진보란 각자의 생활 속에서 선과 행복을 늘려나가는 것이다. 인류 특히 개개인이 그냥 장수하는 것은 내 눈에는 말할 가치도 없는 이상(理想)으로만 보일 뿐이다."

스티븐 호킹(1942-2018)은 2017년 12월 13일 13일 중국 베이징에서 그레이트월클럽(GWC)이 주최한 행사에 참석했다. 그는 중국 기업 최고경영자(CEO)들에게 "AI의 발전이 인류에 좋은 일일지 나쁜 일일지 아직 판단할 수 없지만 우리는 사력을 다해 인류에게 유리하게 해야 한다"며 "AI가 인류 문명사를 종결지을 수 있으며 이런 위험을 피할 수 있도록 해야 한다"고 말했다. 호킹 교수는 AI와 결합한 스마트 무기를 그 예로 들었다.

호킹 교수는 'AI가 미래에 인류를 대체할 것인가'라는 질문에 "인류가 AI의 도움을 계속 받을 수 있을지, 아니면 쫓겨나거나 멸종할지 지금은 알 수 없다"며 "다만 똑똑한 기계가 사람을 대신해 일하면 100만 개의 일자리가 소멸할 수 있을 것"이라고 말했다. 이어 "AI 연구와 개발이 매우 빠르게 이뤄지고 있는데, AI가 인류에 좋은 영향을 줄 수 있는 방향으로 연구가 이뤄져야 한다"고 덧붙였다.

그는 2017년 11월 포르투갈 리스본에서 열린 '웹 서밋 기술 콘퍼런스'에서 "이론적으로 보면 컴퓨터가 인간 지능을 모방하고 뛰어넘을 수도 있다"며 "인류가 그 위험에 대처하는 방법을 배우지 못하면 AI는 인류 문명사 최악의 사건이 될 것"이라고 말했었다. 또 "자율적으로 작동하는 강력한 AI 무기뿐 아니라 많은 사람을 억압하는 기술이 등장할 수도 있고, 경제 체제가 완전히 붕괴될 수 있다"며 "AI 개발자들이 충분한 시험을 거치고 효과적인 통제를 받아야만 AI가 선하게 사용될 수 있을 것"이라고 말하기도 했다.(조선일보 2017. 12. 14)

그는 "슈퍼휴먼(Super Human)이라는 새로운 종(種)이 만들어지고 그들은 나머지 인류를 파괴할 것이며 … 슈퍼휴먼은 유전자 가위 등과 같은 유전자 편집기술로 만들어질 것"이라고 했다. 유전자 가위는 DNA 염기를 마음대로 자르고 붙이는 기술이다. 그것은 인간의 질병 치료에 뿐만 아니라 병해충에 강한 동식물의 개량에도 사용된다.

지금까지의 경험으로 미루어보건데 인간이 AI를 긍정적 또는 부정적으로 사용할 가능성은 반반이라고 보아야 하리라. 인간은 종종 누군가의 편리를 통해 누군가에게 그리고 무엇인가에게 피해를 입히곤 해 왔다.

66
후회하시는 하나님

(창 6:5–7)

개역개정	직역
5 여호와께서 사람의 죄악이 세상에 가득함과 그의 마음으로 생각하는 모든 계획이 항상 악할 뿐임을 보시고	5 그리고 여호와께서 보셨다, 그 사람의 악이 그 땅에 많고 그의 마음에 생각하는 모든 의지가 온종일 악하기만 한 것을.
6 땅 위에 사람 지으셨음을 한탄하사 마음에 근심하시고	6 그리고 여호와께서 후회하셨다, 그 땅에 사람 만드신 것을. 그리고 그의 마음으로 슬퍼하셨다.
7 이르시되 내가 창조한 사람을 내가 지면에서 쓸어버리되 사람으로부터 가축과 기는 것과 공중의 새까지 그리하리니 이는 내가 그것들을 지었음을 한탄함이니라 하시니라	7 그리고 여호와께서 말씀하셨다. '내가 그 지면 위에 창조한 그 사람을 쓸어버리리니 사람부터 가축과 기는 것과 그 하늘에 나는 것까지. 진실로 나는 그들 만든 것을 후회하노라.'

이것은 피조물의 상태를 보신 하나님께서 후회하시는 이야기이다. 그 이유는 인간의 악(라아)이 걷잡을 수 없을 정도로 커진 데 있다.(5절에 두 번) 아담과 하와가 에덴동산에서 쫓겨난 뒤 죄악은 점점 더 심해졌다. 땅은 입을 열어 아벨의 피를 받았으나 농사꾼 가인에게는 그 때부터 생명력(활력 vitality)을 주지 않았다.(입을 닫았다 창 4:12) 하나님의 저주는 가인의 삶의 터전을

중심으로 내려진다. 삶의 모습 자체가 저주로 변화되었다. 결국 땅이 없는 농부와 같은 신세가 되었다.

효력(활력)이라는 말(코아흐)은 땅이 온전한 상태에서 그저 아무런 소산을 내지 않는다는 의미가 아니다. 오히려 가인이 아벨의 피를 흐르게 함으로써 땅이 그것을 받아서 땅 자체가 가지고 있는 능력 곧 소산을 낼 수 있는 생명력을 잃었다는 뜻이다. 땅이 더럽혀진 것이다. 더럽혀진 땅이 다시 생명력을 갖게 되는 것은 오직 그 더러운 죄를 저지른 사람이 떠나는 방법밖에 없다. 이것은 레위기의 내용과 일치한다. 땅과 그 땅에서 살아가는 사람의 관계에 대하여 언급되어 있는 레위기 말씀들을 분석해 보기로 하자. 레 18:24-25이다.

> 너희는 이 모든 일로 스스로 더럽히지 말라. 내가 너희의 앞에서 쫓아내는 족속들이 이 모든 일로 인하여 더러워졌고 그 땅도 더러워졌으므로 내가 그 악을 인하여 벌하고 그 땅도 스스로 그 거민을 토하여 내느니라

여기에는 여러 가지 음란하고 혐오스러운 성 관계 등으로 인간들이 더러워졌고 땅도 더러워졌다. 그러므로 그 땅이 이제 사람을 토하여 낸다는 것이다. 하나님께서 금하시는 것들을 행한 사람들은 그 자신들이 그런 죄를 범함으로써 더러워졌고 그들이 살아가는 땅도 또한 더러워졌다는 것이다. 그런 상황에서 땅은 그 거민들을 그 땅에서 살지 못하게 한다는 것이다.

안타깝게도 창세기 6장의 상황은 그보다 훨씬 더 나빴다. 그 당시 세상에는 폭력이 넘쳐났다. 여기에서 폭력(포악)은 물리적인 완력뿐만 아니라 제도나 법이나 권력으로 어떤 사람이나 그룹에게 해를 가하고 약탈하는 것도 가리킨다.(창 49:5; 신 19:16; 잠 16:29) 본디 하나님은 세상에 앞장서서 공의와

정의를 세워가라고 힘이 있는 자들을 세우셨다. 그들 가운데 힘이 생기자 교만해지거나 물질과 권력에 눈이 어두워지는 자들이 생겨났다. 그들은 자신의 이기적인 목표를 이루려고 무리수를 두는 바람에 공동체 전체가 삭막해지거나 죽어가는 것도 모른 체 했다. 그 결과 하나님이 보시기에 참으로 좋았던 세상(창 1:31)은 하나님이 원하지 않는 모습으로 변모되었다. 여기서 우리는 '가득차다'는 말의 이중적인 의미를 본다. 곧 인간이 채운(또는 채우려 하는) 가득함(6:5,12,13 = 가득함, 모든)은 타락과 파괴의 가득함을 가져왔을 뿐이다. 그것은 번영과 충만함을 가져오는(창 9:1,7) 하나님이 채워주시는 가득함(복)과 극적으로 대조되었다.

7b의 '가축과 기는 것과 공중의 새'라는 말은 필시 모든 생명체를 가리키는 중언법(handiadys)으로 보아야 할 것이다. 여기에는 모든 동물과 사람이 다 포함된다.(Hamilton, Genesis 276)

이 부분의 핵심은 5절 앞부분과 7절 앞부분이다.

5a 그리고 여호와께서 보셨다, 그 사람의 악이 그 땅에 많음을(직역)

7a 그리고 여호와께서 말씀하셨다. '내가 그 지면 위에 창조한 그 사람을 쓸어버리리니…'(직역)

하나님은 사람 지으신 것을 후회하셨다.

6 땅 위에 사람 지으셨음을 한탄하사(와인나켐) 마음에 근심하시고

7c …. 이는 내가 그것들을 지었음을 한탄함이니라(니캄티) 하시니라

히브리 낱말 나캄(nāḥam)은 구약성경에 109번 쓰였다. 그 의미는 상당히 폭넓다. 피엘형으로 쓰일 때 그것은 위로하다는 뜻이다.(창 5:29; 37:35; 50:21)

푸알형은 위로받다는 의미다.(사 54:11; 66:13) 니팔형은 후회하다, 후회하게 하다는 뜻(창 6:6이하; 출 13:17)과 (스스로) 위로하다 위로받다(창 24:67; 38:12)와 연민의 정을 품다 (누군가의 고난에)공감하다 불쌍히 여기다(사 57:6; 렘 15:6; 삿 21:6,15)와 복수하다 앙갚음하다(사 1:24)는 뜻이다. 히트파엘형도 니팔형처럼 다양한 말맛을 지닌다. 불쌍히 여기다(신 32:36; 시 135:14) 후회하다(민 23:19) 스스로 위로받다(창 37:35; 시 119:52) 앙갚음하다 보복하다(창 27:42; 겔 5:13)가 그 뜻이다.(THAT 59-66; ThWAT 366-384)

하나님은 후회하셨다. 낯설게 느껴지는 이 표현에서 우리는 무엇을 간파할 것인가? 우리는 하나님의 뜻과 계획은 일단 정해지고 나면 상황과 조건에 관계없이 무조건 요지부동한 것이 아님을 알 수 있다. 이를 부정적으로 보아 우유부단하다거나 변덕스럽다고 보면 곤란하다. 오히려 이를 긍정적으로 보아 하나님은 꽉 막힌 분이 아니다, 하나님은 완강 · 완고하신 분이 아니라는 뜻으로 보아야 하리라. 이런 뜻에서 사무엘상 15장은 "내가 사울을 왕으로 세운 것을 후회하노니 그가 돌이켜서 나를 따르지 아니하며 내 명령을 행하지 아니하였음이니라"(11절) 하시면서도 "이스라엘의 지존자는 거짓이나 변개함이 없으시니 그는 사람이 아니시므로 결코 변개하지 않으심이니이다"(29절)라고 말씀하셨다.

겉으로 볼 때 이 두 말씀은 모순처럼 보인다. 그 속내를 들여다보면 이 말씀들은 매우 합리적인 조화를 보여주었다. 앞서의 후회라는 말은 마음의 변화를 나타내는 비유였다. 이는 깊은 관심과 애정을 안고 바라보면서 느끼는 자연스러운 감정이다. 뒤의 그것은 인간 역사와 우주만물을 통치하시는 하나님의 질서는 선과 구원을 향하는 점에서 일관된다는 사실을 보여주었다. 이에 발람은 외쳤다.

> 하나님은 사람이 아니시니 거짓말을 하지 않으시고 인생이 아니시니 후회가 없으시도다 어찌 그 말씀하신 바를 행하지 않으시며 하신 말씀을 실행하지 않으시랴 (민 23:19)

이런 말씀들은 인간구원과 해방을 향한 하나님의 계획과 섭리에는 후회가 없다는 것이다. 비록 인간이 그 구원과 해방을 받기에 전혀 어울리지 않는 상태에 있더라도.

사람은 누구나 후회 없는 인생을 살고 싶어 한다. 그러면서도 하나님 앞에서 가슴에 손을 얹고 생각할 때 후회 없는 인생은 없다. 그렇더라도 후회 속에 낙심하고 좌절하여 자기 인생의 소망과 목적(목표)마저 잃어버린다면 이는 후회하는 이성과 감정을 주신 하나님 뜻에 어긋나는 것이리라. 한편 자기가 한 말이나 행동에 후회나 부끄러움이 없다는 사람은 하나님을 업신여기는 사람이라 할 수 있다. 지난 날 겪은 어떤 사건을 말하면서, 자기 잘못은 그저 주먹만 하고 남에게는 태산만한 잘못이 있다고 말하는 사람은 하나님 심판을 무서워하지 않는 사람이다.

하나님과 하나님 말씀을 두려워하며, 거기서 벗어나지 않으려 힘쓰고 애쓰는 것을 가리켜 성경은 회개라고 말한다. 이런 후회는 단순한 후회나 한탄으로 끝나지 않고, 방향을 전환하여 참되고 바른 인생길로 나아가게 한다. 이런 후회는 사람 사이에 덕을 세우고, 사랑을 끼치게 만든다. 회개에는 위로하는 힘이 있고, 창조적인 능력이 들어 있다. 이런 뜻에서 히브리어 나함에는 위로라는 뜻과 후회라는 뜻이 같이 들어 있다. 이것은 참으로 절묘한 말이다.

인간과 세상이 망가지는 모습을 하나님이 보셨다: "하나님이 보시니 정말 썩었더라."(창 6:12) 창세기 6:5에서도 하나님은 "사람의 죄악이 세상에 가득했다"고 하시며(창 6:6-7 참조), 사람들이 "마음으로 생각하는 모든 계획이 항상 악할 뿐이었다"고 진단을 내리셨다.

> 땅 위에 사람 지으셨음을 한탄하사 마음에 근심하시고 이르시되 내가 창조한 사람을 내가 지면에서 쓸어버리되 사람으로부터 가축과 기는 것과 공중의 새까지 그리하리라

> 그 때에 온 땅이 하나님 앞에 부패하여 포악함이 땅에 가득했다(창 6:11)

> 땅에서 모든 혈육 있는 자의 행위가 부패했다(창 6:12)

> 모든 혈육 있는 자의 포악함이 땅에 가득했다(창 6:13)

> 내가 홍수를 땅에 일으켜 무릇 생명의 기운이 있는 모든 육체를 천하에서 멸절하리니 땅에 있는 것들이 다 죽으리라(창 6:17)

이것이 창세기 6-9장의 이야기이다. 그래서 6-8절에는 나캄이란 말을 뿌리로 둔 용어가 세 차례 쓰였다.

> 6 땅 위에 사람 지으셨음을 한탄하사(nicham) 마음에 근심하시고 7 이르시되 내가 창조한 사람을 내가 지면에서 쓸어버리되 사람으로부터 가축과 기는 것과 공중의 새까지 그리하리니 이는 내가 그것들을 지었음을 한탄함이니라 하시니라 8 그러나 노아(← nicham)는 여호와께 은혜를 입었더라

그 진단은 어떤 결과로 나타났는가? 우선 하나님은 노아를 눈여겨보셨다.(창 6:8) 하나님은 세상에 만물을 지으신 것을 후회하셨다. 그리고 위로라는 뜻의 이름을 가진 노아를 통해 위로를 받으셨다. 둘째로 그 위로(노아)를 출발점으로 삼아 새로운 창조 역사를 시작하셨다. 이런 뜻에서 하나님의 후회는 타락한 인간이 역사를 거꾸로 돌려놓으려는 시도에 대하여 본래의 목적과 계획 곧 인간 구원과 해방으로 방향을 바꾸는 긍정적이며 창조적인 후회였다. 이는 '보시기에 좋았더라'가 '보시기에 악하였더라'로 바뀐데 대한 후회요, 이를 다시 '보시기에 좋았더라'로 전환시키시려는 하나님의 창조사역의 일환이었다.

노아 홍수이야기(창세기 6-9장)를 자세히 살펴본다면 그 초점은 홍수 그 자체나 사람이 짓는 죄가 아니라 하나님과 하나님이 하시는 일에 맞춰져 있다. 본문은 홍수와 그 홍수를 부른 인간의 죄만을 이야기하려는 것이 아니라 인간의 그런 죄에 대응하시는 하나님의 활동을 전해주었다. 그리고 이 활동에 하나님과 동행하는 사람인 노아가 어떻게 쓰임 받는가를 알려주었다.

오늘의 적용

오늘 우리 시대에는 위로받아야 할 사람이 참으로 많다.

3 찬송하리로다 그는 우리 주 예수 그리스도의 하나님이시요 자비의 아버지시요 모든 위로의 하나님이시며 4 우리의 모든 환난 중에서 우리를 위로하사 우리로 하여금 하나님께 받는 위로로써 모든 환난 중에 있는 자들을

능히 위로하게 하시는 이시로다 5 그리스도의 고난이 우리에게 넘친 것 같
이 우리가 받는 위로도 그리스도로 말미암아 넘치는도다 6 우리가 환난 당
하는 것도 너희가 위로와 구원을 받게 하려는 것이요 우리가 위로를 받는
것도 너희가 위로를 받게 하려는 것이니 이 위로가 너희 속에 역사하여 우
리가 받는 것 같은 고난을 너희도 견디게 하느니라 7 너희를 위한 우리의
소망이 견고함은 너희가 고난에 참여하는 자가 된 것 같이 위로에도 그러
할 줄을 앎이라(고후 1:3-7)

노아 시대 사람들은 삶만 알 뿐 죽음을 의식하지 않았던 것 같다. 삶을 알고 죽음을 아는 것이 사람이다. 이 둘을 다 제대로 의식하며 사는 사람은 주어진 인생의 사건들을 겪으면서도 하나님의 위로를 받고 또 주어진 시간을 알차게 살아 것이다. 당나라 시절 한산(寒山)의 시다.

我見世間人(아견세간인) 내가 아는 세상 사람들
生而還復死(생이환부사) 이 세상 왔다가 곧 떠나네
昨朝猶二八(작조유이팔) 어제는 열여섯 꽃다운 청춘
壯氣胸襟士(장기흉금사) 기운 좋고 큰 뜻 품은 청년이더니
如今七十過(여금칠십과) 오늘은 일흔 넘긴 늙은이
力困形憔悴(역곤형초췌) 힘 딸리고 생긴 것 초췌해졌네
恰似春日花(흡사춘일화) 그 모습이 마치 봄날 꽃과 같아서
朝開夜落爾(조개야락이) 아침에 피었다가 저녁이면 지고 마네

67
세상 안에서 세상과 다르게

(창 6:8–10)

개역개정	직역
8 그러나 노아는 여호와께 은혜를 입었더라	8 그러나 노아는 이런 자 곧 여호와의 눈에서 은혜를 발견한 자다.
9 이것이 노아의 족보니라 노아는 의인이요 당대에 완전한 자라 그는 하나님과 동행하였으며	9 이것은 그것 곧 노아의 역사이다. 노아는 이런 사람 곧 의로운 자다. 그는 자기 세대에서 순전하였다. 그 하나님과 함께 노아는 걸어갔다.
10 세 아들을 낳았으니 셈과 함과 야벳이라	10 그리고 노아는 세 아들 곧 셈과 함과 야벳을 낳게 하였다.

이것은 노아에 대한 하나님의 평가이다.(창 6:9) 한편으로는 이런 평가가 나온 이유는 무엇보다도 하나님께서 그에게 은혜를 주셨기 때문이다. 다른 한편 그는 일단 받은 은혜를 은혜로 보전하며 활용함으로써 은혜 받은 자다운 모습으로 살았기에 가능했으리라.

8절 '뷔노아흐 마차 켄 뻬에이네이 야웨'(= 그러나 노아는 이런 자 곧 여호와의 눈에서 은혜를 발견한 자다)는 명사문장이다. 이는 노아의 현재 모습이 어떤지를 말해준다. '마차 켄 뻬에이네이 야웨'(= 여호와이 눈에서 은혜를 발견하다)란 표현은 성경 전체에 약 40회 쓰였다. 창세기에만도 12차례 사용되었다.(18:3; 19:19; 32:5; 33:8, 10, 15; 34:11; 39:4; 47:25, 29; 50:3) 이는 옹근 사람이 되는 길을 보여준다. 그것은 자신의 탁월함이나 교양 · 지식 · 학력 · 경력으로 되는 것이 아니다. 옹근 사람이 되는 길은 오직 하나님의 눈에 드는 자, 하나님의 은혜를 받은 자라는 믿음으로 열린다.

앗시시의 성자 프란체스코에 얽힌 이야기들 중 하나다. 그의 제자 한 사람이 기도하는 중에 환상으로 천국을 구경했다. 그곳에 크고 작은 보좌들이 늘어서 있는데 그 중에서 유달리 크고 화려한 한 보좌가 눈에 띄었다. 그는 궁금하여 천사에게 이 보좌가 누구의 것이냐고 물었다. 천사는 대답하기를 이 자리는 세상에서 가장 겸손한 프란체스코가 앉을 보좌라고 했다. 제자는 자기 스승이지만 이렇게 높아지는 것에 시샘이 났다.

그는 어느 날 조용히 프란체스코에게 물었다. "선생님, 선생님은 자신을 어떤 사람이라고 생각하십니까?" 그러자 프란체스코는 "나는 세상에서 가장 악한 사람일게. 가장 큰 죄인이야"하고 대답했다. 제자는 "선생님, 그것은 위선이요 거짓입니다. 세상에는 얼마나 나쁜 사람들이 많은데 성자로 일컬어지는 선생님께서 어찌 그런 말씀을 다 하십니까? 그것은 정말 잘못된 거짓말입니다"라고 반박했다. 그때 성 프란체스코가 대답했다. "자네가 나를 잘 몰라서 그런 걸세. 나는 참으로 큰 죄인이야. 만일에 하나님께서 내게 베푸신 그 튼 은혜를 다른 사람에게 베푸셨다면, 그들은 모두 나보다 훨씬 더 훌륭한 사람이 되었을 것이야. 오직 하나님의 은혜로 오늘의 내가 있는 것일세.

> 노아는 ① 의인이요; ② 당대에 완전한 자라; ③ 그는 (그 자신 스스로) 하나님과 동행하였으며 …

'의로운'(차디크)이란 말은 본디 관계를 나타내는 것이었다. 곧 윤리 · 도덕적인 행실을 구체적으로 지목하기보다는, 어떤 사람이 다른 어떤 상대와 맺은 관계를 건전하고 건강하게 유지 · 발전시키는 데 필요한 일정한 기준을 만족시켰다는 뜻이었다. 그 기준에 알맞은 것으로 확인될 경우에 그 사람을 향해 의롭다고 하는 것이었다. 이 말이 신앙적인 의미로 쓰일 때에는 하나님과 맺은 관계가 바르다고 인정받은 사람인 것이다. 이 말이 쓰이는 폭은 상당히 넓었다. 히브리말로 정의 또는 공의를 나타낼 때 체덱 · 츠다카 또는 미쉬파트 · 미쉬파팀를 쓴다. 그 쓰임새는 대략 네 가지이다.

i) 불법 · 불의를 지적(공격)하여 바로잡는 것(심판)이다. ii) 허물과 죄를 지은 사람을 용서하며 자비롭게 대하는 것이다. 성경은 자주 자비를 가리켜 정의라고 한다. 시편 32편과 51편, 106:30이하에 이런 뜻이 잘 나타나 있다.(시 51:14 하나님이여 나의 구원의 하나님이여 피 흘린 죄에서 나를 건지소서 내 혀가 주의 의를 높이 노래하리이다) iii) 공동체 내부의 상호관계를 해칠만한 일이 생겼을 때에도 바르고 옳은 것보다는 공동체의 유지 · 발전을 우선적으로 선택하는 것이다.(렘 7:5) 이럴 때 체덱은 종종 계약(언약 bərît)과 나란히 쓰인다. iv) 개인이나 공동체가 창조적인 능력을 계발 · 발휘하게 돕는 것 또는 구원을 받을 수 있게 인도하는 것이다. 여기에는 고난당하는 의인 곧 자신이 고난당함으로 타인의 구원을 이루는 것이 포함된다.(시 22편 69편 사 53장)

이와같이 '의(의로움)'은 '관계'와 깊이 관련된 말이었다. 크게는 하나님과 올바른 관계, 작게는 사람들끼리의 관계를 바르게 가꾸며 사는 것을 가리킨다. 소극적으로는 관계를 깨뜨릴 죄를 범치 않음을 의미하고(참조. 시 1편) 적극적으로는 하나님을 섬기며(참조. 말 3:18) 하나님의 척도에 자신을 맞추어 가며 생활하고, 이웃에게 정의와 선을 행하는 것(참조. 욥 29:12-15)을 말한다. 이것의 강조점은 올바른 행위보다는 깨어지지 않은, 긍정적이며 창조적인 '관계'에 있었다. 이는 건강하고 건전한 관계를 꾸준히 지켜나가며 그 속에서 창조적인 열매를 맺는 것을 가리켰다.

'완전한'(온전한 타밈)이라는 말은 노아가 세상의 도덕과 윤리의 잣대에 비추어 보아 절대적으로 완전의 경지에 도달하였다는 뜻이 아니었다. 하나님께 바치는 제사에 관련하여 쓰일 때 이 말은 하나님께서 받으실만한 흠 없는 희생 제물을 가리켰다.(레 1:3, 10 등) 만일 이런 뜻을 노아에게 적용한다면, 그는 하나님께 온전히 바쳐질 수 있을 정도로 결격 사유가 없는 사람이었다.

사람에게 쓰일 때에 이 말은 아무런 죄가 없이 완벽하다는 뜻보다는 신앙적 · 인격적 성숙도를 나타낸다. 이는 눈속임을 하거나 다른 이에게 보이려고 겉치레를 하지 않는 것이다. 그리고 하나님과의 친밀도를 가리킨다. 이 말에는 윤리 · 도덕의 범주가 포함되었더라도 그것에 국한되지 않는다. 옹근 사람은 하나님 앞에서 행하기를 기뻐하며(창 17:1) 하나님 말씀(토라)에 순종하기를 즐기는 사람이다.(시 119:1)

'하나님과 동행하는'이란 말은 창세기 5장에서 에녹을 가리키는 것이기도 하다.(5:22, 24) 여기서 동행한다는 말은 매사에 기도와 말씀을 지렛대로 하여 활동한다는 뜻이다. 크고 작은 일에서 그는 하나님의 뜻이 무엇인가를 물었다. 그리고 그 말씀에 바탕하여 실행하였다. 창 5:24처럼 여기에도 (하나님과) 동행하다는 말(할라크)이 힛트파엘형으로 쓰이면서 그 의미가 한층 강화되어 '자기 스스로'란 의미도 부여되었다. 그는 하나님과 동행하되, 자기 스스로 하나님 말씀을 따르기로 다시 말해 자발적으로 복종하기로 결심하였다는 것이다.

이런 사람에게는 자신에게 좋고 나쁜 것의 기준은 자신이거나 주변 사람이 아니다. 하나님이다. 그는 하나님께 좋은 것이 자신에게도 좋은 것으로, 하나님께 나쁜 것이 자신에게도 나쁜 것으로 받아들인다. 인간 및 사회에 좋고 나쁜 것을 판단하는 기준도 그에게는 오직 하나님과 하나님 말씀이다.

창세기 6:9는 노아를 이렇게 긍정적으로 묘사했다. 이는 그가 이 세상에 살면서도 다른 사람들과 달리 하나님께 속하였음을 강조하는 것이다. 노아는 하나님과 바른 관계를 맺고 사는 사람이었다. 하나님을 자기 인생의 주인으로 모시고 사는 사람, 하나님께 예배드리기를 즐겨하는 사람이었다. 매사에 "이런 경우에 하나님은 어떻게 말씀하실까, 만일 하나님이 나라면 이런 일에서 어떻게 처신하실까" 하는 점을 염두에 둔 채 말하고 행동하는 사람을 가리켜 성경은 '의인이요 당대에 완전한 자라. 그는 하나님과 동행하였더라' 라고 표현하였다.

> 믿음으로 노아는 아직 보이지 않는 일에 경고하심을 받아 경외함으로 방주를 준비하여 그 집을 구원하였으니 이로 말미암아 세상을 정죄하고 믿음을 따르는 의의 상속자가 되었느니라 (히 11:7)

노아는 후대 사람들에게 커다란 귀감이 되었다.(겔 14:14, 20; 사 54:9-10; 히 11:7; 벧전 3:20; 벧후 2:5) 그의 의롭고 순수한 모습은 그와 같은 시대 같은 세상에 살던 사람들이 그리 경건하지 못하였기에 더욱 빛났다.(6:12-13) 그 당시 세상은 부패하고(샤하트), 폭력(하마스)으로 가득하였다. 창 6:11-17절에는 부패함(개역: 패괴함)이란 단어가 다섯 번이나 나왔다. 이는 그 세상이 철저하게 썩었다는 사실을 말해주는 것이다. 이런 시대일수록 노아 또는 그와 비슷한 사람이 존재한다는 사실 하나만으로도 큰 위로가 될 것이다. '세상이 아무리 삭막하다고 하더라도 가슴이 따뜻한 사람은 여전히 있어'라며 위안을 받으리라.

오늘 우리 시대에도 여전히 '오늘의 노아'와 '오늘의 방주'가 필요한 때이다. 어찌 보면 그 당시보다도 '더 많은 노아, 더 많은 방주'가 필요한 시대에 우리가 살고 있다.

오늘의 적용

하나님은 노아를 의로운 사람이라 인정하셨다. 사실 정의(공의)는 '올바르다'는 낱말풀이로 끝낼 수 있을 정도로 간단한 말이 아니다.

공자의 의(義)에 대해 '義者宜也(의자의야) 尊賢爲大(존현위대)'라고 말했다. (중용 中庸 20-5) 이를 풀이하면 "의라는 것은 마땅한 것이다. 곧 현명한 사람(생각)을 존중하고 크게 여기는 것이다."라고 할 수 있다. 다시 말하자면 정의란 마땅한 것이 무엇인가를 찾아내는 과정이다. 이를 위해 타인의 현명함을 존중하며 크게 받아들이는 것이 곧 의(정의)다.

그에 따르면 정의는 올바름(마땅함)에 이르기 위하여 자기 자신이나 자기 생각이 현명하다고 내세우는 것이 아니다. 그보다는 오히려 타인의 현명한 의견을 존중하는데서 실현된다. 자기 아닌 타인이 현명하다는 것을 받아들이는 것이 위대한 의(공의)다.

이 말을 노아에게 적용한다면 노아는 어떤 점에서 의로운 사람일까? 그는 자기 시대에 살았으면서도 그 시대 사람과 다르게, 자기 사회의 한 복판에 살았으면서도 그 사회의 흐름과 다르게 산 사람이었다.

노아가 이렇게 불러지는 것이 자기 세대에서 명예로운 칭찬이었을까? 혹시 그 시대 사람들은 그를 괴짜로 보지는 않았을까? 체스테르튼(G. K. Chesterton)은 말한다. "확실한 믿음을 가진 사람은 으레 이상해보이기 마련이다. 그런 사람은 세태에 따라 변하지 않기 때문이다. 그는 이미 높은 항성에 올라가 있다. 그 발 밑에는 지구가 회전 요지경처럼 윙윙 소리를 내며 돌고 있다. 수백만의 온순한 사무직 사람들은 자신들이야말로 제정신을 지닌 양식있는 사람이라고 생각한다. 왜냐하면 그들은 항상 유행이라는 이름의 정신이상에서 벗어나지 않고 그 뒤를 따르고 있기 때문이다. 그들은 세상의 거대한 소용돌이에 의해 광란 속으로 바쁘 들어가고 있기 때문이다."

(Orthodoxy 27-28; 월튼 481)

68
심판

(창 6:11–13, 17)

개역개정	직역
11 그 때에 온 땅이 하나님 앞에 부패하여 포악함이 땅에 가득한지라	11 그리고 그 땅이 그 하나님 앞에서 타락하였다. 그리고 그 땅이 폭력으로 채워졌다.
12 하나님이 보신즉 땅이 부패하였으니 이는 땅에서 모든 혈육 있는 자의 행위가 부패함이었더라	12 그리고 하나님이 그 땅을 보셨다. 그런데 보라, 그것이 참으로 타락하였다. 이는 모든 육체가 그 땅 위에서 그의 길을 타락시켰기 때문이었다.
13 하나님이 노아에게 이르시되 모든 혈육 있는 자의 포악함이 땅에 가득하므로 그 끝 날이 내 앞에 이르렀으니 내가 그들을 땅과 함께 멸하리라 …	13 그리고 하나님께서 노아에게 말씀하셨다. '모든 육체의 종말이 내 앞에 다가온다. 이는 그 땅이 그들 앞에서 폭력으로 가득 찼기 때문이다. 자 보라, 이제 내가 그 땅과 함께 그들을 파멸시키리라.' …
17 내가 홍수를 땅에 일으켜 무릇 생명의 기운이 있는 모든 육체를 천하에서 멸절하리니 땅에 있는 것들이 다 죽으리라	17 그리고 보라 나는 이런 자 곧 그 하늘 아래에서 생명의 영이 있는 모든 육체를 파멸시키는 자이다. 그 땅 위에 홍수를 가져오리니 그 땅 위에 있는 모든 것이 죽으리라.

이것은 하나님께서 노아에게 방주를 짓게 하시는 이야기이다. 그에 앞서 성경은 노아 시대 사람들이 포악했다고 한다. 부패하다는 말(샤카트)은 노아를 가리킬 때 쓰였던 온전함(탐밈)에 반대된다. 그리고 폭력(포악)이란 말(하마스)은 의로움(차디크)에 반대말이다. 노아 시대 사람들은 이렇게 노아와 반대로 생활했다. 창 6:9-22는 다섯 부분으로 짜여 있다:

1 노아의 모습(6:9-10) - 구원의 말씀

2 땅과 그 안에 사는 사람의 사악함(6:11-13) - 심판의 말씀

3 방주제작 및 그 규모(6:14-16) - 구원의 말씀

4 홍수로 심판하심(6:17) - 심판의 말씀

5 하나님의 명령과 노아의 순종(6:18-22) - 구원의 말씀

노아 이야기에는 본디 하나님이 보시기에 참으로 좋았던 세상(창 1:31)이 전적으로 타락한 모습이 나와 있다. 하나님은 이 세상에 자신의 형상대로 지으신 사람들과 자신이 손수 만드신 짐승들로 가득 차길 원하셨다.(창 1:22, 26-28) 그 세상에 오히려 폭력배와 모리배가 가득 찼다.(창 6:11) 하나님은 사람에게 높은 기대를 가지셨는데 인간은 하나님의 목적과 기대를 철저하게 배신하고 말았다.

창 6:11-12에는 '그 땅'이 세 차례 주어로 등장한다. 창 9:13b도 그렇다. 이것은 인간으로 말미암아 온 세상이 부패했다는 사실을 보여준다. 더 나아가 부패한 정도가 엄청나(massiv) 빠진 곳이 없을 정도로 속속드리 썩어서 지극히 혐오스럽게 되었다는 것이다.(Westermann 558)

인간 세상의 이런 모습을 하나님이 보셨다: 하나님이 보시니 정말 썩었더라.(12절) 창세기 6:5에서도 하나님은 '사람의 죄악(라아트 = 악함)이 세상에

가득했다'고 하시며, 사람들이 '마음으로 생각하는 모든 계획이 항상 악할 뿐이었다'고 진단을 되풀이 하실 정도로 세상 사람들은 타락했다. 11-13, 17절에는 썩다 부패하다는 말(샤카트)이 니팔 미완료, 니팔 완료, 히필 완료, 히필 분사, 피엘 부정사로 다섯 차례나 쓰였다. 특히 13, 17절에서 그것은 황폐하게 하다라는 뜻이다. 11-12절에서 쓰인 샤카트의 의미를 살려서 이 부분을 옮기면 "… 땅이 하나님 앞에 황폐하게 되어 … 땅이 황폐하게 되었으니 … 황폐하게 되었더라 …. 내가 그들을 황폐하게 하리라." 이 구절들은 마치 창 3:1-6:4를 요약한 것처럼 보일 정도다.(Hamilton, Genesis 278) 이는 심판 이외에 다른 길이 없다는 사실을 분명하게 드러냈다. 결국 하나님은 단호한 조치를 내리셨다.(13-14절) '보시기에 심히 좋았더라'(창 1:31)가 '멸하리라… 땅에 있는 것들이 다 죽으리라(창 6:13-14)로 바뀌고 말았다.(Brueggeman 76)

노아 시대의 대홍수는 자연현상 곧 천재지변이 아니다. 그것은 하나님의 작정과 계획에 따라 일어났다. 이 이야기 속에서 우리는 하나님의 절대적이고, 초월적인 주권과 의지를 읽는다. 이 이야기 속에는 인간의 주도적인 행위는 한 번도 나오지 않았다. 다만 하나님은 그 심판을 비밀로 했다가 어느 날 갑자기 내리지 않으셨다. 고대 근동 신화들과는 달리 하나님은 노아에게 천기를 누설하셨다.

사람들이 이렇게 하나님 말씀을 듣지 않고 받아들이지 않을 때 노아는 그들과 달랐다. 여기 나오는 노아는 별다른 특징이 없는 사람이었다. 이 이야기는 6:9에서 "노아는 의인이요 당대에 완전한 자라 그는 하나님과 동행하였다"고 전할 뿐 다른 묘사가 거의 없다. 노아는 이 홍수 이야기 내내 한 마디 말이 없었다. 하나님께서 말씀하시는 것에 질문이나 반론을 일절 하지 않았다. "노아가 그와 같이 하여 하나님이 자기에게 명하신 대로 다 준행하였더라"(6:22)라고 기록되어 있듯이 이 홍수이야기의 시작부터 끝까지 그는 그저 묵묵히 하나님께서 명하시는 대로 행할 뿐이었다.

노아 홍수 이야기에는 절대적이고 초월적인 하나님께서 모든 것을 주도하였다. 창 6:8이다.

"그러나 노아는 여호와께 은혜를 입었더라"

이것은 노아가 그 대홍수 속에서도 살아남은 것은 전적으로 하나님의 주권적 은혜이지 노아 자신의 의로움 때문이 아니라는 뜻이다. 이 이야기 속에서 노아는 하나님께서 하시는 대로 순종한다는 것 밖에는 별다른 특징 없는 평범한 사람으로 등장하였다. 이런 노아를 가리켜 창 6:9에서 "노아는 의인이요 당대에 완전한 자라 그는 하나님과 동행하였다"고 전할 뿐이었다. 노아는 이 홍수이야기가 시작될 때부터 끝날 때까지 묵묵히 하나님께서 명하시는 대로 행할 뿐이었다.

노아 시대의 홍수사건을 통하여 드러나는 하나님은 어떤 분인가? 그분은 인간과 이 세상으로부터 멀리 떨어져 계시거나 인간과 이 세상의 일에 관해 무관심하시거나 무기력하신 하나님이 아니다. 하나님은 사람들이 자기 멋대로 아무렇게나 살라고 내버려두는 분이 아니다. 하나님은 그가 지으신 세상에 대해 깊은 관심을 갖고 계시며, 인간의 모든 행동을 예의 주시하셨다.

노아 시대의 홍수사건은 인간의 사악함과 사람들 사이의 비인간적 행위가 사회와 문명의 존재 자체를 붕괴시킨다는 것을 말해주었다. 이 사건은 하나님이 인류의 존재와 그 사회의 존속을 위협하는 부패와 타락을 그냥 보고 계신 분이 아니심을 보여주었다. 하나님께서는 친히 지으시고 보시기에 심히 좋다 하셨던 이 세상이 인간의 죄로 더럽게 뒤덮이게 그냥 놔두지 않으신다는 것을 명백히 보여주었다. 하나님은 죄를 용납하지 않는 분이다. 하나님은 이 세상과 인간을 죄로부터 깨끗하게 하는 분이다. 우리는 일시적으로 악한 자들과 불의한 세상에서 고난당하는 것 때문에 낙심하지 말아야 하리라. 노아 때 홍수로 세상을 깨끗하게 하신 하나님께서 지금도 살아계시기 때문이다.

또한 우리는 우리 자신과 이 세상을 깨끗하게 보전하기를 원하시는 하나님의 경고를 들어야 한다. 그리고 회개해야 한다. 하나님의 심판은 반드시 있으며, 그 심판은 불시에 임할 것이다. 하나님께서는 인간과 세상의 사악함을 단숨에 뒤엎어버리고 쓸어버리실 것이다. 그 심판은 무섭고 단호하며 결정적이다.

오늘의 적용

노아는 심판을 넘어 산 사람이었다. 찬송가 345장을 불러보자.

1. 캄캄한 밤 사나운 바람 불 때 만경창파 망망한 바다에
   외로운 배 한척이 떠나가니 아 위태하구나 위태하구나.

2. 비바람이 무섭게 몰아치고 그 성난 물 큰 파도 일 때에
   저 뱃사공 어쩔 줄 몰라 하니 아 가련하구나 가련하구나.

3. 절망 중에 그 사공 떨면서도 한줄기의 밝은 빛 보고서
   배안에도 하나님 계심 믿고 오 기도올린다 기도올린다.

4. 아버지여 이 죄인 굽어보사 성난 풍랑 잔잔케 하시고
   이 불쌍한 인생을 살리소서 오 우리 하나님 우리 하나님.

5. 모진 바람 또 험한 큰 물결이 제 아무리 성내어 엎쳐도
   권능의 손 그 노를 저으시니 오 잔잔한 바다 잔잔한 바다.

69

창과 문을 내라

(창 6:14-16)

개역개정	직역
14 너는 고페르 나무로 너를 위하여 방주를 만들되 그 안에 칸들을 막고 역청을 그 안팎에 칠하라	14 너를 위해 고페르 나무로 방주를 만들라. 둥지들을 그 방주에 만들라. 그리고 그것의 안과 밖을 그 역청으로 칠하라.
15 네가 만들 방주는 이러하니 그 길이는 삼백 규빗, 너비는 오십 규빗, 높이는 삼십 규빗이라	15 그리고 네가 만들 그것은 이러하다. 그 방주의 길이는 300암마이고 그 너비는 50암마이며 그 높이는 30암마이다.
16 거기에 창을 내되 위에서부터 한 규빗에 내고 그 문은 옆으로 내고 상 중 하 삼층으로 할지니라	16 만들라, 방주를 위해 창문을. 위로부터 1암마 이내로 끝내라. 그리고 그 방주의 문 그 옆에 두어야 한다. 아래층 이층 삼층으로 그것을 만들라.

이것은 방주를 어떤 재료로 어떤 모양으로, 어느 정도 크기로 만들지를 알려주는 말씀이다. 하나님께서는 노아에게 만들 배에 관한 모든 것을 매우 자상하고 친절하게 알려주셨다.

하나님은 방주에 칸들(개역개정)을 만들라고 하셨다. 칸들이란 말(켄 qēn, 킨님 qīnîm)은 아마 아카드말(킨누 qinnu = 둥지, 가족)이나 만다야어 키나(qina = 둥지, 무리, 가정, 가족, 집단)에서 왔으리라. 이는 아람어(kann, kinn)로 은신처 가정 둥우리를 가리킨다.(GM 1173)이는 방주에 탄 사람과 가축들이 안전하고 편안하게 지낼 수 있게 각자의 고유한 영역을 정해주라는 뜻이다.

창 6:15에는 방주의 크기가 나온다: 길이-300규빗, 폭-50규빗, 높이 30규빗). 한 규빗을 45.6cm으로 계산할 때 방주의 길이는 138미터 폭은 23미터 높이는 14미터다. 그 용적은 약 43000톤 이상의 짐을 실을 수 있는 것이었다. 창세기에 나오는 족보를 응용하여 계산해보니 이것을 만드는데 120여 년이 걸렸다.

길이와 폭과 높이의 이 비율(길이가 너비의 6배, 높이의 10배)은 요즈음 대형선박을 지을 때 그대로 응용하고 있다. 이 비율이면, 그 어떤 바람과 파도 그리고 화물적재에서도 배가 운항하기에 가장 안전하다고 한다. 실험 결과 이런 비율로 건조된 배라면 파고가 30미터라도 쉽게 뒤집어지거나 부서지지 않을 만큼 안정적이다.(1993년 2월 17일자 한국일보 참조) 방주의 크기는 훗날 모세가 세운 장막 안뜰의 3배이다. 17세기 화란 사람인 얀센(Peter Janssen)이 방주의 실제 크기보다 5분의 2 크기로 모형을 만들어 실험했다. 그 결과 이런 크기가 균형을 잡기에 가장 안정적이라는 것을 입증했다.(두란노 225)

개역개정, KJV	표준새번역, ESV
거기에 창을 내되 위에서부터 한 규빗에 내고 그 문은 옆으로 내고 상 중 하 삼층으로 할지니라	그 방주에는 지붕(창문)을 만들되, 한 자 치켜올려서 덮고, 방주의 옆쪽에는 출입문을 내고, 위층과 가운데층과 아래층으로 나누어서 세 층으로 만들어라.

A window shalt thou make to the ark, and in a cubit shalt thou finish it above; and the door of the ark shalt thou set in the side thereof; with lower, second, and third stories shalt thou make it.(LÜ 참조)	Make a roof(sky light) for the ark, and finish it to a cubit above, and set the door of the ark in its side. Make it with lower, second, and third decks.(ESV; NRSV; NIV; ELB 참조)

하나님은 방주에 창문(초하르)을 내라고 노아에게 말씀하셨다. 개역개정에 따르면 약 14미터 높이의 배의 위에서 아래로 약 45cm 지점에 만들라고 하셨다.(16절) 땅에서 배를 바라보면 마치 지붕에 창이 있는 것처럼 보일 수도 있다. 그래서인가? ESV와 NRSV 등 대부분의 성경은 이를 지붕(roof)라고 했다.(표준새번역 '그 방주에는 지붕을 만들되, 한 자 치켜 올려서 덮고')

무슨 이유로 번역이 이렇게 달라지는가? 창문 또는 지붕이라 한 말(초하르)은 성경에서 유일하게 이곳에만 쓰였다. 동사 차하르(ṣāhar)는 아람어(zahara)에서 (분명하게) 보이게 하다, 나타나게 하다, 알리다 등을 의미한다. 중세 히브리어에서 이것은 히필형으로 쓰일 때 빛나게 하다는 뜻이다. 초하르의 쌍수형태인 차하라임(ṣāharaîm)은 대낮(아 1:7; 사 16:3; 암 8:9)을 가리킨다. 이 낱말은 사 58:10; 시 37:6; 욥 11:17 등에서 구원이나 행운을 가리키는 용어로 쓰이기도 했다.(GM 1105-6)

이 말은 많은 경우 창문으로 번역된다.(불가타: fenestra, 개역개정과 공동번역 개정) 그밖에도 천장 아치형 지붕 등이 있는데 어느 것이 맞다고 확정하기 어렵다. 노아가 까마귀를 방주 밖으로 내보낸 통로(창 8:6)인 창문을 가리키는 말로 칼론(ḥallôn)이 쓰였다. 기생 라합이 이스라엘 정탐꾼을 숨겨주었던 곳(수 2:6,8)이나 다윗 왕이 밧세바가 목욕하는 것을 보는 곳(삼하 11:2)에는 지붕을 가리키는 말로 가그(gāg)가 쓰였다.

여기에 쓰인 밀마알라(milm' alâ)는 전치사 민(min = from)과 전치사 르(le = to)와 방향을 나타내는 부사 마알(m'al)에 방향을 나타내는 어미 아(â)가 합쳐진 것이다. 각각의 용어들이 다 방향 및 위치를 보여준다. 이를 종합하면 꼭대기 아래 약 45cm 지점에서 윗방향으로 빛이 들어올 문(초하르 = 창, 덮개, 지붕)으로 마감하라는 것이다.

영어로 창문이란 말(Window)은 '바람의 눈'(Wind+Eye)이란 뜻이다. 창(窓)이란 무엇인가? 집(宀)에 있는 사람들의 마음(心)이 하나로 되며 공유되는(公) 자리이다. 배려와 존중이 있는 곳에는 항상 마음의 창문이 있다.

창이 없는 건물, 창문이 없는 집을 상상할 수 있을까? 집에 창이 있는 것은 영혼에 눈이 있는 것처럼 아름다운 일이다.

창 앞에 서면 풀잎을 흔들던 작은 바람들이 마음을 어루만지는 부드럽고 작은 바람으로 우리에게 다가선다. 시원스레 다가온 그 바람을 맑은 시선으로 바라보는 이의 마음은 행복하리라. 세상을 고루 다녀 온 그 바람의 눈으로 우리는 사람과 세상을 배울 수 있다. 그런 이에게 학교는 배움의 창(學窓)이요 거기 있는 친구들은 동창(同窓)이다.

마음의 창문을 굳게 닫은 아이들을 우리는 자폐아라고 부른다. 그런 이들도 우리에겐 소중한 한 사람이다. 비록 우리가 모르더라도 그들에겐 그렇게 한 이유가 나름대로 있으리라. 그들만이 아니다. 어떤 사무실에 가 보면 대낮에도 블라인드(Blind)를 내리고 일하는 사람들이 있다. 태양열로 사무실 안이 뜨겁기 때문만이 아니다. 그것을 보니 불현듯 '나(우리)도 내(우리) 마음의 창에 블라인드를 내린 채 살아가는 사람이 아닐까'하는 생각이 들었다.

물론 이런 말을 들으면 얼른 부정부터 하곤 한다. 그러다가 가슴에 손을 얹고 가만 생각해보니 내(우리) 마음의 창에는 아주 다양한 블라인드가 쳐져 있다. 무엇인가에, 누군가에게 때로는 일부러 때로는 전혀 의식하지 못한 채 그렇게 쳐 놓았다. 그리 하는 정당한 이유가 있을지라도 나(우리) 이외의 다른 존재로 향하는 창문이 막혀 있다는 것은 움직일 수 없는 사실이다.

> 15 네가 만들 방주는 이러하니 그 길이는 삼백 규빗, 너비는 오십 규빗, 높이는
> 삼십 규빗이라 16 거기에 창을 내되 위에서부터 한 규빗에 내고 그 문은 옆으로
> 내고 상 중 하 삼층으로 할지니라(창 6:15-16)

이것은 노아가 방주를 만들 때 하나님께서 주신 말씀이다. 그 방주에 창문을 꼭 내라고 하셨다. 하나님은 방주 안과 방주 밖이 통하게 하고 싶으셨다. 대홍수 기간에도 방주 안과 방주 바깥 사이에 바람이 통하게 했다. 하늘(기후)과 사람의 시선이 통하게 했다. 하나님은 통해야 할 것들이 서로 통하게 하는 분이다.

그 창문을 거쳐 들어오는 빛과 바람과 향기가 방주 안에 있는 사람들끼리, 사람과 짐승들끼리, 그리고 짐승들끼리도 공유되기를 원하셨다.

하나님은 창문을 방주 위쪽에 내게 하셨다. 그 창문을 통해 노아와 동물들은 하늘을 바라볼 수 있었으리라. 거기로 들어오는 빛을 볼 수 있었으리라. 사실 방주 밖(아래쪽)의 현실은 두렵고 참혹한 광경이었을 것이다. 그런 것을 보거나 생각하면 얼마나 불안하고 떨렸을까? 그런 상태에서 위로 난 창문으로 하늘을 바라볼 때마다 그들은 마음이 진정되고 소망을 갖게 되었을 것이다. 복음성가(사람을 보며 세상을 볼때)의 한 구절이다.

> 사람을 보며 세상을 볼 땐 만족함이 없었네
> 나의 하나님 그분을 뵐 땐 나는 만족하였네
> 저기 빛나는 태양을 보라

또 저기 서 있는 산을 보아라
천지 지으신 우리 여호와 나를 사랑하시니
나의 하나님 한 분만으로 나는 만족하겠네

우리는 닫히게 만드는 것이 많은 세상에 살고 있다. 하나님은 이런 우리에게 창문을 만들라고 하셨다. 하나님과 통하는 사람, 세상과 통하는 사람, 다른 사람과 통하는 사람을 보고 싶어 하신다. 창문을 바라볼 때마다 꽉 막히지 않은 것에 감사하며 새삼 통하는 사람이 되어야지 다짐해 본다.

방주에는 출입문이 있었다. 노아와 그 가족들, 모든 생명체가 그 문으로 들어가 구원받았다. 오늘날 방주를 교회로 본다면, 그 문은 예수 그리스도다.

내가 문이니 누구든지 나로 말미암아 들어가면 구원을 받고 또는 들어가며 나오며 꼴을 얻으리라.(요 10:9)

방주에 단 하나 난 출입문은 구원의 문이다. 생명의 문이다. 오늘날 우리 교회에도 구원과 생명의 문이 단 하나 있다. 예수 그리스도다. 예수 그리스도의 문을 드나드는 이들마다 구원과 생명을 얻으리라고 하나님이 약속하셨다.

방주를 만들라

어느 봄날 여우 한 마리가 모처럼 굴에서 나와 산책을 즐겼다. 그는 바위에 정신없이 이빨을 가는 산돼지를 만났다. 여우가 말했다. "이렇게 즐거운 봄날 하릴없이 이빨만 갈고 있나?"

산돼지는 들은 체도 않고 계속 이빨만 갈았다. 산돼지의 이빨은 어느 새 반짝반짝 빛나고 아주 날카로워보였다. 여우가 산돼지에게 재차 말을 걸자 산돼지는 마지못해 대답했다. "여우야, 난 지금 쓸데없는 짓을 하는 것이 아니야. 내가 만약 사냥군에게 쫓기거나 사자와 싸우게 될 때, 그때 가서야 이빨을 갈고 있을 수는 없잖아?"(이솝우화에서)

그렇다. 미리 준비하는 것은 미리 아는 것과 같다. 우리는 언제 무엇이 어떻게 될지 잘 모르면서 살아가고 있다. 일이 닥쳐서야 허둥지둥 준비한다면 자칫 큰 낭패를 당할 수 있다.

70
방주

(창 6:18–21)

개역개정	직역
18 그러나 너와는 내가 내 언약을 세우리니 너는 네 아들들과 네 아내와 네 며느리들과 함께 그 방주로 들어가고	18 그러나 나는 너와 함께 내 언약을 세우리라. 그리고 너와 네 아들들과 네 아내와 네 며느리들이 너와 함께 그 방주에 들어가야 하리라.
19 혈육 있는 모든 생물을 너는 각기 암수 한 쌍씩 방주로 이끌어 들여 너와 함께 생명을 보존하게 하되	19 그리고 육체가 잇는 산 것들 중 둘씩 너와 함께 살리기 위해 그 방주로 네가 데려가야 한다. 그것들은 암컷과 수컷이어야 하리니
20 새가 그 종류대로, 가축이 그 종류대로, 땅에 기는 모든 것이 그 종류대로 각기 둘씩 네게로 나아오리니 그 생명을 보존하게 하라	20 그 새도 그것의 종류대로 그 가축도 그것의 종류대로 그 땅에 기는 모든 것도 그것의 종류대로 둘씩 네 앞에 나와 살리도록 하여라.
21 너는 먹을 모든 양식을 네게로 가져다가 저축하라 이것이 너와 그들의 먹을 것이 되리라	21 그리고 취하라, 무엇이든지 먹을 것을. 그리고 그것을 모아 너와 그들을 위한 식량이 되게 하라.

이것은 하나님께서 피조물에게 깊은 관심을 기울이시는 이야기이다. 이

와 관련하여 세 가지 낱말이 중요하게 쓰였다: 언약, 방주, 보존.

언약이란 말(뻬리트 bərît)이 성경에 처음 쓰였다. 창세기에 27번 나오는 이 말은 노아 홍수 이야기에 여덟 번, 아브라함 이야기에 16번 있다. '봐하키모티 엣-쁘리티'(= 그리고 나는 내 언약을 세우리라)고 하나님이 말씀하셨다. 여기에 쓰인 쿰(qûm = 서다 일어나다)은 매우 폭넓은 영역에 폭넓은 뉘앙스로 쓰인다. 마음이나 몸, 직분(직위)이나 건축에도 쓰였다. 여기서는 인간의 타락과 폭력으로 인하여 깨어진 세상을 다시 일으킨다는 뜻으로 쓰였다.

하나님은 대홍수가 시작되기도 전에 노아와 언약을 맺으리라고 말씀하셨다. 노아가 이 언약의 주역이라는 사실을 강조하느라 창 6:18에는 '너와 함께'라는 말(잇타크 'ittāk)이 두 차례나 쓰였다. 벌써 언약(구원)을 말하기엔 너무 성급하지 않은가 하는 생각이 들 정도다. 결코 그렇지는 않다. 이로써 우리는 창세기 9장에서 맺어지는 하나님과 노아 및 피조물과의 언약이 즉흥적이거나 대홍수로 피조물들을 멸절시킨 것에 대한 후회가 아니라는 점을 확실하게 알 수 있다. 그것은 심판이 시작되기 전부터, 어쩌면 심판을 생각하실 때부터 하나님 마음에 싹트던 은혜의 발로였으리라.(Hamilton, Genesis 282)

방주란 말(테바)은 본디 상자라는 뜻이다. 이 낱말은 창 6:14-16에 다섯 차례, 8:1-14에 일곱 차례 쓰였다. 방주의 모양은 장방형 곧 직육면체다. 이는 큰 상자(큰 궤짝)다. 서양말로 된 성경은 이를 Ship(= 배)라고 하는 대신에 Ark / Arche(= 상자)라 번역했다. 상자는 무엇인가를 담는 용기이다.

노아 방주에 관해서는 기독교의 전승에 널리 알려져 있다. 그밖에 아브라함 계통 종교인 유대교 이슬람교 만다야교 등에도 전해지는 내용이나 받아들이는 해석에 조금씩 차이가 있는 상태로 전승되어 있다.

너는 고페르 나무로 너를 위하여 방주를 만들되 그 안에 칸들을 막고 역청을 그 안팎에 칠하라(창 6:14)

하나님은 노아에게 고페르 나무(아체-고페르 caṣê-gôfer)로 테바(= 상자)를 만들라고 하셨다. 고페르 나무를 마틴 루터는 탄넨(Tannenholz)이라 옮겼다. 이에 따라 개역성경은 이를 잣나무라 했다. 그러나 고페르 나무를 곧 잣나무라고 단정짓기엔 뭔가 찜찜하다.

노아 부부와 세 아들과 며느리 등 모두 8명이 방주를 탔다. 그리고 온갖 동물들이 종류대로 각각 한 쌍씩 타게 될 것이다. 이들은 모두 하나님 구원과 새 창조의 계획안에 드는 은혜를 누렸다. 하나님은 대홍수 앞에 무기력할 수밖에 없는 연약한 생명들의 보호자가 되셨다.(Cassuto)

하나님은 테바(방주) 안에는 칸들을 나누어놓으라 하셨다. 이는 각각의 생물들이 종류대로 제자리에 있게 하기 위함이었다. 칸과 칸 사이에는 역청을 칠하게 하셨다. 역청이란 말(코페르 kôfer)은 아카드말 카파루(kapāru = 씻어내다, 깨끗하게 하다)에서 왔다. 그것은 속죄의식에 쓰이는 전문용어였다.(GM 359; HAL 493-494) 히브리말에서 이것은 키페르(kipper) 카포레트(kappōret) 코페르 카푸림(kippurîm) 등 주로 속죄 또는 속제의식을 나타낸다.

칠하다(카파르 kāpar; Piel 키페르 kipper)는 말도 이와 같은 뿌리에서 나왔다. 이는 덮다, 속죄하다는 뜻으로 쓰였다. 이 또한 속죄 또는 속죄의식을 나타내는 전문용어다. 속죄란 죄를 덮어준다, 가려주는 것이다. 하나님께서는 양이나 소를 잡아 그 고기와 피를 제물로 드리는 방법으로 죄인에게 용서받을 길을 열어주셨다.

예수님은 자신의 살이 찢겨지고 피가 흘려지는 등 십자가 죽음을 통해 우리를 속죄하시고 구속하셨다. 마치 역청이 물이 방주 안으로 스며들어 생명을 위협하지 못하게 하듯이 예수 그리스도의 피가 성도를 세상 죄로 인하여 멸망하지 않게 한다.

…. 그 문은 옆으로 내고 상 중 하 삼층으로 할지니라(창 6:16)

방주에는 문이 단 하나 밖에 없었다.('그 문') 이것은 매우 중요한 상징이다. 노아 당시 생명을 구원하는 테바로 들어가는 문이 하나였듯이 오늘날에도 우리가 구원받는 유일한 길은 오직 예수 그리스도뿐이다.

예수께서 이르시되 내가 곧 길이요 진리요 생명이니 나로 말미암지 않고는 아버지께로 올 자가 없느니라(요 14:6)

다른 이로써는 구원을 받을 수 없나니 천하사람 중에 구원을 받을 만한 다른 이름을 우리에게 주신 일이 없음이라(행 4:12)

성경에서 구원과 관련된 상자를 들자면 세 가지이다. 구체적으로 말하자면 그것들은 모두 안전한 피난처(보호, 보전)를 가리킨다.

i) 노아의 방주(ark of Noah)는 대홍수가 일어날 때 생명을 안전하게 보전하는 피난처였다.

ii) 갈대상자(ark of bulrushes)는 사내아이가 태어나면 무조건 죽여야 하는 살벌한 세상에서 아기의 생명을 지키는 방편이었다.

iii) 언약궤(ark of covernant)는 우상과 억압이 만연하는 세상에 사는 이스라엘 민족에게 영적인 생명을 지켜주는 보루였다.

6 주의 의는 하나님의 산들과 같고 주의 심판은 큰 바다와 같으니이다 여호와여 주는 사람과 짐승을 구하여 주시나이다 7 하나님이여 주의 인자하심이 어찌 그리 보배로우신지요 사람들이 주의 날개 그늘 아래에 피하나이다(시 36:6-7)

창세기에서 테바는 구원(생명)을 담아냈다. 이에 따라 오늘날 우리는 노아의 방주를 '구원방주'라고 부른다. 출애굽기를 비롯한 다른 구약성경에서도 테바는 속죄와 구원의 상징이었다.

방주의 가장 중요한 기능은 보전이다. 하나님은 피조물 가운데 어떤 종류든 그냥 사라지게 방치하지 않으셨다. 하나님의 심판의 궁극적인 목적은 하나님의 백성을 보존하고 창조질서를 보전하기 위한 것이다.

예언자 예레미야도 그런 것을 잘 보여주었다. 그는 남왕국 유다를 향해 '뽑고 파괴하며 파멸하고 넘어뜨리며 건설하고 심게' 하는 사명을 받았다.(렘 1:10) 앞의 네 가지는 남왕국 유다가 바빌론에게 멸망당하고 포로로 끌려

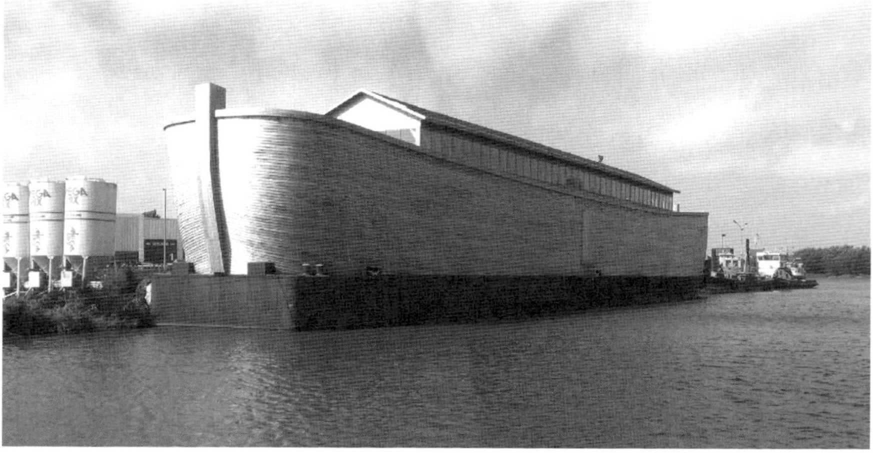

네덜란드 사람 요한 휘버스가 성경에 기록된 크기보다 절반 크기로 만든 노아의 방주(2011 7월–2012년 9월까지 독일 쾰른항구에 정박한 모습)
https://upload.wikimedia.org/wikipedia/commons/8/8d/ArkVanJohan.jpg

감으로써 실현되었다. 그는 하나님께서 남왕국 유다와 새언약을 맺으시리라고 하면서 이렇게 선포했다.

> 27 여호와의 말씀이니라 보라 내가 사람의 씨와 짐승의 씨를 이스라엘 집과 유다 집에 뿌릴 날이 이르리니 28 깨어서 그들을 뿌리 뽑으며 무너뜨리며 전복하며 멸망시키며 괴롭게 하던 것과 같이 내가 깨어서 그들을 세우며 심으리라 여호와의 말씀이니라(렘 31:27-28)

오늘날 이 방주는 교회를 상징하는 것으로 받아들여진다. 방주 안에는 하나님의 뜻이 있다. 생명이 있고 구원이 있다. 거센 폭풍우가 몰아쳐 생명을 앗아가는 방주 밖의 현실과는 전혀 다른 평화와 안식이 있다.

물론 교회에도 주름살이 없는 것이 아니다. 교회는 완전무결한 성자들만 모이는 곳이 아니다. 노아의 방주에도 정결한 짐승뿐만 아니라 부정한 짐승들도 섞여 있었다.(창 7:2) 교회 역사를 돌아보건데 사람은 신앙의 이름으로 보통 사람보다 비교할 수 없을 만큼 잔인하거나 폐쇄적으로 되기도 했다. 그 반면에 신앙의 이름으로 세상 사람이 감히 흉내 낼 수 없을 정도로 한없이 평화롭고 자비롭고 개방적이기도 했다.

이런 뜻에서 중요한 것은 교회 그 자체보다는 그 공동체가 생명의 주이신 성령님을 얼마나 진지하게 따르느냐, 그 공동체 안에 속한 개개인이 얼마만큼 그리스도의 마음을 본받아 행하느냐에 달려있다.

찬송가 70장(피난처 있으니)

1. 피난처 있으니 환난을 당한 자 이리오라 땅들이
   변하고 물결이 일어나 산 위에 넘치되 두렵잖네

2. 이방이 떠들고 나라들 모여서 진동하나 우리 주
   목소리 한번 발하시면 천하에 모든 것 망하겠네

3. 만유 주 여호와 우리를 도우니 피난처요 세상에
   난리를 그치게 하시니 세상의 창검이 쓸데없네

4. 높으신 여호와 우리를 구하니 할렐루야 괴롬이
   심하고 환난이 극하나 피난처 되시는 주 하나님

71
하나님이 말씀하신 그대로

(창 6:22)

개역개정	직역
22 노아가 그와 같이 하여 하나님이 자기에게 명하신 대로 다 준행하였더라	22 그리고 노아가 행하였다, 하나님께서 그에게 명령하신 모든 것을 그대로.

이는 하나님께서 말씀하신 그대로 노아가 실행했다는 확인서다. 곧 창 6:14-21에 하나님께서 노아에게 일일이 일러주신 사항들 i) 방주를 맞들 나무 재료 ii) 방주의 내부를 각각의 방으로 분할할 것 iii) 방주의 틈새를 막는 재료와 방법(14절) iv) 방주의 크기(15절) v) 방주의 문과 창문과 층 수(16절) vi) 방주에 태울 것들의 목록과 숫자(18-20절) vii) 양식 비축(21절)대로 했다는 것이다.(Hamilton, Genesis 284)

위와 같은 것들을 일러주시면서 하나님은 13절과 17절에서 대홍수 심판이 돌이킬 수 없는 결정인 것을 아울러 말씀하셨다. 성경은 노아가 i) 배를 짓는 장소 ii) 누구와 함께 그것을 만들었는지 iii) 배를 건조하는데 걸린 시간이 얼마인지에 관해서는 일체 언급하지 않으면서도 그가 모든 것을 하나님께서 말씀하신 그대로 행했다고 못 박았다. 이를 위해 노아가 장기간에 걸쳐 몸과 마음을 바쳐 힘쓰고 애쓴 모든 것을 총괄하여 '명하신 대로 다 준행하였더라'고 간단명료하게 정리했다.

어떤 사람은 중국 한자와 성경말씀을 연결시켜서, 배를 뜻하는 한자 선(船)이라는 글자는 노아의 방주를 가리킨다고 하였다. 한자는 합일문자(合

一文字)다. 이는 둘 이상의 문자를 합쳐 하나의 문자로 만드는 것이다. 이 선(船)자를 보면 배 주(舟)자와 숫자를 나타내는 여덟 팔(八)자, 사람을 의미하는 입 구(口)자가 합쳐져서 배라고 하는 선(船)자가 되었다. 하나님이 만들라고 하신 배에 8명의 노아 가족이 타서, 구원받은 것을 기념하는 글자가 배 선자라고 하는 우스갯소리가 있다.

이 본문은 역사상 첫 번째이고 가장 큰 재앙이었던 노아 시대의 대홍수에 관한 기록의 일부이다. 창세기 7장에 따르면 홍수가 땅에 사십 일 동안 계속되었다.(17절) 그 결과 천하의 높은 산이 다 잠겼다.(19-20절) 물은 백오십 일을 땅에 넘쳤다.(24절) 이로써 "땅 위에 움직이는 생물이 다 죽었으니 곧 새와 가축과 들짐승과 땅에 기는 모든 것과 모든 사람이라 육지에 있어 그 코에 생명의 기운의 숨이 있는 것은 다 죽었더라"(21-22절)는 결과를 낳았다. 창 7:23에 따르면 그것은 우발적인 사태 곧 자연재해가 아니었다: "지면의 모든 생물을 쓸어버리시니 곧 사람과 가축과 기는 것과 공중의 새까지라." 이것은 하나님께서 하신 일이었다. 왜 하나님께서 그런 일을 작정하셨는지는 보다 앞선 창6:5-7에 드러나 있다:

> 땅 위에 사람 지으셨음을 한탄하사 마음에 근심하시고 이르시되 내가 창조한 사람을 내가 지면에서 쓸어버리되 사람으로부터 가축과 기는 것과 공중의 새까지 그리하리니 이는 내가 그것들을 지었음을 한탄함이니라.

하나님의 심판 밖에는 다른 길이 없을 정도로 이 세상이 부패하고 또 부패했다. 사람과 세상의 미래에는 아무런 희망이 보이지 않았다. 그렇더라도 하나님의 구원 의지는 여전히 꺾이지 않았다. 이 세상에는 어떤 경우에도 피조물의 구원을 이루려는 하나님의 의지가 작용하고 있다. 그래서 하늘이 무너져도 솟아날 구멍은 반드시 있다. 노아방주는 우리에게 이것을 말해준다. 심판 속에서도 구원의 길이 있음을 창세기 7장 1절은 이렇게 전해 주었다:

> 너와 네 온 집은 방주로 들어가라. 이 세대에서 네가 내 앞에 의로움을 내가 보았음이니라.

이 말씀은 하나님이 보실 때 노아는 의로운 사람이요. 하나님의 마음에 드는 사람이었다는 뜻이다. 온 세상이 넓은 길을 가도, 노아와 그의 가족은 좁은 길을 택하였다. 모든 사람이 하나님을 떠나고 하나님 없는 삶을 통해서 쾌락을 누리고, 그저 이 세상에서 한껏 살다가 죽으면 그만이라고 하는 어떻게 보면 너무나 위험한 사상에 젖어 있었지만 노아와 그의 자녀들은 인간이 사는 유일한 길은 하나님 섬기는 것이고, 하나님 두려워하는 것이고, 이것이 복된 길이요, 이것이 영원히 사는 길이라고 믿고 외롭게 그 길을 걸어갔다. 이게 하나님의 눈에 들었다 말이다.

하나님이 이제 노아 부르셨다. 너, 내가 지금 홍수로 이 세상을 멸하려고 하니까 방주를 만들어라. 노아가 그 명령을 순종하였다. 방주를 만들었다. 그 다음 어느 날 하나님이 또 말씀하셨다:

> 2 너는 모든 정결한 짐승은 암수 일곱씩, 부정한 것은 암수 둘씩을 네게로 데려오며 3 공중의 새도 암수 일곱씩을 데려와 그 씨를 온 지면에 유전하게 하라 (7:2-3)

하나님 말씀은 홍수심판을 선언하는 것으로 끝나지 않았다. 그 심판이 끝난 다음에도 하나님을 따르는 사람과 이 세상에 씨가 마르지 않도록 배려하시는 하나님 말씀이었다. 하나님은 인간도 가정 단위로, 그리고 나머지 생물도 암수 쌍으로 해서 방주에 다 들어가도록 배려하셨다.

믿음생활이란 무엇일까? 그것은 하나님의 말씀대로 사는 것이다. 말씀 그대로 … 성경에는 이런 인물들이 많다. 노아를 비롯하여 아브라함, 모세가 그 뒤를 이었다. 홍수 이야기에는 하나님께서 말씀하시는 장면이 네 번 있다.(6:13-21; 7:1-4; 8:15-17; 9:1-17). 이를 듣는 노아의 말은 창세기 9:25이전에 단 한마디도 기록되지 않았다. 하나님 말씀을 들으며 오직 순종하고 따를 뿐이었다. 이 사실이 너무나 중요하기에 성경은 이 이를 네 차례나 기록으로 남겼다.(6:22; 7:5, 9, 16)

홍수 이야기에는 하나님께서 말씀하시는 장면이 네 번 나왔다.(6:13-21; 7:1-4; 8:15-17; 9:1-17) 그리고 노아의 말은 창세기 9:25이전에 단 한마디도 기록되지 않았다. 노아는 방주를 만들면서, 하나님을 향해 단 한 마디도 하지 않았다. 이는 참으로 놀라운 일이다. 그는 하나님을 전적으로 신뢰했다. 그분 말씀이라면 추호도 토를 달고 않고 따랐다.

이런 믿음을 아브라함도 본받았다. 그는 이삭을 제물로 바치러 모리아 산으로 갈 때 노아의 본을 따랐다. 모세도 성막을 만들 때 하나에서부터 열까지 다 하나님께서 말씀하신 대로 따랐다. 노아와 아브라함과 모세에게는 '말씀하신 것이 무슨 내용이냐'가 아니라 '누가 말씀하셨나'가 가장 중요했다. 곧 '하나님이 말씀하셨다'(deus dixit)는 사실이 자신의 행동여부를 결정짓는 척도였다.

브루거만은 말한다. "(창세기) 화자는 회중 공동체가 노아에게 주목하도록 안내한다. 그리하여 창조주와 피조물 사이에 있는 이 혼란스러운 관계에 신선한 대안이 자리잡을 수 있음에 주목하게 만든다. 하나님의 창조 세계 안에서 무엇인가 새로운 일이 시작되었다. 노아는 새로운 피조물이었다.(고후 5:17) 그에 관한 다른 어떤 자료도 적용되지 않는다. 그는 충분히 순종적인 사람이었다. 그는 자신이 피조물임을 있는 그대로 인정하고 하나님을 하나님으로 받아들였다. 신실한 노아에 관한 성경의 묘사는 마치 후렴구처럼 되풀이 나왔다."(79)

> 노아가 그와 같이 하여 하나님이 자기에게 명하신 대로 다 준행하였더라(6:22)

> 노아가 여호와께서 자기에게 명하신 대로 다 준행하였더라(7:5)

> 하나님이 노아에게 명하신 대로…(7:9)

세상적인 눈으로 볼 때 아무리 터무니없어 보이더라도 노아는 하나님께서 말씀하셨기에 순종했다. 세속적인 마음을 품고 들을 때에는 아무리 걸리는 일이 많더라도 노아는 하나님께서 말씀하셨기에 순종했다. 바로 이것이 신앙이다.

아라랏 성명서- 기후보전은 인권이다(2007. 5. 31)

1. 좋은 세계로 있으면서 하나가 되어야만 할 이 세계의 인류와 민족들을 위하여 우리는 인간이 만들어내는 기후변화에 직면하여 우리의 도덕적 책임과 함께 커다란 우려를 표명합니다. 그리고 이에 정치적인 지도자들에게 우리의 기대를 전하고자 합니다.

우리는 깊은 우려를 나타내지 않을 수 없습니다. 왜냐하면 기후의 극단적인 상태, 가뭄, 마실물과 음식물의 부족, 무력충돌, 헤아리기 어려울 정도의 난민 발생, 빈전하고 심각한 홍수 등에 우리가 적절하게 반응하지 않으면 우리가 얼마나 위험한지를 알기 때문입니다. 그것은 노아 이야기가 처음 전해진 이래 지금까지 없었던 정도로까지 광범위합니다. 지구의 전체의 자연과 생명이 위협당하고 있습니다.

우리는 정치 지도자들에게 자신들의 권위와 역할을 잃고 싶지 않으면 그들의 과제가 무엇인지, 그들이 무엇을 위해 존재하는지, 그들이 무엇을 해야만 하는지를 상기시키고 싶습니다.

사람이 만들어내는 기후변화가 재앙으로 발전하는 것을 피하는 일은 우리 시대의 정치적인 과제입니다. 우리가 기후변화의 원인과 그에 따른 결과를 많이 알면 알수록, 정치 지도자들이 이 지식을 얼마나 소홀하게 받아들이고 활용하는지가 더욱 분명하게 드러납니다. 아무도 그들이 오늘날 가능하고 필요한 조치를 준비했거나 시행했다고 말할 수 없습니다. 그러므로 우리는 이 세계의 정치가들에게 직접 묻습니다. 우리는 이 임박한 재앙을 막아내는 것이 그들의 책임이라고 생각합니다.

정치가인 여러분의 권위와 인정받음은 항상 업적에 달려있습니다. 자기가 하고 싶은 일을 한 것은 업적이 아닙니다. 여러분의 능력은 신체적 및 사회적 안전을 제공하고, 우리의 삶, 가정, 지역 사회, 건강, 천연 자원, 중요한 자원을 유지할 수 있게 발휘하는 능력에 따라 평가될 것입니다. 그리고 불필요하게 우리를 위험에 빠뜨리는 모든 행동을 자제하는지 여부로 판단됩니다. 이러한 주장에 부응하지 않는 정치인의 권력 행사는 의미 없고 헛된 것입니다.

재앙을 불러오는 발전의 위험을 피하기 위해 우리는 국제적인 공동작업을 긴급하게 요청합니다. 이는 지구 온난화가 산업화 이전의 수준보다 섭씨 2도 이하로 유지하는 경우에만 가능합니다. 이를 위해 쓰레기 배출을 줄이기 위한 전지구적인 프로그램이 절실히 필요합니다. 앞으로 10-15년 이내에 온실가스의 증가를 줄이고, 2050년까지는 1990년에 비해 절반으로 줄여야 합니다.

우리는 적극적으로, 그리고 지체없이 이러한 배출을 줄이기 위해 가능한 모든 수단을 동원할 것을 촉구합니다. 다른 사람들이 먼저 하기를 기다리지 마십시오. 기후 변화에 대한 여러분의 역사적 참여와 온실 가스 감축 능력에 따라 그 공헌도가 공평하게 정의되어야 합니다.

선진국들 곧 기후 변화에 역사적으로 가장 큰 책임이 있는 산업 국가들은 2050년까지 온실 가스 배출량을 1990년에 최소한 80-90% 줄여야 합니다.

2. 기후변화에 관해 우리는 다음과 같이 요구합니다.

i) 여러분의 삶과 가정, 건강, 지역 사회, 천연 자원 및 중요한 자원을 보

호할 책임이 있는 모든 개인의 기본적인 권리를 분명하게 인정하고 집행하는 것.

ii) 기후변화의 영향 아래 있는 사람들이 얼마나 위험한지, 얼마나 약해질 수 있는지를 모든 사람들에게 알리고 여러분의 약속을 명시적으로 받아들이고 이행할 것.

iii) 광범위한 효율성 측정과 사용을 극적으로 증가시키며 지속적으로 사용할 수 있는 재생에너지를 위한 에너지혁명을 시작할 것. 이로써 2050년까지 모든 사람이 필요로 하는 에너지의 벌반 이상을 충당할 수 있어야 합니다. 그리고 핵 및 화석 연료의 사용을 전세계적으로 중단할 때 생기는 경제적 이익과 에너지 생산에 집중하십시오.

iv) 모든 사람에게 지속적이고 재생할 수 있는 에너지를 제공할 것. 현재 세계인구의 $\frac{1}{4}$이상이 형대적인 에너지에 접근할 수 없으며, 이것이 그들의 가난을 더욱 증가시킵니다.

v) 여러분 사회 안에 있는 다수의 연예인들이 활동할 수 있게 인정해주고 연합할 수 있게 도울 것. 기업, 공동체 및 개인은 행동, 제품 및 운영의 변화를 통해 지구의 기후 변화를 완화시키는데 기여하도록 안내되고 지원되어야합니다.

vi) 우리의 안전을 위협하는 모든 형태의 에너지 생산 곧 원자력 기술의 모든 생산과 사용을 중단하고, 사람들로 하여금 그것을 중단하는데 참여하게 할 것.

vii) 기후 변화에 관한 유엔 기본 협약 및 교토 의정서에 즉각 참여하고, 지방정부들에게 이러한 기후 변화 완화 정책, 조치 및 목표의 이행을 의무화하며, 효과적인 모니터링 및 판측 메커니즘을 제공할 것.

viii) 기후 변화에 영향을 받는 모든 개인, 공동체, 조직 및 지방정부에 대한 효과적인 구제 수단을 확보할 것.

3. 좋은 세상 곧 재앙적인 기후변화가 없는 미래는 이 아라랏 선언에 나온 바를 따를 때에 가능해집니다. 우리는 이렇게 되기를 원합니다.

(이것은 그린피스 2007년 5월 31일 터키의 아라랏산 정상에서 발표한 성명서다.)
(출처: www.greenpeace.de/themen/klimawandel/klimaschutz/ararat-deklaration-klimaschutz-ist-menschenrecht

72
하나님의 준비

(창 7:1–4)

개역개정	직역
1 여호와께서 노아에게 이르시되 너와 네 온 집은 방주로 들어가라 이 세대에서 네가 내 앞에 의로움을 내가 보았음이니라	1 그리고 여호와께서 노아에게 말씀하셨다. '너 그리고 네 온 집안은 방주로 들어가라. 진실로 네게서 나는 보았노라, 내 앞에 의로운 것을 이 세대 중에서.'
2 너는 모든 정결한 짐승은 암수 일곱씩, 부정한 것은 암수 둘씩을 네게로 데려오며	2 모든 정결한 짐승 중에서 너를 위하여 암수 일곱 마리씩 취하라, 그리고 정결하지 않은 짐승들 중에서 암수 두 마리씩,
3 공중의 새도 암수 일곱씩을 데려와 그 씨를 온 지면에 유전하게 하라	3 또한 하늘의 새들 가운데 각각 일곱씩, 암컷과 수컷을, 모든 땅의 표면 위에서 씨가 살아남게 하기 위해서.
4 지금부터 칠 일이면 내가 사십 주야를 땅에 비를 내려 내가 지은 모든 생물을 지면에서 쓸어버리리라	4 왜냐하면 지금부터 칠일(일곱 번째 날) 뒤에 나는 이런 자 곧 비를 내리게 할 자이기 때문이다, 그 땅 위에 40일 낮과 밤 동안. 그리고 내가 그 모든 존재들을 쓸어버리겠다, 내가 모든 땅 위에 만들어놓았던.

이것은 방주가 다 만들어진 다음의 이야기다. 하나님께서 의인 노아를 구원의 통로로 사용하셨다. '그 씨를 온 지면에 유전하게 하라'(창 7:1b)는 말씀

이 그것을 단적으로 보여준다.

창세기 6-9장을 읽는 우리는 하나님을 가리키는 칭호로 '엘로힘'과 '야웨'(개역개정 - 여호와; 공동번역개정 - 야훼)가 혼용되는 것을 볼 것이다. 이를 놓고 역사비평학자들은 앞엣것을 사제기자(P), 뒤엣것을 야웨기자(J) 각각 다른 시대에 기록했다고 본다.(대표적으로 Eissfeldt 117-125) 카숫토와 해밀턴은 다루어지는 주제 또는 행동을 하는 주체에 따라 사용하는 용어가 달라졌을 뿐이라고 본다.(Cassuto, Genesis II 35-36; Hamilton, Genesis 285-286) 그 둘 중에 어느 쪽 입장에 설 것인지는 독자가 알아서 정할 일이다.

6:9에 이어 하나님은 노아의 의로움을 또 다시 강조하셨다.(1절) 이는 세상을 심판할 마음을 먹을 정도로 타락한 세상과 사람들의 현실과는 뚜렷한 대조를 이룬다.

4절의 '콜 하여쿰'(kol-hajəqûm = 그 모든 존재들)이란 표현이 매우 독특하다. 여쿰은 본문과 신 11:6에만 쓰였다. 그 뜻은 존재하는 것(what subsists) 살아 있는 것(what is living)이다. 의미상으로는 앞에 쓰인 카얏트(= 생명체)와 뚜렷이 구별되지 않는다. 보기 드문 이 낱말은 아마도 '쓸어버린다'는 말(māḥâ)와 대조적으로 쓰였을 것이다. 이것은 창 6:7에도 사용되었다.

홍수 이야기는 고대 근동에도 널리 퍼져 있다. 그 가운데 대표적인 것이 길가메시 서사시 제 11서판(주전 2000년대 후기?)과 아트라하시스 서사시(주전 1600년경) 라스 샴라 판본(주전 1450년?) 수메르판 에리두 창세기(주전 18-17세기) 등이 있다. 그 내용들을 살펴보면 다음과 같다.(328-9)

	창세기	아트라하시스 서사시	길가메시 서사시	라스 샴라 판본	에리두 창세기

1 인류를 멸하려는 신의 결정	6:6-7	2:7:38-52 2:8:34	14-19	1, 3	3:15-4:1 (140-51)
2 이야기 주인공에게 예고함	6:13	3:1:13-21	20-23	12, 14	4:2-12 (152-62)
3 방주를 건조하라는 명령	6:14-21	3:1:22-33	24-31		
4 주인공의 복종	6:22; 7:5	3:2:10-18	33-85		
5 방주로 들어가라는 명령	7;1-3		86-88		
6 방주로 들어감	7:7-16	3:2:30-51	89-93		
7 문을 닫음	7:16	3:2:52	93		
8 홍수에 대한 묘사	7:17-24	3:2:53-4:27	96-128		5:1-3 (201-3)
9 생물이 멸절 당함	7:21-23	3:3:44, 54	133		
10 비가 그침과 기타사항	8:2-3		129-131		5:4-6 (204-6)
11 방주가 산에 머묾	8:4		140-44		
12 주인공이 창문을 엶	8:6		135		5:7
13 새를 보내 정찰함			145-154		
14 방주에서 나옴		3:5:30	155		
15 신께 예배를 드림		3:5:31-33	155-158		5:11 (211)

16 신이 예배를 기뻐 받음	8:21-22	3:5:34-35	159-161		
17 이야기 주인공을 향한 축복	9:1-17		189-196	r 1-4	6:4-11 (254-61)

위와 같은 공통점을 어떻게 받아들일 것인가? 학자들마다 그 자료들에 대한 평가와 수용하는 정도가 제 각각이다. 그것을 크게 두 부류로 나눌 수 있다: 축소주의자와 확대주의자.(WBC 328-329) 축소주의자는 공통점보다는 차이점을 훨씬 더 중요하게 본다. 그들은 고대 근동의 문헌들이 성경의 기록에 미친 영향력을 아주 미미하다고 본다. 확대주의자들은 창세기와 위 문서들의 관계를 최대한 확대하려 한다. 그들은 창세기 편찬자들이 메소포타미아 지역에 이는 이런 전승들을 잘 알고 있었으리라고 추측한다. 그들은

길가메쉬서사시(11번, 대홍수 이야기)

아트라하시스 서사시 (주전 18-17세기

창세기 편집자들이 위 문헌의 내용을 의도적으로 개정했다고 주장한다.

창세기와 위 문헌들의 근본적인 차이는 이야기 주인공의 역할과 활동에 있다. 창세기의 홍수 이야기에는 하나님께서 처음부터 끝까지 중심적인 역할을 하셨다. 다른 문헌에는 사람의 역할과 활동이 강조되어 있다. 여기 등장하는 사람들의 이름에서부터 그런 사실이 드러난다. 노아는 그냥 아버지의 희망대로 '안식'일 뿐이었다. 하나님과 깊게 교제하는 의인이었다. 지우수드라(Ziustra) 우트나피쉬팀(Utnapishtim)은 '영생을 발견한 자'였으며 아트라하시스는 '대단히 지혜로운 자'였다. 노아는 평범한 보통사람이었으며, 그들은 한 나라를 다스리는 왕이었다. 노아는 홍수 뒤 350년을 더 살다가 950세에 죽었다. 지우수드라와 우트나피쉬팀은 영생을 누리며 신의 반열에 끼었다.

본문은 여호와께서 노아에게 은혜를 주셨다는 말씀(창 6:8)이 구체적으로 실현되는 모습을 보여준다. 하나님께서 그를 이렇게 사용하시는 이유는 무엇인가? 카 오트카 라이티 차딕 르파나이 빠도르 핫제(진실로 네게서 나는 보았노라, 내 앞에 의로운 것을 이 세대 중에서.) 이 말씀 역시 창 7:1에 이어진다. '노아는 의인이요 당대에 완전한 자라' 이미 언급하였듯이 노아 시대 사람들에게는 악이 넘쳐났다. 그런 사람들 속에 섞여 살면서도 노아는 그 세대의 죄악에 물들지 않았다. 여기서 우리는 구원의 통로로 쓰임 받는 비결을 본다. 그것은 세상 안에서 세상과 다르게 사는 것이다.

하나님은 의로우셔서 인간의 죄를 반드시 심판하시는 분이면서도 동시에 어떻게 해서라도 인간을 살리는 길, 인간을 구원하는 길을 모색하시는 분이다. 인간의 죄와 타락을 심판하는 하나님의 본심은 이런 것이다. 이 사실이야 말로 가인의 후예들인 타락한 인간이 쉽게 간파할 수 없는 하나님의 신비요 비밀이었다. 바로 그것을 하나님은 노아에게 미리 일러 주셨다.

여기서 하나님은 칠일 뒤 홍수를 시작하겠다고 하셨다.

창 7:4-8:12에는 홍수와 관련된 날짜들이 다음과 같이 구성되었다.(S. Bar-Efrat, Some observations on the analysis od structure in biblical narrative, VT 30[1980] 168; Hamilton, Genesis 289-90; WBC 319-320)

홍수까지 남은 칠일(7:4)

홍수예고 뒤 칠 일째 되는 날(7:10)

40일 동안 홍수(7:17)

150일 동안 물이 불어남(7:24)

150일 동안 물이 줄어듦(8:3)

40일 동안 기다림(8:6)

땅이 마르기를 칠일 동안 기다림(8:10)

밖으로 나갈 수 있기를 칠일 동안 기다림(8:12)

앞서 홍수로 이 세상을 멸하려고 하니 지금부터 방주를 만들라고 하신 하나님은 이제 또 말씀하셨다:

2 너는 모든 정결한 짐승은 암수 일곱씩, 부정한 것은 암수 둘씩을 네게로 데려오며 3 공중의 새도 암수 일곱씩을 데려와 그 씨를 온 지면에 유전하게 하라(7:2-3)

짐승은 크게 정결한 것(타호르 ṭāhôr)과 정결하지 않은 것(로 터호라 히 lô ṭehôrâ hî) 등 두 부류로 나누어졌다.(2절) 레위기는 정결하지 않은 것이란 말 대신에 부정한 것(타메 ṭāmē)란 낱말을 쓴다. 하나님은 이 두 가지 부류의 동물을 다 구원하시기로 하셨다. 정결하지 않은 짐승들까지도 노아만큼이나 아끼시는 하나님 마음이 여기 나타나 있다.

정결하다는 말은 우가릿어에서 보석(Edelstein)을 가리키는 말이다.(UW 1115; UTG 1032; GM 416) 아랍어와 히브리어에서 이것은 순수하다 순결하다는 뜻으로 쓰였다. 이것은 사물곧 모세 시대 성막을 만들 때(출 25:11, 17, 24 여러 곳) 또는 대제사장의 의복을 지을 때(출 39:15), 성전의 기구들이나 장식물(대상 28:17) 사용되는 순금을 가리키기도 한다.

이것은 하나님과 관련된 예배(축제)에는 물론 그런 사람이나 도시 등에 쓰이기도 했다.

> 내가 너의 간음과 사악한 소리와 들의 작은 산 위에서 네가 행한 음란과 음행과 가증한 것을 보았노라 화 있을진저 예루살렘이여 네가 얼마나 오랜 후에야 정결하게 되겠느냐 하시니라(렘 13:27)

> 나의 죄악을 말갛게 씻으시며 나의 죄를 깨끗이 제하소서(시 51:2)

창 6:7에 이어 쓸어버리다(멸망시키다)는 말(막카 māḥâ)이 다시 나왔다. 이 말은 금송아지를 숭배하는 이스라엘 백성을 위한 모세의 중보기도에도 쓰였다.(지워버리다)

> 32 그러나 이제 그들의 죄를 사하시옵소서 그렇지 아니하시오면 원하건대 주께서 기록하신 책에서 내 이름을 지워 버려주옵소서 33 여호와께서 모세에게 이르시되 누구든지 내게 범죄하면 내가 내 책에서 그를 지워 버리리라(출 32:32-33)

정결하다는 말(타호르)은 몇 가지 영역에서 쓰였다.

i) 영적 · 도덕적 순결이다.

ii) 다른 사람과의 이이체적인 접촉을 피하는 것을 가리킨다.

iii) 동물의 시신 등이 손을 대지 않는 것이다.

iv) 보석 등에 불순물이 섞이지 않는 것이다.

하나님은 홍수심판만 염두에 두신 것이 아니라, 그 심판이 끝난 다음에도 하나님을 따르는 사람과 이 세상에 씨가 마르지 않도록 배려하셨다. 그래서 인간도 한 가정을, 그리고 나머지 생물도 암수 쌍으로 해서 방주에 다 들어가게 하셨다. 하나님께서 이렇게 하시는 이유가 무엇인가?

> 지금부터 칠 일이면 내가 사십 주야를 땅에 비를 내려 내가 지은 모든 생물을 지면에서 쓸어버리리라

성경은 그냥 칠일이라 하는 대신에 일곱 낮 일곱 밤이라 표현했다. 이는 홍수에 대비해 동물들을 방주로 들어가게 할 시간이 넉넉하다는 뜻이다. 모든 준비가 다 끝났는데도 하나님은 무슨 까닭으로 홍수를 일주일 동안 더 미루셨을까?

노아는 대홍수 시작 7일 전에 통고를 받았다. 어쨌거나 사람의 욕심과 타락 및 부패 때문에 자연세계는 날벼락을 맞게 생겼다. 애꿎게도 길짐승과 날짐승들까지도 멸망하게 된 것이다. 안타깝게도 이런 것은 어제만의 일이 아니다. 오늘날 하루에도 수많은 동식물의 종(種)이 멸종하고 있다. 바다에 사는 물고기들은 인간이 버린 각종 쓰레기들과 핵발전소의 냉각수 및 폐기물, 유조선의 기름 유출 등으로 몸살을 앓으며 죽어가고 있다. 인간은 진정 우주의 종기가 아닌가 싶을 정도다.

이런 계획을 세우신 하나님은 당대 사람들의 죄악 된 행태와 거리를 두

고 자신과 가까이 지내는 노아를 통해 피조세계를 보전하고자 하셨다. 노아는 홍수에 쓸려 죽어갈 생명체를 살아남게 만드는 역할을 부여받았다.

오늘의 적용

창 6:9은 노아를 가리켜 '그는 이런 사람 곧 의로운 자다'(이쉬 차디크)라고 했다. 창 7:1에서 하나님은 그에 관해 '진실로 네게서 나는 보았노라, 내 앞에 의로운 것을 이 세대 중에서'라고 하셨다.

예수님의 육신의 아버지 요셉은 어떤 사람인가? '그의 남편 요셉은 의로운 사람이라'(마 1:19)

무슨 일을 하든지 하나님은 분명한 목적과 섭리에 따라 준비하시는 분이다. 그리고 그에 필요한 사람을 불러 동역하시는 분이다. '우리는 하나님의 동역자들이요 너희는 하나님의 밭이요 하나님의 집이니라'(고전 3:9) 이를 위해 나(우리)는 어떤 모습으로 준비해야 할까?

73
의인은 주변을 살린다

(창 7:5)

개역개정	직역
노아가 여호와께서 자기에게 명하신 대로 다 준행하였더라	그리고 노아는 모두 다 행하였다, 여호와께서 자신에게 명령하신대로.

이것은 노아의 행동 전체를 한 마디로 요약한 것이다. 창 6:22에도 이와 똑같은 말씀이 나온다. "그리고 노아가 행하였다, 하나님께서 그에게 명령하신 모든 것을 그대로."(직역)

창 6:22-7:1(노아가 그와 같이 하여 하나님이 자기에게 명하신 대로 다 준행하였더라 여호와께서 노아에게 이르시되 너와 네 온 집은 방주로 들어가라 이 세대에서 네가 내 앞에 의로움을 내가 보았음이니라); 7:5(노아가 여호와께서 자기에게 명하신 대로 다 준행하였더라); 7:9(하나님이 노아에게 명하신 대로 …); 7:16(… 하나님이 그에게 명하신 대로 …)을 이어서 읽어보자. 그러면 하나님께서 노아를 의롭다고 인정하는 이유가 그의 순종하는 모습에서 비롯되었다고 볼 수도 있으리라.

사실 방주는 노아의 생각과 설계도대로 만들어진 것이 아니다. 하나님 말씀대로 시작되었고 하나님 말씀대로 진행되었고 하나님 말씀대로 완성되었다. 방주에 들어갈 짐승도 노아 마음대로 정해서 불러들인 것이 아니다. 처음부터 끝까지 노아는 하나님 말씀대로 따랐다.

그렇다면 하나님 말씀에는 무슨 뜻이 들어 잇는가? 의인을 살릴 뿐만 아니라 피조물 전체를 각 종류대로 살리고, 창조세계를 본래대로 보전하는 데 있다. 하나님은 의인 한 사람 곧 노아를 통해서 그 창조세계 전체를 살리려고 말씀하신 것이다.

노아가 이렇게 말씀대로 행함으로써 어떤 결과가 생겨났는가? 그는 하나님의 사역에 동역자가 되었다. 그 동역의 내용은 모든 피조물을 보전하는 것이었다.

정결한 짐승만이 아니라 부정한 짐승도 하나님의 구원에 포함되었다. 이것이 무엇을 말해주는 것일까? 만일 이런 사실을 사람에게도 적용한다면, 노아의 의로움은 구원의 조건이 아니라, 구원의 통로로 쓰임받는 조건이었다고 할 수 있다. 구원의 주도권은 온전히 하나님 손에 있다. 누구를 어떻게 구원할 지를 정하는 일은 오직 하나님의 섭리와 뜻에 달려 있다. 그 일에 도구로 쓰임을 받고자 하는 사람은 성령님의 인도아래 자기 자신을 깨끗하게 하는 사람이라야 한다.

노아는 하나님의 말씀에 한 마디 대꾸도 질문도 하지 않았다. 그냥 순종했다. '하나님께서 어련히 알아서 하시겠거니' 라는 심정이었을 것이다. 이런 데서도 하나님과 동행하는 그의 모습, 하나님 앞에 의로운 그의 생활이 여실히 드러났다. 이런 사람은 자기는 물론 자기 주변의 생명을 살린다. 심판의 지연이 이런 사람에게는 건설적이며 창조적인 기회이다.

개혁교회 신앙의 핵심은 '하나님께서 말씀하신다'이다.(dixit deus) 여기서 중요한 것은 무엇을 말했느냐가 아니라, 누가 말했느냐이다. 물론 하나님께서 말씀하신 내용보다는 말씀하신 그분에게 집중하며 순종하기가 그리 쉽지만은 않다.

하나님께서 모세를 부르셨다. 그것은 이집트 땅에서 400여 년 동안 종살이하는 이스라엘 백성을 구원하려는 것이었다. 이 일이 얼마나 크고 어려운 일인지 또 위험한 일인지 모세는 잘 알고 있었다. 그래서 인가? 그는 여러 차례 하나님의 부르심을 거절했다. 그렇지만 일단 그 소명을 받아들인 다음에 그는 하나님께서 말씀(명령)하신 그대로 따랐다. '명령(말씀)하신 대로'라는 표현이 출애굽기에 27차례나 되풀이 언급되었다. 그 대부분이 출애굽기 36장 이하에 있다.(19회)

예레미야가 예언자로 부름을 받았을 때 강대국 바빌론은 한창 기세를 치고 있었다. 그 위세 앞에 유다의 운명은 바람 앞에 흔들리는 촛불 같았다. 그는 남왕국 유다가 무슨 이유로 멸망할 수밖에 없는지, 하나님의 백성은 이럴 때 어떻게 처신해야 하는지를 아주 분명하게 선포했다. 그의 선포가 왕족 및 귀족들에게는 물론 백성의 귀에도 크게 거슬렸다. 예레미야 자신도 백성의 마음을 가볍게 하고 기쁘게 하는 말씀 대신에 그런 말씀을 전해야 하는 것 때문에 내적인 고민이 많았다. 오죽했으면 그에게 '눈물의 예언자'란 별명이 붙었을까!

> 7 여호와여 주께서 나를 권유하시므로 내가 그 권유를 받았사오며 주께서 나보다 강하사 이기셨으므로 내가 조롱거리가 되니 사람마다 종일토록 나를 조롱하나이다 8 내가 말할 때마다 외치며 파멸과 멸망을 선포하므로 여호와의 말씀으로 말미암아 내가 종일토록 치욕과 모욕거리가 됨이니이다 9 내가 다시는 여호와를 선포하지 아니하며 그의 이름으로 말하지 아니하리라 하면 나의 마음이 불붙는 것 같아서 골수에 사무치니 답답하여 견딜 수 없나이다 (렘 20:7-9)

비록 그는 당대인들을 멸망에서 구하지는 못했어도 후대 사람들에게 살길이 어디 있는가를 제대로 알려주었다. 눈물이 많은 사람이며 연약한 성품을 지닌 그가 40여 년 동안이나 예언자로 활동했다. 이는 그에게 오직 하나님께서 말씀하시는 것을 따르지 않을 수 없다는 신앙에서 나온 힘이 있었기 때문이다.

바울은 로마에 황제숭배가 한창이던 때에 살았다. 당시에 황제를 신이 아니라 인간으로 보는 기독교를 전파하는 일은 목숨을 내놓은 일이었다.

그는 소아시아 지역(오늘날의 터키)에서 1차 선교 여행을 했다. 2차 선교여행에서 그는 우선 1차 선교여행 때 교회를 세웠던 지역을 돌아보고 지나 동쪽에 있는 아시아지역으로 복음을 전파하려 했다. 그러던 어느 날 그는 환상을 보았다.

> 9 밤에 환상이 바울에게 보이니 마게도냐 사람 하나가 서서 그에게 청하여 이르되 마게도냐로 건너와서 우리를 도우라 하거늘 10 바울이 그 환상을 보았을 때 우리가 곧 마게도냐로 떠나기를 힘쓰니 이는 하나님이 저 사람들에게 복음을 전하라고 우리를 부르신 줄로 인정함이러라(행 16:9-10)

이에 그는 당시에는 아시아 쪽보다 훨씬 더 위험한 유럽 쪽으로 발길을 돌렸다.

말씀의 내용을 따져서 내가 순종할 것인가 거부할 것인가를 정하지 않았다. 자신의 귀에 들려 온 말씀은 하나님께서 직접 하신 것이라는 믿음, 하나님께서 말씀하실 때에는 아직은 잘 몰라도 반드시 무엇인가 선한 것이 있으며, 귀한 목적이 있다는 신뢰가 그들에게는 있었다.

자신의 처지나 형편, 자신의 이해관계, 자신의 생각이나 계획보다 하나님과 그 말씀을 더 중요하게 받아들이는 사람이 교회역사에 수없이 많다. 하나님은 그런 사람들을 부르셔서 세상과 교회를 살리신다.

노아, 예레미야 예언자, 사도 바울 등은 하나님과 친밀하게 지냈던 사람 곧 의인이다. 그들은 자신과 주변 사람을 살리려는 생명의 하나님과 동행했다.

죄와 악은 심판을 불러들이는 통로다.

그들은 자기의 길을 택하며 그들의 마음은 가증한 것을 기뻐한즉 4 나 또한 유혹을 그들에게 택하여 주며 그들이 무서워하는 것을 그들에게 임하게 하리니 이는 내가 불러도 대답하는 자가 없으며 내가 말하여도 그들이 듣지 않고 오직 나의 목전에서 악을 행하며 내가 기뻐하지 아니하는 것을 택하였음이라(사 66:3-4).

21 하나님을 알되 하나님을 영화롭게도 아니하며 감사하지도 아니하고 오히려 그 생각이 허망하여지며 미련한 마음이 어두워졌나니 … 26 이 때문에 하나님께서 그들을 부끄러운 욕심에 내버려 두셨으니 … 28 또한 그들이 마음에 하나님 두기를 싫어하매 하나님께서 그들을 그 상실한 마음대로 내버려 두사 합당하지 못한 일을 하게 하셨으니 (롬 1:21, 26, 28)

4 하나님이 범죄한 천사들을 용서하지 아니하시고 지옥에 던져 어두운 구덩이에 두어 심판 때까지 지키게 하셨으며 5 옛 세상을 용서하지 아니하시고 오직 의를 전파하는 노아와 그 일곱 식구를 보존하시고 경건하지 아니한 자들의 세상에 홍수를 내리셨으며 (벧후 2:5)

하나님의 심판이 없다고 주장하는 기독교인은 회교도나 다른 어떤 이교도보다도 기독교 신앙에 해를 끼치는 이단이다(장 깔뱅).

74
보호받는 자와 방치되는 자

(창 7:6–12)

개역개정	직역
6 홍수가 땅에 있을 때에 노아가 육백 세라	6 그리고 노아가 600살이었다. 그리고 홍수가 일어났다, 물들이 땅의 얼굴 위로.
7 노아는 아들들과 아내와 며느리들과 함께 홍수를 피하여 방주에 들어갔고	7 그리고 노아가 들어갔다, 그의 아들들과 그의 아내와 그리고 그의 아들들의 아내들과 함께, 방주 안으로 홍수의 물들로 인하여.
8 정결한 짐승과 부정한 짐승과 새와 땅에 기는 모든 것은	8 깨끗한 짐승들 중에서 그리고 깨끗하지 못한 짐승들 중에서 그리고 새들 중에서 그리고 땅에 기어다니는 모든 것들이.
9 하나님이 노아에게 명하신 대로 암수 둘씩 노아에게 나아와 방주로 들어갔으며	9 각각 둘씩 노아에게로, 방주에게로 왔다, 남자(수컷)과 여자(암컷)가 하나님께서 노아에게 명령하신 그대로.
10 칠 일 후에 홍수가 땅에 덮이니	10 그리고 칠 일째 되는 날에 그 홍수의 물이 있었다, 그 땅위에.

11 노아가 육백 세 되던 해 둘째 달 곧 그 달 열이렛날이라 그 날에 큰 깊음의 샘들이 터지며 하늘의 창문들이 열려	11 노아의 생애 600세 그 둘째 달 그 달 17일이 날에 매우 깊은 바다의 모든 샘들이 터졌다. 그리고 하늘의 창문들이 열렸다.
12 사십 주야를 비가 땅에 쏟아졌더라	12 그리고 그 비가 있었다, 그 땅 위에 40일 낮과 40일 밤 동안

이것은 노아 시대에 대홍수가 시작되는 이야기이다. 그때 그의 나이는 600세였다. 이 일을 계획하신 분은 하나님이다. 그분은 전멸이나 멸종이 아니라 새로운 출발을 위한 만반의 준비를 해 놓으셨다. 노아와 그 가족이 그 새 출발의 통로로 쓰임 받았다.

방주에 들어간 노아의 가족은 모두 8명이었다. 노아는 정결한 짐승과 부정한 짐승, 새와 땅에 기는 모든 것의 암수 둘씩 방주로 들어가게 했다. 이로써 피난 준비가 모두 끝났다. 그런데도 비가 곧바로 내리지 않았다. 그들은 방주 안에 들어가서도 칠일 동안 기다려야만 했다. 방주를 만드는 긴 세월 동안에 '정말 비가 억수같이 쏟아져 온 세상을 뒤덮을까' 하는 의문을 품었을 노아는 이번에는 방주 안에서 '정말로 비가 내릴까'하며 또 기다려야 했다. 모든 생물이 방주 안으로 들어가기까지 3-4일이 걸렸다고 한다면, 그는 방주 안에 갇혀(?) 3-4일을 기다려야만 했다. 그 기간이 얼마나 길게 느껴졌을까! 출발하려는 비행기 좌석에 앉았을 때 출발시간 보다 30분 만 지체해도 몸살을 앓는 우리인데… 믿음이란 진실로 '신뢰'와 '기다림'이 뒤섞인 일상생활이다.

11-12절은 홍수가 일어나는 때와 상황을 매우 상세하게 밝혔다. 그때는 노아가 태어난 지 600년 2달 17일 되는 날이었다. 그 상황은 창조의 질서가

다시 혼돈의 세계로 되돌아가는 형국이었다: '깊은 바다의 샘들(근원들)과 하늘의 창문들.' 콜-마예노트 트홈 라바(= 깊음의 모든 샘들)는 바다와 강과 시내는 물론 땅 위와 아래에 있는 모든 물을 다 포괄한다.(창 1:6-7; 사 36:6; 78:15; 사 51:10; 암 7:4 참조) 고대 근동의 우주관을 나타내는 아르보트 핫샤마임(= 하늘의 창문들)은 하나님께서 창조 때 분리한 창공 위의 하늘로 통하는 문을 가리킨다. 이것이 열리면 그 위에 있던 물이 아래로 쏟아진다는 것이다. 이와 관련하여 특징있는 동사 두 개가 쓰였다: 터지다(빠카)와 열리다(파타크).

31 … 그들이 섰던 땅바닥이 갈라지니라 32 땅이 그 입을 열어…(민 16:31b-32a)

보라 내 배는 봉한 포도주통 같고 터지게 된 새 가죽 부대 같구나(욥 32:19)

이렇게 시작된 홍수는 40일 낮과 40일 밤 동안 계속되었다.(12절) 그냥 40일 동안이라고 해도 될 것을 밤과 낮으로 각각 40일이라 한 것은 그것의 강도를 강조한 것이다. 해밀턴은 비가 내린 40일과 온천하가 물로 덮여있던 150일을 에스겔 예언자의 초기활동의 길이와 비교했다.(Hamilton, Genesis 293)

칠십인역에 따르면 에스겔은 이스라엘이 받을 징벌을 상징하여 왼쪽으로 150일(히브리성경 MT는 390일) 동안 누워있으라는 말씀을 들었다.(겔 4:4-5) 남왕국 유다에 대한 징벌의 표시로 그는 오른쪽 방향으로 40일 동안 누워있어야 했다.(겔 4:6) 창세기 7장과 에스겔 4장은 하나님 징벌(심판)이 임하는 기간을 40일과 150일로 나타냈다.

홍수 이야기는 다음과 같이 역순환적인 기법으로 짜여 있다.(Wenham 39; 이와 달리 D. A. Dorsey는 The Literary Structure of the Old Testament, 2004. 52쪽에서 창

7:21-24에 나오는 방주 안의 생명체를 뺀 모든 것의 죽음을 홍수 이야기의 중심으로 보았다.)

a 노아(6:10a)
b 셈 함 야벳(10b)
c 방주를 세우다(14-16)
d 홍수가 언급되다(17)
e 노아가 받은 언약(18-20)
f 방주 안에서의 음식(21)
g 방주로 들어가라 명령하시다(7:1-3)
h 홍수까지 칠일 동안 기다림(4-5)
j 방주로 들어가다(11 -15)
k 여호와께서 방주의 창문을 닫으시다(16)
l 40일간의 홍수(17a)
m 물이 불어나다(17b-18)
n 산이 물로 뒤덮이다(19-20)
o 150일 동안 물에 잠기다((21-24)
p 하나님께서 노아를 기억하시다(8:1)
o′ 150동안에 물이 빠지다(3)
n′ 산꼭대기가 드러나다(4-5)
m′ 물이 빠지다(5)
l′ 40일이 지났다(6a)
k′ 노아가 방주의 창문을 열다(6b)
j′ 새들이 방주를 떠나다(7-9)
i′ 물이 마르기를 7일 동안 기다리다(10-11)
h′ 물이 마르기를 7일 동안 더 기다리다(12-13)
g′ 방주를 떠나라 명령하시다(15-17)
f′ 방주 밖에서의 음식(9:1-4)
e′ 모든 피조물에게 주신 언약(8-10)
d′ 장차 홍수로 심판하지 않으리라(11-17)
c′ 방주(18a)
b′ 셈 함 야벳(18b)
a′ 노아(19)

여기에는 노아가 한 일이 구체적으로 나와 있다. 그는 하나님께서 보전하기로 하신 피조물들을 방주 안으로 들어가게 했다. 거기에는 자신과 아내, 아들들과 그 며느리들이 들어 있다. 그리고 정결한 것과 부정한 것 등 각종 짐승들이 다 포함되었다. 물론 모두 다 구원을 받은 것이 아니었다. 보호(구원)받는 자와 방치(멸망)되는 자들이 나누어졌다. 여기서 방치는 곧 죽음이요 심판이었다.

26 노아의 때에 된 것과 같이 인자의 때에도 그러하리라 27 노아가 방주에 들어
가던 날까지 사람들이 먹고 마시고 장가들고 시집가더니 홍수가 나서 그들을 다
멸망시켰으며 28 또 롯의 때와 같으리니 사람들이 먹고 마시고 사고팔고 심고
집을 짓더니 29 롯이 소돔에서 나가던 날에 하늘로부터 불과 유황이 비오듯하여
그들을 멸망시켰느니라 30 인자가 나타나는 날에도 이러하리라 31 그 날에 만일
사람이 지붕 위에 있고 그의 세간이 그 집 안에 있으면 그것을 가지러 내려가지
말 것이요 밭에 있는 자도 그와 같이 뒤로 돌이키지 말 것이니라 32 롯의 처를
기억하라 33 무릇 자기 목숨을 보전하고자 하는 자는 잃을 것이요 잃는 자는 살
리리라 34 내가 너희에게 이르노니 그 밤에 둘이 한 자리에 누워 있으매 하나는
데려감을 얻고 하나는 버려둠을 당할 것이요 35 두 여자가 함께 맷돌을 갈고 있
으매 하나는 데려감을 얻고 하나는 버려둠을 당할 것이니라(눅 17:26-35)

여기 나오는 40일은 문자 그대로 40일 동안을 가리킨다. 40일은 긴 시간(기간)을 나타내는 동시에 새로운 시작을 의미한다. 동시에 이것은 성경 여러 곳에서 구원으로 가는 상징적인 과정으로 쓰였다. 이 숫자가 처음 등장한 곳은 본문에 보듯이 비 내리는 기간 40일이다. 그밖에도 다음과 같은 쓰임새가 있다.

i) 온 세상을 뒤덮은 물이 빠지는 기간도 40일이었다.

ii) 이삭 및 에서의 결혼 당시 연령이 40세였다.(창 25:20; 26:34)

iii) 모세의 일생은 40년(이집트 왕궁) - 40년(광야에서의 망명생활. 34:28; 신 9:9) - 40년(출애굽과 광야행진) 등 세 번의 40년으로 이루어져 있다.(행 7:23, 30, 36) 시내산에 올라갔을 때 그는 40 동안 머물렀다.(출 24:18)

iv) 출애굽 한 이스라엘 백성은 광야에서 40년을 생활했다.

v) 이스라엘 백성을 위해 모세는 두 번 40일 동안 중보기도를 드렸다.(출24:18; 신 9:25)

vi) 이스라엘은 장차 들어갈 가나안 지역을 40일 동안 정탐했다.(민 13:25)

vii) 여호수아는 40세에 모세의 후계자로서 본격적인 사역을 시작했다.

viii) 가나안 입성 전 이스라엘 백성은 요단 강변에서 40일을 지냈다.

ix) 주요한 사사들의 통치 기간은 40년의 간격이 있었다.(삿 3:11; 5:31; 8:28)

x) 다윗이 블레셋 장수 골리앗을 물리치기 전에 이스라엘은 40일 동안 괴롭힘을 당했다.(삼상 17:16)

xi) 다윗도 솔로몬도 40년 동안 나라를 다스렸다.(삼하 5:4; 왕상 2:11; 11:42)

xii) 예언자 엘리야는 광야를 40일 동안 간 끝에 시내산으로 들어갔다.(왕상 19:8)

xiii) 예언자 에스겔이 이스라엘 백성의 죄를 40일 동안 짊어지기 위해 40일 동안 누워 지냈다.(겔 4:6)

xiv) 예언자 요나는 니느웨가 40일 뒤에 멸망할 것이라는 말씀을 전했다.(욘 3:4)

xv) 예수님은 40일 동안 금식하며 시험을 받으셨다.

xvi) 예수님은 부활하신 뒤 40일 동안 사역하시다가 승천하셨다.

이밖에 성막제작에 걸린 기간이 40일이었으며, 모세의 일생은 40년 주기에 따라 이집트 왕궁생활, 광야거주, 출애굽 백성 인도 등으로 이루어졌다.

구약시대에 40년은 대략 한 세대를 가리켰다.(출 16:35; 민 14:33; 32:13; 수 5:6; 시 95:10; 겔 4:6; 29:11) 40세는 한 인간이 성숙해서 어른이 되었다고 보는 나이이기도 하다.(창 25:20; 26:34; 수 14:7; 삼하 2:10; 행 7:23) 위와 같이 성경에서 40일은 준비기간(목마른 시간, 고독한 시간)이자 훈련 기간이며 결실에 이르기에 반드시 필요한 기간이었다.

노아시대의 홍수는 한편에서는 방치 파괴요 다른 한편에서는 배려와 보전이었다. 하나님은 홍수를 통해 이 일을 확실하게 이루셨다.

하나님의 심판은 본디 이 두 가지 얼굴을 지니고 있다. 생존(운명)이 극적으로 달라지는 이런 양상이 소돔과 고모라가 심판받을 당시 그곳 시민들과 롯의 가족들, 출애굽 당시 유월절에서 문설주에 양의 피를 바른 히브리인들의 가정과 피를 바르지 않은 이집트인의 가정, 홍해바다에서 히브리민족과 이집트 군대 등 성경 여러 곳에 나와 있다.

오늘의 적용

9 여호와께서 그의 손을 내밀어 내 입에 대시며 여호와께서 내(예레미야)
게 이르시되 보라 내가 내 말을 네 입에 두었노라 10 보라 내가 오늘 너를
여러 나라와 여러 왕국 위에 세워 네가 그것들을 뽑고 파괴하며 파멸하고
넘어뜨리며 건설하고 심게 하였느니라 하시니라(1:9-10)

37 노아의 때와 같이 인자의 임함도 그러하리라 38 홍수 전에 노아가
방주에 들어가던 날까지 사람들이 먹고 마시고 장가들고 시집가고 있으면

서 39 홍수가 나서 그들을 다 멸하기까지 깨닫지 못하였으니 인자의 임함
도 이와 같으리라 40 그 때에 두 사람이 밭에 있으매 한 사람은 데려가고
한 사람은 버려둠을 당할 것이요 41 두 여자가 맷돌질을 하고 있으매 한
사람은 데려가고 한 사람은 버려둠을 당할 것이니라(마 24:37-41)

거위존진(去僞存眞)이란 말이 있다. 거짓을 버리고 참된 것을 간직하자, 가짜를 버리고 진짜를 남기자는 말이다. 거위종진(去僞從眞), 거망존진(去妄存眞)이라고도 한다. 이는 중국 영명연수永明延壽(904~975)가《종경록 宗鏡錄》에서 남긴 말이다.

…

如上種種開示(여상종종개시); 위와 같이 여러 가지로 나타내 보이고,

種種證明(종종증명); 여러 가지를 틀림없이 밝힌다.

如是調停(여시조정); 이와 같이 조정하고

如是剖析(여시부석); 이와 같이 분석하며

削繁簡要(삭번간요); 번잡한 것을 없애 간결하게 하여

去僞存眞(거위존진); 헛된 것을 버리고 참도 것을 보존한다.

…

75
방주, 그 안으로

(7:13–15)

개역개정	직역
13 곧 그 날에 노아와 그의 아들 셈, 함, 야벳과 노아의 아내와 세 며느리가 다 방주로 들어갔고	13 바로 그날에 그가 들어갔다, 노와와 함과 야벳 등 노아의 아들들이. 그리고 노아의 아내와 그의 아들들의 아내들 세 명이 그들과 함께 그 방주로.
14 그들과 모든 들짐승이 그 종류대로, 모든 가축이 그 종류대로, 땅에 기는 모든 것이 그 종류대로, 모든 새가 그 종류대로	14 그들 그리고 모든 짐승이 그 종류대로, 그리고 가축들이 그 종류대로, 그리고 땅 위에 기어 다니는 모든 것이 그 종류대로 그리고 모든 새 곧 날개달린 모든 새가 그것의 종류대로.
15 무릇 생명의 기운이 있는 육체가 둘씩 노아에게 나아와 방주로 들어갔으니	15 그리고 그들이 노아에게로, 방주에 왔다, 그 모든 살이 둘 씩 곧 그 안에 생명의 영들이 있는 것들이.

이것은 노아와 그 식구 및 동물들이 모두 방주 안에 들어간 다음 하나님께서 하신 일을 보여주는 이야기이다. 세상에 있는 생명체들이 한 종류도 빠짐없이 모두가 다 방주 안에 들어갔다는 사실을 창세기 7장은 매우 힘주어 강조한다. 이를 위해 전체를 가리키는 말(콜 kol)이 11-16절에 7차례나

쓰였다. 특히 14-15절에만 6차례가 등장했다.(송병현 188) 이것은 '전체, 모두, 각기' 등으로 번역된다.

하나님은 홍수심판만 염두에 두신 것이 아니라 그 심판이 끝난 다음에도 하나님을 따르는 사람과 이 세상에 씨가 마르지 않도록 배려하셨다. 그래서 인간도 한 가정을, 그리고 나머지 생물도 암수 쌍으로 해서 방주에 다 들어가게 하셨다.

창세기 6-7장에 기록된 동물의 숫자 및 비슷한 내용의 반복과 관련하여 문서설을 주장하는 역사비평학자들과 성경본문을 최종문헌을 채택하는 학자들 사이에 의견이 엇갈린다.

19 혈육 있는 모든 생물을 너는 각기 암수 한 쌍씩 방주로 이끌어 들여 너와 함께 생명을 보존하게 하되(히필형 카야 hyx) 20 새가 그 종류대로, 가축이 그 종류대로, 땅에 기는 모든 것이 그 종류대로 각기 둘씩 네게로 나아오리니 그 생명을 보존하게 하라 (창 6:19-20)	2 너는 모든 정결한 짐승은 암수 일곱씩, 부정한 것은 암수 둘씩을 네게로 데려오며 3 공중의 새도 암수 일곱씩을 데려와 그 씨를 온 지면에 유전하게(피엘형 카야 hyx) 하라 (창 7:2-3)
6 홍수가 땅에 있을 때에 노아가 육백 세라 7 노아는 아들들과 아내와 며느리들과 함께 홍수를 피하여 방주에 들어갔고 8 정결한 짐승과 부정한 짐승과 새와 땅에 기는 모든 것은 9 하나님이 노아에게 명하신 대로 암수 둘씩 노아에게 나아와 방주로 들어갔으며 (창 7:6-9)	13 곧 그 날에 … 14 그들과 모든 들짐승이 그 종류대로, 모든 가축이 그 종류대로, 땅에 기는 모든 것이 그 종류대로, 모든 새가 그 종류대로 15 무릇 생명의 기운이 있는 육체가 둘씩 노아에게 나아와 방주로 들어갔으니 16 들어간 것들은 모든 것의 암수라 (창 7:13-16)

창세기의 이 부분을 역사비평학자들은 문서가설을 주장하는 확실한 근거로 끌어온다. 그들에 따르면 이것은 J기자(7:2)와 P기자(6:19-20; 7:15-16)가 각각 모은 자료이다. 위에서 본 대로 방주에 들어간 동물의 수에 대해 창 6:19-20; 7:2-3, 8-9, 15-16에 나와 있다.

여기서는 방주에 들어갈 짐승의 숫자가 창 6:19(혈육 있는 모든 생물을 너는 각기 암수 한 쌍씩 방주로 이끌어 들여 너와 함께 생명을 보존하게 하되)와 다른 점이 눈길을 끈다. 우선 역사비평학자들은 이를 야웨기자(Jawist)와 사제기자(Priesterschrift)의 차이로 본다. 이 제안을 거절하는 사람들은 다음과 같이 설명한다.(Hamilton, Genesis 287)

i) 우리말로 '한' 쌍씩, '둘'씩 이라 번역된 부분(쉐나임)은, 히브리말에 정관사만 있고 부정관사가 없는데, 정관사가 없을 경우 부정관사를 넣어 읽는 서양말의 관례에 따른 것이다.(부정관사는 때때로 '하나'를 의미한다) 창 6:19-20의 한 쌍으로 한 말(쉐나임)을 두 마리(한 쌍)가 아니라 집합명사로 읽는 것이다. 히브리어 문법에 따르면 쌍수는 복수형으로 만들어지지 않는다. 그렇다면 이 말씀은 동물들을 방주 안으로 들이되 암수가 쌍이 되게 하라는 뜻이다.

ii) 창 6:19-20은 하나님께서 노아에게 방주를 만들기 시작도 하기 전에 주신 말씀이다. 이 부분의 핵심은 정확한 숫자보다는 하나님께서 장차 일어날 홍수심판에서 노아의 가족뿐만 아니라 모든 생물도 보전하리라는 계획을 밝히는데 있다. 이를 위해서 동물들이 반드시 암수 짝을 이루어 배안으로 들어와야만 했다. 배가 완성되려면(120년 이상) 아직 멀었다. 그 때문에 이 때에는 숫자를 정확하게 말할 이유가 없었다는 것이다. 이 둘 가운데 어느 쪽 입장에 설지를 결정하는 것은 오롯이 독자의 몫이다.

홍수 7일 전에 하나님은 이에 관해 두 번째로 말씀하셨다.(창 7:1-4) 이때 하나님은 배로 들어갈 동물의 숫자를 처음보다 구체적으로 알려주셨다. 노아와 그 가족들은 하나님 지시대로 배 안으로 들어갔다(창 7:7). 그리고 동물들은 암 수 둘씩 그 안으로 들어갔다.(7:9)

창 7:13-16은 히브리문학에서 자주 나타나는 반복법 중 하나이다. 창 7:6-9은 앞서 말씀하셨던 것을 조금 더 풀어서 자세히 기록했다. 여기서도 동물의 구체적인 숫자가 일곱씩이냐 둘씩이냐 보다는 암수가 '쌍'을 이루어 배 안으로 들어가야 한다는 점을 강조했다. 역사비평을 거부하는 학자들은 본문을 히브리문학의 반복법 가운데 하나라고 본다. 이를테면 창 7:8-9와 14-16을 살펴본 마틴 케슬러(M. Kessler, Rhetorical criticism of Genesis 7. in: Rhetorical Criticism: Essays in honor of James Muilenburg. 7-8; 월튼 286-7; 로스 286-7)의 입장이다.

i) 두 개의 목록은 동물의 범주를 각각 넷으로 분류한다.

ii) 하나님의 명령은 전치사와 부사가 합쳐진 꼴(mikkol = 모든 …로부터)이다.(2절) 8절에는 전치사 민(min)이 3번 사용하여 선택의 과정을 알려준다. 15-16절에는 부사 콜(kol)이 여섯 번 쓰였다. 이는 그 과정이 온전하게 완료되었음을 나타낸다. 특히 밋콜-합바싸르(mikol-habbāśār = 그 모든 육체로부터)는 하나님의 명령이 완벽하게 수행되었다는 것을 알려준다.

iii) 그 명령에 '정결한 것과 부정한 것'이란 표현이 되풀이 된다. '암수'(male and female)라는 표현은 전형적인 제사장기자(P)의 것이다.

iv) 많은 사람들이 토론해 온 일곱 쌍과 두 쌍에 관련해서 '정결한 것과 부정한 것'이란 구절은 정결한 짐승 일곱 쌍에 관한 명령을 암시한다.

v) 두 개의 기록이 다 '노아에게 나아와 방주로 들어갔다'라고 했다.

vi) 두 번째 기록이 보다 자세하게 셈을 했다. 이는 보다 발전된 형태이다.

vii) 두 개의 기록이 다 창세기 1장에서 제사장 기자(P)의 용어 곧 땅(25절) 짐승(24절) 남자와 여자(27절) 종류(12절) 기는 것(24절)과 명령형 어투 등을 빌려다 썼다.

viii) 두 기록이 다 나열형 문체로 되어 있다. 방주는 하나님께서 처음에 창조하셨던 것들이 살아남을 뿐만 아니라 새롭게 시작하는 근거지였다.

홍수를 가리키는 낱말(맙불)은 본디 궁창 위에 있는 하늘의 바다, 곧 궁창 위의 물(시 29:10)을 가리키는 것이다. 이는 하늘 위의 물과 땅 위의 물을 하나로 합쳐놓는 것으로, 태초의 혼돈상태로 되돌아가는 사건이었다.(창 1:2, 6-7 참조)

드디어 하나님께서 정한 날이 되었다. 그 날이 너무나 중요하기에 성경은 그 날짜를 '노아가 600세 되던 해 둘째 달 열이렛날'이라고 정확하게 밝혀놓았다.(창 7:11) 창세기가 연대와 날짜를 적시한 것은 이것이 처음이었다.(송병현 189)

하나님은 깊음의 샘들을 터지게 하시고 하늘의 창문들을 여셨다. 깊음이란 말은 창 1:2에도 쓰였다.(흑암이 깊음 위에 있고) 노아 홍수와 관련해서는 8:2에도 쓰였다.(깊음의 샘과 하늘의 창문이 닫히고)

동물이 때로는 사람의 스승이다.

6 게으른 자여 개미에게 가서 그가 하는 것을 보고 지혜를 얻으라
7 개미는 두령도 없고 감독자도 없고 통치자도 없으되
8 먹을 것을 여름 동안에 예비하며 추수 때에 양식을 모으느니라(잠 6:6-8)

24 땅에 작고도 가장 지혜로운 것 넷이 있나니
25 곧 힘이 없는 종류로되 먹을 것을 여름에 준비하는 개미와
26 약한 종류로되 집을 바위 사이에 짓는 사반과
27 임금이 없으되 다 떼를 지어 나아가는 메뚜기와
28 손에 잡힐 만하여도 왕궁에 있는 도마뱀이니라
29 잘 걸으며 위풍 있게 다니는 것 서넛이 있나니
30 곧 짐승 중에 가장 강하여 아무 짐승 앞에서도 물러가지 아니하는 사자와
31 사냥개와 숫염소와 및 당할 수 없는 왕이니라 (잠 30:24-31)

7 이제 모든 짐승에게 물어 보라 그것들이 네게 가르치리라 공중의 새에게
물어 보라 그것들이 또한 네게 말하리라
8 땅에게 말하라 네게 가르치리라 바다의 고기도 네게 설명하리라
9 이것들 중에 어느 것이 여호와의 손이 이를 행하신 줄을 알지 못하랴
10 모든 생물의 생명과 모든 사람의 육신의 목숨이 다 그의 손에 있느니라
(욥 12:7-10; 사 1:3; 렘 8:4-7 참조).

76

문을 닫으셨다

(창 7:16)

개역개정	직역
들어간 것들은 모든 것의 암수라 하나님이 그에게 명하신 대로 들어가매 여호와께서 그를 들여보내고 문을 닫으시니라	그리고 (방주에) 들어간 것은 수컷과 암컷이었다, 살을 가진 모든 것 중에서 여호와께서 명령하신 대로. 그리고 여호와께서 (문을) 닫으셨다, 그들 뒤에서.

이것은 하나님께서 방주의 문을 닫으시는 이야기이다. 카숫토는 이를 놓고 하나님이 방주와 방주에 탄 연약한 존재들을 위한 외부 보호자가 되셨다고 풀이했다.(Cassuto, Genesis 2. 97) 창 7:15-16이다:

15 무릇 생명의 기운이 있는 육체가 둘씩 노아에게 나아와 방주로 들어갔으니
16 들어간 것들은 모든 것의 암수라 하나님이 그에게 명하신 대로 들어가매 여
호와께서 그를 들여보내고 문을 닫으시니라(창 7:15-16).

여기서 하나님은 방주에 들어가기로 정해진 모든 사람과 동물들이 다 들어가고 나자, 밖에서 그 문을 닫으셨다. 이 문을 닫은 첫 번째 목적은 물론 새어 들어오지 않게 하려는 뜻이 담긴 것이겠지만, 그 밖에도 굉장히 깊은 의미가 있다. 우선 그 의미를 몇 가지로 살펴보자:

첫째 인간의 노력은 하나님의 봉인(封印)으로 완성되었다. 노아가 방주를 만드는 일에서는 하나님 말씀대로 그 일을 시작하는 것과 일단 시작한 다음에는 성실하게 작업하는 것이 가장 중요했다. 마지막 마무리도 매우 중요하다. 만일 그것이 시원찮게 되어 물이 새어들거나 풍랑과 파도에 망가지면, 그동안의 수고와 노력이 모두 물거품이 될 것이다. 어떤 일이든 시작과 과정과 마무리, 이 세 가지 공정이 모두 중요하다.

노아에게 그 일을 시작하게 하신 하나님은 노아가 그 일을 중단하지 않도록 믿음과 지혜와 능력을 주셨다. 이제 마지막으로 그 문을 닫아 주셨다. 이로써 노아가 만든 방주를 제기능을 완벽하게 할 수 있게 되었다. 하나님께서 문을 닫으신 것은 하나님의 은총이었다.

둘째 문을 닫으신 것은 방주 안의 세계를 그 바깥세상과 완전히 분리시킨 것이다. 노아와 그의 가족들은 이제 방주 밖에 있는 사람들과 완전히 결별하였다. 그들과 이제는 더 이상 관계도 할 수 없고, 하나님이 선택한 사람으로서 방주 안에 있어야 되는 특별 사람이 되었다.

우리는 세상에 속한 자가 아니다. 우리는 하나님에게 속한 하늘의 백성이다. 우리는 거룩한 백성이다. 그러므로 교회 안에서 인간관계를 맺는 것도 인간적인 방법, 세상적인 방법으로 하면 곤란하다. 사람을 존중하고 대하는 것도 인간적인 방법, 세상적인 방법으로 하면 곤란하다. 세상에서 지위가 높은 사람이라고 교회에서도 더 우대하고, 세상에서 지위가 낮은 사람이라고 교회에서도 더 낮추어보면, 이것은 교회가 아니라 세상의 복사판이리라. 교회에서 선교 및 봉사활동을 계획한 다음 실행하고 또 평가하는 것 역시 인간적인 계산이나 세상적인 방법으로 하면 곤란하다. 세상에서는 결과를 중요하게 여기고, 열매만 따먹으려 한다. 교회는 동기를 중요하게 여기며 과정과 끝을 모두 중요하게 받아들이는 곳이다.

셋째 방주의 문을 닫은 것은 정한 기간에는 다시 나오지 못한다는 뜻이다. 노아가 방주에 일단 들어왔는데 집에 뭐 두고 온 것이 있어서 다시 갔다 와야 되겠다 하면서 혹시 다시 나오려 할지도 모른다. 롯의 부인처럼 두고 온 세상에 아직 미련이 있다고 되돌아볼 수도 있다. 이에 하나님이 그런 가능성을 아예 차단해 버리셨다. 밖에서 잠가버렸기에 이제는 나오고 싶어도 나올 수 없게 되었다. 옛 생활 옛 습관 옛날 버릇은 이제 완전히 차단된 것이다.

넷째 문을 닫은 것은 심판을 면하게 하신다는 뜻이다. 다시 말해 심판에서 구원 받게 하신다는 뜻이다. 방주 밖에 있는 것은 모두 멸망했지만 방주 안에 있는 것은 모두 안전하고 평화로웠다. 노아가 지금 방주 안에 있는데 관심이 있어서 자꾸 문을 열고 나와 보고 들어왔다 나왔다 하면 어떻게 되었을까?

다섯째 종말의 때 주님은 문을 닫으신다. 그때에는 입으로는 주님을 가까이하면서도 마음으로는 주님을 멀리 했던 사람들이 화들짝 놀랄 것이다. 그들은 닫힌 문으로 달려가 그 문을 두드리며 "주여 주여 우리에게 열어 주소서"(마 25:11)라고 아우성을 칠 것이다. 그때 주님은 그들에게 "너희에게 이르노니 내가 너희를 알지 못하노라"(마 25:12; 눅 13:25 참조)고 하실 것이다.

노아와 그의 가족이 방주에 들어오고 일주일 뒤 비가 쏟아지기 시작하였다. 집중 호우가 1시간에 100mm만 쏟아져도 온 천지가 물바다가 되는 것을 우리는 잘 알고 있다. 노아가 방주에 들어오자마자 비가 쏟아졌는데 그것은 집중 호우가 아니었다. 그것은 뭐 도무지 인간의 표현으로 무어라고 말할 수 없는 하늘이 온통 쏟아지는 것처럼, 하늘에 있는 모든 물탱크가 다 터 진 것처럼 쏟아져 내렸다. 그리고 땅에서는 샘이 솟아 올라왔다. 위에서 쏟아지고 밑에서 솟아오르니, 단순이 온 세상이 물에 잠기었다.

이럴 때 만일 하나님이 방주의 문을 닫으셨다. 문을 닫으면 안과 밖이 단

절된다. 방주 안에 있는 노아와 그 식구 및 동물들은 이 궁금해서라도 문을 열고 밖으로 나오려고 했을지 모른다. 그러면 큰일이다. 이에 하나님이 그들이 구원을 받게 하시려고 문을 닫아 버리셨다.

예수님이 무덤에 묻히신 뒤 제자들은 자기들이 있는 곳의 문을 꽁꽁 닫고 그 빗장을 단단히 걸어 잠갔다. 만에 하나 있는 곳이 발각되기라도 하면 그들 자신도 잡혀가 죽을지도 모른다는 두려움이 싸여 있었다. 그 때 갑자기 예수님이 그들 가운데 나타나셨다. 문을 열어드리지도 않았는데 그분이 들어오셨던 것이다. 이제 그들은 부활하신 예수님을 자신의 눈으로 보게 되었다. 아마 그 눈이 빛났을 것이다. 그 가슴이 울렁일 정도로 부풀었을 것이다. 공포와 의심의 먹구름이 걷히고 태양보다 더 밝은 신뢰와 소망의 빛이 그들을 감쌌을 것이다.

인간이 문을 잠그는 것 걱정과 두려움에서 나오는 행위였다. 그 문을 예수님이 여셨다. 그리고 말씀하셨다. '너희에게 평강이 있을지어다'(요 20:19, 21, 26)

그들이 문을 닫은 이유는 '이제 다 끝났다'는 절망의 표현이었다. 예수님의 죽음으로 그들은 새롭게 시작하였던 모든 것이 수포로 돌아갔다고 여겼다. 그리고 옛 생활 옛 습관 옛 직업 옛 집으로 되돌아가려는 궁리를 하였으리라. 그러나 이제부터 시작이었다. 그것은 끝이 아니라 놀라운 일의 시작이었을 뿐이다. 예수님은 그들에게 나타나셔서 '아버지께서 나를 보내신 것같이 나도 너희를 보내노라'(요 20:21)라고 말씀하셨다.

성경에는 여러 가지 문이 나온다.

> 19 내게 의의 문들을 열지어다 내가 그리로 들어가서 여호와께 감사하리로다 20 이는 여호와의 문이라 의인들이 그리로 들어가리로다(시 118:19-20)

노아 방주의 문이 바로 이런 문이었다, 하나님이 닫으시고 하나님이 열게 하시는 문. 인간이 닫는 문은 위와 같이 폐쇄적인 것이었다. 그러나 하나님이 닫으시는 문은 구원과 생명의 문이었다. 인간이 여는 문은 자칫 자기 욕심의 추구일 수 있다. 그러나 하나님이 여시는 문은 자유와 구원의 문이었다.

> 내가 또 다윗의 집의 열쇠를 그의 어깨에 두리니 그가 열면 닫을 자가 없겠고 닫으면 열 자가 없으리라(사 22:22)

> 빌라델비아 교회의 사자에게 편지하라 거룩하고 진실하사 다윗의 열쇠를 가지신 이 곧 열면 닫을 사람이 없고 닫으면 열 사람이 없는 그가 이르시되(계 3:7)

구원의 방주의 마지막 마무리 작업을 하나님이 해 주셨다. 하나님은 방주에 문을 하나만 내라고 말씀하셨다.(창 6:16) 이는 그 어떤 사나운 파도도 침입하지 못하게 하기 위함이었다. 단 하나 있는 이 문은 인간의 생존을 위한 안전장치를 대표하는 것이다. 노아는 이 방주를 평생작업으로 아주 든든하게 정성 들여 완성하였다. 특히 문에 더 신경을 썼을 것이다.

이제 하나님의 명령대로 노아의 가족이 방주에 들어갔다.(7,13절) 다 합쳐 8명이었다. 짐승들도 정결한 것은 암수 일곱씩, 그리고 부정한 것은 암수 둘씩, 공중의 새도 암수 일곱씩 취하여 들어갔다. 그리고는 문을 닫았다, 하나님께서. 공동번역으로 창세기 7:16에 보면, '여호와께서 문을 닫으셨다'고 하였다.

일상생활에서 우리는 열심히 문을 닫는다. 그리고 안으로 잠근다. 노아도 문을 열심히 만들고, 안전하게 문을 안으로 열심히 잠그려 하였을 것이다. 그러한 인간의 장치는 성난 파도와 물결 앞에서 아무것도 아니다. 그 문은 하나님이 닫아 주셔야만 되었다. 그래서 여호와께서 문을 닫으셨다고 하였다. 우리는 우리가 만든 안전장치에서 확실함을 만들어 내려고 노력하고, 확실함을 보장받으려고 한다. 그것을 누가 보장할 수 있을까? 진정으로 확실한 보장을 받는 길은 주님의 진실함과 사랑의 손에 우리(나)를 의탁하는 길밖에 없다.

오늘의 적용

공휴일궤(功虧一簣)라는 말이 있다.《서경 書經》〈旅獒篇(여오편)〉에 나오는 것으로 '아홉 길 높은 산을 쌓는데 흙 한 삼태기가 모자라 쌓은 공이 무너진다'(爲山九仞功虧一簣)는 뜻이다. 이는 마지막 한 대목을 게을리 함으로써 그동안 힘들여 쌓아온 공적이 수포로 돌아간다는 의미로 쓰였다.

《논어(論語)》〈자한(子罕)〉에도 비슷한 말이 나온다. "공자(孔子)가 말했다. 비유하자면 산을 쌓는 데에 한 삼태기를 채우지 못해 중도에 그치는 것도 내가 그치는 것이며, 땅을 고르게 다지는데 한 삼태기만 덮더라도 진척시켰으면 내가 한 것이다."(子曰, 譬如爲山, 未成一簣, 止, 吾止也. 譬如平地, 雖覆一簣, 進, 吾往也.)

내(우리) 생활에, 내(우리)가 하는 일에 하나님께서 마무리 해 주셔야 할 것이 있는가? 하나님께서 마무리 하시게 하려고 나(우리)는 어떻게 하고 있는가?

77

방주에는 노가 없었다

(창 7:17–20)

개역개정	직역
17 홍수가 땅에 사십 일 동안 계속 된지라 물이 많아져 방주가 땅에서 떠올랐고	17 그리고 그 홍수가 40일 동안 있었다, 그 땅 위에. 그리고 그 물이 불어났다. 그리고 그것이 그 방주를 들어올렸다. 그리고 그것이 그 땅 위로부터 높아졌다.
18 물이 더 많아져 땅에 넘치매 방주가 물 위에 떠 다녔으며	18 그리고 그 물이 강해졌다. 그리고 그것이 땅 위에 크게 불어났다. 그리고 방주는 물의 표면 위에 떠다녔다.
19 물이 땅에 더욱 넘치매 천하의 높은 산이 다 잠겼더니	19 그리고 그 물은 이러했다, 곧 그 땅 위에 엄청나게 강해졌다. 그리고 온 하늘 아래 있는 모든 높은 산들이 다 덮였다.
20 물이 불어서 십오 규빗이나 오르니 산들이 잠긴지라	20 산 위로 15규빗이나 더 높이 오를 정도로 물이 강해졌다. 그리고 그 산들이 덮였다

이것은 홍수가 시작되고 방주가 물 위로 떠돌아다니는 이야기다. 히브리 성경은 홍수가 진행되는 과정을 (물이) 많이 불어났다(라바 rābâ) (방주를) 들어올렸다(나사 nāśâ') 높아졌다(룸 rûm) 등 점층법으로 표현했다. 이는 물의 기세

가 점점 더 세지는 것을 실감나게 나타낸 것이다.

18절은 이를 보다 더 강하게 묘사했다. 힘이 세다, 우세하다는 뜻을 지닌 가바르(gābar)가 그것이다. 이는 대홍수의 물이 기세를 떨치며 불어나 무섭게 흘러가는 모습을 그림처럼 묘사한 것이다. 18-24절에 이것이 네 차례나 쓰이는 것도 대홍수의 위세를 나타내기에 모자람이 없다. 이 낱말이 전쟁에 관련하여 쓰일 때에는 승리하는 군사의 힘과 능력을 나타낸다.

홍수의 물은 엄청나게 강해졌다. 20절에서 히브리성경은 '매우'라는 말(므오드 məod)을 두 차례 거듭사용하여 이 사실을 강조했다. 심지어 높은 산들이 다 물에 잠길 정도까지 되었다. (가장) 높은 산보다도 15큐빗(약 7m)나 더 수위가 높아졌다.

높다는 말(가보아흐)은 다양한 말맛을 지닌다. 그 동사형(가바/ 가바흐)는 아랍말로 '위를 향해 서다'(to stand up toward)는 뜻이다.(HAL) 이를테면 나무가 자라는 것을 가리킨다. "들의 모든 나무가 나 여호와는 높은 나무를 낮추고 낮은 나무를 높이며 푸른 나무를 말리고 마른 나무를 무성하게 하는 줄 알리라 나 여호와는 말하고 이루느니라 하라"(겔 17:24) 새가 날아오르는 것을 묘사하기도 한다. "바위 틈에 살며 산꼭대기를 점령한 자여 스스로 두려운 자인 줄로 여김과 네 마음의 교만이 너를 속였도다 네가 독수리 같이 보금자리를 높은 데에 지었을지라도 내가 그리로부터 너를 끌어내리리라 이는 여호와의 말씀이니라"(렘 49:16)

이것은 사람과 관련해서도 다양한 말맛으로 쓰였다.

i) 사람이 형통하는 것을 나타내기도 한다.

"너는 위엄과 존귀로 단장하며 영광과 영화를 입을지니라"(욥 40:10)

ii) 하나님께서 높여주시는 은혜를 묘사하기도 한다.

"보라 내 종이 형통하리니 받들어 높이 들려서 지극히 존귀하게 되리라"(사 52:13)

iii) 교만한 것을 나타낸다.

"2 인자야 너는 두로 왕에게 이르기를 주 여호와께서 이같이 말씀하시되 네 마음이 교만하여 말하기를 나는 신이라 내가 하나님의 자리 곧 바다 가운데에 앉아 있다 하도다 네 마음이 하나님의 마음 같은 체할지라도 너는 사람이요 신이 아니거늘… 5 네 큰 지혜와 네 무역으로 재물을 더하고 그 재물로 말미암아 네 마음이 교만하였도다"(겔 28:2)

주야장창 내리는 비는 온 천하의 산들을 물에 잠기게 만들었다. 19절과 20절은 이를 덮다 감추다는 뜻의 카사(kāśâ)라는 말로 묘사했다. 이 낱말은 덮음과 관련하여 매우 다양하게 쓰였다. 이를테면 민족이나 풀(식물)이 그 땅을 덮는다거나(민 22:11; 잠 24:31) 담요나 옷으로 몸을 덮는 것(출 28:42; 왕상 1:1) 방주를 덮은 그룹의 날개들(대하 5:8) 하늘을 덮은 구름(시 147:8) 등이다.

20절에는 전치사 '…으로부터(민 min) 전치사 …을 향하여(르 lə) 부사 …. 위(마알 ma'al) 라는 뜻의 삼중 복합어 밀마을라가 쓰였다. 그 해석이 어렵다. NIV to a depth of more than(= …보다 더 깊이) ESV upward(= 위로) 개역개정 '오르니' 공동번역개정과 표준새번역 '더 불어났다' 등 번역도 다양하다.

이런 형식의 낱말이 성경에 23번 쓰였다. 이것은 어떤 대상의 위치를 다른 대상과 관련하여 자세히 정하는 역할을 한다. 그 용법은 크게 세 가지다.(월튼 473) i) 전치사 알('al)이 밀마을라에 동반하는 명사에 붙어서 그 명사가 위치를 잡는 대상과 연결된다. "속죄소를 궤 위에 얹고 내가 네게 줄 증거판을 궤 속에 넣으라"(출 25:21; 출 39:31; 40:19, 20; 왕상 8:7; 겔 10:19; 11:22; 37:8 참조) ii) 밀마을라가 형용사로 쓰이는 경우도 있다. "…위에 있는 하늘을 측량할 수 있으며 밑에 있는 땅의 기초를 탐지할 수 있다면…"(렘 31:37) iii) 밀마을라가 다른 전치사와 함께 쓰이지 않고 다른 명사와 연결되는 부사로 쓰이기도 한다.

> "13 온 땅의 주 여호와의 궤를 멘 제사장들의 발바닥이 요단 물을 밟고 멈추면 요단 물 곧 위에서부터 흘러내리던 물이 끊어지고 한 곳에 쌓여 서리라… 16 곧 위에서부터 흘러내리던 물이 그쳐서 사르단에 가까운 매우 멀리 있는 아담 성읍 변두리에 일어나 한 곳에 쌓이고…(수 3:13, 16)

아마 창 7:20도 이런 용법이리라. 그것은 동사 까바르(gābar)를 수식하는 부사다. 곧 홍수로 넘쳐나는 물이 지면(산꼭대기)으로부터 15규빗이나 높아졌다는 것이다.

대홍수의 기세가 아무리 세어도 방주는 항해하는데 아무 지장이 없었다. 다만 거기에는 노가 없었다. 이는 매우 치명적인 결함으로 보인다. 노가 없으니 가고 싶은 방향으로 갈 수 없다. 심지어 항해를 방해하는 장애물이 나타나도 피할 길이 없다. 노아의 방주는 바람이 불면 부는 방향으로, 물결이 치면 물결이 흐르는 방향으로 흘러가야만 했다. 노아와 그 가족은 방주가 어디로 가든지 그냥 수수방관할 수밖에 없었다.

그들에게는 모든 것을 하나님께 맡기는 것 밖에는 다른 도리가 없었다. 비록 지금은 인류에게 벌을 주고 계시더라도, 그들은 이 배에 타고 있는 동안에 하나님은 본디 선하고 또 자비롭다는 사실을 믿고 의지하는 법을 배워야 했다.

홍수 이야기의 앞부분은 물이 150일 동안 점점 더 불어나는 과정을 보여준다. 이는 가히 창조의 되물림(de-creation)이라 부를 수 있을 정도다. 그 뒷부분에는 물이 점점 빠지고 땅이 마르는 과정을 보여준다. 이는 재창조(re-creation)의 과정이다. 창조의 되물림과 재창조의 분수령은 '하나님의 기억하심'이다. 그 과정 전체의 지렛대는 노아와 그 가족이다.(창 6:9-10) 앨런 로스(A. Ross)가 그 구조를 다음과 같이 설명했다.(B. W. Anderson, JBL 97[1978] 38; Creation & Blessing [1998] 191; Hughes 132)

가. 하나님은 타락한 세상을 해체하기로 작심하셨다.(6:11-13)
　나. 하나님의 가르침에 따라 노아가 방주를 만들었다.(6:14-22)
　　다. 하나님께서 남겨놓기로 한 피조물들이 방주로 들어갔다.(7:1-9)
　　　라. 홍수가 시작되다.(7:10-16)
　　　　마. 홍수의 여파가 150일 동안 지속되며 산들이 물에 잠겼다.(7:17-24)
　　　　　하나님께서 노아를 기억하셨다.(8:1a)
　　　　마' 물이 150 동안 빠졌으며 산들이 드러났다.(8:1b-5)
　　　라' 땅이 마르다.(8:6-14)
　　다' 하나님께서 방주 안에 있는 피조물들을 밖으로 나오라고 하셨다.(8:15-19)
　나' 노아가 제단을 세웠다.(8:20)
가' 하나님이 다시는 물로 인류를 멸하지 않기로 작정하셨다.(8:21-22)

노아의 방주에서 무엇이 노가 할 역할을 했는가? 그것은 그를 향한 하나님의 기억이다. 그의 존재를 그의 미래를 생각하시는 여호와 하나님이 함께 계시는 한 그 배는 노가 따로 없어도 가장 좋은 방향으로 가장 좋은 곳으로 항해할 것이기 때문이다.

일곱째 달 곧 그 달 열이렛날에 방주가 아라랏 산에 머물렀으며(창 8:4)

방주는 정확하게 아라랏산에 이르러 머물렀다. 거기에는 노도 돛도 동력장치도 없었다. 산들 위로 물이 약 7미터 더 높게 덮였다. 그 무엇을 보며 방향을 정할 수도 없었다. 아니 보인다 하더라도 돛도 노도 없으니 방향을 정하고 싶어도 그리 할 수가 없었다.

그런데도 그것은 물 흐르는 대로 그냥 아무렇게나 떠다니지 않았다. 그것은 하나님께서 정하신 목적지로 떠내려갔다. 그것은 대홍수의 영향이 1년가량 지속되는 동안에 노도 없이 물 위를 떠다녔다. 그런데도 어디 한 군데 상하지 않고 목적지에 안착했다. 이것은 결코 우연이 아니다. 하나님께서 그것을 운항하셨기에 이렇게 되었다.

하나님께서 운항하시는 인생은 위와 같다. 하나님 안에 머무는 인생은 정처없이 흔들리며 망망대해를 떠도는 외로운 배가 아니다. 비록 우리가 염려, 걱정, 한숨, 불안, 고민, 낙심, 절망할 일이 많은 세상에 살더라도, 우리 인생의 노를 하나님께 맡기면 된다. 찬송가 406장이다.

곤한 내 영혼 편히 쉴 곳과 풍랑 일어도 안전한 포구
폭풍까지도 다스리시는 주의 영원한 팔 의지해
주의 영원하신 팔 함께 하사 항상 나를 붙드시니
어느 곳에 가든지 요동하지 않음은 주의 팔을 의지함이라

길가메쉬 서사시(11토판)

… 아침이 훤하게 새자마자

새카만 구름이 지평선에 떠올랐다.

아다드가 그 안에서 뇌성을 쳤다.

슈라트와 하나스가 앞에 서고

언덕과 들판을 넘어 전령으로 왔다.

아라갈으 가둥을 낚아챘다.

니누르타가 횃불을 높이 들어

온 땅을 환하게 비쳤다.

아다드의 광분(狂奔)이 하늘에까지 미쳐

빛을 모두 암흑으로 만들었다.

온 땅은 질그릇처럼 깨어졌다.

하루종일 남풍이 불고 또불어 산들을 가라앉혔다.

(물은) 전쟁처럼 사라들을공격했다.

아무도 다른 사람을 볼 수 없었다.

신들마저 홍수로 겁에 질렸다….

78
노아의 때

(창 7:21–22)

개역개정	직역
21 땅 위에 움직이는 생물이 다 죽었으니 곧 새와 가축과 들짐승과 땅에 기는 모든 것과 모든 사람이라	21 그리고 땅 위에 움직이는 모든 육체가 다 죽었다, 그 안에 새와 함께, 가축과 함께, 들짐승과 함께, 땅 위에서 우글거리는 모든 것과 함께, 땅 위에서 움직이는 모든 육체가 다.
22 육지에 있어 그 코에 생명의 기운의 숨이 있는 것은 다 죽었더라	22 마른 땅에 있는 모든 것 중에서 자기 코로 생명의 호흡을 하는 것들이 다 죽었다.

이것은 대홍수로 인해 일어난 일을 알려준다. 그 내용은 매우 절망적이다. 창세기 7:21-23절이다:

21 땅 위에 움직이는 생물이 다 죽었으니 곧 새와 가축과 들짐승과 땅에 기는 모든 것과 모든 사람이라
22 육지에 있어 그 코에 생명의 기운의 숨이 있는 것은 다 죽었더라
23 지면의 모든 생물을 쓸어버리시니 곧 사람과 가축과 기는 것과 공중의 새까지라 이들은 땅에서 쓸어버림을 당하였으되 오직 노아와 그와 함께 방주에 있던 자들만 남았더라

여기에는 네 차례의 모든(다) 이라는 표현과 한 차례의 '오직(오로지)' 라는 표현으로 그 홍수가 빚어낸 참혹한 모습이 나타나 있다. 피조물 가운데 어느 것도 하나님의 엄정한 심판을 피할 수 없었다.

창 7:17-24에는 '땅 위에'(알-하아레츠)란 표현이 8차례, '모두 다'란 용어(콜)가 8차례, 물이 불어났다/ 많아졌다(라바 함마임)는 구절이 5차례 쓰였다. 이는 땅 위에 있는 생명체들 가운데 방주 안으로 들어오지 못한 것들은 하나도 남김없이 죽었다는 사실을 적나라하게 보여준다.

창 7:21에는 창 6:17에 이어 죽다 사멸하다는 뜻의 까봐(gāwâ)가 쓰였다. 이 낱말은 하나님께서 노아에게 대홍수를 예고하실 때 사용하신 것인데, 홍수의 결과를 보여주는 본문에 그대로 쓰였다. 21절의 까봐는 하나님 말씀은 한 치의 어긋남도 없이 그대로 이루어진다는 것을 보여준다.

또한 우글거리다는 말(샤라츠 šāraṣ)도 쓰였다. 개역개정은 이를 '기어다니다'로 옮겨 마치 라마스(rāmaś)와 동의어처럼 썼다. 공동번역개정과 표준새번역은 이를 움직이다로 옮겼다. 창 1:22에서는 이를 개역개정은 물론 공동번역개정과 표준새번역이 다 '번성하다'로 옮겨 마치 라바(= 번성하다, 불어나다)와 비슷한 말처럼 썼다. 창 1:20-21; 9:7에서 샤라츠는 매우 긍정적인 뜻이다. 그것은 생명체가 우글거릴 정도로 번성하는 것을 나타내면서 하나님께서 내려주시는 복 가운데 하나였다. 창 7:21-22는 하나님께서 주신 복이 인간의 타락과 부패로 말미암아 사라지는 모습을 보여준다.

고산 윤선도의 시조 "오우가"(五友哥)중에 이런 것이 있다. '구름 빛이 좋다 하나 검기를 자로 하고/ 바람 소리 맑다 하나 그칠 적이 하노메라/ 좋고도 그칠 뉘 없기는 물뿐인가 하노라; 노자는 가장 좋은 것이 물이라(上善若水)고 말했다.

이렇게 좋은 덕성을 지닌 물이 인단 진노하면 자연은 한 치의 몇 배로 더

심하게 보응을 받는다. 피조물과 세계는 걷잡을 수 없는 재앙을 입는다. 옛 속담에도 '3년 가뭄은 견뎌도 사흘 홍수는 못 견딘다.'고 했다. 물의 무서움을 나타내는 말이다.

인류학자 프레이저는 고대 사회의 홍수신화를 연구했다. 그에 따르면 동서양의 모든 민족이 홍수를 사회악의 응징으로 보았다. 노아 홍수는 말할 것도 없고, 고대 바빌로니아에서는 티그리스, 유프라테스 강의 잦은 홍수는 사회악이 팽배할 때 크로노스 신이 일으킨 것이라고 했다. 다만 아트라하시스 서사시만이 인간의 숫자가 너무 많이 불어나자 그 소음으로 인하여 신 엔릴은 안면에 방해를 받았으며, 불면증에 시달리던 그가 인류를 제거하려고 홍수를 일으켰다고 했을 뿐이다.

일찍이 예수님은 이렇게 말씀하셨다.

24 노아의 때에 된 것과 같이 인자의 때에도 그러하리라 27 노아가 방주에 들어 가던 날까지 사람들이 먹고 마시고 장가 들고 시집 가더니 홍수가 나서 그들을 다 멸망시켰으며 28 또 롯의 때와 같으리니 사람들이 먹고 마시고 사고 팔고 심고 집을 짓더니 29 롯이 소돔에서 나가던 날에 하늘로부터 불과 유황이 비오듯 하여 그들을 멸망시켰느니라 30 인자가 나타나는 날에도 이러하리라 (눅 17:24-30)

노아 시대의 사람이나 아브라함과 롯의 시대 사람들은 이 천기누설의 진정성과 그 참 의미를 잘 알지 못하여 그것의 신빙성을 의심하며 비웃었다. 죄 많은 인간에게는 반드시 죽음의 심판이 있게 마련이라는 것쯤은 누구나 다 잘 알고 있는 상식이다. 그런데도 하나님의 천기누설을 은총으로 받아들이고 거기에 믿음으로 대응하는 사람도 있고, 그것을 터무니없다고 배척

하는 사람도 있다. 누구든지 멸망치 않고 구원받을 수 있는 길이 있지만, 그 길을 가는 사람과 가지 않는 사람도 있다. 그 정도로 인간의 욕심과 자아집착은 대단한 유혹이다.

오늘날 기독교인 중에서도 하나님의 심판을 외면하는 사람들이 없지 않다. 성경은 이 사실을 오래 전부터 알고 있었고 그 신비로운 사실을 인간들에게 알려 주었다. 성경을 읽으면서도, 거기에 하늘의 비밀이 누설되어 있는데도 그것을 믿음으로 받아들이지 않은 자들도 있다.

하나님과 밀접한 관계를 맺고 살던 노아는 믿음이 있었기 때문에(!) 그 소리를 들을 수 있었다. 하나님은 비록 심판을 하더라도 그 본심(本心)은 우리가 죄로부터 해방되어 영원히 살기를 바라는 분이라는 것, 이 하늘의 비밀을 노아만은 믿었다.

예수님은 요 3:17에서 이러한 하늘의 기밀을 매우 분명하고도 아주 간명하게 누설하셨다.

> 하나님이 그의 아들을 세상에 보내신 것은 세상을 심판하려 하심이 아니요!!! 그로 말미암아 세상이 구원을 받게 하려 하심이라

그렇다. 하나님은 우리를 심판하시는 분인 동시에 우리를 구원하시는 분이다. 모든 것이 하나님의 심판 아래 놓일 정도로 부패하고 타락하고 또 부패하고 타락하여 구원받을 희망은 아무데서도 찾아볼 수 없었다. 그렇더라도 구원의 가능성은 그 어느 곳에 그 어느 때에나 반드시 있다는 사실 … 이것이 하나님 구원의 비밀이요 신비이다. 구원과 심판의 이 비밀을 하나님은 노아나 아브라함 (롯)에게 누설하셨다. 이와 같이 예수님도 모든 인류에게도 그 신비한 비밀을 변명할 여지가 없도록 널리 알려주셨다.

18 하나님의 진노가 불의로 진리를 막는 사람들의 모든 경건하지 않음과 불의에 대하여 하늘로부터 나타나나니 19 이는 하나님을 알 만한 것이 그들 속에 보임이라 하나님께서 이를 그들에게 보이셨느니라 20 창세로부터 그의 보이지 아니하는 것들 곧 그의 영원하신 능력과 신성이 그가 만드신 만물에 분명히 보여 알려졌나니 그러므로 그들이 핑계하지 못할지니라(롬 1:18-20)

누구든지 회개하고 돌아와 예수님을 그리스도로 영접하기만 하면, 반드시 죄를 용서받고 구원받는다는 것이다. 예수님이 지신 십자가는 이 사실을 여실히 증명한다. 속죄의 은혜를 받고 구원을 받은 다음부터 그 사람은 회개에 합당한 열매를 맺으며(성화 聖化) 살아야 하리라.

오늘의 적용

오늘날 우리는 노아시대 못지않게 타락하고 부패한 세대에 살고 있다. 죄와 악의 세력은 참으로 거대한 힘을 지녔다. 개개인이나 작은 공동체가 감당하기엔 너무나 벅찰 정도로 우리에게 다가온다. 노아 홍수 사건에는 오직 (오로지)란 말이 네 차례 나왔다. 주로 '노아만은…'으로 쓰였다. 이 풍진 세상에 사는 나(우리)에게 이것은 어떻게 적용될까?

"내 속사람으로는 하나님의 법을 즐거워하되 내 지체 속에서 한 다른 법이 내 마음의 법과 싸워 내 지체 속에 있는 죄의 법으로 나를 사로잡는 것을 보는도다. 오호라 나는 곤고한 사람이로다 이 사망의 몸에서 누가 나를 건져내랴"(롬 7:22-24)라는 사도 바울의 탄식을 뜻 없이 되풀이하고 말 것인가? 아니면 "세상에서는 너희가 환난을 당하나 담대하라 내가 세상을 이기었노라"(요 16:33) 말씀하시며 사신 예수님을 순간순간 따르며 살아야 할까? 하나님은 말씀하셨다.

> 무릇 하나님께로부터 난 자마다 세상을 이기느니라 세상을 이기는 승리는 이것이니 우리의 믿음이니라(요일 5:4)

79

한 가닥 희망

(창 7:23–24)

개역개정	직역
23 지면의 모든 생물을 쓸어버리시니 곧 사람과 가축과 기는 것과 공중의 새까지라 이들은 땅에서 쓸어버림을 당하였으되 오직 노아와 그와 함께 방주에 있던 자들만 남았더라	23 그리고 그가 쓸어버리셨다, 땅의 표면 위에 살아있는 모든 것 곧 사람으로부터 가축에 이르기까지, 그어 다니는 것들에 이르기까지, 그리고 하늘의 새들에 이르기까지 다. 그리고 들들은 그 땅으로부터 쓸려갔다. 그리고 남겨졌다, 오직 노아만 그리고 그와 함께 방주 안에 있던 것들만.
24 물이 백오십 일을 땅에 넘쳤더라	24 그리고 그 물은 땅 위에 강력했다, 150일 동안.

이것은 40일 밤낮으로 비가 내린 결과를 보여주는 이야기다. 성경은 '모든 하늘 아래 있는 모든 산이 덮였다'(19절 직역)고 함으로써 이 홍수가 일부 지역에서만 일어난 것이 아니라, 전세계적인 현상이었음을 분명하게 밝혔다. 창 7:17-24은 홍수로 인해 생겨난 변화들을 다음과 같이 말해준다.(천사무엘 151)

i) 비가 40일 동안 내렸다.

ii) 방주가 물 위로 떠 다녔다.

iii) 물이 모든 산을 다 덮었다. 물 높이가 산보다 15규빗(약 7미터) 높았다.

iv) 사람을 비롯해 코로 호흡하는 생명체가 다 죽었다.

v) 오직 노아의 가족과 방주 안에 들어 있는 동물들만 살아남았다.

vi) 물이 150일 동안 온 땅을 뒤덮었다.

그 홍수에 모든 것이 쓸려 나갔다. 이로써 사람과 식물과 동물은 물론 대지의 형태와 바위와 산의 모양도 변형되었으리라. 능동과 수동태로 두 번 쓰인 쓸어버리다(쓸리다)는 말(마카 māḥā)은 그 참상을 여지없이 보여준다.

40일 주야장창 내린 비는 물을 강력히 불어나게 했다. 그 물의 강력함을 히브리 성경은 많다(라바)와 강하다, 이기다(가바르)란 말로 나타냈다.(창 7:18 참 "'조) 특히 뒤엣것은 그림언어이다. 마치 강대국이 강력한 대군을 동원하여 순식간에 약소국을 정복하듯이 물이 육지를 눈 깜짝할 사이에 뒤덮어버리는 이미지를 떠올리게 하는 것이다. 그 결과 모든 생물(여쿰)이 다 쓸어버림을 당했다.

그때 물의 높이가 산보다 15규빗(약 7미터)이나 더 높았다.(창 7:20) 이로써 방주는 아무데도 걸리지 않고 자유자재로 떠다닐 수 있었다. 다른 한편 방주에 들지 못한 것은 어느 것이든 살아남을 수가 없었다, 물고기 종류만 빼놓고. 이것이 노아 홍수 이야기에서 물고기에 관한 언급이 없는 이유다.

이런 와중에도 살아남은 것들이 있었다. "오직 노아와 그와 함께 방주에 있던 자들만 남았더라"(창 7:23) 여기에 샤아르(šā'ar = 남다, 유지하다, 머물다)란 낱말이 처음 등장했다. 이것은 동사(133번 중 니팔 94; 히필 38)와 명사 형용사 등으로 성경에 226번 쓰였다.(THAT II 845) 이것은 전체 중에서 제거되고 남겨진 어떤 부분을 가리킨다. 여기서는 전체 피조물들 가운데 대홍수 때 방주 안에 들어 있는 것들에 제한되어 쓰였다. '봐이샤에르 아크 노아흐 봐아쉐르 잇토 빠테바'(= 그리고 남겨졌다, 오직 노아만 그리고 그와 함께 방주 안에 있던 것들만). 나중에 예언자들이 남은 자 사상을 설파할 때 이 샤아르는 핵심적인 용어로 쓰였다.

여기 살아남은 것들은 그들 자신의 능력으로 생존할 수 있었던 것이 아니었다. 오직 하나님의 은혜로 된 것이었다.

오직 하나님은 긍휼하시므로 죄악을 덮어 주시어 멸망시키지 아니하시고 그의 진노를 여러 번 돌이키시며 그의 모든 분을 다 쏟아 내지 아니하셨으니'(38(시 78:38)

노아 시대의 생명체들이 살아남을 수 있는 길은 오직 하나, 하나님의 자비와 긍휼뿐이었다. 대홍수를 온 몸으로 직접 겪어야 하는 피조물들에게 한 가닥 남은 희망은 오직 하나님의 은혜뿐이었다.

여기서 '은혜 아니면 나 서지 못하리'라는 찬양을 불러보자.

'어둠 속 헤매이던 내 영혼
갈길 몰라 방황할 때에
주의 십자가 영광의 그 빛이
나를 향해 비추어 주셨네
주홍빛보다 더 붉은 내 죄
그리스도의 피로 씻기어
완전한 사랑 주님의 은혜로 새 생명 주께 얻었네

은혜 아니면 나 서지 못하네

십자가의 그 사랑 능력 아니면 나 서지 못하네
은혜 아니면 나 서지 못하네
완전한 사랑 그 은혜 아니면 나 서지 못하네

이제 나 사는 것 아니요
오직 예수 내 안에 살아계시니
나의 능력 아닌 주의 능력으로
이제 주와 함께 살리라
오직 은혜로 나 살아가리라
십자가의 그 사랑 주의 능력으로 나는 서리라
주의 은혜로 나 살아가리라
십자가 사랑 그 능력으로 나 살리라
주 은혜로 살리라'

25절은 홍수의 물이 위세를 떨친 기간이 150일 동안 이었다고 전해준다. 대홍수의 기간이 40일이었으니(창 7:12, 17) 그것과 합치면 온 땅이 반년 넘게 물에 잠겨있었다. 그 물이 다 빠지고 땅이 건조해지려면 얼마가 더 걸려야 할 지 아직 알 수 없었다. 방주 안에 있는 생명체들이 다시 뭍에 발을 내딛는 일도 오직 하나님의 은혜의 손길에 달려 있을 뿐이었다.

노아 이야기와 관련하여 기독인들은 다음과 같이 믿는다.(이하의 내용은 월튼 461-463에 의존했다) i) 노아와 그 아들들이 방주를 건조하는 데 120년 걸렸다. ii) 그 기간 동안 노아는 자신의 이웃에게 회개를 촉구했다. iii) 노아와 그 가족들은 사람들에게 조롱을 당했다. 그들은 노아와 그 가족을 미쳤다고 여긴 나머지 아무리 초대를 해도 응하지 않았다.

이 가운데 i)은 창 6:3을 유추해 만들어진 것이다. 성경 어디에도 방주 건조기간이 120년이라는 언질이 전혀 없다. 노아의 아들들이 그 일을 도왔다는 언급도 전혀 찾아볼 없다. 이는 전적으로 상상의 산물이다. 노아가 회개하라고 설교를 했다는 것은 벧후 2:5에 암시되었다.(옛 세상을 용서하지 아니하시고 오직 의를 전파하는 노아와 그 일곱 식구를 보존하시고 경건하지 아니한 자들의 세상에 홍수를 내리셨으며) iii)은 주전 2세기부터 전해 내려온 유대교 문헌과 기독교 초기의 전승에 기초한 것이다. 신구약 중간기와 기독교 초기의 문헌들은 그것을 풍부한 일화를 곁들여 전하고 있다. 이를 테면 유대인 역사가 요세푸스의 말이다. "그러나 노아는 그의 이웃들이 행한 것에 대해 매우 불안하게 생각했다. 그는 그들의 행위를 불쾌하게 여겼으며, 그들의 성향과 행동을 개선하려고 그들을 설득했다. 그러나 그들이 자신의 말을 듣지 않는 것을 보고서 … 그는 그 땅에서 떠났다."(유대고대사 I.3.i)

이와 비슷한 주장들은 성 아우구스티누스(5세기) 등의 초기 기독교 문헌들과 이슬람교 문헌에 들어있다. 희년서 7:20-39(주전 100년경) 등 초기 유대교 문헌들에도 있다. 특히 《시빌의 신탁(Sybilline Oracle)》에는 노아의 연설을 길게 기록했다.(I: 175-233) 거기에 노아가 그 시회의 믿음과 행위를 책망하면서 곧 홍수가 찾아오리라고 경고했다고 되어 있다.

노아 및 대홍수 이야기를 살펴볼 때 우리는 성경본문과 전승을 분리할 필요가 있다. 전승의 대부분은 성경에 직접 언급되지 않은 사항들에 관해 매우 그럴 듯한 가정(추측)을 전해준다. 그것들이 생각하기에 따라서는 충분히 있음직한 것이라 할지라도 우리는 그런 추론으로 성경본문을 덮어버리거나 해석의 방향을 좌우하게 해서는 곤란하다.

물

노아 이야기는 물과 떼레야 뗄 수 없는 관계에 있다. 물은 다양한 용도로 쓰인다. 모양도 고체 액체 기체 등 여러 가지 형태를 지닌다. 그 다양성만큼이나 효력도 여러 가지이다. 불도 그렇다. 선한 마음 선한 의도로 쓰이면 물도 불도 다 유용하고 유익한 결과를 가져온다. 그런 결과를 가져오게 하는 것은 결국 사람의 마음과 행동에 달려 있는 것이다.

우리에게 있는 것들, 물 불 물질 건강 사람관계 등이 긍정적이고 창조적인 효과를 나타내게 하려면 우리 마음과 행실은 어떤 토대 위에 서야 할까? 찬송가 400장이다.

1. 험한 시험 물 속에서 나를 건져 주시고
노한 풍랑 지나도록 나를 숨겨 주소서
주여 나를 돌아 보사 고이 품어 주시고
험한 풍파 지나도록 나를 숨겨 주소서

2. 권세 능력 무한하사 모든 시험 이기고
풍랑조차 다스리는 주님 앞에 비오니
주여 나를 돌아 보사 고이 품어 주시고
험한 풍파 지나도록 나를 숨겨 주소서

3. 사망 길에 빠진 이 몸 캄캄한 데 헤매며
   부르짖는 나의 애원 들으소서 내 주여
   주여 나를 돌아 보사 고이 품어 주시고
   험한 풍파 지나도록 나를 숨겨 주소서 아 멘

80
기억의 효과

(창 8:1–5)

개역개정	직역
1 하나님이 노아와 그와 함께 방주에 있는 모든 들짐승과 가축을 기억하사 하나님이 바람을 땅 위에 불게 하시매 물이 줄어들었고	1 그리고 하나님은 기억하셨다, 노아와 모든 생물 및 그와 함께 방주에 있던 모든 짐승을. 그리고 하나님은 바람이 땅위로 지나게 하셨다. 그리고 물들이 줄어들었다.
2 깊음의 샘과 하늘의 창문이 닫히고 하늘에서 비가 그치매	2 그리고 깊은 바다의 샘들이 닫혀졌다. 그리고 하늘의 창문들이.(닫혀졌다) 그리고 그 세찬 비가 하늘로부터 억제되었다.
3 물이 땅에서 물러가고 점점 물러가서 백오십 일 후에 줄어들고	3 그리고 그 물들이 되돌아갔다, 그 땅 위에서부터 가면서 되돌아갔다. 그리고 150일의 끝에서부터 물들이 줄어들었다.
4 일곱째 달 곧 그 달 열이렛날에 방주가 아라랏 산에 머물렀으며	4 그리고 그 방주는 일곱 번째 달, 그 달 십칠일에 아라랏의 산들 위에 정착했다.
5 물이 점점 줄어들어 열째 달 곧 그 달 초하룻날에 산들의 봉우리가 보였더라	5 그리고 그 물들이 열 번째 달까지 계속 줄어들었다. 그 시월 그 달 첫째 날에 산들의 봉우리들이 보였다.

이것은 하나님께서 피조물을 기억하시는 일이 가져오는 결과를 보여주는 이야기이다. 여기에는 기억하다는 낱말이 성경에서 처음 쓰였다.(8:1) 그 기억의 주체는 하나님이었다. 이 기억으로 노아 홍수 사건은 새로운 전환점을 맞는다:

하나님께서 노아와, 그와 함께 방주에 있는 모든 들짐승과 집짐승을 기억하셨다.

생각하다 기억하다는 말(자카르 zākar)이 하나님을 주어로 하는 경우가 성경에 73번 이상 나와 있다.(Hamilton, Genesis 299) 노아를 기억하시자마자, 하나님은 "바람이 땅 위에 불게 하시고 물이 줄어들게 하셨다."(8:1b). 하나님께서 그를 기억하다는 말은 심리적인 회상이 아니다. 지금까지 잊고 있다가 어느 순간 문득 생각하셨다는 뜻이 결코 아니다. 그것은 어떤 직접적인 행동을 가리키곤 한다. 성경에서 이 말은 상대방과 그의 처지를 늘 염두에 두고 계시던 하나님께서 이제 마음에 품고 있던 계획을 본격적으로 시작하시는 것을 가리킨다. 하나님께서 라헬을 기억하신 것이나(창 30:22) 이스라엘 백성이 이집트에서 겪는 고통을 보시며 아브라함과 맺은 언약을 기억하신 일(출 2:24-25)도 이런 것이다.

2절에서 하나님은 "깊음의 샘을 막으시고 하늘의 창을 닫으셔서 하늘에서 비가 그치게 만드셨다." 창 8:1 이전에는 하나님께서 노아와 그 방주를 기억하시기 이전에는 세상을 심판하려는 하나님의 의지와 그 실행이 나타나 있지만, 8:1 이후에는 피조물을 새롭게 창조하려는 하나님의 의도와 그 실행하시는 모습이 드러났다.

하나님의 기억하심은 그분의 구체적인 행동으로 나타났다: i) 물을 말리는 바람을 불게 하셨다. 하나님의 영(루앗흐)은 창조 이전에 물 위로 운행하며 장차 창조될 세계를 보호하셨듯이, 이제 바람(루앗흐)은 대홍수의 물위로 불며 심판의 그 물을 증발시켰다. ii) 홍수의 물이 더 이상 나오지 않게 하시려고 샘의 깊은 원천을 막으시고 하늘의 창문을 닫으셨다. 창 7:11에 깊은 샘이 터지고(빠카아 bāqâ´) 하늘의 창문들이 열렸듯이(파트흐 fātaḥ) 이제는 그것들이 막히고(싸카르 śākar) 닫혔다.(칼라 kālâ) 이로써 땅을 뒤덮었던 물이 점점 줄어들었다.

노아의 방주가 아라랏산에 머물렀다. 이제부터 서서히 산봉우리들이 보일 정도로 물이 줄어들기 시작했다. 아라랏산은 흑해 남동쪽, 오늘날 아르메니아(터키의 북동쪽)에 있다. 시리아 비문들에는 그 이름이 우라르투로 나온다. 왕하 19:37; 사 37:38; 렘 51:27 등에도 이 산이 언급되었다. 높이는 해발 5182미터다. 거기서부터 메소포타미아로 흐르는 두 개의 큰 강 유프라테스와 티그리스가 발원한다.

4절의 머물다 정착하다는 말(누흐 nûḥ)은 창 2:15에서 안식 또는 정착(이동이나 움직임이 없음)을 가리켰다. 여기서도 그런 뜻이다. 이 말은 또한 노아와도 뿌리가 같다. "여호와의 종 모세가 너희에게 명령하여 이르기를 너희의 하나님 여호와께서 너희에게 안식을 주시며 이 땅을 너희에게 주시리라 하였나니 너희는 그 말을 기억하라"(수 1:13) '하레 아라라트'(= 아라랏의 산들)라는 표현은 두 가지로 해석될 수 있다.(Hamilton, Genesis 301) i) 확장된 복수(Extensiv-Plural)다.(GK §124c) 이런 예는 창 21:7에도 있다. 거기서는 바님(= 아들들)이란 말로 아브라함의 유일한 아들 이삭을 나타냈다.(욥 17:1; 대하 16:14 참조) ii) 부정단수(indefinitive singular)로 보는 것이다. 곧 '아라랏 산들 가운데 하나'다.

노아 홍수 이야기는 8:1a를 중심으로 앞부분과 뒷부분으로 나누어진다. 창세기 8:1 이전에는 세상을 심판하려는 의지를 지니신 하나님이 그 의지

아라랏산

대로 심판하시는 모습이, 8:1a 이후에는 인간의 연약함과 부족함을 불쌍하게 여기시는 하나님의 사랑이 나타나 있다. 하나님은 인간과 피조물을 새롭게 창조하시려는 의지를 품으셨으며, 그 의지대로 실행하시는 모습이 창 8:1a 이하에 기록되었다.

하나님께서 피조물을 기억하시는 것이 사람들에게 얼마나 큰 복인지를 성경은 여러 곳에서 보여준다. 몇 가지 예를 들어 보자.

i) 아브라함의 조카 롯의 경우:

하나님이 그 지역의 성을 멸하실 때 곧 롯이 거주하는 성을 엎으실 때에 하나님이 아브라함을 생각하사 롯을 그 엎으시는 중에서 내보내셨더라(창 19:29)

ii) 야곱의 아내 라헬의 경우:

하나님이 라헬을 생각하신지라 하나님이 그의 소원을 들으시고 그의 태를 여셨으므로 그가 임신하여 아들을 낳고 이르되 하나님이 내 부끄러움을 씻으셨다 하고 …(창 30:22-23)

iii) 이집트에 사는 이스라엘 백성의 경우:

24 하나님이 그들의 고통 소리를 들으시고 하나님이 아브라함과 이삭과 야곱에게 세운 그의 언약을 기억하사 25 하나님이 이스라엘 자손을 돌보셨고 하나님이 그들을 기억하셨더라(출 2:22-24)

iv) 하나님 말씀을 어기는 이스라엘의 경우:

44 그런즉 그들이 그들의 원수들의 땅에 있을 때에 내가 그들을 내버리지 아니하며 미워하지 아니하며 아주 멸하지 아니하고 그들과 맺은 내 언약을 폐하지 아니하리니 나는 여호와 그들의 하나님이 됨이니라 45 내가 그들의 하나님이 되기 위하여 민족들이 보는 앞에서 애굽 땅으로부터 그들을 인도하여 낸 그들의 조상과의 언약을 그들을 위하여 기억하리라 나는 여호와이니라(레위기 26:44-45).

v) 하나님의 약속:

15 내가 나와 너희와 및 육체를 가진 모든 생물 사이의 내 언약을 기억하리니 다시는 물이 모든 육체를 멸하는 홍수가 되지 아니할지라 16 무지개가 구름 사이

에 있으리니 내가 보고 나 하나님과 모든 육체를 가진 땅의 모든 생물 사이의 영원한 언약을 기억하리라(창 9:15-16).

심리학자 헤르만 에빙하우스(1855-1909)는 16년간에 걸쳐 인간의 망각과 기억에 관해 실험을 하였다. 그리고 인간은 기억한 것의 대략 절반 정도는 1시간 내에 잊어버리고, 하루가 지나면 약 70%, 1달이 지나면 약 80% 정도 잊어버린다는 결론을 내렸다.

기억하는 것이나 잊어버리는 것은 반드시 시간에 좌우되는 것만은 아니다. 어떤 일은 어저께 일어난 것인데도 까마득히 잊어버려 기억나지 않는 것이 있는가 하면, 어떤 것은 3-40년 전에 일어난 일인데도 생생하게 기억나는 것이 있다.

기억이라는 것은 사람을 해롭게 하기도하고 치유하기도 한다. 좋은 기억은 사람의 감정에 긍정적인 영향을 준다. 해로운 기억은 사람에게 표면적으

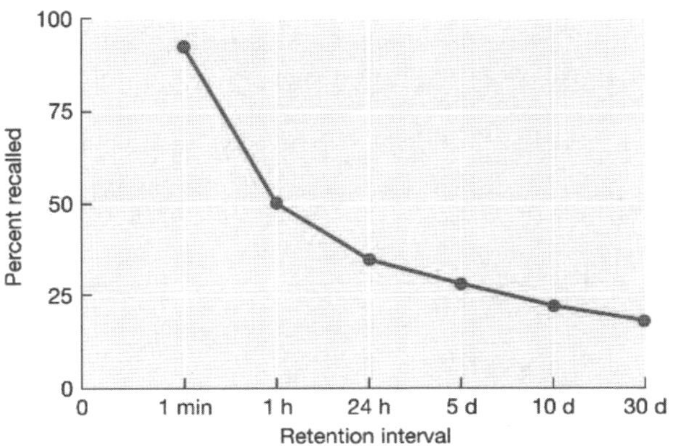

Neurobiology of Learning and Memory, Figure 1.2

〈헤르만 에빙하우스의 망각곡선〉(1913)

로 나타나지 않는 질병이다. 현재의 감정은 과거의 기억 속에서 나타난다. 누군가에게 받은 상처라든가 과거의 잘못된 일로 인한 기억들로 인하여 감정과 반응이 나타난다. 예를 들어 다른 사람이 자기에게 준 상처를 잊지 않고 시시때때로 기억하는 사람이 있다. 이런 사람은 자기 스스로 지난날의 심판관이 되어서, 하나님의 심판과 자비가 미치지 않는 영역은 아무 데도 없다는 사실을 받아들이지 않는다.

어떤 사람은 "기억은 겨울에도 장미를 딸 수 있는 힘이다"라고 말한다. 당연히 이것은 행복한 기억을 두고 하는 말이다. 잠언 10:7절은 이것에 대해, "의인을 기념할 때는 칭찬하거니와"라고 말하고 있다. 사도 바울은 빌립보인들에게 편지를 보낼 때 이렇게 썼다:

3 내가 너희를 생각할 때마다 나의 하나님께 감사하며 4 간구할 때마다 너희 무리를 위하여 기쁨으로 항상 간구함은(빌 1:3-4)

사도 바울은 좋은 기억을 품고 있는 사람이요, 그 좋은 기억으로 자기가 하는 선교활동에 활력을 불어넣은 분이었다. 진정으로 이러한 행복한 기억들은 바울에게 있어서 겨울철(감옥 안)의 장미꽃 같았다. 그것들은 바울이 죄수로 로마의 감옥에 갇혀서 편지를 쓸 당시 차갑고 황량한 환경에 처해 있으면서도 영적인 활력이 넘치게 해 주었고, 그 가슴을 따뜻하게 지켜주었다. 헨리 나우웬은 이렇게 말하였다:

후회는 쓰라린 추억이고, 죄책감은 절망적인 추억이며, 감사는 즐거움으로 가득 찬 추억이다. 지난날의 경험을 현재 생활 속에 어떻게 끌어들이냐에 따라 우리 감정의 상태는 크게 달라진다. 사실 우리는 추억과 함께 현재의 세계를 알고 깨닫는다.

하나님은 우리에게 기억력이라는 귀한 선물을 주셨다. 이 기억을 통하여 하나님을 알게 되며, 사회생활을 할 수 있으며, 기억을 통하여 지적 활동을 할 수 있기 때문이다. 기억이 있기 때문에 오늘 우리는 이 시간에 맞추어 교회당에 찾아 왔다. 만일 이런 기억력이 없다면, 가족 집 학교 사회 직장에서 우리는 아주 혼란스럽게 살 수 밖에 없다.

어떤 때에는 기억력 때문에 건강하지 않게 될 수도 있다. 기억력은 우리에게 좋은 일만 살려내는 것이 아니라 고통스러운 상처도, 부끄럽고 절박한 순간들도 살려내어, 기억하고 싶지 않은 일들을 생각나게 만들어 우리를 괴롭힌다. 그러기에 하나님께서는 기억해야 할 것과 기억하지 말아야 할 것을 구분하여 우리에게 말씀하셨다.

성경은 우리가 기억해야 할 것과 기억해서는 안 될 것에 대하여 자세하게 설명해주었다. 주님은 우리에게 언약을 기억하라고 말씀하셨다. 그리고 주님이 행하신 일들을 기억하며 은총을 기억하라고 말씀하셨다. 그리고 길갈에 세운 돌비석을 세우게 하시고 나중에 자녀들에게 보여주면서 주님이 어떻게 요단강을 메마르게 하시고 그들을 구원의 길로 인도하셨는가를 기억하라고 하셨다. 자녀들에게는 부모의 말씀을 기억하라고 하셨다.

성경에 보면 하나님이 구원을 위하여 하신 모든 일을 기억하라고 하였다. 주님은 우리에게 “성만찬”을 통하여 주님의 살과 피를 기억하라고 말씀하셨다. 그만큼 기억은 우리에게 중요하다. 이렇게 하나님의 사랑을 기억하는 것, 하나님의 자비와 용서와 긍휼을 기억하는 것, 하나님의 영원한 집을 기억하는 것은 우리를 구원받은 인생으로 복되게 살게 해 주는 것이다.

그런가 하면, 구원받은 사람으로 복되게 살기 위해서는 하루빨리 잊어버리고 기억하지 말아야 할 것도 있다.

> 그는 마시고 자기의 빈궁한 것을 잊어버리겠고 다시 자기의 고통을 기억하지 아니하리라(잠31:7)

> 너희는 이전 일을 기억하지 말며 옛적 일을 생각하지 말라(사43:18)
> 위의 것을 생각하고 땅의 것을 생각하지 말라 (골 3:2)

하나님은 우리에게 상처와 고통과 부끄러운 일들을 기억하지 말라고 말씀하실 뿐만 아니라, 하나님 자신이 회개하는 우리의 죄와 악을 기억하시지 않겠다고 말씀하셨다:

> 나 곧 나는 나를 위하여 네 허물을 도말하는 자니 네 죄를 기억하지 아니하리라 (사 43:25)

> 내가 그들의 죄악을 사하고 다시는 그 죄를 기억하지 아니하리라 여호와의 말이니라(렘31:34)

> 내가 그들의 불의를 긍휼히 여기고 그들의 죄를 다시 기억하지 아니하리라 하셨느니라(히 8:12)

하나님은 고통스러운 것과 과거의 일을 기억하지 말라고 말씀하셨다. 그리고 회개하는 사람이 지은 죄와 악을 기억하지 않는다고 말씀하셨다. 물론 우리가 기억하고 기억하지 않는 것도 중요하다. 그보다는 하나님이 기억해주시는 것과 기억하지 않으시는 것을 신앙적으로 분간하는 것이 더욱 중요하다.

다시 말해 하나님의 특징 가운데 하나는 기억하지 않는 능력을 지닌 분이라는 사실이다. 만일 하나님이 기억하지 않으신다면, 그 일이나 사건은 기억 속에서 영원히 사라질 것이다. 만일 하나님이 기억하겠다고 하셨으면, 400년이 지나도 2,000년이 지나도 여전히 기억 속에 살아 있을 것이다. 그러므로 하나님을 믿는 우리들, 예수 그리스도의 구원을 믿는 우리는 하나님의 선물인 이 기억력을 어떻게 사용할 것인가에 대해 각 사람이 신앙적인 결단과 선택을 해야 하리라.

만일 우리가 잊어버려야만 좋은 상처를 시시때때로 기억 속에 끄집어내어서 우리 감정과 생각을 지배하게 만들고 있다면, 이 문제를 놓고 성령의 만져주심을 위해 특별히 기도드려야 하리라. 그 뿌리를 분명히 알 수 없는 어떤 공포 두려움 증오감 분노 슬픔 불안함 근심 등이 무의식중에 우리 감정을 상하게 하거나 과거에 입은 마음과 감정의 아픈 상처가 우리 기억력 중에 한 부분을 차지하고 있다면, 주님께서 특별하신 사랑으로 어루만져 주시기를 간절히 기도드려야 하리라. 이런 일들을 기억에 떠올릴 때마다 우리 인생은 정상적이고 건강한 인간관계를 맺어나가는 데 방해를 받기 때문이다. 이런 일로 시달리던 다윗도 시편 25:7에서 이렇게 기도를 드렸다:

> 여호와여 내 젊은 시절의 죄와 허물을 기억하지 마시고 주의 인자하심을 따라 주께서 나를 기억하시되 주의 선하심으로 하옵소서

오늘도 하나님은 우리를 기억하신다. 그 기억은 선하고 자비로우신 하나님의 사랑에서 유래하는 기억이다. 그러므로 하나님께서 우리를 기억하시는 것은 심판이 아니라 치유인 것이다. 하나님께서 우리를 기억하시는 것은

징벌이 아니라 구원이다. 하나님께서 우리를 기억하시는 것은 저주가 아니라 축복이다.

오늘의 적용

기억하라, 기념하라, 생각하라.

네 하나님 여호와께서 너를 인도하여 내실 때에 네가 본 큰 시험과 이적과 기사와 강한 손과 편 팔을 기억하라 네 하나님 여호와께서 네가 두려워하는 모든 민족에게 그와 같이 행하실 것이요(신 7:19)

너는 청년의 때에 너의 창조주를 기억하라 곧 곤고한 날이 이르기 전에, 나는 아무 낙이 없다고 할 해들이 가깝기 전에 … 흙은 여전히 땅으로 돌아가고 영은 그것을 주신 하나님께로 돌아가기 전에 기억하라(전 12:1, 7)

떡을 가져 감사 기도 하시고 떼어 그들에게 주시며 이르시되 이것은 너희를 위하여 주는 내 몸이라 너희가 이를 행하여 나를 기념하라(눅 22:19)

여기 계시지 않고 살아나셨느니라 갈릴리에 계실 때에 너희에게 어떻게 말씀하셨는지를 기억하라(눅 24:6)

나에게는 기억력이란 선물이 주어져 있다. 이 은혜의 선물을 나는 어떻게 활용하며 사는가? 긍정적으로, 아니면 부정적으로 ….?

81

감람나무 새 잎사귀

(창 8:6–12)

개역개정	직역
6 사십 일을 지나서 노아가 그 방주에 낸 창문을 열고	6 그리고 사십 일 끝에 이런 일이 있었다. 곧 노아는 자기가 만든 방주의 창문을 열었다.
7 까마귀를 내놓으매 까마귀가 물이 땅에서 마르기까지 날아 왕래하였더라	7 그리고 그는 까마귀를 내보냈다. 그리고 그것은 물들이 땅 위에서부터 마를 때까지 계속 나갔다가 계속 돌아왔다.
8 그가 또 비둘기를 내놓아 지면에서 물이 줄어들었는지를 알고자 하매	8 그리고 그는 물들이 땅의 표면으로부터 얕아졌는가를 보려고 그 비둘기를 자기로부터 내어보냈다.
9 온 지면에 물이 있으므로 비둘기가 발 붙일 곳을 찾지 못하고 방주로 돌아와 그에게로 오는지라 그가 손을 내밀어 방주 안 자기에게로 받아들이고	9 그리고 그 비둘기는 자기 발의 발바닥을 위한 안식처를 찾지 못했다. 그리고 그것이 방주로 돌아왔다. 왜냐하면 물들이 땅의 표면 위에 있었기 때문이었다. 그리고 그는 자기 손을 내밀었다. 그리고 그것을 취했다. 그리고 그는 그것을 자기에게 방주로 들어오게 했다.

10 또 칠 일을 기다려 다시 비둘기를 방주에서 내놓으매	10 그리고 그는 다른 칠일을 더 기다렸다. 그리고 그는 그 비둘기를 방주로부터 내보내기를 계속했다.
11 저녁때에 비둘기가 그에게로 돌아왔는데 그 입에 감람나무 새 잎사귀가 있는지라 이에 노아가 땅에 물이 줄어든 줄을 알았으며	11 그리고 그 비둘기가 저녁 때 자기에게로 돌아왔다. 그리고 보라, 새로 난 올리브 잎사귀가 그 입에 있었다. 그리고 노아는 물들이 땅 위에서부터 얕아졌음을 깨달았다.
12 또 칠 일을 기다려 비둘기를 내놓으매 다시는 그에게로 돌아오지 아니하였더라	12 그리고 그는 다른 칠일을 더 기다렸다. 그리고 그 비둘기를 내보냈다. 그리고 그것이 더 이상 자기에게로 돌아오기를 계속하지 않았다.

이것은 홍수가 끝난 뒤 하루 빨리 바깥세상으로 나가고 싶어 하는 노아의 모습을 보여주는 이야기이다. 그는 먼저 까마귀를 방주 밖으로 내 보내고 그가 돌아온 뒤 비둘기를 거듭(8, 10, 12절) 내보냈다. 이는 땅에 물이 어느 정도 말랐는지, 식물의 싹이 얼마나 났는지를 알아보려는 것이었다.

열다라는 말(파타흐)에서 나온 명사(페탁흐)는 6:16; 7:11에도 쓰였다. 드디어 노아가 방주의 창문을 열었다. 홍수가 시작된 이래 처음이었다.(12절) 이 날을 얼마나 기다렸던가! 기대로 가득 찬 그 환호성이 들리는 듯하다. 여기에 쓰인 창문이란 말(칼론)은 창 6:16에 쓰인 창문(초하르)과 다른 용어다.

노아가 까마귀와 비둘기를 내보내는 모습은 동사 샬라흐(šālaḥ)로 기록되었다. 이것은 칼형일 때(창 8:9 봐잇쉘라흐 wajjišəlaḥ)와 피엘형일 때(창 8:7, 8, 10,

12절 봐예샬라흐 wajəšallḥ) 그 의미가 다르다. 앞엣것은 보내는 자가 다시 되돌아올 것을 기대하며 보내는 것이다. 노아는 비둘기가 돌아올 때 손을 내밀어(보내서) 그를 맞아들였다. 이를테면 모세(민 13:3)와 여호수아(수 2:1)는 가나안으로 보낸 정탐꾼들이 되돌아올 것을 전제하고 임무를 맡겨 파송했다. 뒤엣것은 다시 돌아올 가능성을 아예 배제하고 내보내는 것이다. 하나님께서 아담과 하와를 에덴동산에서 내보내신 일이 그런 것이다.(창 3:22) 노아는 네 차례나 새들을 방주 밖으로 내보면서(7-12절) 그들이 정착할 곳을 찾아 다시 돌아오지 않기를 바랐던 것일까? 자기도 방주 밖으로 하루빨리 나가고 싶은 그의 심정을 샬라흐 동사의 피엘형으로 드러낸 것일까?

노아홍수 이야기는 다섯 토막으로 되어 있다(C. Westermann, Genesis, 1986):

① 인류의 타락과 노아의 의로움을 보신 하나님께서 인류를 멸망시키고 노아를 보존하시기로 결정하심

② 노아에게 대홍수를 예고하시며 방주를 만들라고 하심(보존 1)

③ 파괴: 홍수의 시작과 그 결과

④ 홍수가 끝나고 노아 및 다른 피조물들이 방주 밖으로 나옴(보존 2)

⑤ 인류와 창조질서를 보전하시려는 하나님의 결정

창 6:5-8　　　　창 8:20-22

(창 6:14-7:24)　　창 8:1 (분노 · 적대감에 파묻힌 자비심의 회복)

창 6:11-13　　　　창 9:1-17

(분노 · 적대감의 시작)　　(새언약 = 긍휼과 자비의 시작)

이와 같이 창 8:1은 노아홍수 이야기의 중심(핵심)이다. 노아 홍수 이야기는 8:1에서 새로운 전환점을 맞는다:

하나님께서 노아와, 그와 함께 방주에 있는 모든 들짐승과 집짐승을 기억하셨다.

그 결과 홍수가 그쳤고 물이 빠지기 시작하였다. 본문은 그 뒤에 전개되는 이야기이다. 물이 마른 정도를 알아보려고 노아는 까마귀를 방주 밖으로 내보냈다. 까마귀란 말(오레브)은 어둡다 음산하다는 뜻을 지닌 말(아라브)의 명사형이다. 비둘기란 말(요나)은 한탄하다 탄식하다는 동사(야완)에서 유래했다. 히브리인들은 비둘기가 내는 소리를 처량하게 받아들였다. 그것을 구슬픈 소리 또는 신음하는 소리로 간주했다.(사 38:14; 겔 7:16)

노아와 비둘기(Venetian 모자이크, 12세기)

4 내 마음이 내 속에서 심히 아파하며 사망의 위험이 내게 이르렀도다 5 두려움과 떨림이 내게 이르고 공포가 나를 덮었도다 6 나는 말하기를 만일 내게 비둘기 같이 날개가 있다면 날아가서 편히 쉬리로다 7 내가 멀리 날아가서 광야에 머무르리로다 (셀라) 8 내가 나의 피난처로 속히 가서 폭풍과 광풍을 피하리라 하였도다 (시 55:4-8)

나중에 비둘기는 성령(마 3:16; 눅 3:22) 아름다움(아 1:15) 순결(마 10:16) 헌신 예배(눅 2:24)를 상징했다. 팔복 가운데 두 번째 "애통하는 자는 복이 있나니 그들이 위로를 받을 것임이요"(마 5:4)라는 정신이 여기에 깃든 것일까?

산봉우리만 보던 것(5절)에서 이제는 시선이 땅으로 집중되었다.(8절) 여기서 땅은 에레츠(ʿereṣ)가 아니라 아다마(ʾădāmâ)이다. 곧 마른 땅이다. 지금 노아는 마른 땅 곧 생활공간을 찾는 중이었다.

밖으로 나간 비둘기는 '자기 발의 발바닥을 위한 안식처를 찾지 못했다'(9절) 여기에 발과 발바닥이란 말이 거푸 쓰인 것은 지면에는 아직 그것이 발을 내려놓을 만큼 아주 작은 마른 땅조차 없다는 사실을 강조하는 것이리라.

길가메쉬 서사시에 따르면 일곱 번째 날에 우트나피쉬팀의 배가 니시르산에 정박했다. 그것의 11번째 토판에 다음과 같은 내용이 있다.(ANET 94-95)

나는 비둘기를 내보냈으며 자유를 주었다.
그것은 날아갔다가 다시 돌아왔다.
아직은 쉴만한 곳이 보이지 않았기에 그것이 돌아온 것이다.
그때 나는 제비를 내보냈으며 자유를 주었다.
그것은 날아갔다가 다시 돌아왔다.
아직은 쉴만한 곳이 보이지 않았기에 그것이 돌아온 것이다.
그때 나는 까마귀를 보냈으며 자유를 주었다.
그것은 날아갔다. 그리고 물이 줄어드는 것을 보았다.
그것은 먹고 비행하며 까악까악 울었다. 그리고 돌아오지 않았다.

홍수의 기간은 다음과 같다.(존 왈턴[안영복 옮김], 구약의 연대기 도표 35-37; 박우택, Refo 500 성경해설 1 모세오경 108-9)

날짜		일수	사건	창세기
7일의 기다림	2월 10일	7일이 끝남	방주에 들어감	7:4, 10
물이 150일 동안 넘침	*2월 17일	40일 동안 계속됨	비가 내리기 시작	7:4-6, 11-12
물이 150일 동안 넘침	3월 26일	40일 지남	비가 멈춤	7:4, 11
물이 150일 동안 넘침	*7월 17일	150일이 지남	방주가 아라랏 산에 머뭄	7:24; 8:4
물이 150 동안 줄어듦	*10월 1일	40일 동안 기다림	산들의 봉우리가 보임	8:5-6
물이 150 동안 줄어듦	11월 10일		까마귀를 내어 보냄	8:7
물이 150 동안 줄어듦	11월 11일		비둘기를 내보내기 다시 돌아옴	8:8-9
물이 150 동안 줄어듦	11월 19일	7일 동안 기다림	비둘기가 감람나무 새 순을 물고 돌아옴	8:10-11
물이 150 동안 줄어듦	11월 27일		비둘기가 돌아오지 않음	8:12
물이 150 동안 줄어듦	12월 17일	150일이 지남	물이 충분히 마름	8:3
땅이 마름	*1월 1일		방주 뚜껑을 제침	8:13
	*2월 27일		땅이 말랐으며 방주에서 나옴	8:14-19

방주에서 지낸 전체 기간은 377일(360일+17일)
(7일을 기다림 + 150일 + 150일 + 70일)

노아는 거듭 비둘기를 내 보내며 땅이 마르기를 기다렸다. 기다리는 말(콜 chōl ← 카얄 ḥājal)은 몸을 비튼다는 뜻이 있다.(창 8:10) 궁금하여 좀이 쑤시는 것이나 출산하는 여성이 고통을 참지 못해 몸을 비트는 것을 가리킬 때에도 쓰였다.(사 13:8; 23:4; 26:18; 미 4:10) 이것은 또한 지루해하며 마지못해 어쩔 수 없이 기다리는 것을 가리킨다. '7일을 더 기다려' 어느 날 그것이 올리브 새잎을 물고 돌아왔다.(11절) 여기서 '새'라는 말(타라프 ṭāraf)은 찢다 물어뜯다는 뜻의 동사에서 왔다. 비둘기는 비를 맞고 땅에 떨어진 올리브 잎이 아니라 새로 갓 돋아난 새잎을 물어뜯어 가지고 왔다.

비둘기가 좋은 소식을 안고 온 것이다. 이것이 오래전부터, 그리고 지금도 사람들은 그것을 우체부처럼 쓰는 이유일까?

비둘기가 올리브 새 잎을 물고 온 다음에도 노아는 칠 일을 더 기다렸다. 12절에 쓰인 기다리다는 말(약칼 jāḥal)은 10절의 그것과 다르다. 뒤엣것은 몸부림치며 앞엣것은 바라다 앙망하다는 뜻으로 장차 있을 즐거운 일을 기대하며 소망 가운데 미리 기뻐한다는 뜻이다.(소풍 자체보다 소풍을 준비하며 기다릴 때가 더 즐겁다!)

기다림

"파수꾼이 아침을 기다림보다 내 영혼이 주를 더 기다리나니 참으로 파수꾼이 아침을 기다림보다 더하도다"(시 130:6)

시인 황지우는 "너를 기다리는 동안"이란 시에서 내가 미리 가 너를 기다리는 동안 / 다가오는 모든 발자국들은 / 내 가슴에 쿵쿵 거린다'라고 했다. 곧 또는 앞으로 있을 일을 상상하며 미리 즐거워하는 기분은 참 삼삼하다.

82

주께서 말씀하시기까지

(창 8:13–19)

개역개정	직역
13 육백일 년 첫째 달 곧 그 달 초하룻날에 땅 위에서 물이 걷힌지라 노아가 방주 뚜껑을 제치고 본즉 지면에서 물이 걷혔더니	13 그리고 601년(세) 첫 달, 그 달의 첫째 날에 이런 일이 있었다. 물들이 땅 위에서부터 말랐다. 그리고 노아는 방주의 뚜껑을 옮겼다. 그리고 그가 보았다. 그리고 보라, 그 흙의 표면이 말랐다.
14 둘째 달 스무이렛날에 땅이 말랐더라	14 그리고 둘째 달, 그 달의 27일째 되는 날 그 땅이 말랐다.
15 하나님이 노아에게 말씀하여 이르시되	15 그리고 하나님께서 노아에게 말씀하셨다.
16 너는 네 아내와 네 아들들과 네 며느리들과 함께 방주에서 나오고	16 "방주로부터 나와라, 너와 네 부인과 네 아들들과 네 아들들의 아내들도 너와 함께.
17 너와 함께 한 모든 혈육 있는 생물 곧 새와 가축과 땅에 기는 모든 것을 다 이끌어내라 이것들이 땅에서 생육하고 땅에서 번성하리라 하시매	17 모든 생명체, 모든 육체 중에서 너와 함께 살아있는 것들 곧 새와 짐승과 땅 위에서 기어 다니는 모든 기는 것들을 너와 함께 데리고 나와라. 그리고 그들이 땅에서 늘어나게 하라. 그리고 땅 위에서 결실을 맺고 번성하게 하라.

18 노아가 그 아들들과 그의 아내와 그 며느리들과 함께 나왔고	18 그리고 노아와 나왔다, 그리고 자기 아들들과 자기 아내와 자기 아들들의 아내들도 그와 함께.
19 땅 위의 동물 곧 모든 짐승과 모든 기는 것과 모든 새도 그 종류대로 방주에서 나왔더라	19 모든 동물, 모든 기어 다니는 동물, 모든 새, 땅 위에 기어 다니는 모든 것들이 각각 그들의 종류대로 방주에서부터 나왔다.

이것은 비가 그치고 물이 빠지면서 대홍수가 끝나는 이야기이다. 드디어 땅 위에서 물이 걷혔다.(카라브 ḥārab) 13절에 두 차례나 쓰인 이 말은 습기가 없다는 뜻이다. 14절에는 물기가 완전히 사라졌다는 뜻으로 야베쉬(jābēsch)란 말이 쓰였다. 이것은 축축하던 곳이 뽀송뽀송해졌다는 뜻이다.

긍정적으로 쓰일 때 이 말은 홍해바다 및 요단강을 갈라지게 하여 이스라엘 백성이 마른 땅을 밟으며 건너게 하신 기적을 묘사한다.(수 2:10; 4:23; 시 74:15) 이 말은 그 명사형(얍바샤)는 창 1:9-10에서 뭍으로 번역되었다. 부정적으로 쓰일 때 이 말은 비가 오지 않아 식물과 땅이 메마르는 모습(때로는 이것이 하나님의 심판이다)을 나타낸다.(암 1:2; 겔 37:11) 예언자 이사야는 인생의 무상함과 연약함을 풀이 마르는 것에 견주었다.(사 40:7-8)

이제 대홍수와 그 후과(後果)는 지나갔다.

홍수시작: 노아가 600살 되던 해 둘째 달 열일곱째 날(창 7:11)

홍수의 끝: 노아가 601세 되던 해 둘째 달 스물 일곱 번째 날(창 8:14)

일 년여에 걸친 대홍수와 그 효력이 끝난 뒤에도 노아는 곧바로 방주에서 나오지 않았다. 그는 하나님께서 말씀해주시기를 기다렸다.(창 8:14-15 참조) 그리고 하나님께서 나가라고 말씀하시자 비로소 노아와 그 가족이 방주에서부터 나왔다. 그리고 그와 함께 방주에 있던 생명체들이 다 같이 세상으로 나왔다. 그는 늘 하나님께서 말씀하시는 그대로 행할 따름이었다.

15-19절의 중심용어는 나오다는 말(야차 jāṣa')이다. 그것은 16절(칼 명령형) 17절(히필 명령형) 18절(칼 봐브연속법) 19절(칼 완료형)으로 다양한 말맛을 지닌 채 쓰였다. 이는 방주가 임시거처요 피난처라는 사실을 강조하는 것이다.(Hamiliton, Genesis 307)

노아가 방주로 들어간 후에 홍수 심판이 시작되었고 방주는 물결 따라 떠내려갔다. 그 뒤 비는 그쳤고, 방주는 아라랏 산에 정박했다. 계속해서 물은 줄어들다가 드디어 물이 말랐다. 창 8:13-14이다.

> 601년 첫째 달 곧 그 달 초하룻날에 땅 위에서 물이 걷힌지라. 노아가 방주 뚜껑을 제치고 본즉 지면에서 물이 걷혔더니 둘째 달 스무이렛날에 땅이 말랐더라

여기서 물이 걷혔다는 말과 땅이 말랐다는 말은 사실 같은 뜻이다. 이미 땅에 물이 다 말랐다. 그러나 노아는 바깥 사정을 알아보기만 하고, 방주 바깥으로 나오지 않았다. 아직 '밖으로 나오라'는 하나님의 말씀이 없었기 때문이었다.

일찍이 노아는 방주를 만들라는 하나님의 명령을 받고 말씀하신 대로 방주를 지었다. 방주로 들어가라 할 때, 말씀에 순종하여 방주로 들어갔다. 이제 방주에서 나오려할 때에도 자기 생각대로 그 시기를 정하지 아니하고 하나님 말씀대로 하기를 원했다. 그는 방주 바깥에 물이 다 말라 생물이 살 수 있는 환경이 만들어진 것을 알면서도, 방주 속에 계속 머무르며 하나님

말씀을 기다렸다. 이런 노아의 모습을 보면서 우리는 창세기 6:9; 7:5 말씀을 기억에 떠올린다:

> 노아는 의인이요 당대에 완전한 자라 그는 하나님과 동행하였더라

> 노아가 여호와께서 자기에게 명하신 대로 다 준행하였더라

노아가 하나님의 말씀을 기다렸다는 말을 깊이 생각해보면, 그는 자기 인생을 하나님께 맡겼으며, 자기 인생살이에서 일어나는 일들을 하나님 손에 맡겼다는 뜻이다. 노아도 사고능력과 판단력이 있는 사람이다. 나이도 먹을 만큼 먹었다. 물이 줄고 땅이 마르는 것을 분명히 보자 한시바삐 방주 밖으로 나가고 싶은 마음이 들었으리라. 그런데도 그는 하나님의 말씀을 기다렸다. 왜냐하면 그는 하나님께 모든 삶을 맡겼기 때문이었다.

노아의 일생을 살펴보자. 노아가 자신의 판단으로 방주를 만들었나? 그가 방주에 들어가는 것은 자기 판단이었나? 그의 삶이 하나님 말씀에 순종하는 삶이었다는 것은 자신의 모든 계획, 판단까지도 다 하나님께 맡겼다는 뜻이다. 이런 사정을 잘 아는 다윗은 이렇게 노래했다. "네 길을 여호와께 맡기라 그를 의지하면 그가 이루시고…."(시 37:5)

노아 홍수 사건은 절대적이고 초월적인 하나님께서 주도하신 것이었다. 창 6:8은 "그러나 노아는 여호와께 은혜를 입었더라"고 말씀하였다. 이것은 노아가 그 대홍수 속에서도 살아남은 것도 전적으로 하나님의 주권적 은혜이지 노아 자신의 의로움 때문이 아니었음을 분명히 밝혀주는 말씀이다. 이 이야기 속에서 노아는 하나님께서 하시는 대로 순종한다는 것 밖에는 별다른 특징 없는 평범한 사람으로 등장하였다. 그는 아주 심각한 상황에서도

자기 기분대로 판단하거나 행동하지 않았다. 대홍수의 계획을 들으면서도 아브라함처럼 하나님께 매달리지도 않았다. 파괴되는 세상을 보며 슬퍼하는 모습도, 자신과 자기 가족이 구원받은 것을 펄쩍펄쩍 뛰며 환호하는 모습도 없다. 방주 안에서 안절부절하지 않았다.

그는 대홍수가 예고되고 시작되며 진행되다가 끝날 때까지 묵묵히 하나님께서 명하시는 대로 행할 뿐이었다. 성경은 그를 이렇게도 밋밋하게 묘사했다.(월튼 481) 그의 특징은 사람의 심성이나 세상의 평가로 드러나지 않았다. 그것은 하나님께서 그에 관해 주시는 말씀(평가)에서만 드러날 뿐이다. "노아는 의인이요 당대에 완전한 자라 그는 하나님과 동행하였다"(창 6:9)

이 홍수이야기가 우리에게 주는 교훈은 무엇이겠는가?

> 5 옛 세상을 용서하지 아니하시고 오직 의를 전파하는 노아와 그 일곱 식구를 보존하시고 경건하지 아니한 자들의 세상에 홍수를 내리셨으며 … 9 주께서 경건한 자는 시험에서 건지실 줄 아시고 불의한 자는 형벌 아래에 두어 심판 날까지 지키시며 10 특별히 육체를 따라 더러운 정욕 가운데서 행하며 주관하는 이를 멸시하는 자들에게는 형벌할 줄 아시느니라 이들은 당돌하고 자긍하며 떨지 않고 영광 있는 자들을 비방하거니와 11 더 큰 힘과 능력을 가진 천사들도 주 앞에서 그들을 거슬러 비방하는 고발을 하지 아니하느니라(벧후 2:5-11).

베드로후서는 2:5에서 이 노아 때의 홍수를 언급한 뒤 2:9에서 "주께서 경건한 자는 시험에서 건지실 줄 아시고 불의한 자는 형벌 아래에 두어 심판 날까지 지키신다"고 말씀하였다. 하나님께서는 경건한 자는 건지시며 불의한 자는 벌하시는 하나님이신데, 그런 심판이 오늘 내일 사이에 오지 않는다고 해서 방심하지 말라는 뜻이다. 하나님의 심판의 때는 반드시 있기 때문이다. 시편 49편 20절에 보면, 존귀에 처하면서 깨닫지 못하는 자는 멸망하는 짐승과 같다고 말씀하였다.

우리는 얼마나 존귀한 사람인지 모른다. 하나님께서 우리를 하나님 형상대로 창조하셨으며, 예수님께서 우리 한 사람 한 사람을 온 천하보다 더 귀하게 여겨 인간 세상에 오셨으며, 십자가에 죽으셨다가 다시 살아나셨다. 그런데 이 소중함을 모르고 비천하게 뒹군다면 얼마나 어리석은 것일까! 벧후 3:9은 "주의 약속은 어떤 이들이 더디다고 생각하는 것 같이 더딘 것이 아니라 오직 주께서는 너희를 대하여 오래 참으사 아무도 멸망하지 아니하고 다 회개하기에 이르기를 원하시느니라"고 말씀하였다. 하나님께서 심판에 앞서 참으시는 동안 빨리 회개해야 한다는 뜻이다.

예수님은 눅 17:24에서 "번개가 하늘 아래 이쪽에서 번쩍이어 하늘 아래 저쪽까지 비침같이 인자도 자기 날에 그러하리라"말씀하신 뒤 26-27에서는 "노아의 때에 된 것과 같이 인자의 때에도 그러하리라 노아가 방주에 들어가던 날까지 사람들이 먹고 마시고 장가들고 시집가더니 홍수가 나서 그들을 다 멸망시켰다"고 하셨다.

이는 심판이 갑자기 임할 것임을 경고하신 것이다. 이로써 그분은 갑자기 닥칠 재앙에 대비하지 않고 있는 인간에게 경각심을 일깨우셨다.

벧후 3:13은 "우리는 그의 약속대로 의가 있는 곳인 새 하늘과 새 땅을 바라보도다"고 했다. 우리가 의로우신 심판자 하나님을 믿는다면, 비록 지금은 악과 불의를 겪으며 고난을 받을지라도 하나님의 의가 드러나고 하나님께서 깨끗하게 하실 새 세상을 바라볼 수 있어야 한다는 것이다.

벧후 3:11-12은 "이 모든 것이 이렇게 풀어지리니 너희가 어떠한 사람이 되어야 마땅하냐 거룩한 행실과 경건함으로 하나님의 날이 임하기를 바라보고 간절히 사모하라"고 했다. 이것은 새 세상에 대한 희망을 잃지 않을 뿐 아니라, 그 희망 때문에 오늘 우리의 삶을 하나님의 자녀로서 마땅하게 거룩한 행실과 경건함으로 살 것을 권면하는 말씀이다.

노아 시대의 홍수사건은 하나님의 정의의 심판만을 보여주는 것이 아니다. 그것은 하나님의 은혜를 함께 드러내주는 사건이다. 이 양 측면을 다 보는 우리는 심판하시는 하나님을 향한 우리의 응답이 단지 두렵기만 한 것이 아니라 경건한 삶의 동기가 되도록 해야 하리라. 하나님은 심판으로 우리를 위협하시기보다, 사랑과 자비와 은혜로 우리를 얻고자 하셨다.

홍수로 세상을 깨끗하게 하신 뒤 하나님께서 하늘에 무지개를 세워 보여주셨다. 이는 홍수의 궁극적 목적이 오직 심판에 있는 것이 아니라, 새로운 세상의 창조와 복된 삶의 보장에 있는 것임을 가르치심이었다.

하나님은 이 세상을 깨끗하게 하기 위하여 어떠한 희생도 감수하는 하나님이시지만, 결코 이 세상을 버리시거나 아주 멸망시키지 않으셨다. 그는 또한 노아와 같이 이 세상과 짝하기를 거부하며 의로운 삶을 사는 이를 남겨두시고 그들을 보존하시며 그들을 씨앗으로 하여 새 인류를 창조하신 분이다.

창조세계를 깨끗하게 하시고 새 인류, 새 세상을 창조하시는 하나님이심을 보여주신 사건이 노아 시대의 홍수사건이다.

창세기는 노아 홍수 이 엄청남 심판 속에서도 마지막까지 살아남은 이들을 소개하였다. 그들은 노아의 가족이었다. 모르긴 해도 노아는 방주를 만드는 120여 년 동안 오해도 많이 받았을 것이고, 손가락질도 많이 받았을 것이다. 그런 가운데서도 노아는 하나님은 반드시 그 말씀대로 하시는 분이라는 사실을 믿었다. 그 말씀에 순종하였다. 그래서 창 6:22는 "노아가 그와 같이 하여 하나님이 자기에게 명하신 대로 다 준행하였더라"고 하였다.

오늘날 하나님의 심판을 말하는 것을 낯설게 생각하는 사람도 있을 수 있다. 고대, 중세 때에나 그런 말이 통한다고 생각하는 사람들은 오늘날같이 사람들 머리가 다 깬 시대에 이런 말 하는 것을 우습게 생각할 수도 있다. 그러나 우리는 성서에 쓰여있지 않은 것을 기독교의 이름으로 말할 수 없는 것처럼, 성서에 기록된 것을 신앙의 이름으로 전하지 않을 수도 없다.

신앙인은 하나님께서 말씀하시는 대로 따를 수밖에 없다. 심판에 관한 말씀을 낯설게 여기거나 거부하는 것은 신앙과 현대사회의 상식을 혼동하거나 믿음생활과 세상문화에 적당히 타협하는 것의 일종이다. 기독교인은 사람의 머리를 믿는 사람이 아니다. 경험이나 지식을 믿는 사람이 아니다. 기독교인은 세상의 상식을 믿는 사람이 아니다. 창조주 하나님을 믿는 사람이 기독교인이다. 하나님을 향한 순종은 신앙인에게 마지막까지 남아야할 기본적인 태도다. 이것은 이성적으로 이해가 되든지 되지 않든지 상관없이 하나님을 하나님으로 모시는 첫걸음이다.

오늘의 적용

주님 말씀하시면(김영범 작사 · 작곡)

주님 말씀하시면 내가 나아가리다.

주님 뜻이 아니면 내가 멈춰서리다.

나의 가고 서는 것 주님 뜻에 있으니

오 주님 나를 이끄소서.

주님 말씀하시면 내가 나아가리다.

주님 뜻이 아니면 내가 멈춰서리다.

나의 가고 서는 것 주님 뜻에 있으니

오 주님 나를 이끄소서.

뜻하신 그 곳에 나 있기 원합니다.

이끄시는 대로 순종하며 살리니

연약한 내 영혼 통하여 일하소서.

주님 나라와 그 뜻을 위하여~

뜻하신 그 곳에 나 있기 원합니다.

이끄시는 대로 순종하며 살리니

연약한 내 영혼 통하여 일하소서.

주님 나라와 그 뜻을 위하여~

오 주님 나를 이끄소서.

83
귀한 것 드려

(창 8:20)

개역개정	직역
20 노아가 여호와께 제단을 쌓고 모든 정결한 짐승과 모든 정결한 새 중에서 제물을 취하여 번제로 제단에 드렸더니	20 그리고 노아는 여호와를 위하여 제단을 쌓았다. 그리고 그는 모든 깨끗한 짐승 중에서, 모든 깨끗한 새 중에서 취했다. 그리고 그 제단 위에 번제를 드렸다.

이것은 노아가 하나님께 예배드리는 이야기다. 이는 대홍수 이후 새롭게 주어진 인생을 새로운 세상에서 어떻게 펼쳐나갈 것인가에 대한 대답이기도 하다. 그는 마음가짐과 자세를 새롭게 했다. 창 8:20-22는 대홍수가 대단원의 막 내린 것을 확인하는 통과의례다. 이것은 i) 노아의 행위(20절) ii) 그에 따르는 하나님의 반응(21a) iii) 하나님의 말씀(약속 21b-22)로 이루어져 있다.

이와 비슷한 이야기가 고대 근동 지방 곧 바빌론 그리스 페키니아 인도 지방에도 있다. 그에 따르면 치우스드라, 우트나피쉬팀, 데우칼리온, 데마리우스, 마누 등이 홍수가 끝난 뒤 신에 제물을 바쳤다.(Westermann 607)

방주 안에서 까마귀와 비둘기를 번갈아 보내며 이제나 저제나 나갈 날만 기다리는 노아에게 말씀하셨다(창 8:16-17):

16 너는 네 아내와 네 아들들과 네 며느리들과 함께 방주에서 나오고(jāṣâ') 17 너
와 함께 한 모든 혈육 있는 생물 곧 새와 가축과 땅에 기는 모든 것을 다 이끌어
내라(jāṣâ')

그리고 이렇게 덧붙이셨다:

이것들이 땅에서 생육하고 땅에서 번성하리라

이 말씀에 따라 노아가 방주에서 나왔다. 이 모습이 얼마나 감격스럽고 축제분위기였는지를 알리려고, 창 8:16-19에는 '나왔다'는 말(jāṣâ')이 네 번이나 되풀이 쓰였다. 방주에서 나온 노아는 제일 먼저 무엇을 하였나? 창 8:20절이다:

노아가 여호와께 제단을 쌓고 모든 정결한 짐승과 모든 정결한 새 중에서 제물을 취하여 번제로 제단에 드렸더니…

방주에서 나오자마자 노아가 가장 먼저 한 일은 예배를 드리는 것이었다. 그가 드린 예배는 화목제나 감사제나 속죄제가 아니라 번제(올로트 ōlōt)였다. 이는 대개 하나님께 간청이나 탄원을 올리는 것과 관련이 있다. 비록 성경에는 그가 무슨 이유와 목적으로 제단을 쌓고 예배를 드렸는지 언급되지 않았어도 우리는 그것을 넉넉히 짐작할 수 있다.

그는 남들은 다 죽었는데 자신과 자기 가족이 살아남았다고 기뻐 뛰며 잔치를 벌이지 않았다. 그 대신 먼저 자기를 인도하신 하나님을 기억했다. 우주 만물의 주인이신 하나님을 경배하며 예배를 드렸다. 이 예배를 위해

노아는 먼저 제단을 쌓았다. 이는 제사 드리기에 합당한 자리와 장소를 마련하였다는 뜻이다. 성경에서 제단이라는 말은 여기에 처음 나왔다.

성경에 따르면 인류 역사상 가장 먼저 하나님께 예배드린 사람은 가인과 아벨이었다. 그때 그들이 제단을 쌓지 않았는지, 그에 관한 언급이 전혀 없다. 그들이 왜 제단을 쌓지 않고 제사를 드렸는지 우리는 그 이유를 정확하게 알 수 없다.

노아는 정결한 짐승과 정결한 새 중에서 골라 하나님께 제물로 바쳤다. 본문은 그 번제의 목적이 무엇인지 밝히지 않았다. 붸스터만은 이에 관한 학자들의 견해를 다음과 같이 요약했다.

궁켈(H. Gunkel): 하나님께서 매우 두려울 정도로 인간에게 진노하셨기 때문에, 그리고 살아남은 자신과 그 일행도 그것을 잠재울 수 있을지를 모르기에 노아는 제물을 드렸다.

딜만(A. Dillmann): 감사와 청원을 위한 제물인 그것은 큰 심판과 새로운 출발지로 내딛는 곳에서는 어느 곳에나 있기 마련이다.

프록쉬(O. Procksch): 여기서 땅은 저주의 짐을 내려놓고 번제의 힘을 지니게 되었다… 노아의 제사는 구속의 도구였다.

스킨너(J. Skinner): 속죄의 제물

폰 라트(von Rad): 속죄 받음이 필요하다는 인간 측에서의 고백이다.

카숫토(U. Cassuto): 어떤 사람이 공포스러운 위기에서 구원받았다면, … 자기를 구원하고 위기를 벗어날 수 있게 도우신 분을 향한 첫 번째 반응은 당연히 감사이다.

카숫토와 붸스터만이 옳게 말했듯이 이 제사는 구원받은 자의 반응(reactio des Geretteten)이다. 그의 예배는 대홍수가 종결을 찬양하며, 그 거센 풍파에서 아직도 살아 있음에 감사드리며, 하나님의 창조세계가 아름답게 보전되기를 간절히 원하는 표시였다. 더 나아가 심판의 시기가 끝나고 은혜의 시대가 열리기를 뜨겁게 소망하는 것이었다.

가인과 아벨도 예물을 하나님께 드린 적이 있었다. 그때에는 제단이란 낱말(미즈뻬하)이 쓰이지 않았다. 여기에 처음으로 그것이 사용되었다. 이 제단에서 노아는 번제(올로트 = 올림제물)를 드렸다. 이것은 본디 짐승의 몸 가운데 가죽을 제외한 전체를 바치는 제사다. 번제라는 말은 '올라가다'라는 말(알라)에서 나왔다. 그러므로 노아가 드린 제사의 연기가 위로 올라갔을 것이다. 그와 함께 노아의 마음과 영혼도 하나님을 향해 고양되었으리라.

이때 바쳐진 제물은 어떤 것인가? 대홍수를 지나온 동물들이다. 얼마나 귀한가? 그것이 어떤 종류든 살아남은 몇 안 되는 것들이었다. 그런 것을 제물로 드리는 노아의 가슴과 손은 아마 부르르 떨렸으리라.

어떤 마음으로 그는 그가 드리는 이 번제를 드렸을까? 모리스(Maurice)는 그 심정을 이렇게 상상했다.(Doctorine of sacrifice 25; 앨렌 로스, 창조와 축복 290에서 재인용)

> 우리는 주님이 우리를 통치자로 만드시고 우리로 다스릴 수 있도록 도우신다고 고백합니다. 우리는 세상이 우리를 망가뜨릴 수 있음을 압니다. 우리가 그것을 무서워하지 않고 주님을 경외하도록 도우소서. 우리가 주님을 반역했음을 우리는 잘 압니다. 우리는 주님이 우리를 보존하시고, 우리로 주님과 하나 되게 하시기를 기원합니다.

주님께 귀한 것 드려 (찬송가 575장)

1. 주님께 귀한 것 드려 젊을 때 힘 다하라
진리의 싸움을 할 때 열심을 다하여라
모범을 보이신 예수 굽히지 않으셨네
너희는 충성을 다해 주님을 섬기어라
(후렴) 주님께 귀한 것 드려 젊을 때 힘 다하라
구원의 갑주를 입고 끝까지 싸워라

2. 주님께 귀한 것 드려 네 몸과 네 마음도
주 위해 모든 것 바쳐 힘 다해 섬기어라
독생자 보내신 성부 은혜를 베푸시니
너희는 정성을 다해 주님을 섬기어라

3. 우리의 귀한 것 모두 주님께 바치어도
그 귀한 생명을 주신 주 은혜 못 갚겠네
하늘의 영광을 버려 우리를 구했으니
너의는 마음을 다해 주님을 섬기어라

84

사람의 마음과 하나님의 마음

(창 8:21–22)

개역개정	직역
21 여호와께서 그 향기를 받으시고 그 중심에 이르시되 내가 다시는 사람으로 말미암아 땅을 저주하지 아니하리니 이는 사람의 마음이 계획하는 바가 어려서부터 악함이라 내가 전에 행한 것 같이 모든 생물을 다시 멸하지 아니하리니	21 그리고 여호와께서 향기로운 향기를 맡으셨다. 그리고 여호와께서 자기 마음속으로 말씀하셨다. "내가 다시는 그 땅을 저주하기를 되풀이 하지 않겠다, 그 사람 때문에. 비록 그 사람 마음의 계획이 어렸을 때부터 악할 지라도. 그리고 내가 다시는 더 이상 멸망시키기를 계속하지 않겠다, 모든 생명을 내가 행한 것처럼.
22 땅이 있을 동안에는 심음과 거둠과 추위와 더위와 여름과 겨울과 낮과 밤이 쉬지 아니하리라	22 다시는 땅의 모든 날들 동안에 씨뿌리기 그리고 추수하기 그리고 추위 그리고 더위 그리고 여름 그리고 겨울 그리고 낮 그리고 밤이 쉬지 않게 하리라."

이것은 대홍수 이후 새롭게 전개될 인류 역사를 향한 하나님의 심정을 보여주는 이야기이다. 하나님은 인간의 처지와 형편을 기억하시는 분이다. 하나님은 어떤 이상적인 인간 하나를 기준으로 놓고 그에 미치지 못하는 사람들을 심판하고 저주하시는 분이 아니다.(21절) 어떤 완벽한 인간이 아니

라 있는 그대로의 사람과 그 현실에 바탕 하여 만나시는 분이다.

하나님께서 나오라고 하실 때까지 방주 안에서 기다리는 노아는 후대의 다윗을 생각나게 한다. 그는 자기 목숨과 자기 생활을 하나님께 철저히 맡겼다. 사울 왕이 자신을 죽이려고 쫓아올 때 다윗에게는 그를 죽일 절호의 기회가 두 번이나 있었다. 그런데도 다윗은 사울 왕을 죽이지 않았다. 시편 37편에서 다윗은 그 때 그 일을 기억하면서 이렇게 노래했다:

> 악을 행하는 자들 때문에 불평하지 말며 불의를 행하는 자들을 시기하지 말지어다(1절)…. 여호와 앞에 잠잠하고 참고 기다리라 자기 길이 형통하며 악한 꾀를 이루는 자 때문에 불평하지 말지어다".

여기서 악을 행하는 자들이란 자기를 죽이려던 사울과 그 군사들을 가리킨다. 그들은 자기가 가려는 길을 온갖 구실을 붙여 가며 방해하는 자들이요, 자기가 이루려는 일을 이렇게 저렇게 방해하는 자들이다. 이는 그런 사람들이 남을 억울하게 괴롭히고도 잘되는 것처럼 보이더라도 그것 때문에 불평하지 말라는 말씀이다. 그런 사람들이 남을 부당하게 속여 넘기고도 형통하는 것처럼 보일 때에라도 그것 때문에 원망하지 말라는 말씀이다. 왜냐하면 하나님은 살아 계시기 때문이다. 하나님이 다 보고 계시기 때문이다. 결국 하나님께서 다 처리해 주실 것이기 때문이다. 그러므로 다윗은 사울을 살려 보냈다. 이렇게 행하는 다윗의 마음속에는 "여호와 앞에 잠잠하고 참고 기다리면" 반드시 자기 손에 피를 묻히지 않고도 문제가 잘 해결될 것을 믿었으리라.

노아가 제단을 쌓은 것(20절)은 이제부터 이곳에서 제사를 드리겠다, 이제부터는 이곳에서 규칙적으로 제사를 드리겠다는 결심으로 보인다. 이 모습

이 아주 마음에 드신 하나님은 말씀하셨다:

> 21 … 내가 다시는 사람으로 말미암아 땅을 저주하지 아니하리니 이는 사람의 마음이 계획하는 바가 어려서부터 악함이라 내가 전에 행한 것 같이 모든 생물을 다시 멸하지 아니하리니 22 땅이 있을 동안에는 심음과 거둠과 추위와 더위와 여름과 겨울과 낮과 밤이 쉬지 아니하리라

하나님은 노아가 제단에서 올려드리는 제물의 냄새도 흐뭇하게 맡으셨다.(레아흐 하니코아흐) 이는 관사가 없이 레위기와 민수기에 자주 나오는 레아흐 니코아흐(= 기쁘게 하는 향기, 향기로운 냄새)와 같은 표현이다. 그 향기를 여호와는 흡족하게 받아들이셨다. 이는 제단을 쌓고 제물을 드리는 노아의 태도를 보시고 하나님은 만족하셨다는 뜻이다. 기뻐하셨다.(=nîḥôaḥ) 기뻐하다는 말의 뿌리는 쉬다(안식하다) 노아와 같다. 따라서 '기쁘게 하는 그 향기'(rêaḥ hannîḥôaḥ)란 노아의 진심어린 마음과 태도에서 풍겨나는 것이었으리라. 그리고 하나님은 노아를 보시며 안도(휴식)하셨다.(Safarti 593)

하나님은 감동하셨다. 그리고 중대한 결심을 하셨다:

> "내가 다시는(ôd) 그 땅을 저주하기를 되풀이 하지 않겠다…"
> "그리고 내가 다시는(ôd) 더 이상 멸망시키기를 계속하지 않겠다…"

히브리 성경에서 이 두 소절은 전치사와 부사가 반복되는 형식(invertiert chiasmus)으로 기록되었다. 카숫토에 따르면 동사 '저주하다' 뒤에 나오는 부사 '다시는'은 '나는 이제는 더 이상(any more) 저주하지 않겠다'라는 뜻이다. 두 번째 소절에서 동사 '멸망시키다' 앞에 나오는 '다시는'은 '결코 다시는

(never again)'이란 의미다.(Genesis II 120; Sarfati 594)

하나님 말씀의 끝은 창조세계를 인내로 보전하시겠다는 약속으로 장식되었다. 그분은 인간 세상에 심음과 거둠, 추위와 더위 여름과 겨울 낮과 밤이 순조롭게 순환하게 하시마고 약속하셨다. 인간의 계속되는 죄와 악에도 불구하고, 우리가 세상 살다가 몇 번이나 '에이 망할 놈의 이 세상…'이라고 탄식할 수밖에 없는 일들을 계속 당하는데도, 이 세상이 계속 유지된다는 사실 자체가 하나님 은혜다. 자연 질서의 순환, 일상생활의 반복이 곧 하나님의 인내심과 은혜를 보여준다.

하나님께서 마음으로(내심 內心) 내리시는 중대한 결단을 우리는 창세기 원역사 안에서 몇 차례 찾아볼 수 있다.

> 하나님이 이르시되 우리의 형상을 따라 우리의 모양대로 우리가 사람을 만들고 그들로 바다의 물고기와 하늘의 새와 가축과 온 땅과 땅에 기는 모든 것을 다스리게 하자(창 1:26)

> 여호와 하나님이 이르시되 보라 이 사람이 선악을 아는 일에 우리 중 하나 같이 되었으니 그가 그의 손을 들어 생명 나무 열매도 따먹고 영생할까 하노라 하시고(창 3:22)

> 자, 우리가 내려가서 거기서 그들의 언어를 혼잡하게 하여 그들이 서로 알아듣지 못하게 하자 하시고(창 11:7)

하나님을 기쁘시게 해드리는 것, 이것이 바로 예배드리는 자에게 주어지는 하나님의 복이다. 신령과 진정으로 예배를 드릴 때 하나님은 그 모습을 기뻐하시며, 인간의 죄와 허물을 모두 덮어주시고, 심판하려고 준비하셨던 그 계획을 변경시키셨다. 우리의 죄와 허물에 상응하는 벌을 주시려고 준비하셨던 그 계획을 바꾸시고, 하나님의 진노를 거두셨다.

8 내가 넘치는 진노로 내 얼굴을 네게서 잠시 가렸으나 영원한 자비로 너를 긍휼
히 여기리라 네 구속자 여호와께서 말씀하셨느니라 9 이는 내게 노아의 홍수와
같도다 내가 다시는 노아의 홍수로 땅 위에 범람하지 못하게 하리라 맹세한 것
같이 내가 네게 노하지 아니하며 너를 책망하지 아니하기로 맹세하였노니 10 산
들이 떠나며 언덕들은 옮겨질지라도 나의 자비는 네게서 떠나지 아니하며 나의
화평의 언약은 흔들리지 아니하리라 너를 긍휼히 여기시는 여호와께서 말씀하
셨느니라(사 54:8-10)

예배를 통해 주어지는 은혜가 바로 이런 것이기 때문에, 예배에 성공하는 사람은 인생에 성공한다는 말이 나왔다. 이런 뜻에서 예배는 참 신비하다. 주일마다 드리는 예배, 수요일마다 드리는 예배, 별로 특징도 없고 늘 되풀이 되는 순서와 절차에 따라 형식적으로 드리는 것 같이 보인다. 그런데도 하나님은 그 예배를 가볍게 받아들이지 않으신다. 이것이 성경 곳곳에 나타나는 사실이다.

하나님은 '사람의 마음이 계획하는 바가 어려서부터 악함이라'(창 8:21)고 말씀하셨다.

창 6:5	창 8:21
… 그의 마음으로 생각하는 모든 계획이 항상 악할 뿐임을 보시고	이는 사람의 마음이 계획하는 바가 어려서부터 악함이라

위 두 구절은 마음(레브) 계획(예체르) 악하다(라아) 등의 용어를 공유한다. 이 말씀들 바로 그 뒤에 이어지는 내용을 살펴보면, 하나님은 같은 진단 · 다른 처방(심판하는 대홍수, 복과 언약)을 내놓으셨다.

이런 진단은 인간의 실제 모습, 현실적인 모습을 제대로 꿰뚫어보신 후에 내리신 판단이었다. 그러므로 이것은 아주 정확한 것이다. 만일 어떤 사람에 대해 이런 판단(본바탕이 틀려먹었다, 악하게 타고 났다)이 서면 우리는 그 사람을 어떻게 대하는가? 보나 마나 뻔하다! 하나님은 아주 정확한 판단을 내리시고도 그 대응방법이 전혀 달랐다.

> 내가 다시는 사람으로 말미암아 땅을 저주하지 아니하리니 … 내가 전에 행한 것 같이 모든 생물을 다시 멸하지 아니하리니(창 8:21)

하나님은 현실에 대해 아주 정확하게 판단을 내린 만큼, 그 대처방법에서도 철저하게 그 현실에 뿌리를 내리신다. 그 방법은 심판과 정죄와 처벌이 아니라 공감과 동참이다. 역시 '하나님은 사랑이시라'(요일 4:8, 16) 하신 말씀 그대로다.

성경에는 하나님께서 인간에게 은혜로운 약속을 주시는 이야기가 여러 차례 나온다. 그 대부분은 하나님 쪽에서 일방적으로 주시는 선물이었다. 이 선물은 우리에게 또 다른 선물로 주어진 구원을 유지 · 보전하는 통로였다.

그리스도인은 언약의 백성이다. 그리고 언약의 백성에게 주신 하나님의 약속(계약)은 사랑의 선물이요, 호의가 가득 담긴 은총이다. 하나님께서 스스로 피조물을 보호한다는 의무를 걸머지셨다는 점에서.

성경에 하나님께서 언약을 기억한다는 말은 항상 긍정적인 뜻으로 쓰였다. 이것은 항상 하나님의 백성이 처해있는 위기나 고난으로부터 벗어나는 전환점이 되곤 하였다. 이 기억으로부터 구원사역이 시작되었다. 노아(창 8:1), 아브라함의 조카 롯 (창 19:29), 이집트의 이스라엘 자손(출 2:24) 등이 그 직접적인 수혜자이다.

세상의 물질이나 사람의 결정은 어느 것이나 유효기간(유통기한)이 있다. 본문에 하나님의 언약과 관련하여 '영원'이란 용어가 형용사와 부사로 두 차례 사용되었다. 이는 하나님의 언약(약속)이 i) 일시적인 것이 아니라 영원까지 지속된다는 것이요, ii) 언약 파트너의 태도 여하에 따라 변하는 것이 아니라는 뜻이다.

> 예수 그리스도는 어제나 오늘이나 영원토록 동일하시니라 (히 13:8).

노아에게 주어진 하나님의 언약은 '결코 다시는 … 하지 않겠다'는 말씀과 함께 주어졌다. 하나님은 자신의 형상대로 창조된 모습을 그대로 보전한 피조물만 사랑하시는 분이 아니다. 그분은 본래 모습을 잃어버리고, 타락하고, 흠이 많은 피조물도 사랑하신다. 이런 피조물도 하나님이 주신 영원한 언약 아래 있는 것이다:

> 상한 갈대를 꺾지 아니하며 꺼져가는 심지를 끄지 아니하기를 심판하여 이길 때까지 하리니 (마 12:20)

> 우리가 아직 죄인 되었을 때에 그리스도께서 우리를 위하여 죽으심으로 하나님께서 우리에 대한 자기의 사랑을 확증하셨느니라 (롬 5:8)

사상염려 (思想念慮)

히브리말에서는 생각하다 기억하다 기념하다는 모두 한 가지 낱말(자카르 zākar)로 쓰였다. 우리 나라를 비롯해 중국이나 일본에서는 그와 다르다. 우선 생각하다는 말에도 여러 낱말이 있다.

염(念)은 머리에 들어와 박혀 떠나지 않는 생각이다. 잡념(雜念)이니 염원(念願) 등에 그런 뜻이 담겼다. 상(想)은 이미지(相)로 떠오른 생각이다. 연상(聯想)이니 상상(想像)이니 하는 말에서 알 수 있다. 사(思)는 곰곰이 따져 하는 생각이다. 사유(思惟)나 사색(思索)이 그 말이다. 려(慮)는 호랑이가 올라탄 듯 짓누르는 생각이다. 우려(憂慮)와 염려(念慮)가 그것이다. 생각은 종류에 따라 성질이 다르므로 쓰이는 낱말이 뒤섞이지 않는다. 사려(思慮)는 깊어야 하나 염려(念慮)나 상념(想念)이 깊으면 못 쓴다. 사상(思想)은 따져서 한 생각이 어떤 꼴을 갖게 된 것이다. 곰곰한 생각이 머리를 떠나지 않을 때는 사념(思念)이라 한다.

사람의 경쟁력은 성령님의 인도에 따라 자기 생각을 관리하는 데서 나온다.

불교는 무념무상(無念無想)을 가르친다. 마음 위에 얼룩진 상념(想念)을 깨끗이 닦아내야 참나(眞我)의 실체와 만난다는 것이다. 깨달음은 텅 빈 마음이 세계와 만나 이루는 작용이다.

기독교는 말씀묵상(默想)과 명상(瞑想)을 권한다. 조용히 생각하고, 눈 감고 생각하는 것이 아니라, 생각을 침묵시키고 잠재우자는 것이다. 그 자리에 하나님의 말씀을 자리 잡게 하자는 것이다. 그래야 지혜와 명철이 생겨난다.

'자네는 도무지 생각이 없군!'이라고 할 때, 생각이란 사려(思慮) 쪽이지 상념(想念) 쪽은 아니다. 상념이 너무 많으면 꿈자리가 늘 어지럽다. 요컨대 좋은 생각을 키우고 쓸데없는 생각을 몰아내는 것이 중요하다.

"사람의 눈은 종일 바깥 사물을 보므로 마음도 덩달아 밖으로 내달린다. 사람의 마음은 종일 바깥일과 접하므로 눈도 따라서 바깥을 내다본다. 눈을 감으면 자신의 눈이 보이고, 마음을 거두면 자신의 마음이 보인다. 마음과 눈이 모두 내 몸에서 떠나지 않고 내 정신을 손상치 않음을 일러 '존상(存想)'이라고 한다." 청나라 사람 진성서(陳星瑞)가 《집고우록(集古偶錄)》에서 한 말이다. 눈을 감으면 상념이 떠올라 사념이 끝이 없다. 존상(存想)은 떠다니는 생각이 제멋대로 춤추게 않게 잘 붙들어 매는 것이다.

헨리 나우웬도 말했다:

"우리 마음은 언제나 활동하고 있습니다. 우리는 분석하고, 깊이 생각하고, 공상하고, 또 꿈을 꾸기도 합니다. 낮이나 밤이나 우리가 생각하지 않는 순간은 한 순간도 없습니다. 우리 생각은 그치지 않는다고 할 수 있습니다.

때때로 우리는 잠깐만이라도 생각을 멈출 수 있어서, 많은 걱정과 죄의식 그리고 두려움에서 벗어날 수 있기를 원합니다. 생각할 수 있는 능력은 우리에게 주어진 가장 큰 선물입니다. 그러나 그것은 또한 가장 큰 고통의 원천이기도 합니다. 우리는 그치지 않는 생각의 희생물이 되어야 합니까? 그렇지 않습니다.

우리는 내면의 독백을 모두 사랑의 원천이신 하나님과의 계속적인 대화로 전환시킴으로써, 우리의 그치지 않는 생각을 그치지 않는 기도로 바꿀 수 있습니다. 고립되었다는 생각에서 벗어나십시오. 우리 존재의 중심에 거하시는 하나님은 우리의 마음을 점령하여 사로잡고 있는 것들을 모두 사랑의 마음으로 듣고 싶어하심을 깨달으십시오." (헨리 나우웬, 그치지 않는 생각에서 그치지 않는 기도로)

85
또 다시 주어진 복

(창 9:1, 7)

개역개정	직역
1 하나님이 노아와 그 아들들에게 복을 주시며 그들에게 이르시되 생육하고 번성하여 땅에 충만하라	1 그리고 하나님께서 복을 주셨다, 노아와 그 아들들에게. 그분께서 그들에게 말씀하셨다. '열매를 맺어라 많아져라 그리고 땅에 가득 차라'
7 너희는 생육하고 번성하며 땅에 가득하여 그 중에서 번성하라 하셨더라	7 그리고 너희는 이런 자 곧 열매를 맺는 자, 그리고 늘어나는 자, 땅에 돌아다니며 사는 자, 그리고 그 안에서 늘어나는 자가 되어라.

이것은 대홍수가 다 끝난 뒤 하나님께서 피조물에게 복을 주시는 이야기다. 언제나 그러하듯이 여기서도 하나님의 심판은 은혜로 마무리되었다.

창세기 9장의 첫 낱말은 '봐여바레크 엘로힘'(= 그리고 하나님께서 복을 주셨다)이다. 하나님께서 대홍수를 겪어낸 사람들에게 복을 주셨다는 주제는 창 8:17, 21에 이어 본문과 창 9:11, 15에 계속 이어진다.

창 9:1-17은 큰 틀에서 하나의 단락이며 구체적으로는 9:1-7; 9:8-17두 문단으로 나뉜다. 각 문단은 9:1 = 9:7; 9:9 = 9:17b로 각각의 내용을 앞뒤로 감싸며 고유한 메시지를 담아낸다. 앞엣것은 대홍수로부터 구원받은 피조물들에게 번영하라고 복을 내려주는 말씀이고, 뒤엣것은 피조물을 대홍수로 멸망시키는 일이 두 번 다시는 없을 것이라는 약속의 말씀이다. 궁켈은 이를 '노아를 향한 하나님의 두 가지 멘트'로 보았다. 이것은 대홍수를 아주 비중 있게 마무리하는 하나의 메시지이다.(Westermann 617) 이것은 복과 언약이 하나로 이어주고 있다. "그리고 너희는(wə'attem) 생육하라"(창 9:7) – "그리고 나는(wə'ănī), 보라, 세우고자 한다, 내 언약을 너희와 그리고 너희 후손과 함께…(9:9)

9:1 = 9:7은 방주에서 나온 노아와 그 가족에게 직접 하신 첫 말씀이다. 그들이 방주에서 나온 뒤 우리의 가장 큰 관심사는 단연 '창조 때부터 주어졌던 하나님의 대홍수 이후에도 여전히 유효한가'이다. 대홍수로써 하나님의 창조세계에서 많은 것들이 이미 변화되었다. 그런데도 그들에게 복을 주시는 하나님의 말씀은 바뀌지 않고 그대로 유지되었다.

이제까지 하나님은 노아에게만 말을 거셨다.(창 6:13; 7:1; 8:15) 이제부터 하나님은 그의 아들들과도 대화를 나누셨다. 그들이 대홍수 이후 새롭게 시작될 역사의 담지자라는 점을 감안하더라도 이는 매우 놀라운 일이다.

예수 그리스도는 어제나 오늘이나 영원토록 동일하시니라(히 13:8)

찬송가 135장(어저께나 오늘이나 어느 때든지) 1절이다.

어저께나 오늘이나 어느 때든지 영원토록 변함 없는 거룩한 말씀
믿고 순종 하는 이의 생명 되시며 한량 없이 아름답고 기쁜 말일세
어저께나 오늘이나 영원 무궁히 한결같은 주 예수께 찬양합니다
세상 지나고 변할지라도 영원하신 주 예수 찬양합니다

창세기 9:1-7은 하나님께서 노아와 그 가족에게 주신 복에 감싸여 있다.(Inclusio) 1절 앞부분에는 명령어 세 개가 연달아 쓰였다. '열매를 맺어라(파라) 그리고 많아져라(라바 = 번성하라) 그리고 땅에 가득 차라.(말레)' 그 내용은 최초의 인류에게 주셨던 다섯 가지 가운데 세 가지가 같다.(창 1:28)

파라(pārâ)는 이디오피아말과 아람어에서 '자라다 싹트다 배태하다 열매 맺다 산출하다'는 뜻이다. 이집트말에선 나오다(솟아나다)는 뜻이다. 그 명사형 페리(perî)는 열매라는 의미다. 개역개정은 이를 생육하다(나서 자라다)로 옮겼다.

라바(rābâ)는 아카드말과 우가릿어에서 '(수가) 늘어나다, 성장하다, 보살피다, 양육하다'는 뜻이다. 중세기 아람어에선 '크게 자라다'는 뜻이 되었다. 이 말은 긍정적으로도 부정적으로 쓰였다.

> 여호와께서 사람의 죄악이 세상에 가득함(라바)과 그의 마음으로 생각하는 모든 계획이 항상 악할 뿐임을 보시고(창 6:5)

> 나의 하나님이여 내가 부끄럽고 낯이 뜨거워서 감히 나의 하나님을 향하여 얼굴을 들지 못하오니 이는 우리 죄악이 많아(라바) 정수리에 넘치고 우리 허물이 커서 하늘에 미침이니이다(스 9:6)

말레(mālē')는 아카드말과 우가릿어에서 '가득차다 가득 채우다 꽉 차다'는 뜻이다. 때로는 용기의 함량을 초과할 정도로 차고 넘치는 것을 나타낸다. 성경에서 이 말 역시 긍정적으로도 부정적으로도 쓰였다.

> 하나님이 노아에게 이르시되 모든 혈육 있는 자의 포악함이 땅에 가득하므로(말

레) 그 끝 날이 내 앞에 이르렀으니 내가 그들을 땅과 함께 멸하리라(창 6:13)

1절과 비교하여 7절에는 세 가지 특징이 있다. i) 굳이 쓰지 않아도 될 인칭대명사(2인칭 복수)가 쓰였다. 이는 새 역사의 담지자인 그들을 특별히 부각시키려는 것이거나, 7절을 명사문장으로 해석하라는 것일 수 있다. ii) '말레' 대신에 쓰인 샤라츠(šāraṣ)가 쓰인 점이다. iii) '라바'가 두 번이나 쓰였다. 샤라츠는 이디오피아말로 '싹이 돋아나다, 솟아나다'는 뜻이다. 시리아말로는 '기다'는 의미다. 창 7:21; 레 11:46; 겔 47:9에서 이것은 기어다니다, 움직이다는 뜻으로 쓰였다. 창 8:17과 9:7에서 이 말은 사람이나 동물이 불어나다, 가득하다두루 퍼지다는 의미가 되었다. 출애굽기 1:7이다.

우브네 이스라엘 파루 뵈이숴레추 뵈이르뿌 봐야아츠무 삐메오드 므오드 봐티말레 하아레츠 오탐(= 그리고 이스라엘 자손은 이러하였다, 곧 그들은 생육하였다. 그리고 그 땅은 그들은 불어나고 번성하며 매우 강하여졌다. 그리고 그 땅은 그들로 가득하게 되었다. 직역)

여기에 쓰인 용어는 창 9:1, 7의 내용과 매우 흡사하다.(창 7:17-18에 쓰인 동사들과도 같다) 이 두 부분에 파라 라바 샤라츠 말레 등의 동사가 그대로 쓰였다. 7절에서 하나님은 '그리고 너희는 열매를 맺어라. 그리고 늘어나라. 땅에 돌아다니며 살아라(개역: 편만하라). 그리고 그 안에서 늘어나라'고 하셨다. 지금은 새로운 출발을 할 때다. 그 새 출발에 즈음하여 하나님께서 다시 한 번 노아와 그 가족을 위해 복을 내려주셨다. 창 8:17; 9:1과 비교해 보면, i) 땅에서 활보하라는 것과 ii) 번성하라는 표현(라바)이 두 번 되풀이 된 것이 눈에 들어온다. 이렇게 하나님은 노아와 그 가족(새로운 인류)에게 하나님의 형상을 빛내며 살 기회를 다시 시작하게 하셨다.

하나님은 사람과 세상에게 복을 주시는 분이다. 비록 인간이 그것을 무효화시키는 죄를 되풀이 하더라도 하나님은 그것을 자꾸 자꾸 부어주셨다.

구원은 여호와께 있사오니 주의 복을 주의 백성에게 내리소서(시 3:8)

오늘의 적용

바람이 분다 … 살려고 애써야겠다

….

마셔라, 내 가슴이여, 태어나는 바람을!

신선한 기운이 바다에서 솟구쳐 올라

나에게 내 혼을 되돌려준다… 오 짜디짠 힘이여!

파도 속에 달려가 그 영혼을 다시 용솟음치게 하라!

….

바람이 분다… 살려고 애써야겠다!(Le vent se lve! Il faut tenter de vivre!)

거대한 대기가 내 책을 열었다 다시 덮는다.

파도의 물보라가 바위틈에서 뿜어 나온다!

날아가라, 눈부신 책장들이여!

부숴라, 파도여! 부숴라, 네 희열하는 물로

돛배들이 모이를 쪼고 있던 이 고요한 지붕을!

(폴 발레리 [1871~1945]의 해변의 묘지 [Le ciemetière marin] 중에서)

86
공생하라

(창 9:2-3)

개역개정	직역
2 땅의 모든 짐승과 공중의 모든 새와 땅에 기는 모든 것과 바다의 모든 물고기가 너희를 두려워하며 너희를 무서워하리니 이것들은 너희의 손에 붙였음이니라	2 그리고 너희를 두려워함과 무서워함이 땅 위의 모든 동물 위에, 그리고 하늘의 모든 새 위에 있을 것이다. 땅에 기는 모든 것과 바다의 모든 고기들, 그들은 너희의 손 안에 주어졌다.
3 모든 산 동물은 너희의 먹을 것이 될지라 채소 같이 내가 이것을 다 너희에게 주노라	3 생명을 가진 기어다니는 모든 것은 너희에게 음식으로 될 것이다. 내가 푸른 채소를 너희에게 주었던 것과 같이 이 모든 것을.

이것은 하나님께서 1절에 이어 새 출발하는 노아와 그 가족 및 피조물들에게 주시는 두 번째 말씀이다. 이것은 '폭력과 타락으로 파괴된 다음 새롭게 세워지는 세상에는 어떤 질서가 세워져야하는가'에 대한 대답이다.(von Rad 98)

그들이 방주 밖으로 나왔을 때의 풍경은 어떠했을까? 온갖 생물이 죽었으며, 온 땅은 홍수가 휩쓸고 자나간 자국이 남아 있었을 것이다. 인류 중에는 노아의 가족만이 살아남았다. 아담이 인류의 첫 번째 시조였다면 노아와 그 가족은 인류의 두 번째 시조가 된 것이다. 창조 때의 첫 인간 아담과 하와는 아름답고 모든 것이 갖추어진 에덴동산에서 시작했다. 대홍수 이후 첫 인간인 노아의 가족은 그와 정반대 곧 모든 것이 완전히 파괴된 상태에서 출발했다.

그들에게 복을 주신 하나님은 먹을거리의 범위를 정해주셨다. 2절에서 동물들을 사람의 손에 먹을거리로 넘겨주신(나탄) 하나님은 3절에서는 살아있는 동물과 채소를 먹을거리로 주셨다.(나탄 nātan) 동사 나탄의 주어가 하나님일 때에 그 뜻은 항상 축복담긴 하나님의 역사와 관련되었다.(Westermann 620) 2절 말씀의 무게중심은 동물들에, 3절 말씀의 그것은 사람에 있다. 여기서 하나님은 사람에게 살아있는 동물을 도살하여 먹을 수 있게 허용하셨다.

'콜-레미스 아쉐르 후-카이'(= 생명을 가진 기어 다니는 모든 것; ESV every moving thing that lives)은 무엇을 가리키는 말일까? 명사 레메스 및 그와 관련된 동사 라마스(= 여기 저기 돌아다니다, 가볍게 움직이다)는 구약성경에 각각 17번 쓰였다. 특히 창세기 1-9장에만 각각 10차례 등장한다.(월튼 499) 이 낱말은 단 한 번도 몸집이 거대한 동물이나 사육되는 동물을 가리키지 않았다. 온갖 피조물을 포괄하는 말로도 쓰인 적이 없다. 월튼은 이 낱말을 움직이는(걸음걸이) 형태를 묘사하는 것으로 보는 데 반대한다. 그 대신 아카드어 '남마슈/ 남마츄'에서 온 것으로 보았다.(GM 1248-49 참조) 그 의미는 무리를 지어다니는 들짐승이다. 이 부류에 속하는 동물은 들소, 영양, 담갈색 사슴, 가젤, 야생염소 등이다.(499-500)

하나님은 인간에게 육식을 허용하셨다. 이와 관련하여 주의할 사항이 두 가지이다. i) 식용으로 할 동물은 반드시 살아있는 것이라야 한다.(3절) '생명을 가진 기어 다니는 모든 것'이라는 말에는 이미 죽은 동물의 고기를 먹지 말라는 뜻이 내포되어 있다. 어떤 이유로든 죽어있는 짐승의 시체를 먹어서는 안 된다. ii) 고기를 먹되 그것의 피를 먹지 말아야 한다.(4절) 곧 살아있는 동물을 도살한 다음 그 피를 빼내고 고기만 먹으라는 것이다.

여기서 우리는 사람과 다른 피조물의 관계를 깊게 생각해볼 필요를 느낀다. 창세기 1장에서 하나님은 사람에게 '정복하라 그리고 다스리라'고 하셨다. 2장에서는 그들에게 이름을 붙여주게 하셨다. 창세기 1-2장에서 사람과 동물은 우호적인 공생관계였다. 창세기 9:2에서 동물은 i) 사람을 두려워하고 무서워하게 되었다. 이것은 적대적인 긴장관계를 말해준다.(신 11:25 참조) ii) 하나님은 동물을 사람의 손에 넘겨주셨다. 이로써 사람은 동물을 다스릴 뿐만 아니라 그들의 생사를 좌우할 수 있게 되었다.(천사무엘 150)

두려움이란 말(모라)은 경외하다 두려워하다는 말 야레(jārē')의 분사형이다. 이것이 피엘형(의미강화)으로 쓰일 때에는 재앙이나 위험 앞에서 두려워하는 것 또는 하나님을 두려워하여 의롭고 경건하게 행동하는 것을 나타낸다. 무서워하다는 말(하트)은 부서지다는 동사(핫타트)에서 왔다. 이것은 무섭게 밀려오는 공포로 인하여 마음의 균형이 깨어져 흐트러지는 것을 가리킨다. 멜빌의 소설《포경(Moby Dick)》이나 헤밍웨이의 소설《노인과 바다》등에서 우리는 동물들이 인간에게 느꼈을 공포를 짐작하고도 남는다.

창 9:2	창 1:28
땅의 모든 짐승과 공중의 모든 새와 땅에 기는 모든 것과 바다의 모든 물고기가 너희를 두려워하며 너희를 무서워하리니 이것들은 너희의 손에 붙였음이니라	하나님이 그들에게 복을 주시며 하나님이 그들에게 이르시되 생육하고 번성하여 땅에 충만하라, 땅을 정복하라, 바다의 물고기와 하늘의 새와 땅에 움직이는 모든 생물을 다스리라 하시니라

창 9:3	창 1:29-30

모든 산 동물은 너희의 먹을 것이 될지라 채소 같이 내가 이것을 다 너희에게 주노라	29 하나님이 이르시되 내가 온 지면의 씨 맺는 모든 채소와 씨 가진 열매 맺는 모든 나무를 너희에게 주노니 너희의 먹을거리가 되리라 30 또 땅의 모든 짐승과 하늘의 모든 새와 생명이 있어 땅에 기는 모든 것에게는 내가 모든 푸른 풀을 먹을거리로 주노라 하시니 그대로 되니라

식물만 먹거리로 언급되었던 창 1:29와는 달리 여기서는 육식도 허용되었다. 먹을거리로 주어진 것은 '땅의 모든 짐승과 공중의 모든 새와 땅에 기는 모든 것과 바다의 모든 물고기'이며, 이 모든 것을 통틀어 '산 동물'(창 9:3)이라고 했다. 여기에 레위기가 말하는 부정한 동물(먹거리)까지 포함되는지는 아직 알 수 없다.

그러므로 먹고 마시는 것과 절기나 초하루나 안식일을 이유로 누구든지 너희를 비판하지 못하게 하라(골 2:16)

하나님은 새로운 세상에서의 삶을 시작하는 인류에게 육식을 허용하셨다. 이것은 허락이지 명령이 아니다. 억지로 또는 반드시 고기를 먹어야만 한다는 것이 아니다. 본인이 원하지 않으면 고기를 먹지 않아도 아무 상관이 없다. 고기를 즐겨먹는 일을 성경은 종종 타락과 부패의 표시로 보기도 했다.

12 그 날에 주 만군의 여호와께서 명령하사 통곡하며 애곡하며 머리 털을 뜯으

며 굵은 베를 띠라 하셨거늘 13 너희가 기뻐하며 즐거워하여 소를 죽이고 양을 잡아 고기를 먹고 포도주를 마시면서 내일 죽으리니 먹고 마시자 하는도다(사 22:12-13)

하나님은 사람에게 육식을 할 때 주의할 사항을 매우 강하게 말씀하셨다. 그것은 '피'를 먹지 말라는 것이다. 에덴동산에서 선악을 아는 열매를 먹지 말라 하신 이래(창 2:17) 이것은 먹을거리를 향한 두 번째 명령이다. 그 어조는 매우 강력하다. 특히 대홍수 이후 첫 번째 계약에서 하나님은 금기의 말씀으로 '피'를 첫 번째로 언급했다는 사실은 의미심장하다.

성경에 나오는 '피'와 관련된 언급을 처음부터 일곱 번째까지 살펴보자.

i) 10… 네 아우의 핏소리가 땅에서부터 내게 호소하느니라 11 땅이 그 입을 벌려 네 손에서부터 네 아우의 피를 받았은즉…(창 4:10-11)

ii) 4 그러나 고기를 그 생명 되는 피째 먹지 말 것이니라…. (창 9:4-6)

iii) 22 르우벤이 또 그들에게 이르되 피를 흘리지 말라 … 26 유다가 자기 형제에게 이르되 우리가 우리 동생을 죽이고 그의 피를 덮어둔들 무엇이 유익할까 … 31 그들이 요셉의 옷을 가져다가 숫염소를 죽여 그 옷을 피에 적시고(창 37:22, 26, 31)

iv) 르우벤이 그들에게 대답하여 이르되 내가 너희에게 그 아이에 대하여 죄를 짓지 말라고 하지 아니하였더냐 그래도 너희가 듣지 아니하였느니라 그러므로 그의 핏값을 치르게 되었도다 하니(창 42:22)

v) 또 그 옷을 포도주에 빨며 그의 복장을 포도즙에 빨리로다(창 49:11 피를 포도로 은유한 표현)

vi) 그들이 이 두 이적을 믿지 아니하며 네 말을 듣지 아니하거든 너는 나일 강 물을 조금 떠다가 땅에 부으라 네가 떠온 나일 강 물이 땅에서 피가 되리라(출 4:9; 7:17-21 참조)

vii) 6 이 달 열나흗날까지 간직하였다가 해 질 때에 이스라엘 회중이 그 양을 잡고 7 그 피를 양을 먹을 집 좌우 문설주와 인방에 바르고 … 13 내가 애굽 땅을 칠 때에 그 피가 너희가 사는 집에 있어서 너희를 위하여 표적이 될지라 내가 피를 볼 때에 너희를 넘어가리니 재앙이 너희에게 내려 멸하지 아니하리라(출 12:6-7, 13)

4절 빠나프쇼 다모(= 그 생명 안의 피)란 말은 생명(네페쉬)은 곧 피(담)다는 뜻이다. 그렇기 때문에 성경은 피를 매우 신성하게 여겼다. 더 나아가 이것은 하나님의 숨결(창 2:7 생기 = 니쉬마트 카이임)과 함께 생명의 근원이자 상징으로 쓰였다.

피를 먹지 말라는 명령은 레위기 3:17; 7:25-27; 17:10-14; 신명기 12:16, 23, 24; 15:23 등 오경에 일곱 번에 걸쳐서 나왔다.(Delitzsch 226) 고대 근동의 다른 나라에서는 이런 규정을 찾아볼 수 없다.(Hamilton, Genesis 314) 이는 분명 생명의 존엄성을 일깨우는 말씀이다. 사람이 짐승을 죽여 그 고기를 먹더라도 그 마음에는 이것이 본디 하나님의 것이라는 사실을 의식하라는 것이다. 성경은 생물의 생명이 피에 있다고 가르쳤다.(레 17:11)

26 너희가 사는 모든 곳에서 새나 짐승의 피나 무슨 피든지 먹지 말라 27 무슨 피든지 먹는 사람이 있으면 그 사람은 다 자기 백성 중에서 끊어지리라(레 7:26-27)

10 이스라엘 집 사람이나 그들 중에 거류하는 거류민 중에 무슨 피든지 먹는 자가 있으면 내가 그 피를 먹는 그 사람에게는 내 얼굴을 대하여 그를 백성 중에서 끊으리니 11 육체의 생명은 피에 있음이라 내가 이 피를 너희에게 주어 제단에

뿌려 너희의 생명을 위하여 속죄하게 하였나니 생명이 피에 있으므로 피가 죄를 속하느니라 12 그러므로 내가 이스라엘 자손에게 말하기를 너희 중에 아무도 피를 먹지 말며 너희 중에 거류하는 거류민이라도 피를 먹지 말라 하였나니 13 모든 이스라엘 자손이나 그들 중에 거류하는 거류민이 먹을 만한 짐승이나 새를 사냥하여 잡거든 그것의 피를 흘리고 흙으로 덮을지니라 14 모든 생물은 그 피가 생명과 일체라 그러므로 내가 이스라엘 자손에게 이르기를 너희는 어떤 육체의 피든지 먹지 말라 하였나니 모든 육체의 생명은 그것의 피인즉 그 피를 먹는 모든 자는 끊어지리라(레 17:10-14)

그러므로 너는 그들에게 이르기를 주 여호와께서 이같이 말씀하시되 너희가 고기를 피째 먹으며 너희 우상들에게 눈을 들며 피를 흘리니 그 땅이 너희의 기업이 될까보냐(겔 33:25)

창세기 9:2-3의 형식은 창 2:16-17의 그것과 비슷하다. 폭넓은 허용(동산 각종 나무 열매 - 살아있는 모든 동물들)에 이어지는 엄격한 금지명령(선악을 알게하는 나무 열매를 먹으면 반드시 죽으리라 - 고기를 그 생명 되는 피째 먹지 말 것이니라)이 그렇다.(Hamilton 314; Sarfati 598) 하나님은 인간에게 육식을 허용하면서 생명존중의 신앙을 재확인하셨다. 이를 크게 강조하려고 피를 먹지 말라(흘리지 말라)는 말씀이 약간의 표현을 달리하며 세 차례 되풀이 되었다.(창 9:4-6)

5 내가 반드시 너희의 피 곧 너희의 생명의 피를 찾으리니 짐승이면 그 짐승에게서, 사람이나 사람의 형제면 그에게서 그의 생명을 찾으리라 6 다른 사람의 피를 흘리면 그 사람의 피도 흘릴 것이니 이는 하나님이 자기 형상대로 사람을 지으셨음이니라(창 9:5-6)

그리스의 신들(Die Götter Griechenlands) - **Friedrich Schiller**(1759-1805)

아름다운 세상이여, 너 어디 있는가? 돌아오라
꽃처럼 피어나던 자연의 시절이여!
아, 노래하는 요정의 나라 노래에서나
너의 동화같은 추억이 살아있구나.
황량한 광야가 탄식하고
신성(Gottheit)은 내 눈에 보이지도 않는구나
아, 따스하게 살아있는 모습들은
그림자로만 남아 있구나!

삭풍이 몰아오는 겨울바람에
저기 꽃들은 다 떨어지고
모든 것 가운데 하나를 풍성하게 하려고
이 신의 세계를 떠나보내야만 했다.
슬프게도 나는 별자리들에서 찾는다.
너, 셀레네를 난 더 이상 거기서 찾지 않는다
숲을 지나며 난 너를 부른다, 출렁이는 곳을 지나며
아, 그것들은 공허하게 메아리치네!

87
생명 대헌장

(창 9:4–6)

개역개정	직역
1 그러나 고기를 그 생명 되는 피째 먹지 말 것이니라	4 반드시 너희는 고기를 그의 생명 곧 그의 피와 같이 먹지 말라.
5 내가 반드시 너희의 피 곧 너희의 생명의 피를 찾으리니 짐승이면 그 짐승에게서, 사람이나 사람의 형제면 그에게서 그의 생명을 찾으리라	5 그리고 반드시 너희의 생명들을 위해 너희 자신의 피를 내가 요구하겠다. 모든 짐승의 손으로부터 내가 그것을 요구하겠다. 그리고 사람의 손으로부터, 각기 자기 형제의 손으로부터 내가 사람 생명을 요구하겠다.
6 다른 사람의 피를 흘리면 그 사람의 피도 흘릴 것이니 이는 하나님이 자기 형상대로 사람을 지으셨음이니라	6 그 사람의 피를 흘리는 자는 그 사람에게서 자기의 피가 흘려지리라. 왜냐하면 하나님이 그 사람을 자신의 형상대로 만드셨기 때문이다.

이것은 모든 생명의 주인이 하나님이심을 선포하는 말씀이다. 하나님은 동물의 생명도 자신에게 속한 것이니 존중해야 할 것을 말씀하신 뒤에 곧바로 인간의 생명도 그렇다고 밝히셨다.

성경은 피를 매개체로 하여 생명의 존엄성을 이야기한다. 사실 동물을 식품으로 허용하신 일은 그것들에게 '생육하고 번성하라, … 충만하라 … 번성하라'(창 1:21)하신 하나님 뜻과 미묘하게 충돌한다. 이에 하나님은 4절에서 말씀하셨다. '아크-빼사르 뻐나프쇼 다모 로 토켈루'(= 반드시 너희는 고기를 그의 생명 곧 그의 피와 같이 먹지 말라) 이를 풀어서 보자면 "너희는 어떤 고기든지 다 먹어도 좋다. 다만 그 고기와 그 피를 함께 먹어서는 절대 안 된다."이다. 이는 절대금지 명령이다.(Prohibitiv)

피란 낱말(dām)이 창 4:10 이래 두 번째로 나왔다. 이 말씀은 무슨 뜻일까? i) 여기에는 생명이란 낱말(네페쉬)과 피라는 낱말이 나란히 쓰였다. 동격을 이루고 있다. 곧 피는 생명이라는 뜻이다.(레 17:14 참조) ii) 비록 인간이 동물을 도살하고 죽이더라도 그 생명은 특별한 존재양식으로 된 하나님의 소유라는 사실을 명심하라는 것이다. 육식을 할 때마다 사람은 자신이 하나님의 소유물을 침해하고 있음을 염두에 두어야 하며, 그 표시로 동물의 피에는 손을 대지 말아야 한다는 뜻이다.(von Rad 99) iii) 에스겔 예언자는 고기와 피를 같이 먹는 것은 우상을 숭배하는 자들의 행위라고 했다.(겔 33:25)

동물에 관해서도 이렇다면 하물며 사람의 경우는 어떨까?

4절처럼 5절도 아크('ak = 반드시, 그러나)로 시작된다. 이것은 절대금지명령이다. 5절에는 찾는다는 말(따라쉬 dārasch)이 세 차례나 쓰였다. 따라쉬는 찾다를 기본 뜻으로 하여 시도하다, 조사하다, (책임을) 묻다, 요구하다(원한다) 등의 의미로 사용된다.

어찌하여 악인이 하나님을 멸시하여 그의 마음에 이르기를 주는 감찰하지 아니하리라 하나이까(시 10:13)

사람아 주께서 선한 것이 무엇임을 네게 보이셨나니 여호와께서 네게 구하시는 것은 오직 정의를 행하며 인자를 사랑하며 겸손하게 네 하나님과 함께 행하는

것이 아니냐 (미 6:8)

5절에서 이 말의 목적어로는 피가 두 번, 생명(네페쉬)이 한 번이다. '피를 찾는다'는 말이 무슨 뜻일까? 여기서는 신 18:19; 시 9:13; 겔 33:6처럼 '(어떤 행위에 합당한) 대가를 요구하다'라는 뜻이다. 이런 의미로 쓰일 때 따라쉬의 주어는 항상 하나님이다.(GM 261)

누구든지 내 이름으로 전하는 내 말을 듣지 아니하는 자는 내게 벌을 받을 것이요(신 18:19)

피 흘림을 심문하시는 이가 그들을 기억하심이여 가난한 자의 부르짖음을 잊지 아니하시도다(시 9:13)

그러나 칼이 임함을 파수꾼이 보고도 나팔을 불지 아니하여 백성에게 경고하지 아니하므로 그 중의 한 사람이 그 임하는 칼에 제거 당하면 그는 자기 죄악으로 말미암아 제거되려니와 그 죄는 내가 파수꾼의 손에서 찾으리라(겔 33:6)

5절에 이어 6절에서도 하나님은 다시 한 번 생명의 존엄성을 단언적으로 선언하셨다.

하나님은 인간 생명에 관한 자신의 주권을 매우 단언적(apodiktisch)으로 그리고 아무런 조건도 달지 않고 강력하게 표명하셨다. 인간의 생명은 절대로 침해되어서는 아니 된다는 것이다. 이것은 인도주의적인 규칙이나 생명의 외경 사상에 의해서 생겨난 것도 아니다. 오직 인간은 하나님의 형상대로 지음받은 하나님의 소유라는 단 하나의 사실에 근거한다. 이것은 하나님께서 피조물에게 주시는 생명대헌장이다.

비록 창 9:5-6의 내용은 크게 두 부분으로 나누어진다. i) 피에 관한 말씀을 어길 경우 하나님께서 반드시 갚으신다(5절) ii) 인간의 피를 흘리는 경우 하나님께서 반드시 벌을 주신다. 이것은 율법적인 성격을 지니고 있더라도, 그것은 결코 율법이 아니다. 오히려 가인-아벨 때에는 '아우의 핏소리가 땅에서부터 호소'했다. 가인의 후손 라멕은 사소한 이유로도 보복과 살인을 자행했다. 대홍수 이전에는 피를 흘린 일에 대한 구체적인 기록은 없어도 부패와 폭력이 폭넓게 퍼져 있는 것으로보다 그 이전보다 더하면 더했지 덜하지 않았으리라. 이런 일들은 하나님의 형상대로 지음받은 하나님의 소유인 인간을 사람이 마치 자기 것인 양 취급하는 죄악이었다. 본문은 이런 경험들 곧 폭력과 부패가 인간 생명을 언제든지 얼마든지 해칠 수 있다는 현실에 입각한 생명대헌장인 것이다.

이스라엘 사람들은 종종 자신에게 피 흘리게 한 자를 하나님께서 보복해주시기를 기도를 드렸다.

> 요아스 왕이 이와 같이 스가랴의 아버지 여호야다가 베푼 은혜를 기억하지 아니하고 그의 아들을 죽이니 그가 죽을 때에 이르되 여호와는 감찰하시고 신원하여 주옵소서 하니라(대하 24:22)

> 여호와께서는 피 흘리기를 즐기는 자와 속이는 자를 싫어하시나이다(시 5:6)

> 피 흘림을 심문하시는 이가 그들을 기억하심이여….(시 9:12)

> 이방 나라들이 어찌하여 그들의 하나님이 어디 있느냐 말하나이까 주의 종들이

피 흘림에 대한 복수를 우리의 목전에서 이방 나라에게 보여 주소서(시 79:10)

이는 성경이 인간에 의한 피의 보복을 금지하는 까닭이었다. 근대사회에서는 개인적인 피의 복수 대신에 국가의 사법재판에 의한 사형제도가 널리 받아들여졌다. 현대에 들어와서는 문명화된 나라일수록 사형제도를 폐지하는 방향으로 가고 있다. 우리는 그것도 일종의 살인이라는 의식을 갖고 있다.

오늘의 적용

김남조 시인은 '생명'이란 제목의 시에서 "생명은 / 추운 몸으로 온다 / 벌거벗고 언 땅에 꽂혀 자라는 / 초록의 겨울 보리…"고 노래했다.

김지하 시인은 '새봄 7'에서 "우울의 밑바닥에서 / 우주가 떠오른다 // … / 사람은 영생 / 사람은 무궁이라고" 했다.

생명(生命)은 하나님께서 피조물에게 주시는 살라(생)는 명령(명)이다. 그러므로 자기 생명을 살아내고 보전하는 자, 남의 생명을 존중하며 살게 하는 자가 곧 하나님의 사람이다.

88

하나님 앞에 모두가 다 소중해

(창 9:8–10)

개역개정	직역
8 하나님이 노아와 그와 함께 한 아들들에게 말씀하여 이르시되	8 그리고 하나님께서 노아에게 말씀하셨다. 그리고 그와 함께 한 그의 아들들에게 말씀하시기를
9 내가 내 언약을 너희와 너희 후손과	9 "나는 이런 자, 보라, 내 언약을 세우는 자다, 너희와 너희 다음의 너희의 씨들과 더불어.
10 너희와 함께 한 모든 생물 곧 너희와 함께 한 새와 가축과 땅의 모든 생물에게 세우리니 방주에서 나온 모든 것 곧 땅의 모든 짐승에게니라	10 그리고 너희와 함께 있는 모든 생명의 혼, 곧 너희와 함께 있는 그 새와 그 가축과 그 모든 야생동물, 방주에서 나온 모든 것으로부터 땅의 그 모든 짐승에 이르기까지.

이것은 하나님께서 모든 피조물과 언약을 맺겠다고 약속하시는 이야기이다. 창 1:24-28; 9:2-3과 달리 여기서는 사람과 다른 피조물들이 동등한 자격으로 하나님 앞에 있다. 한 분이신 창조주 하나님은 언약을 맺음에 있어서 모든 피조물을 상대하셨다. 이로써 홍수 이야기는 하나님께서 죄악을 얼마나 싫어하는지를 보여주는 동시에 창조세계의 보전에 얼마나 관심이 큰지를 알려준다.

하나님께서 세우시는 언약의 파트너는 누구인가? 노아의 가족과 모든 생물이다. 하나님께서는 그들 모두와 언약을 맺으셨다. 성경에는 언약(뻬리트) 이란 말이 노아와 관련하여 처음 나온다(창 6:18; 9:9-17). 그 낱말은 이 문단에 7번 쓰였다.(9:9, 11, 12, 13, 15, 16, 17; 참조 창 6:18)

언약의 대상은 단지 노아와 그 후손에게만 국한된 것이 아니다. 그것은 동식물, 온 세계 등을 다 포괄한다.

> 9 그리고 나는 이런 자이다, 보라, 나는 내 언약을 너희와 너희 후손과 언약을 세우는 자다. 10 그리고 너와 함께 있는 모든 동물들, 곧 너희와 함께 있는 모든 새와 가축들과 모든 야생동물과. 방주에서 나온 이 세상의 모든 생명체와(창 9:9-10)

하나님의 언약에 피조물 전체가 포함된다는 사실을 강조하려고, 창 9:10에는 모든, 전체를 가리키는 말(콜 Kol)이 4번이나 쓰였다.

여기 나오는 언약체결은 구약성경에 나오는 주요 언약 4 가지 가운데 첫 번째 것이다.(아브라함과 맺은 언약 창 15, 17장; 시내산 언약 출 20장, 신 5장; 다윗에게 주어진 언약 삼하 17장) 9절은 명사문장이다. 이는 하나님의 속성을 나타낸다. '그리고/ 그러나 나는(봐아니)' 이란 표현은 7절의 '그리고/ 그러나 너희는(뷔앗템)'이란 말과 대칭을 이룬다. 곧 인간에게 복을 주시는 하나님의 속성이 이렇게 강조된 것이다.

뻬리트를 흔히 언약, 계약으로 옮겨지는데, 이것만으로는 그 말의 뜻을 온전히 밝혀주지 못한다. 구약성경에 287번[THAT; 참고 DCH 285번, HAL 290번] 쓰인 이것의 어원에 대해서도 학자들 사이에 의견이 일치하지 않는다. 아카드어에서 이것은 '묶기, 속박(fessel)'과 '.. 사이'란 두 가지 뜻으로 쓰였다. 또 다른 학자들은 아카드어 barû (= 보다, 둘러보다)에서 그 뿌리를 찾기도 한다. 북부 셈족언어에서 이 말은 '자르다' (cut)는 말로부터 유래하였다(카라트). 카라트 뻬리트는 계약을 체결하다는 뜻이다. 이집트 말에서 이것은 '식사(음식)'를 가리킨다. 계약체결 때 당사자들이 모여 식사를 같이 한 풍습에서 나왔다는 것이다.

게제니우스의 히브리-아람어 사전 초판(GM, 1834년)은 이 말을 '동맹, 연합, 계약' 등으로 보면서도 그것만으로는 불완전한 의미부여라고 스스로 인정했다. 그 사전 17판(1917)은 이 말을 위의 뜻에 덧붙여 '어떤 합의, 곧 접촉과 의무의 성격을 잔치 분위기 속에서 받아들임'이라 옮겼다.

HAL(1995)은 이를 '의견일치, 연합'으로 보았다. 게제니우스의 히브리어-아람어 사전 18판(GM, 2013)은 위의 내용에 덧붙여 '강한 자가 약한 자를 위한 자신의 의무를 받아들임, 곧 보호하겠다고 처음 약속한 대로 마지막까지 수긍하는 것'이라 하였다. 이 용어는 종교적 영역뿐만 아니라 사회생활에서도 폭넓게 쓰였다. 어떻게 풀이하든 이것은 서로 사이에 형성되는 끊을래야 끊을 수 없는 관계를 나타내는 말이다.

언약(계약)이란 의무를 받아들인다(약속을 한다)는 말로 쉽게 말하면 책임진다, 돌보겠다는 뜻이 같이 들어 있다. 책임을 지지 않는 약속은 있을 수 없다. 독일 말은 이것을 책임지기(Verpflichtung) 의무를 받아들이기(Inpflicht-nahme) 스스로 책임지기(Selbstverpflichtung) 또는 의무부과(Auferlegen)로 번역하였다.

두말할 것도 없이 이 언약의 주체는 여호와 하나님이시다. 나의 언약(창 6:18; 9:9, 11, 15), 나의 무지개(창 9:13) 란 표현이 그것을 분명히 밝혀준다. 이와 관련하여 (언약을) 세운다는 말(쿰)도 세 번 나온다(9:7 메킴, 히필 분사형; 9:11 봐하티킴, 히필 와우연속법 완료형; 9;17 하키모티, 히필 완료형). 언약이 세우다는 뜻을 지닌 동사 쿰과 같이 쓰인 경우는 여기 말고도 창 6:18; 창 17:7, 19, 21; 출

6:4; 레 26:9; 신 8:18; 겔 16:60, 62; 시락서 45:24; 50:24 등 여러 곳이다. 이는 언약에 관련하여 하나님의 일방적이고도 주권적인 통치의지를 보여주는 것이다.(R. Luppert, Genesis I. 394)

그 언약에는 유효기간이 없다는 사실도 두 번이나 강조되었다.(12, 16절; 참고: '다시는' 이란 부사 11절에 두 번, 15절에 한번) 9절에 쓰인 전치사 에트(= … 과/와 함께)는 하나님께서 행동하시는 방향을 나타내는 것이다. 곧 하나님께서 세우시는 언약은 노아 가족 및 후손들을 향하여, 그리고 이 세상의 모든 짐승을 비롯한 피조물로 향했다. 하나님은 자신의 언약 상대자들에게 아무런 요구나 조건을 내걸지 않으셨다.(창 9:4-6에 노아 가족에게 주어진 계명은 9:8-17의 언약과 아무 관련이 없다)

여기서 우리는 하나님께서 동물들과도 언약을 맺으신 것에 주목할 필요가 있다. 사람이 아닌 다른 동물들도 이 세상에서 생명과 생존의 자리를 당당하게 부여받았다.

> 22 … 들짐승을 두려워하지 말라 23 들에 있는 돌이 너와 언약을 맺겠고 들짐승이 너와 화목하게 살 것이니라(욥 5:22b-23)

> 그 날에는 내가 그들을 위하여 들짐승과 공중의 새와 땅의 곤충과 더불어 언약을 맺으며 … (호 2:18)

예수님은 광야에서 시험을 받으셨다. 그때 누가 예수님과 함께 있었는가? 동물들과 천사들이었다. "광야에서 사십 일을 계시면서 사탄에게 시험을 받으시며 들짐승과 함께 계시니 천사들이 수종들더라"(막 1:13)

동물 사랑 자연 사랑은 진정으로 하나님을 사랑하고 인간을 사랑하는 사람이라면 누구나 반드시 해야 할 일이다. 언약을 맺을 때 하나님께서 노아와 그의 가족 및 그 후손들의 후손들과 함께 하셨을 뿐만 아니라 동물 등 다른 생명체 모두와 더불어 하셨기 때문이다.

《데일리한국》은 2018년 8월 19일자 기사에 올 7~8월 전국서 버려진 반려동물이 7600여마리 달했다고 보도했다. 8월 19일 유기동물 통계사이트 '포 인 핸드(Paw in Hand)'가 농림축산식품부 자료를 바탕으로 분석한 결과에 따르면, 지난달 1일부터 이달 17일 사이 전국 각지 보호소에서 보호 중인 유기동물은 7657 마리다. 이는 2017년 같은 기간(1393 마리)보다 5.5배로 증가한 수치라는 것이다.

http://daily.hankooki.com/lpage/society/201808/dh20180819124507137780.htm

이렇게 할라치면 차라리 개나 고양이 등 반려동물을 자기 집에 키우지 않는 것이 동물을 사랑하는 길이다. 생명체를 생명체로 받아들이고 존중하지 않는 것이 노아 시대에 대홍수를 불러오는 단초였음을 우리는 꼭 기억해야 하리라. 동물을 학대하거나 내다버리는 것은 그들에게 생명을 주신 하나님의 존중하지 않는 것이다.

89
물

(창 9:11)

개역개정	직역
내가 너희와 언약을 세우리니 다시는 모든 생물을 홍수로 멸하지 아니할 것이라 땅을 멸할 홍수가 다시 있지 아니하리라	그리고 내가 너희와 언약을 세웠다. 그리고 모든 육체가 더 이상 홍수의 물로부터 잘라지지 않을 것이다. 그리고 홍수가 더 이상 땅을 파괴하지 않을 것이다.

이것은 하나님의 약속(언약)이다. 창 9:11-17의 중심은 언약이다. 11절은 창 9:9a의 언명을 이어가고 있다. 언약이란 낱말은 14절을 빼고는 모든 구절마다 등장한다. 그 짜임새는 다음과 같다.(WBC 373; 두란노 229-30; 송병현 200)

가 언약을 세우리라(9-11절)

나 언약의 증거(12a절)

다 영원히 세우는 언약(12b절)

라 언약의 증표인 무지개(13-16a절)

다' 영원한 언약을 기억하리라(16b절)

나' 언약의 증거(17a절)

가' 언약을 세웠다(17b절)

창세기 9장에는 하나님께서 언약을 맺는 것과 관련하여 세 가지 낱말이 쓰였다.

i) 쿰(qûm 세우다, 서다)이다. 9절, 11절, 17절에 쓰인 이 말은 부패하고 타락한 인간과 세상을 다시 일으켜 세워 보전하는 언약의 기능을 강조한다.

ii) 나탄(nātan = 주다, 선사하다)이다. 12절에 있는 이 말은 하나님의 언약은 인간이 노력한 결과나 획득이 아니라 하나님의 일방적이고 무조건적인 선물로 주어졌다는 사실을 나타낸다.

iii) 자카르(zākar = 기억하다, 생각하다)다. 15절과 16절에 쓰인 이 말은 창 8:1을 연상하게 만든다. 이는 언약의 지속성 곧 하나님의 약속(언약)은 그 효력이 영원히 지속된다는 점과 하나님은 자신의 약속(언약)에 매우 신실하신 분이라는 사실을 역설한다.

하나님께서 사람과 맺으시는 언약은 '영원한 언약'이다.(창 17:7, 13, 19; 출 3:16; 레 24:8; 민 18:19; 25:13) 여기서 '영원히, 영원한'이란 말은 무슨 뜻인가?

이것은 i) '지금 여기서'라는 현재적인 의미와 ii) '장차 언젠가'라는 미래적인 뜻을 동시에 담고 있다. iii) 언제나 변함이 없으며 iv) 어떤 상황애서도 실현 및 지속이 가능하다는 뜻이다. 하나님의 영원한 언약에는 유효기간이 정해져 있지 않다. 이에 따라 하나님의 징계나 심판에도 유효기간 곧 지속하는 기간이 정해져 있게 되었다. 오직 하나님의 은혜에만 그런 것이 없다.

의로우신 하나님은 의로운 사람 노아를 부르셔서 새 창조의 새 일꾼이 되게 하셨다. 그 언약을 세우며 하나님께서는 노아에게 "다시는 모든 생물을 홍수로 멸하지 아니할 것이라 땅을 멸할 홍수가 다시 있지 아니하리라"고 말씀하셨다.

물에는 부정적인 힘과 긍정적인 힘이 들어 있다. 그 가운데 파괴적인 모습이 창세기 1:2에 나타나 있다. 여기서는 물이 너무 많은 것이 문제였다: '흑암이 깊음 위에 있고.' 여기서 깊음이란 말(트홈)은 성경에서 종종 원시의 바다로 알려져 있다. 하나님의 창조는 그 물을 뭍과 분리시키는 것으로 진행되었다. 하나님께서 창조의 두 번째 세 번째 날에 하신 일이 바로 그것이었다.

> 6 하나님이 이르시되 물 가운데에 궁창이 있어 물과 물로 나뉘라 하시고 7 하나
> 님이 궁창을 만드사 궁창 아래의 물과 궁창 위의 물로 나뉘게 하시니 그대로 되
> 니라 … 9 하나님이 이르시되 천하의 물이 한 곳으로 모이고 뭍이 드러나라 하시
> 니 그대로 되니라 10 하나님이 뭍을 땅이라 부르시고 모인 물을 바다라 부르시
> 니 하나님이 보시기에 좋았더라(창 1:6-7, 9-10)

성경을 비평적으로 연구하는 역사비평학자들은 창세기 1:1-2:4a을 제사장문서(P)라고 부른다. 그들은 이것이 바벨론 포로기 또는 그 직후에 기록되었다고 본다. 그렇게 주장하는 이유 중에 하나가 물과 관련이 있다. 바벨론에 포로로 끌려간 유대인은 유프라테스 강과 티그리스 강의 하류에 살았다. 그때 그들은 큰 홍수를 여러 차례 겪었다는 것이다. 큰물이 나면 그 강들의 하류가 범람하여 어디가 들판이고 어디가 집인지 어디가 뭍이고 어디가 강인지 분간할 수 없을 정도였다. 홍수 때는 물론이거니와 홍수가 할퀴고 지나간 자리는 말 그대로 혼돈과 공허 그 자체였다. 그들에게 물과 뭍의 분리는 생존의 문제였다. 그들은 그 분리를 창조의 한 부분으로까지 승격시켰다는 것이다.

그들은 창세기 2:4b-3:24를 야웨문서(J)라고 부른다. 그들이 이것이 사사시대 또는 다윗-솔로몬 시대에 기록되었다고 본다. 가나안에 정착해 사는

이스라엘 민족에게는 물 부족을 해결하는 것이 커다란 숙제였다. 그들에게 메마른 땅과 물 부족은 아직 창조 이전의 상태로까지 받아들여졌다.

> 5 여호와 하나님이 땅에 비를 내리지 아니하셨고 땅을 갈 사람도 없었으므로 들에는 초목이 아직 없었고 밭에는 채소가 나지 아니하였으며 … 10 강이 에덴에서 흘러 나와 동산을 적시고 거기서부터 갈라져 네 근원이 되었으니(창 2:5, 10)

여기서는 물 부족을 해결하는 활동이 창조의 일환으로까지 표현되었다. 이곳에 물은 창조적 긍정적인 역할을 한다.

이런 차이를 역사비평학자들이 주장하듯이 기록자와 기록연대 및 장소의 차이로 받아들여야 할까? 아니면 물이란 본디 파괴적인 동시에 창조적인 속성을 지녔음을 보여주는 이야기로 받아들여야 할까? 만일 후자의 입장에 선다면 창세기 1-3장의 기록을 굳이 제사장문서(P)나 야웨문서(J)로 나눌 필요가 없다. 창세기 1장은 부정적인 작용 곧 물이 너무 많아서 생존이 불가능해지는 상황을 제어하는 창조가, 창세기 2장은 물이 너무 적어 생물이 살아남을 수 없는 현실을 극복하는 창조가 각각 표현되었을 뿐이다.

창조주 하나님은 노아와 언약을 맺으시며 노아 시대의 대홍수 같은 것으로는 인류를 심판하지 않겠다고 약속하셨다. 이 이야기에서 우리는 어디에 강조점을 두어야 할까? '심판하지 않으리라'는 것에 또는 '홍수로'라는 말 중 어디에 집중할까? 이 본문만으로는 그 약속의 강조점이 다시는 '심판하지(소멸시키지) 아니 하리라'에 있는지, 아니면 다시는 '물(홍수)로'에 있는지, 그 둘 다에 있는지가 분명하지 않다. 해석하는 사람마다 이 부분을 자기가 생각하는 방향대로 받아들이는 경향이 있다.

하나님은 9-10에서 살아남은 피조물을 위한 의무를 스스로 받아들이셨다. 그 내용이 무엇인가가 11절에 언급되었다. 하나님은 여기서 '결코 다시는 … 하지 않겠다'를 두 번이나 되풀이 하셨다.(오드) 11a에서 하나님은 모든 생물(생명체)을 다시는 홍수로 멸하지 않겠다고 약속하셨다. 곧 이어 11b에서는 그것들이 살아가는 공간(에레츠 = 땅, 세계)을 다시는 홍수로 멸하지 않겠다고 말씀하셨다. 이런 내용은 15절에 다시 한 번 강조되었다. 이로써 11절은 하나님께서 약속하신 내용을 아주 밝은 어조로(결코 다시는) 밝혀놓았다. 피조물과 그 세계는 창조된 그대로의 축복뿐만 아니라, 완전히 타락하고 더럽혀진 그 상태로도 하나님이 주시는 평강(은총)의 약속아래 놓이게 된 것이다.(R. Luppert, Genesis, 394)

참고로 말하자면 창세기에는 주로 다음과 같은 네 가지 내용의 약속(언약)이 언급되었다.

i). 하나님과 피조물의 특별한 관계 (10번)

ii). 이루 셀 수 없을 정도로 많은 후손 (19번)

iii). 땅의 약속 (13번)

iv). 위의 세 가지를 약속(암시)하시는 하나님의 말씀 (17번)

이 약속들은 i) 모든 피조물과 모든 시간에 미치는 보편적인 것이며 ii) 하나님께서 일방적인 책임을 지는 것이고 iii) 아무런 조건이 없는 은혜로운 것이라는 세 가지 특징을 갖고 있다. 하나님은 이런 사실을 물(대홍수)을 매개체로 활용하여 적절하게 나타내셨다. 하나님은 언약으로써 심판을 은혜로 바꾸어놓으셨다. 만일 대홍수 사건이 종말 때의 큰 심판(마 24:37)을 상징하는 것이라고 한다면, 대홍수 이후에 주어진 언약의 징표인 무지개는 칼을 쳐서 보습을 만드는(사 2:4; 욜 3:10; 미 4:3) 종말론적인 평화를 예언하는 것이다.(앨런 로스 305)

오늘의 적용

수오훈(水五訓)

양명학(陽明學)을 주창한 중국 명나라 왕수인(王守仁 왕양명 王陽明, 1472-1528)은 물의 지혜을 수오훈(다섯 가지 가르침)으로 정리했다.

i) 물은 항상 자기가 나아갈 길을 찾으며 멈추지 않는다.(계속정진 繼續精進) 그 앞에 바위가 놓여 있든 높은 언덕이 가로 막혀 있든 가다가 흐름을 멈추는 물줄기는 없다. 앞에 물길을 막고 있는 것의 틈새를 반드시 찾아내어 그 사이를 찾아 흐르거나 안 되면 앞에 놓여 있는 것의 둘레를 에돌아서라도 아래로 흘러 내려간다.

ii) 물은 스스로 움직여 다른 것을 움직인다.(자력타동 自力他動) 물은 언제나 살아 움직인다. 생명체로서 살아 있고 움직여 흘러가면서 살아 있다. 그 속에 살아 있는 것들을 키우고 그 곁에 온갖 풀과 꽃과 나무와 생명체들을 살아 움직이게 한다.

iii) 물은 장애물을 만나면 그 세력을 몇 배로 한다.(장애돌파 障碍突破) 그래서 물의 힘을 인위적으로 막으려 해서는 안 된다. 물줄기를 막아 놓은 둑이나 저수지 그리고 댐은 인간이 물을 다스리기 위해 지혜를 모아 쌓은 것들이다. 댐도 물의 수위가 높아지기 시작하면 아래로 물을 흘려보낸다. 물이 넘치도록 그냥 내버려 두면 터져버리기 때문이다.

iv) 물은 스스로 맑으려 하고 다른 것의 더러움을 씻어준다.(자정타정 自淨他淨) 또 맑고 더러움을 가리지 않고 받아들인다. 저는 맑지도 않으면서 다른 이의 허물을 향해 손가락질하거나 목청을 높이는 것은 도리가 아니다. 물은 더러운 것까지 받아들여 씻어냄으로써 마침내 맑게 한다. 백이숙제 또는 '까마귀 노는데 백로야 가지마라' 등도 삶의 한 방식이다. 그것만이 능사가 아니다. 해불양수(海不讓水 바다는 물을 포기하지 않는다)도 삶의 한 방식이다. "권세와 이익으로 번잡하고 화려하게 꾸민 것을 가까이 하지 않는 사람은 깨끗하다. 그것을 가까이하더라도 물들지 않는 사람은 더욱 깨끗하다. 교활한 지략과 잔꾀를 모르는 사람은 고상하다. 그런 것을 알면서도 쓰지 않는 사람은 더욱 고상하다."(채근담 5)

v) 물은 넓은 바다를 채우고, 고체 액체 증기로 변하더라도 그 성질이 그대로 이다.(불변자존 不變自存) 사람은 그 손에 채찍을 쥐어주거나 칼을 들려주면 행동과 태도가 달라진다. 그 머리 위에 황금 관을 씌워 주면 걸음걸이와 목소리가 달라진다. 사람 자체가 완전히 달라 보인다. 흔히 말하는 완장을 찬다. 물은 비가 되든 얼음이 되든 안개가 되든 본래의 자기 성질을 잃지 않는다.

90

구름 속의 무지개

(창 9:12–15)

개역개정	직역
12 하나님이 이르시되 내가 나와 너희와 및 너희와 함께 하는 모든 생물 사이에 대대로 영원히 세우는 언약의 증거는 이것이니라	12 그리고 하나님께서 말씀하셨다. "이것은 내가 영원한 세대를 위해서 너와 너희들 사이에, 그리고 너희와 함께 있을 모든 생명의 혼 사이에 주는 언약의 표시다.
13 내가 내 무지개를 구름 속에 두었나니 이것이 나와 세상 사이의 언약의 증거니라	13 내가 나의 무지개를 구름 속에 놓았다. 그리고 이것은 나와 그리고 땅 사이에 (있는) 언약의 표시로 될 것이다.
14 내가 구름으로 땅을 덮을 때에 무지개가 구름 속에 나타나면	14 그리고 이런 일이 있을 것이다, 내가 땅 위에 구름을 거듭 거듭 구름 끼게 할 때. 그리고 구름 속에 무지개가 나타날 것이다.
15 내가 나와 너희와 및 육체를 가진 모든 생물 사이의 내 언약을 기억하리니 다시는 물이 모든 육체를 멸하는 홍수가 되지 아니할지라	15 그리고 내가 나의 언약을 기억하겠다, 나와 너희 사이에 그리고 모든 육체와 더불어 세운. 그리고 모든 육체를 멸망시키기 위한 홍수의 물들이 다시는 없을 것이다.

이것은 대홍수가 끝난 뒤 정착하는 노아와 그 후손에게 하나님께서 주시는 말씀이다.

12절과 15절에는 하나님께서 세우시는 언약의 성격이 '… 사이에' 라는 전치사(빠인 cs. 뻰)로 드러났다: i) '나와 너희와 및 너희와 함께 하는 모든 생물 사이에'(12절) ii) '나와 세상 사이에'(13절) iii) '나와 너희와 및 혈기 있는 모든 생물 사이의'(16절) iv) '나와 땅에 있는 모든 생물 사이에'(17절) 이런 반복은 하나님께서 노아의 가족 및 모든 피조물과 맺으실 언약의 종소리가 미래로 미래로 울려 퍼지면서 강력한 메시지를 안겨주는 것이다.(Westermann 471; WBC 374)

> 18 … 또 이 땅에서 활과 칼을 꺾어 전쟁을 없이하고 그들로 평안히 눕게 하리라 … 21 여호와께서 이르시되 그 날에 내가 응답하리라 나는 하늘에 응답하고 하늘은 땅에 응답하고 22 땅은 곡식과 포도주와 기름에 응답하고 또 이것들은 이스르엘에 응답하리라 … 23 그 날이 오면, 나는 들어주리라. -야훼의 말씀이시다. 내가 하늘의 청을 들어주면 하늘은 땅의 청을 들어주고 24 땅은 곡식과 포도주와 기름의 청을 들어주고 이 모든 것은 이즈르엘의 청을 들어주리라 (호 2:18-24 공동번역 개정)

(언약을) 기억한다는 말(자카르)은 하나님의 구원역사에서 매우 중요한 위치를 차지한다. 하나님께서 노아를 기억하시면서부터 홍수 물이 줄어들기 시작하였다.(창 8:1) 그 결과 노아 일행이 배에서 내려 발을 뭍에 디딜 수 있게 되었다.(창 8:18-19) 하나님께서 이스라엘 자손의 탄원을 듣고 아브라함과 맺은 언약을 기억하시자, 출애굽이 시작되었다.(출 2:24) 자신의 몸이 병들어 시한부 인생이 되자 히스기야 왕은 하나님께서 자신과 자신의 행위를 기억해 주시기를 기도드렸다.(왕하 20:3)

하나님은 노아 및 온 피조물과 언약을 세우시며, 구름 속에 걸린 무지개를 통해 그것을 기억하시겠다고 약속하셨다.(창 9:15-16) 기억이 이렇게 중요하다. 특히 하나님의 기억은 구원의 출발점이다.

23 주 예수께서 잡히시던 밤에 떡을 가지사 24 축사하시고 떼어 이르시되 이것
은 너희를 위하는 내 몸이니 이것을 행하여 나를 기념하라(아나므네시스 = 다시 기억
하기, 회상) 하시고 25 식후에 또한 그와 같이 잔을 가지시고 이르시되 이 잔은 내
피로 세운 새 언약이니 이것을 행하여 마실 때마다 나를 기념하라 하셨으니 (고전 11:23-25; 눅 22;19 참조)

우선 창세기 9장과 17장 사이의 쓰이는 용어들 가운데 서로 맞물리는 것을 살펴보면 다음과 같다(D. Mc. Carr, Reading the Fractures of Genesis: Historical and Literary Approaches. 79):

개역개정	용어	창 17장
창 6:18; 9:7, 11, 17	언약을 세움	창 17:7, 19, 21
창 6:18; 9:9, 창 9:9	너와 너 이후의 후손	창 17:7-10, 19
창 6:9; 9:12	세대들 (대대로)	창 17:7, 9, 12
창 7:19	아주 아주 많이	창 17:2, 6, 20
창 7:13	바로 이 날	창 17:23, 26
창 5:3-32; 6:10	아버지(조상, jld의 히필형)	창 17:20

창 9:8-17은 다음과 같이 세 부분으로 짜여있다:

i) 언약의 대상 (8-10) - 노아와 그 후손 및 모든 피조물

ii) 언약의 내용 (11) - 다시는 물로 세상을 심판하시지 않겠다는 하나님의 약속

iii) 언약의 상징(12-17) - 구름과 무지개.

이 문단의 핵심용어는 언약(계약)이다. '언약을 세운다'는 말(9, 11, 17절)과 모든 생물(콜;-바싸르)이란 말(10, 16, 17절)이 이 문단의 앞과 뒤를 감싸준다.(Inclusio) 이는 하나님께서 세우신 언약이 모든 피조물(생명체)에 적용된다는 뜻이다. 이 묶음 안에 또 다른 작은 묶음이 있다. 언약과 관련하여 12a과 16b에 덧붙여진 '영원'이란 말이 바로 그것이다. 이 묶음 안의 작은 묶음은 하나님이 세우시는 언약의 속성을 밝혀준다. 본문은 9절 = 11절, 12절 = 17절, 14-16절의 관계로 짜여 있으면서 약을 크게 부각시키는 형식으로 되어 있다.

언약을 보증하는 증거를 하나님이 보여주셨다. 그것은 구름과 무지개이다. 본디 구름은 자연현상, 기후와 관련이 깊다. 성경에서 이 말은 자주 비유로 쓰였다. 이것은 긍정적인 의미로도 부정적인 의미로도 사용되었다. 이를테면 구름은 악한 자의 교만과 자기자랑(욥 20:6), 사탄의 교만(사 14:14)을 가리키기도 하였다. 긍정적으로 쓰일 때 이 말은 하나님의 활동 또는 임재 장소와 밀접히 연결되어 등장했다.

창세기 9장에 4번 쓰인 구름이란 말(아난)은 구약성경에 87번 나온다.(ThWAT 270-275) 성경에는 이것 말고도 아브 (사 19:1; 왕상 18:44 등), 샤칵 (신 33:25; 시 89:7, 38), 아라펠 (출 20:18; 왕상 8:12 = 대하 6:1) 등이 있다. 특히 마지막 것은 하나님의 은밀하심(신비, 숨어계심)을 나타내는 동시에, 거룩한 어둠(die heilige Dunkelheit)을 가리킨다. 아난은 구약성경에서 i) 정처 없음, 꾸준하지 못함, 인생무상(호 6:4; 13:3) ii) 앞을 내다 볼 수 없음(출 38:9, 16; 애 3:44) iii) 이스라엘의 죄를 용서하시기를 빽빽한 구름이 사라지듯이 하심(사 44:22) iv) 폭풍이나 천둥번개와 함께 쓰이며 하나님의 나타나심(출 19:9, 16; 겔 30:3, 18, 습 1:15 = 욜 2:2) v) 평안히 쉴 곳 vi) 하나님의 보호 등을 가리키는 말이다. 출애굽기와 민수기에 나오는 구름기둥과 불기둥은 하나님의 임재, 동행, 영광을 나타낸다.

이와 관련하여 성경에는 하나님이 구름(구름수레 ?)을 타시는 분(신 33:26; 시 104:31 사 19:1)으로, 우가릿문서에는 바알이 구름을 타는 것(rkb ʻrpt)으로 묘사하였다. 이는 하나님(바알)의 활동영역 뿐만 아니라 존엄성을 나타내는 것이다.

신약성경 22권에 구름이란 낱말이 나온다. 그것들은 주님의 나타나심을 상징하며, 특히 주님의 구원사역에서 다음과 같이 6가지 경우로 분류된다:

i) 이스라엘 민족이 출애굽 하여 광야에서 생활할 때 구름기둥이 나타났다.(출 13:21; 민 14:14) 이것은 성도가 받은 세례를 상징하며, 종말 때 받을 구원을 의미한다.(고전 10:1-2)

ii) 예수님이 변화산상에서 변모하셨을 때, 하나님은 구름 속에서 말씀하셨다.(마 17:5; 막 9:7; 눅 9:34)

iii) 예수님이 승천하실 때 구름 속으로 들어가셨다.(행 1:9)

iv) 단 12:7에 예고된 대로 힘센 천사가 하늘의 구름 속에서 내려와 종말이 임박하였음을 알려주었다.(계: 10:1)

v) 부활한 예언자 두 사람이 하나님의 부르심에 따라 구름을 타고 하늘로 올라갔다. (계 11:12)

vi) 인자가 다시 오실 것을 예고한 말씀대로(단 7:13), 예수님은 이 세상으로 다시 오실 때(파루시아) 구름을 타고 오실 것이다.(마 24:30; 26:64; 막 13:26; 14:62; 눅 12:54; 21:27; 살전 4:17; 계 1:7; 14:14-16)

이 구름에 무지개(케세트 qeschet = 활)가 걸렸다. 물론 본디 무기(활)를 가리키는 이 말을 곧바로 무지개라 풀이하는 것에는 문제가 있을 수 있다. 그렇더라도 창세기 9장에서 이 활을 무지개로 풀이하는 데에 아무 걸림돌이 없다. 무지개는 그 모양은 활과 비슷하다. 그러면서도 활줄도 없고 화살도 없다. 더구나 활은 적대자를 향하는 것이지만 무지개는 하늘과 땅을 이어준다.

학자들은 무지개를 i) 하나님의 통치권을 상징하는 것(H. Gunkel, E, Zenger, R. Luppert, 396-397.) ii) 전쟁의 용사로서 인간을 심판하려던 의지를 내려놓음(Rüterswörden) iii) 생명체를 위해 하나님께서 내리신 비와 그 동반현상으로 피조물을 심판하는 대신에 살리시는 하나님의 계획(겔 1:28 참조; 반 루온) iv) 평화로운 보전 등으로 보았다.(von Rad 101) 해밀턴은 말한다.(Genesis 317)

> 히브리말(케셰트 = 활)는 무지개와 활 두 가지에 다 쓰인다. 고대근동의 아이콘들을 연구하다보면 활을 손에 든 신상을 흔한 모티브다. 이는 그의 힘을 상징한다. 그 무기로 그 신들은 적을 무찌른다. 구약성경에도 여호와를 전사(warrior)로 묘사한 곳이 있다.(출 15:3) 그분은 화살이 가득 찬 화살통에서 화살을 뽑아 적을 향해 쏘신다.(합 3:9) 하나님을 대신하는 자들 역시 그렇게 활을 가지고 자기들의 적들과 싸운다.(창 49:23-24)
>
> 그러나 여기서는 하나님의 힘을 근본적으로 재해석하는 것이나 다름없다. 활은 전투를 상징하는 역할을 하지 않는다. 그것은 평화와 형통의 상징이다. 그것(활, 개역개정: 무지개)을 구름 속에 두는 것은 인간에 대한 하나님의 적대감이 사라졌다는 뜻이다.

여기서 하나님은 구름 속의 무지개를 말씀하셨다. 그것은 하늘에 걸려 있다. 하늘에 걸린 무지개, 이는 자연현상을 가리키는 것이 아니다. 오히려 신학적 의미가 강하다. 먹구름이 낀 날 비가 내리고 무지개가 뜬다. 맑은 날씨였다가 느닷없이 천둥번개가 치더니 소나기가 쏟아질 때가 있다. 그리고 난 뒤에 무지개가 뜬다. 우리 인생에도 먹구름과 비, 천둥번개와 소낙비가 종종 내린다. 이런 인생에게 하나님은 소망의 무지개를 뜨게 하신다. 그러므로 창세기 9장에서 무지개는 언약(약속)에 신실하신 하나님의 은혜를 상징하는 것이다.

무지개는 하나님께서 이 세계와 세우신 언약의 증거(오트-하뻬리트)이다. 본문에서 증거 증표를 나타내는 말 오트가 세 번 나온다.(12, 13, 17절) 이 낱말은 하나님께서 가인을 보호하는 표지로 주신 바로 그것과 같은 용어다. 하나님이 일으키시는 기적을 표현할 때에도 이 말이 종종 쓰이곤 하였다. 하나님은 구름 속에 걸린 무지개를 보실 때마다 피조물과 맺은 언약을 기억하신다. 그리고 인류와 세계를 보존하는 은총을 베푸신다. 성경은 하나님께서 그 언약을 기억하실 뿐만 아니라, 우리도 그것을 기억할 것을 말씀하셨다.(15절)

무지개는 하나님의 영광을 가리키기도 한다.(겔 1:28; 계 4:3). 어떤 주석가들은 이를 평화의 이미지로 해석한다. 하나님은 바알과 같지 않다. 바알은 천둥과 번개로 위협하는 신이다. 하나님은 이 무지개를 천둥과 번개가 아니라, 영원한 화해와 평화의 상징으로 사용하셨다. 이로써 타락한 인간과 변질된 세계에 대한 하나님의 적대감이 해소되었다는 것이다.(Scharbert 78; Hamilton, Genesis 317; Mathews 411)

17절에서 하나님은 앞서 언급하셨던 내용을 다시 확인하셨다. 그리고 "내가 나와 땅에 있는 모든 생물 사이에 세운 언약의 증거가 이것이라"는 말씀으로 이 부분을 매듭지으셨다.

혼돈과 공허는 인생의 또 다른 현실이다. 신앙공동체에 속한 사람도 이런 현실에서 완전히 자유로울 수 없다.(창 1:2) 이런 현실을 예언자 에스겔은 사람들이 돌같이 차갑게 굳은 마음(겔 11:19; 36:26)과 음란한 마음(겔 6:9)으로 살았다고 증언했다. 이 혼돈은 인간이 있는 곳이라면 예나 지금이나 그 어디나 존재한다. 그것이 너무나 심하여 노아, 다니엘, 욥 같은 의인조차도 자기 한 몸만 간수할 뿐 사회현실을 어찌하지 못하였다.(겔 14:12-20). 이런 현실에서 하나님은 후회하셨다.(창 6:5-7) 그리고 심판을 계획 · 시행하셨다.

대홍수로 대심판이 진행되는 동안 하나님은 노아 및 그와 함께 있는 모든 들짐승과 가축을 기억하셨다.(창 8:1) 그분은 대홍수의 물이 잦아들게 하시고 그들에게 새로운 복을 주시며 언약을 세우셨다. 이것이 하나님의 은혜다. 이런 뜻에서 현실을 이겨내게 하는 힘은 오직 하나님으로부터만 나온다. 보다 정확히 말하자면, 그분과 그분의 언약을 신뢰하는 것으로부터. 오직 믿음으로 말미암는 의인은 살리라(합 2:4; 롬 1:17; 갈 3:11)는 것이다.

노아 및 그 시대의 피조물과 언약을 맺으시며 하나님은 "내가 너희와 언약을 세우리니 다시는 모든 생물을 홍수로 멸하지 아니할 것이라 땅을 멸할 홍수가 다시 있지 아니하리라. (창 9:11; 참조 9:15"고 말씀하셨다. 이 언약의 강조점이 다시는 '심판하지(소멸시키지) 아니 하리라'에 있는지, 아니면 다시는 '물(홍수)로'에 있는지, 그 둘 다에 있는지가 분명하지 않다. 어떤 사람들은 하나님(예수님)은 사랑의 주님이라는 사실을 극도로 강조하여, 하나님의 심판은 없다고 하거나 그것을 말하는 사람에게 이단자라는 딱지를 붙인다.

사도 베드로가 활동하던 시절에도 위와 같은 사람들이 있었나 보다. 그는 엄중히 하나님의 말씀을 전하였다:

> 6 이로 말미암아 그 때에 세상은 물이 넘침으로 멸망하였으되 7 이제 하늘과 땅은 그 동일한 말씀으로 불사르기 위하여 보호하신 바 되어 경건하지 아니한 사람들의 심판과 멸망의 날까지 보존하여 두신 것이니라 (벧후 3:6-7)

하나님의 말씀대로 세상을 물로 심판하지는 않으실지라도, 불로 하는 심판은 아직 남아 있다는 것이다. 이런 전통을 이어받은 사람이 종교개혁자

깔뱅이다. 그는 신앙의 핵심은 회개에 있으며, 신앙생활의 요체는 인생이 끝나는 날까지 회개하는 데 있다고 보았다. 심지어 하나님의 심판이 없다고 말하는 것은 그 어떤 이교도보다 더 무서운 적그리스도라고까지 하였다.

그렇다. 하나님은 사랑의 하나님이시다. 하나님은 그 사랑을 완성하기 위한 수단으로 심판이라는 도구도 사용하신다. 지난 날 하나님의 선민인 이스라엘 백성도 이 심판 아래 있었으며, 오늘날의 성도와 교회도 그와 같다. 이런 뜻에서 사랑의 하나님을 믿는 신앙과 심판의 하나님을 믿는 신앙이 조화와 균형을 이루는 것이 매우 중요하다.

인생에도 먹구름이 끼는 날이 있다. 갑자기 천둥번개가 치고 느닷없이 소나기가 쏟아질 때도 있다. 그런 것들이 지난 간 뒤에 무지개가 뜬다. 아니 이런 일들이 있어야만 무지개가 생긴다. 사람들이 이 무지개를 볼 때 그 아름다움에 탄성을 발하며 감탄한다.

하나님은 우리 인생에 무지개(= 아름다움과 소망)를 주시는 분이다. 그러므로 인생의 먹구름에 좌절하지 말자. 인생의 소나기에 주저앉지 말자. 오히려 이럴 때일수록 영원한 소망의 주인이신 하나님을 바라보자.

오늘의 적용

기억(생각)

경복궁 근정전에는 임금이 앉는 용상이 있다. 그 용상 배경에 해와 달, 산천초목이 그려져 있다. 이것은 그 임금이 다스리는 그 나라, 이 세상을 가리킨다. 임금은 그 자리에 앉을 때마다 그 그림을 보며, 자신이 다스리는 이 세상을 어떻게 다스릴까를 생각하게 하는 것이다. 만군의 주이신 하나

님 보좌 뒤에는 무엇이 있는가? 그 대답이 요한계시록에 있다:

"앉으신 이의 모양이 벽옥과 홍보석 같고 또 무지개가 있어 보좌에 둘렸는데 그 모양이 녹보석 같더라"(계 4:3)

이 무지개를 하나님은 무슨 목적으로 거기 있게 하셨을까? 그 대답을 우리는 창 9:14~15에서 찾는다:

"내가 구름으로 땅을 덮을 때에 무지개가 구름 속에 나타나면 내가 나와 너희와 및 혈기 있는 모든 생물 사이의 내 언약을 기억하리니 다시는 물이 모든 혈기 있는 자를 멸하는 홍수가 되지 아니할지라"

그렇다. 하나님은 무지개를 보시며 자신의 백성을 생각하신다. 하나님의 보좌에 무지개가 있으니까 일어설 때도 보시고 앉을 때도 보시면서 365일 매일같이 은혜 언약을 기억하신다.

고전 11:24-25에서 예수님은 "이것은 너희를 위하는 내 몸이니 이것을 행하여 나를 기념하라 … 이 잔은 내 피로 세운 새 언약이니 이것을 행하여 마실 때마다 나를 기념하라" 고 말씀하셨다. 여기서 기념하라는 말은 본디 기억하라는 뜻이다. 기억하되 어쩌다 한두 번이 아니라, 거듭, 거듭 되풀이 기억하라는 뜻이다.(…할 때마다) 하나님께서 우리를 기억해 주시고, 우리도 주님을 기억하는 이 상호교류에는 참으로 놀라운 신비가 들어 있다. 이 영적인 상호작용이 우리 생명을 살리고, 우리 인생을 세워주고, 우리 교회를 이끌어준다.

91

영원한 언약

(창 9:16–17)

개역개정	직역
16 무지개가 구름 사이에 있으리니 내가 보고 나 하나님과 모든 육체를 가진 땅의 모든 생물 사이의 영원한 언약을 기억하리라	16 그리고 이런 일이 있었다, 그 무지개가 그 구름 속에 있을 때. 그리고 내가 하나님과 땅 위에 있는 모든 육체와 더불어 모든 생명의 혼 사이에 (있는) 영원한 언약을 기억하려고 그것을 볼 것이다.
17 하나님이 노아에게 또 이르시되 내가 나와 땅에 있는 모든 생물 사이에 세운 언약의 증거가 이것이라 하셨더라	17 그리고 하나님께서 말씀하셨다. 이것이 내가 나와 땅 위에 (있는) 모든 육체들 사이에 세운 언약의 표시다.

이것은 하나님께서 노아와 영원한 언약을 맺는 이야기이다. 영원한 언약(빼리트 올람)이란 말은 성경 여러 곳에 있다. 이를 테면 렘 32:40이다.

내가 그들에게 복을 주기 위하여 그들을 떠나지 아니하리라 하는 영원한 언약을 그들에게 세우고 나를 경외함을 그들의 마음에 두어 나를 떠나지 않게 하고

영원한 언약의 주체는 하나님이다. 영원이란 말은 본디 하나님께 속한 것이다. 비록 사람이 그 낱말을 쓴다 하더라도 그것은 실로 과장일 뿐이다. 사

람은 유한한 존재일 뿐만 아니라, 살아 있는 동안에도 일관성을 지키기가 거의 불가능하다.

구약에서 '계약, 언약'이란 말(뻬리트)은 서약, 조약, 약속, 헌신 등을 의미한다. 이 말은 기본적으로 관계를 나타낸다. 이를테면 창 6:18에 "그러나 너와는 내가 내 언약을 세우리니 …(봐하키모티 에트 뻬리티)" 라는 말씀에서처럼 뻬리트와 같이 쓰이는 동사는 세우다(창 6:18 쿰), 주다(창 17:2 나탄), 맺다(창 15:18 카라트)등이다. 그 가운데 카라트란 말은 본디 쪼개다, 자르다는 말에서 나왔다. 이를테면 창세기 15장에서 하나님은 아브람(아브라함)과 언약을 맺을 때, 제물로 바쳐지는 짐승들을 쪼개어 바치게 하셨다. 이 때 아브람은 그 쪼개진 제물 사이로 하나님을 상징하는 횃불이 지나가는 것을 환상으로 보았다. (창 15:17) 이는 '만일 내가 맺은 언약을 저버린다면, 이 짐승들에게서 생긴 일과 같은 일(쪼개어지는 일)이 내게도 생기리라'는 의미이다. 창세기 17장에서 하나님은 '보라 내 언약이 너와 함께 있으니'(17:4)라고 말씀하시며, 그에게 세 가지 약조를 하셨다:

i) 내가 너로 심히 번성하게 하리니 내가 네게서 민족들이 나게 하며 왕들이 네게로부터 나오리라 (창 17:6)

ii) 내가 너와 네 후손에게 네가 거류하는 이 땅 곧 가나안 온 땅을 주어 영원한 기업이 되게 하고 (창 17:8a)

iii) 나는 그들의 하나님이 되리라 (창 17:8b)

언약의 주도권은 하나님께 있다. 이에 칠십인역 구약성경과 신약성경은 이 용어를 번역할 때, 정치적, 법률적 계약(조약)을 가리키는 순테케라는 말 대신에 디아테케라는 용어를 썼다.(33번) 이는 아마도 계약(언약)에 담겨있는 하나님의 의지(처분)가 언약에서 가장 중요한 위치를 차지한다는 뜻일 것이다. 이 언약에는 단순히 하나님이 주시는 선물만 들어 있는 것이 아니라, 하나님과 인간 사이에 형성되는 인격적인 관계가 포함되어 있었다. 이런 뜻에서 그리스도인은 언약의 백성이었다. 그리고 언약의 백성에게 주신 하나님의 약속(계약)은 사랑의 선물이요, 호의가 가득 담긴 은총이었다.

물론 구약성경에는 인간 상호간의 계약(조약)이 여러 차례 나왔다. 이를테면 이삭과 그랄 왕 아비멜렉의 계약(창 26:28), 여호수아와 기브온 사람들이 맺은 조약(수 9:6-11), 요나단과 다윗의 약조(삼상 18:3), 솔로몬 왕과 띠로의 히람 왕이 맺은 조약(왕상 5:26) 등이 있으나, 여기서는 하나님과 인간의 관계만 살펴보자.

언약의 백성이란 자기 혼자 독불장군으로 살아가는 것이 아니라 인생의 중요한 몫을 하나님께 봉헌하며 사는 사람이요, 하나님과 동행하는 사람이요, 하나님과 그분의 뜻에 우선순위를 두는 사람이라는 뜻이다. 언약의 백성은 믿음의 식구들끼리 사랑을 나누고, 마음을 나누며, 은사를 나누어 하나님께 영광 돌리는 사람인 것이다.

언약(계약)이란 쉽게 말하면 약속이란 말인데, 여기에는 책임진다는 뜻이 들어 있다. 책임을 지지 않는 약속은 있을 수 없다. 성경에 '뻬리트'란 말이 사용된 곳을 두루 살펴보면 다음과 같은 뜻이 있다:

i) 보상을 바라지 않고 자신이 스스로 택한 책임

ii) 양쪽이 함께 책임을 지지 않고 어느 한편만 떠맡는 책임

iii) 서로 같이 공동으로 지는 책임(예를 들면 임대차계약)

신앙과 관련하여 언약에 들어 있는 책임은 앞의 두 가지 경우만 해당되었다. 아무런 보상을 바라지 않고 하나님께서 스스로 선택하여 책임을 지는 경우가 노아에게 주신 언약이었다. 양쪽이 함께 책임을 지지 않고 어느 한 편에서 그 모든 것을 떠맡는 모습을 우리는 예수님에게서 보았다.

하나님은 대가를 바라지 않으시고 우주만물을 창조하셨으며, 피조물에 대해 책임지시는 분이다. 하나님은 신실하신 하나님이시다. 창세기 9장 8-17절에는 언약(계약)이란 말(뻬리트)이 여러 차례 나왔다: 내 언약(9, 15), 언약(11), 언약의 증거(12, 17), 영원한 언약(16). 이와 관련하여 '언약을 세운다'(9-10, 11), '언약을 기억한다'(15, 16) 등의 표현이 이어졌다. 하나님께서는 일단 하신 말씀에 반드시 책임을 지시고, 그 말씀을 변함없이 이루셨다. 하나님께서 노아를 어떻게 책임지시겠다고 말씀하셨는가? 창세기 9:11이다:

> 내가 너희와 언약을 세우리니 다시는 모든 생물을 홍수로 멸하지 아니할 것이라 땅을 멸할 홍수가 다시 있지 아니하리라

노아가 처한 입장을 생각해보면, 우리는 이 말씀을 쉽게 이해할 수 있을 리라. 무섭고도 기나긴 홍수와 그 여파가 지나가자 노아와 그 가족들과 짐승들이 이제야 세상구경하게 되었다 하며 기쁜 마음으로 방주에서 나왔다. 그 사람들 눈에 들어 온 세상은 어떤 모습이었을까? 말 그대로 폐허였다. 홍수가 핥기고 지나간 집, 논, 밭은 듣도 보도 못한 정도로 처참한 모습이었다. 노아와 그 가족들이 이런 현실을 보고 무엇을 느꼈을까? 집을 짓겠다든지, 농사를 짓겠다든지, 미래를 멋지게 가꾸어 보자는 희망찬 꿈을 가졌을까? 아마 그렇지 못했을 것이다. 동서남북 어디를 둘러봐도 홍수가 지나 간 자리에 남아 있는 것은 좌절과 절망이요 폐허뿐이었다. 이런 모습을 보면서

그는 어디서 무엇부터 시작해야 할지, 어떻게 살아가야 할지 막막하였을 것이다. 다른 한편 불안하고 두려웠으리라. 그 때 하나님이 나타나셨다. 그리고 노아에게 복을 주셨다. 하나님은 노아가 느끼는 두려움과 불안을 희망과 용기로 바꾸어 주셨다.

그 상징으로 무지개를 주셨다. 무지개는 언제 생기는가? 반드시 구름이 끼고, 비가 내린 다음이다. 아니 구름과 비가 있었기에 무지개는 아름다운 빛으로 선명하게 빛난다. 이 구름이 하늘 높이 떠 우리에게서 멀리 떨어져 있으면 무지개가 생기지 않는다. 이 구름이 낮은 하늘에, 우리에게 가까이 있을 때라야 무지개가 생긴다.

우리 인생에 비록 먹구름이 끼는 날이 있더라도, 비가 내리는 날, 폭풍우가 몰아치는 날이 있더라도, 구름 속에 무지개를 주시는 하나님께서 우리와 함께 계시기에 우리는 마음이 든든하다. 창조 이래 여태까지 아침마다 동쪽하늘에 해가 떠오르는 것을 한 번도 거르지 않으시며 피조물을 돌보시는 하나님이 있다는 사실을 진지하게 생각해 보면, 우리가 인생을 살면서 아무리 힘들고 어려운 일을 겪더라도, 우리는 역시 하나님의 보호아래 있다, 하나님은 역시 우리를 책임지신다는 사실을 분명히 깨달을 것이다.

물론 하나님께서는 심판자의 모습으로 나타나실 때가 있다. 그러나 이런 경우에도 포기하거나 멸망시켜 버리는 것이 목적이 아니다. 하나님의 심판은 불완전한 부분을 보다 완전하게 고치시고, 잘못된 것을 제거하여 새롭게 만드는데 그 목적이 있다. 하나님의 심판은 우리 인생을 보다 아름다운 모습으로 변화시키고, 하나님의 의를 이루는 데 방해가 되는 부분을 없앰으로써, 하나님의 사람다운 인생을 살도록 하는 데 목적이 있다는 말이다. 하나님께서 주신 이 약속의 말씀을 흔들림 없이 굳건히 믿는 우리는 세상에 종말이나 말세 이야기가 떠돌 때, 다음과 같이 두 가지 입장에 선다.

하나는 오늘 당장, 또는 내일 당장 세상이 끝장난다면 나는 하나님 앞에 어떤 모습으로 서게 될까 하고 자기 자신을 돌아보는 자세이다. 우리는 하나님의 은혜를 믿는 사람이요, 그리스도께서 보혈의 공로로 구원해 주신 것을 믿기에, 하나님 나라에 영접될 것을 확실히 믿는다. 이리 되는 것은 우리 공로가 아니라 오로지 보혈의 공로요 십자가의 공로다.

그러면서도 인간적인 마음이 한 구석에 자리를 잡는다. 곧 아무리 우리 자신의 공로로 하나님 나라에 들어간 것이 아니라지만, 그래도 하나님 앞에 설 때, 하나님을 기쁘시게 할 자랑거리가 몇 가지 있었으면 좋겠다는 마음이 그것이다. 그래서 인생사는 동안에 기도드리고, 예배드리고, 마음을 겸손하게 가지며, 마음을 온유하게 가지며, 믿음의 식구들과 따뜻한 마음을 나누며 살아가는 것 - 이것이 종말을 준비하며 살아가는 신앙인의 모습이다.

다른 하나는 '내일 지구의 종말이 오더라도 나는 오늘 사과나무 한 그루를 심겠다'는 마르틴 루터의 자세를 본받는 마음이다. 우리는 살아도 하나님의 것이요, 죽어도 하나님의 것이다. 그러므로 아무것도 두려워하고 염려할 필요가 없다. 하나님께서 우리가 필요하시면 오늘 데려가실 수도 있고, 내일 데려가실 수도 있고, 아니면 3-40년 후에 데려 가실 것이다. 이런 일은 전적으로 하나님께 속한 것이다. 그러니 하나님의 온유하신 손길에 우리 수명을 맡길 따름이다. 우리를 책임져주시는 이는 하나님이신데, 우리가 왜 세상을 두려워하며, 자기 자신을 두려워하고, 또 내일을 걱정할까? 어떤 시인이 이렇게 노래하였다.

만약에 홍해가 네 앞을 가로막고 있다면
하나님을 찬양하기 시작하라
만일에 네 왼쪽에는 광야와 사막이 있다면

하나님을 찬양하기 시작하라
만약에 네 오른쪽에서 높은 산들이 네 갈 길을 방해하고 있다면
하나님을 찬양하기 시작하라
만약에 네 뒤쪽에서는 애굽 군대가 말을 타고 너를 쫓아온다면
하나님을 찬양하기 시작하라
바로 이럴 때 하나님을 찬양하라
왜냐하면 바로 이때가 하나님께서 기적을 일으키시기에 가장 안성맞춤한 시간
이기 때문이다

언약의 증거가 무지개였기 때문에 노아시대 사람들은 그것을 바라보면서 하나님의 약속을 기억하였다. 인생에 기쁨도 있고 고난도 있고, 오르막길 내리막길도 있지만, 이 모든 것 속에 하나님께서 주신 언약이 있었기에 용기와 희망을 품고 살아갈 수 있었다. 우리 시대에는 무지개가 아니라 예수 그리스도의 십자가가 있다. 인생을 살면서 각자 '자기 십자가'를 지고 있기에 십자가를 통한 하나님의 사랑이 더욱 고귀하게 느껴지고, 하나님의 은혜가 더욱 더 돋보였다.

구약시대에는 무지개가 노아와 가족들에게 평안과 위로를 주었다. 그리고 이제는 예수 그리스도를 통해 나타난 십자가의 신비와 은총을 믿는 믿음이 우리를 이끈다. 그 믿음으로 우리는 괴롭히는 마귀를 쫓아낸다. 우리 인생을 지옥으로 만드는 세상의 악한 세력을 이겨낸다. 몸과 마음과 영혼의 질병을 딛고 일어선다. 염려와 근심과 걱정거리가 있을 때 예배드리고 찬송 부르며 거기서 해방시키시는 하나님을 만난다. 그리고 우리는 장차 하나님의 영원한 나라로 들어갈 것이다. 히브리서 9:11-15 말씀이다:

그러나 그리스도께서는 이미 이루어진 좋은 일을 주관하시는 대제사장으로 오셔서 … 자기의 피로써, 우리에게 영원한 구원을 이룩하여 주셨습니다. 염소나 황소의 피와 암송아지의 재를 더러워진 사람들에게 뿌려도 그 육체가 깨끗해져서 그들이 거룩하게 되거든, 하물며 영원한 성령을 힘입어 자기 몸을 흠없는 제물로 삼아 하나님께 바치신 그리스도의 피야말로 더욱더 우리들의 양심을 깨끗하게 하여, 우리를 죽은 행실에서 떠나 살아 계신 하나님을 섬기게 하지 않겠습니까?(공동번역)

오늘의 적용

너희는 보습을 쳐서 칼을 만들지어다 낫을 쳐서 창을 만들지어다 약한 자도 이르기를 나는 강하다 할지어다(욜 3:10)

라빈(Yitzhak Rabin) 클린턴(Bill Clinton) 아라파트(Yasser Arafat)가 스웨덴 오슬로의 노벨상 수상을 하며 1993년 9월 13일 워싱턴에서 이스라엘과 팔레스타인이 맺었던 평화조약의 장면을 재현했다.

https://upload.wikimedia.org/wikipedia/commons/f/f2/Bill_Clinton%2C_Yitzhak_Rabin%2C_Yasser_Arafat_at_the_White_House_1993-09-13.jpg

92
새로운 피조물

(창 9:18–19)

개역개정	직역
18 방주에서 나온 노아의 아들들은 셈과 함과 야벳이며 함은 가나안의 아버지라	18 그리고 방주에서 나온 노아의 아들들은 셈과 함과 야벳이었다. 그리고 함은 가나안의 아버지였다.
19 노아의 이 세 아들로부터 사람들이 온 땅에 퍼지니라	19 이 셋이 노아의 아들들이었다. 그리고 이들로부터 온 땅에 (사람이) 퍼져나갔다.

이것은 대홍수 이후 인류가 번성해가는 이야기다. 그 씨앗은 노아와 그 아들들이다. 아들들의 이름이 창 5:32; 6:10; 7:13; 9:18에 거듭 언급되었다. 창 6:9-10과 9:18-19에서 엿보이듯이, 대홍수 이야기는 노아와 그 아들들의 이름 사이에 둘러싸여 있다.(Hamilton, Genesis 320) 대홍수가 시작되기 전의 이야기도, 그것이 끝난 다음의 이야기도 그들의 이름과 함께 진행되었다. 그들은 옛 시대의 마지막 인물이요 새 시대의 첫 번째 인물이다. 노아는 구시대와 신시대를 잇는 교량 역할을 했다. 그리고 그의 아들들은 새 시대 · 새 인류의 조상을 대표했다.

이제 대홍수가 끝났다. 죽음과 두려움의 시기가 지났다. 과거는 청산되었다. 하나님은 그들에게 "땅이 있을 동안에는 심음과 거둠과 추위와 더위와 여름과 겨울과 낮과 밤이 쉬지 아니하리라"(창 8:22)고 보장하셨다. 하나님으로부터 무지개로 상징되는 은혜 넘치는 언약도 받았다.

> 내가 너희와 언약을 세우리니 다시는 모든 생물을 홍수로 멸하지 아니할 것이라 땅을 멸할 홍수가 다시 있지 아니하리라(창 9:11)

세상에는 노아의 세 아들로부터 사람들이 불어났을 뿐만 아니라, 산지사방(散之四方) 퍼져나가기 시작했다. 인류의 앞날에 밝은 서광이 비쳤다.

퍼져나가다는 말(나파츠 nāfaṣ)은 게제니우스에 따르면 이디오피아말로 '흩어지다, 도망하다'는 뜻이다. 아카드말로는 '(때려) 부수다, 내리치다, 쏟아버리다'이며 아람말로는 '뒤흔들다 내던지다'는 의미다.(GM 833)

> 사무엘이 이르되 왕이 행하신 것이 무엇이냐 하니 사울이 이르되 백성은 내게서 흩어지고 당신은 정한 날 안에 오지 아니하고 블레셋 사람은 믹마스에 모였음을 내가 보았으므로(삼상 13:11)

> 요란한 소리로 말미암아 민족들이 도망하며 주께서 일어나심으로 말미암아 나라들이 흩어졌나이다(사 33:3)

> 내가 들은즉 그 세마포 옷을 입고 강물 위쪽에 있는 자가 자기의 좌우 손을 들어 하늘을 향하여 영원히 살아 계시는 이를 가리켜 맹세하여 이르되 반드시 한 때 두 때 반 때를 지나서 성도의 권세가 다 깨지기까지이니 그렇게 되면 이 모든 일이 다 끝나리라 하더라(단 12:7)

예레미야 예언자는 전쟁 등에서 무기를 휘둘러 적을 섬멸하는 의미로 사용했다.

> 20 여호와께서 이르시되 너는 나의 철퇴 곧 무기라 나는 네가 나라들을 분쇄하며 네가 국가들을 멸하며… 23 온 세계의 망치가 어찌 그리 꺾여 부서졌는고 바벨론이 어찌 그리 나라들 가운데에 황무지가 되었는고(렘 51:20, 23)

여기서 이 낱말은 긍정적인 뜻으로 쓰였다. 마치 민들레 홀씨가 바람에 날리며 산지사방 흩어지듯이 노아의 후손이 불어나서 온 땅으로 퍼져나가 살았다. 이것은 창 10:18; 11:4, 8, 9에 자주 등장하는 흩어지다는 말(푸츠)와 관련이 깊다. 이것은 창세기 10-11장에 언급된 것처럼 인류가 온 땅으로 분산되는 것과 관련이 있다.(WBC 377) 방주에서 나올 때 극소수였던 인류에게 '생육하고 번성하여 땅에 충만하라'(창 9:1, 7)는 하나님 말씀이 실현되는 징조였다.

이제부터 말 그대로 새로운 세상이 시작되었다. 사람도 동물도 "이전 것을 지나갔으니 보라 새것이 되었도다"(고후 5:17)라는 말씀 그대로 새로운 피조물이 되었다. 새로운 시대 새로운 세상에는 새로운 과제가 주어지기 마련이다. 과연 이들에게서 하나님이 내려주신 복(창 1:28; 9:1)이 자리를 제대로 잡아나갈 수 있을까? 이런 뜻에서 우리는 노아와 그 후손들이 어떤 모습으로 살아갈까에 관해 긴장감어린 눈으로 바라보게 된다.

찬송가 586장이다.

1) 어느 민족 누구게나 결단할 때 있나니
참과 거짓 싸울 때에 어느 편에 설건가
주가 주신 새 목표가 우리 앞에 보이니
빛과 어둠 사이에서 선택하며 살리라

2) 고상하고 아름답다 진리 편에 서는 일
진리 위해 억압받고 명예 이익 잃어도
비겁한 자 물러서나 용감한 자 굳세게
낙심한자 돌아오는 그날까지 서리라

3) 순교자의 빛을 따라 주의 뒤를 좇아서
십자가를 등에 지고 앞만 향해 가리라
새시대는 새 사명을 우리에게 주나니
진리 따라 사는 자는 전진하리 언제나

4) 악이 비록 성하여도 진리 더욱 강하다
진리 따라 살아갈 때 어려움도 당하리
우리 가는 그 앞길에 어둔 장막 덮쳐도
하나님이 함께 계셔 항상 지켜주시리 아멘

93

한 고비를 넘긴 다음에는 허전함이 찾아온다

(창 9:20-21)

개역개정	직역
20 노아가 농사를 시작하여 포도나무를 심었더니 21 포도주를 마시고 취하여 그 장막 안에서 벌거벗은지라	20 그리고 그는 노아를 흙의 사람으로 시작하게 했다. 그리고 그는 포도원을 만들었다. 21 그리고 그는 그 포도주로부터 마셨다. 그리고 그는 천막 안 가운데서 스스로 벌거벗었다.

이것은 노아가 행한 일들 가운데 하나를 보여주는 이야기이다. 새로운 세상에 새로운 피조물로 사는 노아와 그 가족도 역시 사람은 사람인 모양이다. 그들 역시 초장부터 연약한 피조물의 모습을 드러내고 말았다.

노아는 포도 농사를 지었다.(나타 nāṭa') 하나님께서는 에덴 정원을 지으셨고(창 2:8 나타) 노아는 포도농사를 지었다. 가인의 경우에는 단순히 농사짓는 자라는 개괄적인 소개만 있었다.(창 4:2; 창 3:18-19 참조) 여기에는 농사의 내용이 보다 구체적으로 언급되었다. 이것이 농업의 세분화 또는 진보를 나타내는 것이리라. 그는 사람 마음을 기쁘게 하는(시 104:15) 포도주를 만들었다.

20절 '흙의 사람'(이쉬 하아다마)이란 표현이 이채롭다.(개역개정에는 이 구절이 생략되었다) 이는 아담이 흙(흙먼지)으로 만들어졌다는 사실을 상기시킨다.(창 2:7 참조) 만일 이것이 땅을 경작하는 사람(농부)을 가리킨다면 창세기 2장에 나오는 오베드 하아다마, 창세기 4:2의 에베드 아다마와 같은 말이리라. 카숫토는 이것을 '이름을 노아라 하여 이르되 여호와께서 땅을 저주하시므로 수고롭게 일하는 우리를 이 아들이 안위하리라 하였더라'(창 5:29)라고 하는 라멕의 소망과 관련시켜 해석했다.(145-46; Mathews 416) 노아의 포도농사가 포도열매와 포도주를 생산한다는 점에서 하나님께서 주신 복이라는 것이다. 진실로 노아가 만든 포도주는 사람의 마음을 기쁘고 평안하게 했을 것이다.(시 104:15 참조) 다만 아무리 좋은 것이라도 지나치면 곤란하다(과유불급過猶不及)는 평범한 진리가 여기서도 어김없이 적용되었다.

한편 홍수 이야기 이후 세 가지 시작이 있다. 땅의 사람 노아가 포도농사를 짓기 시작한 것이다.(창 9:21) 니므롯이 사냥꾼으로 된 것(창 10:2) 시날 평야에서 사람들이 바벨탑을 쌓기 시작한 것(11:6)이 그것이다. 만일 노아에 관한 의의 사람(이쉬 츠다카)이란 평가(창 6:9; 7:1)와 여기 쓰인 흙의 사람(이쉬 아다마)이란 말을 반대적인 개념으로 본다면 칼랄(ḥālal)동사로 표현된 이 세 가지 이야기는 모두 다 매우 불길하게 느껴진다.(앨런 로스 312 참)

성경에는 노아가 과음하여 크게 취한 이유가 나와 있지 않았다. 그런 행위 대한 비난이나 가치판단도 없다. 짐작컨대 노아는 지난 시절 긴장감이 서린 나날을 지냈을 것이다. 그것은 하나님의 대홍수 예고를 받고 방주를 만들기 시작할 때부터 시작되었으리라. 그 사이 친구도 이웃도 그를 떠나버렸을 수 있다.

홍수가 시작된 이래 방주 안에 있을 때에는 물론 홍수가 다 지나간 뒤 방주 밖으로 나와 폐허가 된 삶의 터전을 일구는 나날도 결코 쉽지 않았으리라. 마치 금방이라도 끊어질 듯이 팽팽하게 당겨진 고무줄처럼 그의 생활과 마음은 긴장의 연속이었을 것이다. 있는 것 없는 것 다 풀어놓고 마음을 풀어헤칠 친구 하나 없이 지내야만 했다. 어느 덧 세월이 흘러 아들들에게서 자손이 늘어나고 사람의 점점 더 많아져 세상 각지로 흩어지는 것을 보게 되었다. 이제야 비로소 그는 안심했을 것이다. 이제야 세상이 대홍수 이전의 모습을 되찾아가는 것을 보며 흐뭇하였으리라.

이럴 때 마침 그 해 풍년이 들었나 보다. 그의 기분이 아주 좋았던 것 같다. 사람은 기분이 좋을 때 자칫 해이해지기 쉽다. 노아도 그랬다. 그는 포도주를 잔뜩 퍼마셨다. 그리고 벌거벗은 채 천막 안에서 잠이 들었다.

벗거벗다는 말(갈라 gālâ)는 본디 '드러내다 벗다 벗기다 노출시키다 열어 놓다'는 뜻이다.(ThWAT I 1015-1031)게제니우스 히브리어-아람어 사전 18판(2013년)에 따르면 이것은 우가릿어로 '드러내다 보이다'이며 아람어로 '빛나다 깨끗이 하다 제거하다'이고 아카드어 비문과 이집트어에서 귀양가다, 포로로 잡혀가다라는 뜻이 있다.(215-217)

> 미련한 자는 명철을 기뻐하지 아니하고 자기의 의사(= 자기 심장)를 드러내기만 기뻐하느니라(잠 18:2)

이 낱말의 의미가 나중에 '나가다 제거하다 (포로로) 끌려가다 귀양가다'로 확장되었다. 성경에도 이런 뜻으로 여러 차례 쓰였다. 이는 아마 고대근동에서 포로를 잡아갈 때 옷을 벗기고 끌어간 것과 관련이 있을 것이다.

앞서 말한 그의 고된 생활을 무시한 채 창 9:20-21을 읽으며 자칫 그를 정죄하기 쉽다. "노아로부터 시작된 인류는 홍수 이전에 존재했던 인류와 전적으로 어깨를 나란히 한다."(드루어만 252; WBC 379)는 식이다. 비록 그의 모습이 바람직하지 않다하더라도 우리는 섣불리 그를 나무랄 수 없다. 이 한 가지 모습으로 우리가 그가 '의인이요 당대에 완전한 자'라는 사실을 깡그리 무시해서는 곤란하다.

앗시리아 군대가 포로를 뒤로 손을 묶은 다음 벌거벗겨 끌어가는 장면(살만에셀 3세 Salmanassars(Shalmaneser) III, 주전 858–824 시절의 동판화)

어떤 일에 온 신경을 곤두세우며 몰두했던 우리의 경험을 되살려 보자. 그때 성과 여부에 관계없이 우리 마음은 허탈해지곤 한다. 성과가 보잘 것 없었으면 그렇게도 노력했던 것이 아까워서 허탈하다. 성과가 좋았더라도 겨우 이런 것을 손에 넣고자 밤잠도 설쳐가며 끙끙거렸던가 하는 생각에 허전해진다. 이렇게 제멋대로 흘러가는 우리 마음을 어디에 붙잡아 둘 것인가?

그는 포도주를 과하게 마셨다. 많이 취한 그는 옷을 홀랑 벗고 천막 안에 누워 잠들었다. 성경은 이 과정을 숨쉴 틈 없이 연속적으로 전해주었다. "그리고 그는 마셨다 … 그리고 그는 취하였다 … 그리고 그는 스스로 벌거벗었다." 창세기 3장 이래 벌거벗음은 부끄러움 또는 체통을 잃는다는 의미다. 이것은 품위를 잃게 하는 것에서 더 나아가 하나님의 임재 안에 사는 생활과는 거리가 먼 것이다.

너는 층계로 내 제단에 오르지 말라 네 하체가 그 위에서 드러날까 함이니라(출 20:26)

성경은 이런 노아를 정죄하지 않는다. 그냥 사실 그대로만 보도할 뿐이다. 붸스터만이 적절하게 지적한대로 그의 이런 행동은 당대에 아무렇지 않게 용납될 수 있는 것이었다.(Westermann ; WBC 378)

성경은 여러 곳에서 포도주(술)의 위험성을 언급했다. 제사장들은 성소에서 직무를 수행하기 전에 일체의 술을 금했다. 이를 어기면 죽을 수도 있었다.(레 10:9) 나실인 서원에서 가장 중요한 것은 포도주를 멀리하는 것이었다. 심지어 그들은 포도나무 열매까지도 일체 입에 대지 않았다.(민 6:3-4) 이 경우 술은 경건성 · 거룩성의 적이다.(WBC 379)

일반인에게도 술을 많이 마시는 것은 금기사항이었다.

포도주를 마시기에 용감하며 독주를 잘 빚는 자들은 화 있을진저(사 5:22)

7 그리하여도 이들은 포도주로 말미암아 옆 걸음 치며 독주로 말미암아 비틀거리며 제사장과 선지자도 독주로 말미암아 옆 걸음 치며 포도주에 빠지며 독주로 말미암아 비틀거리며 환상을 잘못 풀며 재판할 때에 실수하나니 8 모든 상에는 토한 것, 더러운 것이 가득하고 깨끗한 곳이 없도다(사 28:7-8)

성경이 술에 대해 가르치는 기본 내용은 다음과 같다.

29 재앙이 뉘게 있느뇨 근심이 뉘게 있느뇨 분쟁이 뉘게 있느뇨 원망이 뉘게 있느뇨 까닭 없는 상처가 뉘게 있느뇨 붉은 눈이 뉘게 있느뇨 30 술에 잠긴 자에게

있고 혼합한 술을 구하러 다니는 자에게 있느니라 31 포도주는 붉고 잔에서 번
쩍이며 순하게 내려가나니 너는 그것을 보지도 말지어다(잠 23:29-31)

1 사마리아의 산에 있는 바산의 암소들아 이 말을 들으라 너희는 힘 없는 자를
학대하며 가난한 자를 압제하며 가장에게 이르기를 술을 가져다가 우리로 마시
게 하라 하는도다 2 주 여호와께서 자기의 거룩함을 두고 맹세하시되 때가 너희
에게 이를지라 사람이 갈고리로 너희를 끌어 가며 낚시로 너희의 남은 자들도
그리하리라(암 4:1-2)

이런 이유로 예언자들은 술에 취하는 것을 하나님의 심판과 연결시켰다.

내가 노함으로 말미암아 만민을 밟았으며 내가 분함으로 말미암아 그들을 취하게 하고 그들의 선혈이 땅에 쏟아지게 하였느니라(사 63:6)

만군의 여호와라 일컫는 왕이 이와 같이 말씀하시되 내가 그 고관들과 지혜 있는 자들과 도백들과 태수들과 용사들을 취하게 하리니 그들이 영원히 잠들어 깨어나지 못하리라(렘 51:57)

조선 중기의 문신 심수경(1516~1599)은 술을 마시는 일에 경계하면서 다음과 같이 썼다.(차임석천감자운 次林石川甘字韻《청천당시집 聽天堂詩集》) "일찍이 들으니, 우임금은 마셔보고 달게 여겼다지만 술 좋아하고 몸 온전한 이는 열에 두셋뿐이다.'(증문대우음이감 기주전신십이삼 曾聞大禹飮而甘 嗜酒全身十二三)"

사람은 잘 나갈 때 조심해야 한다. 모세에게서나 다윗한테서 우리는 그런 것을 본다. 성취감으로 안도하는 순간 또는 잔득 긴장하여 팽팽하게 흐르던

숨막히던 순간이 지나가는 순간 또는 지나치게 억제되었던 긴장이 한꺼번에 느슨해지는 순간 사람은 엉뚱한 짓을 하기 쉽다. 마치 바람이 꽉 차 팽창되었던 풍선이 한 순간에 터지듯이, 큰물을 가로막고 있던 저수지 둑이 더 이상 견디지 못하고 순식간에 터지듯이 사람은 이럴 때 평소와는 전혀 다른 모습으로 나타나는 것이다.

일을 이루기는 하늘을 오르듯 어렵고

(成立之難如登天 성립지난여등천)

일을 망치기는 터럭을 태우듯 쉽다

(失墜之易如燎毛 실추지이여료모)

- 이우(李堣 1739~1811) 「병인일기(丙寅日記)」《면암집(俛菴集)》

그런즉 선 줄로 생각하는 자는 넘어질까 조심하라(고전 10:12)

오늘의 적용

농부 노아

홍수 이후 노아는 농부로 살았다. 홍수 이전 그의 직업이 성경에 나와 있지 않기에 그전 그의 직업이 무엇이었는지를 알 수 없다. 농업은 인류 역사상 아주 오래된 직업이자, 매우 존중받는 것이었다.

서유구(楓石 徐有榘, 1764-1845)가 순조 임금에게 바치려던 농정 정책론(의상경계책 하 擬上經界策 下) 가운데 한 부분이다. "동방(우리나라) 사람이 선비를 존중하고 농부를 천시하는 풍속이 오래되었다. 예전에 선비 사민(사농공상) 가운데 하나였을 뿐이다. 지금은 나라 전체에서 절반이나 된다. 옛사람은 '들에서 경작하고 도를 즐기면 쟁기와 보습이 곧 《시경》, 《서경》이요, 경서를 지니고 김매기를 하면 서책이 곧 가래요 호미'라고 말했다. 지금은 성(性)과 명(命)에 관해서는 술술 읊으면서도 오곡에 대해서는 이름조차 모르는 이가 많다.(東人之貴士而賤農也久矣° 古者四民° 士居其一° 今則通 國之半矣° 古者士卽農農卽士° 故曰耕莘而樂道則耒耜卽詩書也° 帶經而鋤田則方册卽錢鎛也° 今則有高談性命而不辨五穀之名者矣°)

나라 사람 중 선비를 빼고 나면 10분지 5밖에 되지 않는다. 거기서 상인과 장인을 빼면 겨우 열에 한 둘이다. 열에 한 둘 중에서 또 놀고먹는 이를 제하면 논밭에서 열심히 일하는 자가 과연 몇이나 되겠는가?(擧一 國之人而去士則存者菫什之五矣° 什五之中去商去工則存者菫什之一二矣° 一二之中又去游食之徒則其服勤田疇者果幾何哉°)

일하는 사람은 적고 먹는 사람은 많다. 그러니 논밭의 소유를 넓혀가는(광점 廣占) 추세다. 이 때문에 일손이 넉넉하지 않다. 일손이 넉넉하지 않으니 논밭일이 엉성해진다. 논밭이 엉성해지니 고생한 만큼 수확이 나오지 않는다. 그 사실을 알고서 흉포하고 약삭빠른 자들은 돌아서서 장사를 하고 재주가 좋은 자들은 떠나서 장인이 된다."(爲之者寡° 食之者衆° 其勢不得不廣占田畮° 廣占故力不贍° 力不贍故治田鹵莽° 治田鹵莽故收不償勞° 人見其收不償勞也° 桀黠者轉而之商° 巧慧者去而爲工°)…

94

부자유친

(창 9:22–23)

개역개정	직역
22 가나안의 아버지 함이 그의 아버지의 하체를 보고 밖으로 나가서 그의 두 형제에게 알리매	22 그리고 가나안의 아버지 함이 자기 아버지가 벌거벗은 것을 보았다. 그리고 그는 밖에 있는 자기 형제 둘에게 알렸다.
23 셈과 야벳이 옷을 가져다가 자기들의 어깨에 메고 뒷걸음쳐 들어가서 그들의 아버지의 하체를 덮었으며 그들이 얼굴을 돌이키고 그들의 아버지의 하체를 보지 아니하였더라	23 그리고 셈과 야벳은 옷을 가져왔다. 그리고 그들은 각기 자기들의 어깨에 (그것을) 얹었다. 그리고 그들은 뒷걸음으로 걸어 들어갔다. 그리고 그들은 자기들의 아버지의 벌거벗음을 덮었다. 그때 그들의 얼굴은 돌이켜져 있었다. 그리고 그들은 자기 아버지의 벌거벗음을 보지 않았다.

이것은 벌거벗은 채 잠을 자는 아버지를 향한 아들들의 태도를 보여주는 이야기다. 우연찮은 노아의 실수를 통해 아들들의 기질과 본성이 드러났다. 우리의 본성이나 기질은 누군가가 실수하거나 실패하는 모습을 눈으로 볼 때 자칫 부정적인 모습으로 드러나기가 쉽다. 이런 모습은 평소에 신앙과 마음을 닦아야만 겨우 벗어날 수 있다.

22–23절에 쓰인 하체라는 말(에르봐 ʿerəwâ)은 본디 사람의 가장 은밀한 신

체기관을 가리킨다. 아카드말에서 이것은 나체나 여성의 성기를 의미한다. 그래서인지 학자들이 이 부분을 놓고 이러쿵저러쿵 해석한 것을 보면 엉뚱하기가 그지없다. 그들이 함에게 붙이는 죄목은 모친과의 근친상간 부친과의 동성연애 심지어 아버지의 그 부분을 거세했다는 등이다.(WBC 380; 월튼 505) 그들의 해석이 이렇게까지 본문에서 멀리 벗어나는 이유는 '본 것'을 둘러싸고 함에게 내려진 저주와 셈 및 야벳에게 내려진 복 때문이다. 단순히 '보는 것 또는 보지 않는 것'뿐이라면 그 다음 과정이 너무나 가혹하거나 과대하다는 것이다. 카숫토가 바르게 말했듯이 우리는 '덮는 것이 적절한 해결책이었다면 여기서의 나쁜 행실은 당연히 보는 것에 제한되어야만 한다.'(241)는 입장에 서야 하리라.

여기서 벌거벗음은 체면이 크게 깎기는 일로 여겨졌다. 노아가 술에 취해 벌거벗고 하체를 드러낸 것 자체는 주된 관심사가 아니다. 그것은 그냥 있는 그대로만 기록되었을 뿐이다. 그가 술에 취한 것에 대해서도 그가 천막 안에서 벌거벗고 자는 것에 대해서도 아무런 설명이나 비난이 없다. 변명도 기록되지 않았다. 그런 것이 있을 법도 한데 한 마디도 하지 않았다.

그 대신 그의 아들 함이 그것을 보고 밖에 나가 형제들에게 떠벌린 것에 대해서 성경은 노아의 입을 빌어 혹독하게 저주했다. 타락한 모습으로 등장하는 사람은 노아가 아니라 오히려 그의 아들 함이다.(월튼 505) 이는 아마 효도를 신성한 경지로까지 격상시키는 성경의 가르침과 일맥상통하는 것이리라. 성경은 '공경하라'는 표현을 하나님과 부모님에 대해서만 쓰고 있다.

부자유친은 오륜(五倫) 가운데 첫 번째 항목이다. 아버지와 아들 사이의 도리는 친애함이 있어야 한다는 뜻이다. 우리 나라사람들 중에 이것을 소재로 하여 오륜가(五倫歌)라는 작품을 남긴 사람들이 있다.

조선 중기 주세붕(周世鵬 1495-1554)은 〈오륜가(五倫歌)〉라는 제목 아래 연시

조 6수를 남겼다. 그 가운데 부자유친에 관한 내용은 다음과 같다:

아버님이 날 낳으시고 어머님이 나를 기르시니
부모님이 아니셨더라면 이 몸이 없었을 것이다.
이 덕을 갚고자 하니 하늘같이 끝이 없구나.

조선 전기의 시인이자 문신이었던 송순(宋純 : 1493~1583)은 〈오륜가(五倫歌)〉라는 제목의 시조 5수를 지었다. 조선 중기 김상용(金尙容 1561-1637)이 남긴 오륜가 5수 가운데 부자유친에 관한 내용은 다음과 같다.

어버이 자식 사이 하늘 삼긴 지친(至親)이라.
부모 곳 아니면 이 몸이 이실소냐
오오(烏烏)도 반포를 하니 부모효도 하여라.

조선 중기의 문인 박인로(朴仁老:1561~1642)는《오륜가(五倫歌)》라는 제목 아래 시조 25수를 지었다. 이것은 그의 문집인《노계집 蘆溪集》권3에 있다. 아마 이것은 형제유애(兄弟有愛)를 다룬 시조의 내용으로 보아 아우 인수(仁叟)가 죽은 1634년(인조 12) 다음으로 보인다. 그 내용은 부자유친 · 군신유의 · 부부유별 · 형제유애를 각각 5수씩, 붕우유신에 대해 2수, 총론에 해당하는 것을 3수다.

노아 이야기에서 부자유친은 아버지의 실수와 허물을 덮어주려하느냐 있는 그대로 노출시키느냐에 관련된 것이다. 셈과 야벳은 아버지 옷을 들어 어깨에 걸쳤다. 그리고 뒷걸음질 쳐 천막으로 들어갔다. 그리고 아버지의 하체를 덮어드렸다. 성경은 함의 행동을 아주 간단하게 묘사하면서도 셈과 야벳의 그것에 관해서는 비교적 길고 자세하게 기록했다. 특히 '아버지의 하체'를 보지 않았다는 모습을 되풀이 언급했다. 정성스럽게 보이면서도 아주 간단한 이런 것이 나중에 커다란 효과를 가져왔다.

사실 함이 한 행동은 매우 간단한 것이었다.(22절) 성경도 그것을 아주 짧게 보도할 뿐이다. 그는 사실을 있는 그대로 말했을 뿐이다. 그가 없는 것을 꾸며낸 것도 아니고, 사실을 과장한 것도 아니었다. 그런데도 그는 혹독한 저주를 받았다. 그 이유가 무엇일까? 함은 아버지를 아버지라는 권위를 지닌 분으로 대하지 못했다.

36 내가 너희에게 이르노니 사람이 무슨 무익한 말을 하든지 심판 날에 이에 대하여 심문을 받으리니 37 네 말로 의롭다 함을 받고 네 말로 정죄함을 받으리라 (마 12:36-37)

Noah's Drunkenness
(watercolor circa 1896 - 1902 by James Tissot)

우리는 노아의 다른 두 아들(야벳과 셈)이 한 행동을 보고난 뒤에야 비로소 함의 태도가 크게 잘못되었다는 것을 알 수 있을 정도로 얼핏 보기에는 사소하게 여겨질 수도 있다. 그러나 야벳과 셈이 얼마나 조심스럽고 신중하며 배려심 가득하게 행동했는지를 생각해보면 그의 행실은 결코 작은 것이 아니었다.

그에게는 '감히 아버지에게 어떻게…'라는 의식이 없었다. 그것은 아버지에 관한 말을 할 때 세심한 배려가 없는 태도로 이어졌다. 하나님은 사람에게 권위를 부여하셨다. 우리는 하나님께서 주신 그 권위를 권중해야 한다. 더 나아가 누구에게든 우리는 '사람이 사람에게 감히 어떻게…'라는 의식을 가질 필요가 있다. 바르고 마음에 드는 행실을 보이는 사람에게는 물론 전혀 그렇지 못한 사람에게도 그러하다.

동서고금을 막론하고, 신앙 유무를 떠나서 부모님을 공경하는 것은 가장 아름다운 덕목이다. 이런 태도를 권장하며 칭찬하지 않는 곳이 아무데도 없다.

오늘의 적용

부자상은 (父子相隱)

'은(隱)'이란 숨긴다는 뜻이다. 이 단어는 때로 엄폐(掩蔽)나 엄호(掩護)와 관련이 있다. '부자상은'은 아버지와 자식이 서로 간에 숨겨주고 말하지 않는 것이다. (은이불언隱而不言)

섭공(葉公)이 어느 날 공자에게 자랑하듯 말했다. "우리 마을에 몸가짐이 바른 자가 있으니, 그 아버지가 양을 훔치자 아들이 그것을 고발했습니다.(吾黨有直躬者 其父攘羊 而子證之)"('논어' 자로 편) '직궁(直躬)'이란 몸가짐을 바르게 하다는 의미이면서 동시에 사람 이름이다. 섭공의 말에 공자는 고개를 저었다. 아버지는 아들을 위해 숨겨주고 아들은 아버지를 위해 숨겨주는 "父爲子隱 子爲父隱" 속에 오히려 정직이 있다고 대답했다. 그게 우리 마을의 도리라고 공자는 말했다. 그는 인륜이 땅에 떨어진 당대의 상황 속에서 가족(家族) 중심의 정을 최고의 가치로 삼았다. 공자가 볼 때 앞의 것은 '자(慈)'이고 뒤의 것은 '효(孝)'다.

'장자(莊子)' 도척(盜蹠) 편에는 "직궁이 아버지를 고발하고 미생이 물에 빠져 죽은 것은 믿음의 우환이다(直躬證父 尾生溺死 信之患也)"라고 했다. 여씨춘추(呂氏春秋) '당무(當務)'에서는 "직궁의 믿음은 믿음이 없는 것만 못하다(直躬之信 不若無信)"고 하면서 공자의 견해를 지지하는 입장을 취했다.

공자의 입장은 시간이 지날수록 많은 지지를 얻었다. '구당서(舊唐書)' 서언백전(徐彦伯傳)에는 "말할 수 있으나 말하지 않는 것이 바로 은이다(可言而不言者曰隱)"라고 했다. 공자의 뜻을 적극적으로 새긴 것이다. 나아가 주희는 공자의 '은'을 천리(天理)와 인정(人情)의 지극함이라고 풀이했다. 이후 적지 않은 문제가 생겼다. 이는 공사(公私)를 구별하지 못하는 인정주의(人情主義)에 빠질 수 있기 때문이다.

감추고 감싸주는 것은 부자간에 그치지 않고 군신 간에도 적용된다. 동당벌이(同黨伐異)란 말이 있듯이 사회 전반에서 잘못을 서로 은폐해 주는 심각한 온정주의도 문제지만, 고소와 고발이 난무하는 비정적(非情的)인 인간관계 또한 사회의 심각한 문제다.

95
성인도 이루지 못하는 일 - 가화만사성

(창 9:24-25)

개역개정	직역
24 노아가 술이 깨어 그의 작은 아들이 자기에게 행한 일을 알고	24 그리고 노아가 깨어났다, 자기 술로부터. 그리고 알았다, 자기 작은 아들이 자기에게 한 것을.
25 이에 이르되 가나안은 저주를 받아 그의 형제의 종들의 종이 되기를 원하노라 하고	25 그리고 그가 말했다. '가나안에게 저주가 있으라. 그는 이리 되리라, 곧 자기 형제들에게 종이 되어 섬기리라.'

이것은 노아가 술에서 깬 뒤 아들들을 대하는 이야기이다. 29절까지 이어지는 것으로 노아 이야기는 끝난다. 노아에 얽힌 이야기는 창세기 6장에서 9장까지 이어져 원역사에서 가장 길다. 노아에 관한 마지막 이야기치고는 그 내용이 매우 씁쓸하다. 노아가 술에 취해 벌거벗고 누운 일은 처음에는 아주 작은 해프닝처럼 보였다. 나중으로 갈수록 일이 커졌다.

잠에서 깬 그는 앞뒤 사정을 알았다. 그는 노발대발했다. 그는 자기의 부끄러운 모습을 알린 함을 심하게 저주했다.(창 10:6에 따르면 가나안은 함의 막내아들이다)

가나안은 저주를 받아 그의 형제의 종들의 종이 되기를 원하노라(9:25).

이것은 자기가 당한 일을 놓고 누군가를 저주하는 이야기이다. 사람이 사람을 저주하는 것으로는 성경에 처음 나오는 사례이다. 25절의 아루르 크나안('ārûr kənāan)은 명사문장이다. 이것은 '가나안은 저주 받기를…'인가 '가나안은 저주를 받으라'인가? (Hamilton, Genesis)

여기서 종들의 종이란 표현(에베드 아바딤 'aebed 'ăbādîm)은 최상급 소유격 형식이다. 곧 가장 비천한 종이라는 뜻이다. 무슨 이유로 노아는 함이 아니라 함의 아들(가나안)을 저주했을까? 지난 2000년 동안 많은 성경학자가 이 문제로 곤혹스러워했다. 아직도 속 시원한 대답을 내놓는 사람이 없다.

아마 이것은 술이 깬 노아가 술 취한 것보다 더 큰 실수이다. 물론 함이 자식 된 도리를 다하지 못하였고, 그 생각이 짧았던 것도 사실이다. 그렇더라도 자기 아들 함을 저주하는 그의 태도는 전혀 아버지답지 못하다. 더구나 25절 26절 27절에 걸쳐 이를 무려 세 번이나 되풀이 했다.

함이 어떤 아들인가? 그 무서운 홍수에서도 살아남은 금지옥엽(金枝玉葉) 같은 자식이다. 이 귀한 아들이 자기 허물을 가려주지 않았다고 해서 저주하는 것은 아버지가 할 일은 아니다. 한때 의인이고 완전한 자이며, 하나님과 늘 동행한다고 칭찬을 듣던 노아도 영적 긴장을 늦추다보니 이렇게 되었다.

가화만사성(家和萬事成)이라는 말이 있다. 가정이 화목하면 만사가 잘 풀려나간다는 뜻으로《명심보감(明心寶鑑)》치가편(治家編)에 나온다. 우리는 이 말 앞에 서면 웬지 조금 위축되곤 한다. 우리의 가정 대부분이 뭐 그리 불화한 가정이라고 말할 수는 없지만, 그래도 늘 화목한 가정이라고 자신할 수 없기 때문이다.

사실 이 말을 한 공자도 사실 가화만사성과는 거리가 먼 분이다. 공자에게는 공씨삼세출처(孔氏三世出妻)란 가슴 아픈 꼬리표가 붙어 있다.『공자가

어(孔子家語)』 후서(後序)에 보면, 그의 아버지 숙량흘, 그의 아들 백어, 그의 손자인 자사가 모두 자기 아내를 쫓아낸 사람이었다. 공자님 자신도 아내 기관 씨(丌官氏)와 사이가 별로 좋지 않았던 것 같다. 아들 공리를 낳은 것 말고는 가정사에 관해 알려진 것이 별로 없다.

노나라 소공 때 난리가 났다. 공자가 제나라 이계 땅으로 피난을 갔다. 그 때 아내가 남편을 따라가는 대신 송나라로 가버렸다. 이로 미루어 짐작컨데 공자 역시 화목하게 해로하지 못했으리라. 공자의 집안 화목한 가정이 아니었다. 그보다는 오히려 4대째 결손 가정 또는 역기능 가정인 셈이다.

공자는 그런 가정환경 속에서 이 세상에서 겪을 수 있는 모든 고난에 대처하는 자질을 키워났을 것이라. 그리고 가정의 소중함을 가르쳤다. 순 임금은 그 혹독한 시련을 가정 안에서 겪었으면서, 스스로를 갈고 닦았기에, 이 세상 사람이 다 우러러보는 어진 임금이 되었다.

이런 뜻에서 우리는 가화만사성에 걸맞는 가정에서 자라나지 못한 것을 원망할 필요가 없다. 그리고 가화만사성을 이루지 못하였더라도, 그것을 합리화할 수는 없지만, 지나치게 기가 죽을 필요는 없다.

성경에도 흔히 말하는 결손가정, 역기능 가정이 있다. 예를 들면 야곱의 가정이다. 그 가정에서 요셉이 나왔다. 요셉에게는 어머니가 몇 명이었나? 4명이었다. 그의 친어머니는 동생 베냐민을 낳다가 일찍 돌아가셨다. 그는 계모와 다름없는 어머니 밑에서 요셉은 성장하였다. 그에게는 형이 10명 있었지만, 그 형들이 요셉을 아껴주고, 보살펴주었을까? 전혀 아니다. 이런 가정에서 요셉이 얼마나 많은 상처를 받았을까? 우리는 충분히 상상할 수 있다. 비록 그 아버지 야곱이 다른 아들들보다 요셉을 더 사랑하였지만, 아버지 야곱과 동생 베냐민을 제외한 그 가정의 어머니 세 명과 형제자매 11명이 요셉에게 그리 우호적이지 않았을 것이다.

그런데도 요셉은 이 세상 그 누구보다도 꿋꿋하고 담대하게 하나님 도구로 쓰임을 받았다. 하나님께서 강권적으로 역사하시는 곳에는 인간적인 조건이나 환경을 다 뛰어넘는 지혜와 능력이 생기기 마련이다. 성령께서 은혜로 작용하는 곳에는 인간적인 약점이나 강점이 다 보잘 것 없는 것으로 변하고, 오직 하나님께서 이루고자 하는 섭리와 하나님의 목적만이 능력있게 발휘되곤 한다. 이런 뜻에서 우리는 치유사역을 하는 사람들이 말하는 결손가정이니, 역기능가정이니 하는 말을 절반만 받아들여야 하리라.

가화만사성이라는 말에서 주장하는 그런 가정을 이루기 위해서 우리는 최선을 다해야 하리라. 그러나 그렇게 되지 않았다고 해서 너무 기죽을 필요는 없다. 시대와 공간을 초월하여 인류에게 존경받는 성인들도 그것을 제대로 이루지 못하였다. 물론 화목한 가정을 이루지 못한 것을 합리화하고 변명하는 것은 곤란하지만, 가정의 화목이 전부가 아니라는 사실을 우리는 잊지 말아야 한다. 조건이 좋고, 환경이 좋은 가정이 자녀들의 성공을 저절로 보장해주지 않는다.

물론 우리가 욥과 같은 어버이를 만났거나, 그런 어버이가 된다면 더할 나위없이 좋으리라. 욥기 1장 4-5절이다:

> 4 그의 아들들이 자기 생일에 각각 자기의 집에서 잔치를 베풀고 그의 누이 세 명도 청하여 함께 먹고 마시더라 5 그들이 차례대로 잔치를 끝내면 욥이 그들을 불러다가 성결하게 하되 아침에 일어나서 그들의 명수대로 번제를 드렸으니 이는 욥이 말하기를 혹시 내 아들들이 죄를 범하여 마음으로 하나님을 욕되게 하였을까 함이라 욥의 행위가 항상 이러하였더라

이렇게 자식을 위해 항상 하나님 앞에 무릎을 꿇는 가정이라면 더할 나위 없이 좋다. 만일 그런 가정환경이 아니라도 실망할 필요가 없다. 우리의 연약함을 도우시는 성령의 은총과 인도하심을 바라보는 신앙이 생활환경과 가정의 조건보다 훨씬 더 중요하기 때문이다. 사도 바울은 로마서 8장에서 이렇게 말씀하셨다:

> 26 이와 같이 성령도 우리의 연약함을 도우시나니 우리는 마땅히 기도할 바를 알지 못하나 오직 성령이 말할 수 없는 탄식으로 우리를 위하여 친히 간구하시느니라 27 마음을 살피시는 이가 성령의 생각을 아시나니 이는 성령이 하나님의 뜻대로 성도를 위하여 간구하심이니라 28 우리가 알거니와 하나님을 사랑하는 자 곧 그의 뜻대로 부르심을 입은 자들에게는 모든 것이 합력하여 선을 이루느니라(롬 8:26-28)

우리 각 사람을 하나님의 형상대로 창조하신 하나님은 우리가 이 세상의 가정이 화목한가, 아닌가 하는 점에 매달려 살기를 원하지 않으실 것이다. 오히려 그 어떤 처지와 형편에서도 하나님께서 우리를 이 세상에 보내신 그 목적을 기억하면서 하나님께서 주시는 지혜와 능력을 사모하는 사람이 되기를 원하실 것이다.

존스와 벗만(Jones & Butman)은 순기능 가정의 특징을 다음과 같이 정리했다.

1. 순기능 가정은 도전과 위기에 능동적으로 반응한다.
2. 순기능 가정은 명확하게 설정된 세계관을 갖고 있다.
3. 순기능 가정은 정확하게 의사를 전달한다.
4. 순기능 가정은 여러 가지 일에 동참하여 함께 즐거운 시간을 갖는다.
5. 순기능 가정은 가족에 대해 책임감을 공유하며 서로의 언약을 중요시 한다.
6. 순기능 가정은 서로 사랑과 고마움을 표현할 줄 안다.

리처드 P. 월터스는 건강한 가정의 특징을 다음과 같이 정리했다.

1. 균형이 있다 : 변화에 대해 잘 적응한다.
2. 문제를 개인차원에서가 아니라 가족차원에서 다룬다.
3. 세대 간에 견고한 결속이 있다.
4. 개개인 사이에 분명한 경계선이 유지된다.
5. 가족들은 서로의 문제를 직접적으로 대면한다.
6. 차이가 수용되고 격려된다.
7. 다른 사람들의 생각과 감정을 수용한다.
8. 각 사람들은 그들이 다른 사람에게 주기도 하고 받기도 할 수 있다는

것을 안다.

9. 긍정적인 감정적 분위기를 유지하는 것을 최우선시 한다.

10. 각 가족들이 가정을 "살기 좋은 곳"으로 평가한다.

11. 각자는 서로에게서 배우고 피드백을 장려한다.

12. 개개인의 자신의 공허감을 경험하는 것을 허락한다.

그리고 그는 말했다. "모든 가정에는 하나님의 특별한 계획이 있다." 물론 순기능 가정(건강한 가정)이 그렇지 못한 것보다 좋은 것에 대해서는 두말할 필요도 없다. 다만 그것이 사람의 모든 것을 결정하는 주요변수는 아니다. 우리는 이런 것에 주목해야 한다. 순기능 가정에서 태어나고 자랐어도 건강 · 건전하지 못하게 사는 사람이 있다. 역기능 가정에서 나고 자랐어도 건강 · 건전하게 사는 사람이 있다. 이를테면 요셉이다. 그에게는 어머니가 네 사람이었다. 배다른 형제자매가 12명이나 있었다. 그 가정이 얼마나 복잡하였을까? 순기능보다는 역기능이 더 많았으리라. 성경에도 그런 모습들이 곳곳에 노출되어 있다. 이런 뜻에서 가장 중요한 것은 사람 그 자체요, 하나님과 동행하는 그 사람의 신앙이다.

96

셈의 장막에 거하게 하시고

(창 9:26–27)

개역개정	직역
26 또 이르되 셈의 하나님 여호와를 찬송하리로다 가나안은 셈의 종이 되고	26 그리고 그가 말했다. '찬송하라, 여호와, 셈의 하나님을. 그리고 가나안은 그를 위한 종이 되어라.
27 하나님이 야벳을 창대하게 하사 셈의 장막에 거하게 하시고 가나안은 그의 종이 되게 하시기를 원하노라 하였더라	27 하나님께서 야벳을 위하여 (지경을) 넓혀주시리라. 그리고 그는 셈의 장막들 안에 거하시리라. 그리고 그(가나안)는 그(야벳)를 위한 종이 되리라.'

이것은 술에서 깨어난 노아가 셈과 그 후손을 위해 복을 비는 이야기이다. 25절의 아루르('ārûr = 저주하다)와 26절의 바라크(bārak = 복을 주다, 찬양하다)가 극적인 대조를 이룬다. 여기서 노아의 입을 빌어 저주를 받은 사람은 뜻밖에도 함이 아니라 그의 넷째 아들 가나안이다. 그리고 찬양받은(히브리말로는 복을 빌다와 찬양드리다는 말이 바라크로 똑같다) 이는 의외로 하나님이다.(26절)

가나안(함)에게 저주를 퍼붓고 하나님을 찬양 한 뒤 노아는 셈에 주목했다. 그는 여호와를 셈의 하나님이라 불렀다. 성경에서 하나님을 가리켜

'…의 여호와'라고 부른 첫 번째 예이다. 이것은 매우 영광스러운 호칭이다. 나중에 이것은 '아브라함의 하나님 여호와' '너희 조상의 하나님 여호와' '이스라엘의 하나님 여호와' 등으로 나타났다.(창 24:27; 출 3:15; 32:27; 34:23 등) 하나님께서 선택한 이스라엘 민족은 셈의 후손이다. 인류를 구원하실 뜻을 펼치실 때 하나님은 여기서 독생자가 태어나게 하셨다.

"셈의 하나님 여호와를 찬송하리로다" - 축복하는 말을 이런 식으로 표현하는 것도 매우 이례적인 것이다. 사람들은 흔히 '여호와 하나님께서 셈에게 복을 주시리로다'라고 말할 것을 기대했을 것이다.

성경은 사람보다는 그 사람을 통로로 사용해 감사할 일이 생기게 하신 하나님을 찬송하는 신앙을 보여준다. 이를 테면 아브라함의 종이 하란에 가 브두엘의 딸 리브가를 만났을 때 보인 반응이다.

> 이르되 나의 주인 아브라함의 하나님 여호와를 찬송하나이다 나의 주인에게 주의 사랑과 성실을 그치지 아니하셨사오며 여호와께서 길에서 나를 인도하사 내 주인의 동생 집에 이르게 하셨나이다 하니라(창 24:27)

'찬송하리로다'라는 말(바라크)은 인간을 향한 하나님의 배려일 때에는 복을 내려주시는 것이다. 하나님을 향한 인간의 태도를 나타낼 때에는 찬양을 드리는 것이다.

> 아히마아스가 외쳐 왕께 아뢰되 평강하옵소서 하고 왕 앞에서 얼굴을 땅에 대고 절하며 이르되 왕의 하나님 여호와를 찬양하리로소이다 그의 손을 들어 내 주 왕을 대적하는 자들을 넘겨 주셨나이다 하니(삼하 18:28)

히람이 솔로몬의 말을 듣고 크게 기뻐하여 이르되 오늘 여호와를 찬양할지로다 그가 다윗에게 지혜로운 아들을 주사 그 많은 백성을 다스리게 하셨도다 하고(왕상 5:7)

노아는 하나님께서 야벳을 '창대하게 하시기를' 기도드렸다.(27절) 창대하게 하다는 말(fatâ 파타의 히필형)은 야벳이라는 이름의 뜻(= 그를 창대하게 하소서)과 일맥상통한다.(예페트 = 창대) 이것은 아주 재미있는 언어놀이(word play)다. 야벳은 누구인가? 알려지지 않았다. 다만 그에게는 일곱 아들과 일곱 손자가 있었다고 전해진다.(창 10:2-4; 대상 1:5-7)

장막이란 말(오헬)에도 주목할 만한 가치가 충분히 있다. 이 말은 샤칸(schākan = 거주하다)에서 왔다.(창 3:24 참조) 이스라엘과 고대 근동 여러 나라 말에서 이것은 기본적으로 천막(유목민의 천막)을 가리킨다. 가인의 후손 야발도 유목민으로 천막에서 살았다.(창 4:20) 노아도 그런데서 살았다.(창 9:21)

여기서 그것은 비유법으로 쓰였다. 만일 이 말을 좁게 해석한다면 셈족, 그 가운데서도 데라 - 아브라함 - 이삭 - 야곱 - 그 후손들로 이어지는 이스라엘 민족을 가리킨다. 이렇게만 보면 자칫 민족주의 또는 인종주의를 옹호하는 방향으로 본문을 해석하기 쉽다. 이런 방향은 성경의 가르침으로 볼 때 천부당만부당한 것이다. 성경은 온 나라 온 민족이 다 하나님의 피조물이요, 하나님의 통치 아래 있다고 보기 때문이다.

우리는 셈의 장막이란 표현을 하나님과 연결시켜 보아야 할 것이다. 여호와의 장막은 하나님께 예배드리며 하나님을 만나는 곳이었다. 그렇다면 이것은 여호와를 가까이 하며 살라는 뜻이다.

하나님께 가까이 함이 내게 복이라 내가 주 여호와를 나의 피난처로 삼아 주의 모든 행적을 전파하리이다(시 73:28)
그가 명령을 듣지 아니하며 교훈을 받지 아니하며 여호와를 의뢰하지 아니하며 자기 하나님에게 가까이 나아가지 아니하였도다(습 3:2)

노아가 드린 기도 가운데 '셈의 장막에 거하게 하시고'에서 누가 셈의 장막에 거하라는 말일까? 하나님인가, 야벳인가?

하나님이라고 본다면 다음과 같은 구절들이 그 기도의 응답으로 받아들여질 것이다.

8 내가 그들 중에 거할 성소를 그들이 나를 위하여 짓되 9 무릇 내가 네게 보이는 모양대로 장막을 짓고 기구들도 그 모양을 따라 지을지니라(출 25:8-9)

45 내가 이스라엘 자손 중에 거하여 그들의 하나님이 되리니 46 그들은 내가 그들의 하나님 여호와로서 그들 중에 거하려고 그들을 애굽 땅에서 인도하여 낸 줄을 알리라 나는 그들의 하나님 여호와니라(출 29:45-46)
너희는 너희가 거주하는 땅 곧 내가 거주하는 땅을 더럽히지 말라 나 여호와는 이스라엘 자손 중에 있음이니라(민 35:34)

다음과 같은 이유로 우리는 그 장막에 거할 자가 야벳이라고 본다.
i) 하나님께서 셈과 함께 거하시는 것이 곧 바로 야벳에게도 직접적인 복이 되기는 어렵다. ii) '셈의 장막들'이란 표현에 나타나는 복수형은 하나님을 가리키기보다는 셈과 함께 살고 있는 많은 사람들을 의미하는 것이

리라. iii) 만일 이것이 하나님께서 거하시는 것을 의미한다면 26절에서처럼 '여호와'란 표현이 덧붙여졌을 것이다.(WBC 203; 월튼 511)

개역개정의 번역도 이런 방향으로 되어 있다. 헤르만 궁켈 이후 많은 성경학자가 셈과 야벳이 함께 한 사실을 역사 안에서 밝히려고 노력했다. 물론 그 결과는 신통치 않다. 여기서 이 말은 하나님의 복을 공유한다는 뜻으로 받아들여야 할 것이다. 곧 셈족도 야벳족도 다 하나님의 복 안에 있게 되리라는 뜻이다.

오늘의 적용

찬송가 425장이다.

1 나의 영원하신 기업 생명보다 귀하다
나의 갈길 다가도록 나와 동행하소서
주께로 가까이 주께로 가오니
나의 갈길 다가도록 나와 동행하소서
〈후렴〉 주께로 가까이 주께로 가오니
나의 갈길 다가도록 나와 동행하소서

2 세상 부귀 안일함과 모든 명예 버리고
험한 길을 가는 동안 나와 동행하소서
주께로 가까이 주께로 가오니
나의 갈길 다가도록 나와 동행하소서

3 어둔 골짝 지나가며 험한 바다 건너서
천국 문에 이르도록 나와 동행하소서
주께로 가까이 주께로 가오니
나의 갈길 다가도록 나와 동행하소서

97
나의 허물을 내게 알려 달라

(창 9:24-27)

개역개정	직역
24 노아가 술이 깨어 그의 작은 아들이 자기에게 행한 일을 알고	24 그리고 노아가 깨어났다, 자기 술로부터. 그리고 알았다, 자기 작은 아들이 자기에게 한 것을.
25 이에 이르되 가나안은 저주를 받아 그의 형제의 종들의 종이 되기를 원하노라 하고	25 그리고 그가 말했다. '가나안에게 저주가 있으라. 그는 이리 되리라, 곧 자기 형제들에게 종이 되어 섬기 기리라.
26 또 이르되 셈의 하나님 여호와를 찬송하리로다 가나안은 셈의 종이 되고	26 그리고 그가 말했다. '찬송하라, 여호와, 셈의 하나님을. 그리고 가나안은 그를 위한 종이 되어라.'
27 하나님이 야벳을 창대하게 하사 셈의 장막에 거하게 하시고 가나안은 그의 종이 되게 하시기를 원하노라 하였더라	27 하나님께서 야벳을 위하여 (지경을) 넓혀주시리라. 그리고 그는 셈의 장막들 안에 거하시리라. 그리고 그(가나안)는 그(야벳)를 위한 종이 되리라.

이것은 술에 취해 벌거벗은 채 잠을 자다가 깨어난 노아의 언행에 관한 이야기이다. 정신없이 곯아 떨어졌던 그가 다시 깨어났다. 그리고 이내 그

동안 무슨 일이 있었는지를 알았다. 그 다음 노아가 보인 반응은 부끄럽기 짝이 없는 것이었다. 그는 술에 취해 잠들기 전보다 잠에서 깬 뒤에 더 크게 실수했다.

사람은 실수를 하면 우선 숨기기부터 하는 경향이 있다. 노아도 이와 다르지 않았다. 안타까운 일이다. 그는 자기 아들 함이 자신의 모습을 다른 아들들에게 알린 것에 크게 분노했다.(25절) 함은 거짓을 말한 것도 꾸며낸 말도 아니었다. 다만 사실만 말했을 뿐인데도 그는 격노했던 것이다.

물론 함의 태도가 바르다고 말할 수는 없다. 그는 아버지를 존중하는 방법으로 그 일을 처리해야 마땅했다. 그의 태도가 지혜롭지도 못했다. 그는 아버지의 허물을 남이 알지 못하게 하는 방법으로 자기가 본 것에 슬기롭게 대처할 수도 있었다. 다른 사람의 예를 보면 이런 것을 생각하면서도 정작 자기 자신이 그런 일을 겪을 때에는 아는 것만큼 행하는 못하는 것이 또한 인간이다. 인간이 이렇게 나약한 존재다.

노아는 본디 의로운 사람이다. 의로운 사람은 어떤 사람인가? 맹자는 '의란 사람이 가야할 길이요(의로야 義路也) 예란 사람이 드나들어야할 문이다'(예문야 禮門也)라 했다. 정말 그렇다. 아버지는 아버지다운 예가, 자녀는 자녀다운 예가 있어야 한다. 노아가 포도주에 취해서 실수하였다면, 아들을 탓하기 전에 먼저 하나님과 사람들 앞에서 자기의 잘못을 겸허하게 인정하고 회개해야 했다. 자기의 실수는 반성하지 않고 자식의 불효만 탓하는 모습은 전혀 신앙인답지 못하다. 의롭지도 못하다.

노아는 은혜받은 사람이다. 하나님께서 사람에게 은혜를 주실 때에는 그 당사자 한 사람만 그것을 향유하라고 주신 것이 아니다. 그것을 주변 사람과 나누며 그들도 하나님 은혜에 젖어들게 하기 위함이다. 노아는 마땅히 자신의 허물을 노출시킨 자기 아들에게도 '은혜받은 사람'으로 행세해야 했다. 유수지위물야(流水之爲物也) 불영과불행(不盈科不行)라는 말이 있다. 맹자(맹자) 진심 상(盡心 上)에 나오는 말이다. "물이 흐르다 웅덩이를 만나면 그 웅덩이를 다 채운 다음에야 비로소 앞으로 나아간다"는 뜻이다.

노아가 아들 함에게 이러려면 자신의 권위주의적인 사고방식과 행태를 벗어버려야 한다. 자기보다 어린 사람 낮은 사람 없는 사람에게 자신이 받은 은혜를 채워주고 나서 자신의 권위도 세우고, 자신의 지위도 행사한다면 진정 아름다울 것이다.

조선의 태종은 특수청원(特殊請願) · 상소(上訴)를 위하여 대궐 밖 문루(門樓)에 북을 달아놓았다.(1402년) 이를 가리켜 신문고(申聞鼓)라 했다. 그것은 최후의 항고(抗告) 시설이었다. 임금의 직속인 의금부 당직청(當直廳)에서 이를 주관했는데 북을 치는 자의 소리를 임금이 직접 듣고 처리하도록 한 것이었다. 당시 억울한 일을 호소하려는 자는 서울에서 주장관(主掌官), 지방에서는 관찰사에게 신고하여 사헌부에 고소하고 거기서도 해결이 안 되는 경우에 신문고를 두드리게 한 것이다.

비록 실제 사용에는 이런 저런 우여곡절이 있었더라도 이는 조선에서 국민의 뜻을 전달하는(民意上達 민의상달) 대표적인 제도였다. 연산군 때 이 신문고 제도가 폐지되었다가 1771년(영조 47년) 11월에 다시 설치하고 병조에서 관리하게 했다.

고려 말 야운(野雲) 선사가 쓴 자경문(自警文)에 있는 말이다.

함부로 다른 사람의 허물을 말하지 말라!(물설타인과 勿說他人過)

언젠가는 반드시 나에게 돌아와 나를 손상시킬 것이다.(종귀필손신 終歸必損身)

만일 다른 사람을 비방하는 소리를 듣거든 마치 나의 부모를 헐뜯는 것처럼 여기라!(약문해어인 若聞害人言 여훼부모성 如毁父母聲)

오늘은 다른 사람의 허물을 말하지만 내일은 반드시 나의 허물을 말할 것이다.(금조이설타인과 今朝雖說他人過 이일회두논아구 異日回頭論我咎)

이는 마 12:36-37과 통한다.

36 내가 너희에게 이르노니 사람이 무슨 무익한 말을 하든지 심판 날에 이에 대하여 심문을 받으리니 37 네 말로 의롭다 함을 받고 네 말로 정죄함을 받으리라

《명심보감 明心寶鑑》〈정기편 正己篇〉에는 이런 말이 있다.

귀로는 다른 사람의 그릇됨을 듣지 말고, 눈으로는 다른 사람의 단점을 보지 말며, 입으로는 다른 사람의 허물을 말하지 않아야만 군자다.

이불문인지비(耳不聞人之非) 목불시인지단(目不視人之短) 구불언인지과(口不言人之過) 서기군자(庶幾君子)

성경도 이렇게 가르친다.

허물을 덮어 주는 자는 사랑을 구하는 자요 그것을 거듭 말하는 자는 친한 벗을 이간하는 자니라(잠 17:9)

19 마음에서 나오는 것은 악한 생각과 살인과 간음과 음란과 도둑질과 거짓 증언과 비방이니 20 이런 것들이 사람을 더럽게 하는 것이요 … (마 15:19-20)

이것은 사람이 자기 자신의 연약함이 아니라 다른 사람의 약점을 가지고 그를 해롭게 하는 것에 관한 말이다.

다른 한편 우리는 우리 자신의 연약함이나 실수에 어떻게 반응해야 할까? 우리는 연약한 피조물이다. 이런 사실을 제대로 받아들인다면 누군가가 나의 허물이나 실수를 지적하더라도 상처받을 이유가 없다. 그런 사람을 원망하거나, 그 사람이 나를 싫어하기 때문이라고 생각하며 나도 같이 미워할 이유가 없다. 만일 사람이 남의 비판을 들으며 지나치게 자기를 비하한다면 이렇게 될 것이다.

우리는 타인의 비판이나 지적이 드릴 때, 오히려 당당하게 그런 것들을 더 알려 달라고 부탁한다면 더욱 좋을 것이다. 그렇게 지적당하는 것을 통해서 우리는 마치 계단을 올라가듯 한 걸음 한 걸음씩 더 성숙해질 것이기 때문이다. 그렇다. 우리는 자신있게 '나의 잘못을 알려달라, 나의 실수를 말해달라'고 해야 하리라.

오늘의 적용

감간지고(敢諫之鼓)

어느 나라나 절대 권력을 휘두르는 자는 종종 '듣지 않으려는' 태도를 보인다. 머리로는 '들으려는 자의 행복'과 '듣지 않으려는 자의 불행'을 잘 안다. 그러다가도 일단 자기보다 약한 사람이 귀에 거슬리는 말을 하면 금방 잡아 먹을듯한 표정으로 마음과 귀를 막아버린다. 그러니 당사자는 자화자찬밖에 하지 않고, 주위사람은 용비어천가를 부르며 아부할 뿐이다. 결국 '듣지 않으려는 자의 오만'과 '말하지 않는 자의 무기력'이 개인 및 나라를 불행하게 만든다.

등석자 전사(轉辭)에 보면 요임금은 간쟁을 할 수 있는 '감간지고(敢諫之鼓)'를 설치했다. 자신의 잘못이나 나라의 부정과 비리를 발견한 사람은 누구나 그 북을 치게 했다. "요는 자신의 잘못을 간언할 기회를 주기 위해 북을 세우고, 순은 자신의 잘못을 조목조목 적을 수 있는 나무를 세우고, 탕은 자신의 잘못을 바로잡는 관리를 두었고, 무왕은 자신을 경계하는 좌우명을 적어 두었다. 이 네 군자는 모두 성인이다. 그럼에도 불구하고 이처럼 조심스럽게 굴었다."(堯置敢諫之鼓, 舜立誹謗之木, 湯有司直之人, 武王有戒愼之銘. 此四君子者, 聖人也, 而猶若此之勤) 같은 이야기가 여씨춘추 자지(自知)와 회남자(淮南子) 주술훈(主術訓)에도 실려 있다. 다만 무왕 부분이 좌우명이 아니라 노도 도(鞀)라는 북으로 바뀐 것에만 차이가 있다.

회남자는 이를 다음과 같이 풀이했다. "잘못이 가을 털처럼 작아서 보이지 않을 정도라도 이렇게 철저하게 대비하려고 했던 것이다. 성인은 선이 아무리 작을지라도 반드시 움직이고 악이 아무리 사소하더라도 반드시 고쳤다."(過若豪釐, 而旣已備之也. 夫聖人於善也, 無小而不擧. 其於過也, 無微而不改) 훗날 송나라의 사마광도 "잘못은 사람이 피할 수 없는 것이다. 오직 성현만이 잘못을 알아서 고칠 수 있다. 옛날의 성왕은 잘못이 있는데도 스스로 알지 못할까 걱정했다. 그래서 비방하는 나무와 간언하는 북을 세웠던 것이다."(過者, 人之所必不免也. 唯聖賢爲能知而改之. 古之聖王, 患其有過而不自知也. 故設誹謗之木, 置敢諫之鼓. 『자치통감권』12) 이런 것을 거울삼아 조선시대의 태종은 신문고(申聞鼓)를 내걸었다.

사람은 잘못을 하면 숨기기부터 한다. 자신의 잘못에 직면하려 하지 않는다. 바로 여기서 불행과 허물이 배가된다. 이에 현명한 사람은 堯鼓舜木(요

청와대 분수대 앞에 세워진 신문고

고순목) 誹謗之木(비방지목) 敢諫之鼓(감간지고) 進善之旌(진선지정)을 늘 곁에 두고 산다.

감간지고(敢諫之鼓)는 잘못된 정치가 있으면 지위 고하를 막론하고 두드리도록 궁궐 문 앞에 설치한 북이다. 감간(敢諫)은 감히 임금에게 간한다는 뜻이다.

진선지정(進善之旌)은 길가에 깃발(旌)을 세워 정치에 대해 좋은 의견을 자유롭게 발언하도록 한 것이다.

비방지목(誹謗之木)과 감간지고(敢諫之鼓)는 백성에게 정치의 결점에 대한 의견을 자유롭게 표현하기 위한 조치였는데, 지금의 대자보와 비슷한 것으로 판단된다.

《회남자(淮南子)》〈주술훈(主術訓)〉에 비방지목(誹謗之木)은 순(舜)이, 감간지고

(敢諫之鼓)는 요(堯)가 세웠다고 하고,《사기(史記)》〈효문본기(孝文本紀)〉에는 요(堯)임금이 '감간지고(敢諫之鼓)' 대신 '진선지정(進善之旌)'과 '비방지목(誹謗之木)'을 세웠다고 한다.

98

천수를 누리다

(창 9:28-29)

개역개정	직역
28 홍수 후에 노아가 삼백오십 년을 살았고 29 그의 나이가 구백오십 세가 되어 죽었더라	28 그리고 노아는 이러했다, 곧 홍수 뒤 350년 (더) 있었다. 29 노아의 모든 날들은 이러했다, 곧 950년이었다. 그리고 그가 죽었다.

이것은 노아의 죽음을 전하는 이야기다. 이로써 창 5:3-32에서 언급된 셋의 후손 이야기에 일단 마침표가 찍혔다. 그는 홍수 이전의 옛 세대 옛 세계와 홍수 후의 새로운 세대 새로운 세상을 잇는 가교로 살았다. 950세를 살아낸 그는 성경에서 900세를 넘겨 산 마지막 사람이다. 창세기 11장에 따르면 그의 후손들은 600세(셈)~148(나홀)를 살았다.

노아는 천수를 다 누린 것이다. 신약성경에는 그의 이름이 8번 나온다.

37 노아의 때와 같이 인자의 임함도 그러하리라 홍수 전에 노아가 방주에 들어가던 날까지 사람들이 먹고 마시고 장가 들고 시집 가고 있으면서(마 24:37-38)

그 위는 가이난이요 그 위는 아박삿이요 그 위는 셈이요 그 위는 노아요 그 위는 레멕이요(눅 3:36)

노아의 때에 된 것과 같이 인자의 때에도 그러하리라 노아가 방주에 들어가던 날까지 사람들이 먹고 마시고 장가 들고 시집 가더니 홍수가 나서 그들을 다 멸망시켰으며(눅 17:26-27)

믿음으로 노아는 아직 보이지 않는 일에 경고하심을 받아 경외함으로 방주를 준비하여 그 집을 구원하였으니 이로 말미암아 세상을 정죄하고 믿음을 따르는 의의 상속자가 되었느니라(히 11:7)

그들은 전에 노아의 날 방주를 준비할 동안 하나님이 오래 참고 기다리실 때에 복종하지 아니하던 자들이라 방주에서 물로 말미암아 구원을 얻은 자가 몇 명뿐이니 겨우 여덟 명이라(벧전 3:20)

옛 세상을 용서하지 아니하시고 오직 의를 전파하는 노아와 그 일곱 식구를 보존하시고 경건하지 아니한 자들의 세상에 홍수를 내리셨으며(벧후 2:5)

노아와 그 가족은 아담의 후손 중에 유일하게 살아남았다. 아담과 노아의 공통점을 찾으라면 다음과 같다.(Mathews Genesis Vol. 1 351)

그 두 사람은 하나님과 함께 걸었다.(동행했다) 하나님은 그들에게 복을 내려 주셨다. 그들은 다른 피조물을 돌보는 자(청지기)였다. 그들은 각각 세 명의 아들을 낳았다. 그들은 땅을 경작하는 자였다. 그들은 과실(나무 열매)를 매개체로 죄를 지었다. 그들 자식 중에는 저주를 받은 자가 있었다.

노아와 모세와 사이에도 공통점이 적지 않다. 노아의 모세의 원형(a prototype for Moses)이다. 그 둘은 다 상자(테바)를 통해 목숨을 건졌다. 그것은 노아에게는 방주로 모세에게는 갈대 상자로 나타났다. 노아는 방주를 지었으며 모세는 성막을 지었다. 그들은 정결한 짐승과 부정한 짐승을 상대하며 구분했다. 그들은 하나님과 맺은 언약의 당사자였으며, 그 상징으로 무지개와 안식일을 경험했다. 그들은 '하나님께서 말씀하신 대로' 행했다. 하나님의 인도에 따라 노아는 새로운 세상을 세우는 개척자가 되었고 모세는 새로운 이스라엘을 세우는 선구자가 되었다.

그는 하나님께서 기억해주시는 사람이었다.(B. W. Anderson, JBL 97[1978] 28; Mathews 352)

노아 이야기를 여는 징검다리(6:9-10)

가. 창조세계에 폭력이 가득함(6:11-12)

나. 하나님의 첫 번째 말씀: 피조물들을 다 멸하시겠다(6:13-22)

다. 하나님의 두 번째 말씀: 방주 안으로 들어가라(7:1-10)

라. 홍수가 시작되다(7:11-16)

마. 홍수로 물이 크게 불어나다(7:17-24)

하나님께서 노아를 기억하시다(8:1a)

마' 홍수로 인한 큰물이 줄어들다(8:1b-5)

라' 땅이 마르기 시작하다(8:6-14)

다' 하나님의 세 번째 말씀: 방주에서 나오라(8:15-19)

나' 피조물들을 보전하시겠다는 하나님의 의지

가' 하나님의 네 번째 말씀: 언약과 축복을 선언하시다(9:1-17)

노아 이야기를 맺는 징검다리(9:18-19)

사람의 수명과 관련된 말들이 여러 가지 있다. '짧고 굵게 산다, 가늘고 길게 산다'는 말이 그 가운데 아주 널리 입에 오르내린다.

수(壽)는 흔히 장수(長壽)를 가리키기도 한다. 오래 사는 것은 오복(五福) 중에 하나라고 해서 귀하게 여긴다.(고종명 考終命) 그것은 달리 말하면 자신에게 주어진 하늘의 명령대로 그 정도만큼 사는 것이니 욕심과는 상관없다. 그래서 '수'에는 '수명'이라는 뜻도 있다. '천수(天壽) 천명(天命) 정명(正命)' 등이 다 같은 말이다. 특히 연세 많은 노인들에게 '수'라고 하여 정명을 다해 가는 어른의 나이를 높여 부른다. '누리다'는 좋은 것을 마음껏 즐기며 사는 것을 말한다. '오래 살다, 주어진 목숨이 길어 늙어서까지 건강하게 지내다'라는 뜻이다.

노아는 장수했다. 성경은 장수 그 자체를 하나님께서 주신 선물로 여기기도 한다.

> 네 하나님 여호와를 사랑하고 그의 말씀을 청종하며 또 그를 의지하라 그는 네 생명이시요 네 장수이시니 여호와께서 네 조상 아브라함과 이삭과 야곱에게 주리라고 맹세하신 땅에 네가 거주하리라(신 30:20)

> 내가 그를 장수하게 함으로 그를 만족하게 하며 나의 구원을 그에게 보이리라 하시도다(시 91:16)

> 여호와를 경외하면 장수하느니라 그러나 악인의 수명은 짧아지느니라(잠 10:27)

> 이로써 네가 잘되고 땅에서 장수하리라 (엡 6:3)

그런가 하면 장수를 전혀 복이 아닌 것으로도 본다.

어찌하여 악인이 생존하고 장수하며 세력이 강하냐(욥 21:7)

사람이 비록 백 명의 자녀를 낳고 또 장수하여 사는 날이 많을지라도 그의 영혼은 그러한 행복으로 만족하지 못하고 또 그가 안장되지 못하면 나는 이르기를 낙태된 자가 그보다는 낫다 하나니(전 6:3)

천수(天壽)는 하늘이 사람을 낼 때 정해놓은 수명이다. 하나님께서 인간을 세상에 태어나게 하실 때 하나님에게로 다시 돌아갈 날을 정해 놓으셨다고 우리는 믿는다. 비록 그 길이는 모든 사람이 다 같지 않더라도 늙을 때까지 사는 것이 천수라는 공감대가 우리에게 있다. 나이를 먹어가는 것이 그냥 늙은이가 되어가기보다는 어르신이 되어가는 지혜가 우리에게 필요하다.

생각해 보면 앞으로 남은 10년은 아직 긴 것 같은 느낌이 든다. 지나간 10년은 어떤가? 매우 짧게 느껴질 것이다. 이것은 100년에도 똑같은 것이다. 실제로 8-90세 된 어르신들은 지난 시절이 눈 깜짝할 새에 지나갔다고 하신다. 1000년 세월에도 이런 기분은 마찬가지이리라.

노아의 일생 950년도 지나고 나면 잠시잠깐 일뿐이다. 이런 느낌은 우리에게 커다란 도전이 된다. 잠시잠깐 지나가는 한 평생을 이 땅에서 보내는 우리는 주어진 시간을 어떻게 보내는가? 만나는 사람을 어떻게 대하는가? 주어지는 일들에 어떻게 대처하는가?

찬송가 240장이다.

1. 주가 맡긴 모든 역사 힘을 다해 마치고 밝고 밝은 그 아침을 맞을 때
요단강을 건너가서 주의 손을 붙잡고 기쁨으로 주의 얼굴 뵈오리
〈후렴〉 나의 주를 나의 주를 내가 그의 곁에 서서 뵈오며
나의 주를 나의 주를 손의 못자국을 보아 알겠네

2. 하늘나라 올라가서 주님 앞에 절하고 온유하신 그 얼굴을 뵈올 때
있을 곳을 예비하신 크신 사랑 고마워 나의 주께 기쁜 찬송드리리

3. 이 세상을 일찍 떠난 사랑하는 성도들 나를 맞을 준비하고 있겠네
저희들과 한소리로 찬송 부르기 전에 먼저 사랑하는 주를 뵈오리

4. 영화로운 시온성에 들어가서 다닐 때 흰옷입고 황금 길을 다니며
금 거문고 맞추어서 새 노래를 부를 때 세상고생 모두 잊어버리리

99

무지갯빛 세상

(10:1–5)

개역개정	직역
1 노아의 아들 셈과 함과 야벳의 족보는 이러하니라 홍수 후에 그들이 아들들을 낳았으니	1 그리고 이것은 노아의 아들들, 셈 함 그리고 야벳의 족보이다. 그리고 그들에게 아이들이 낳아졌다. 홍수 뒤에.
2 야벳의 아들은 고멜과 마곡과 마대와 야완과 두발과 메섹과 디라스요	2 야벳의 아들들은 고멜과 마곡과 마대와 야완과 두발과 메섹과 디라스다.
3 고멜의 아들은 아스그나스와 리밧과 도갈마요	3 그리고 고멜의 아들은 아스그나스와 리밧과 도갈마였다.
4 야완의 아들은 엘리사와 달시스와 깃딤과 도다님이라	4 그리고 야완의 아들은 엘리사와 달시스와 깃딤과 도다님이었다.
5 이들로부터 여러 나라 백성으로 나뉘어서 각기 언어와 종족과 나라대로 바닷가의 땅에 머물렀더라	5 이들에게서부터 바닷가의 사람들이 갈라졌다, 그들의 땅에, 사람이 그 자신의 언어에 따라서, 각기 그들의 지파(부족)에 따라서, 그들의 민족대로.

이것은 노아의 아들들을 통해 인구가 불어나는 이야기이다. 창 9:19(노아의 이 세 아들로부터 사람들이 온 땅에 퍼지니라)와 10:1 그리고 10:32는 이런 사실

을 거듭 알려준다. 창세기 10장의 내용을 을 가리켜 사람들은 흔히 민족들의 계보라 부른다. 여기 나오는 목록들의 구성은 족보와 비슷하더라도 그 자체가 목적이 아니다.(웰튼 537)

이것은 "생육하고 번성하여 땅에 충만하라"(창 1:28)는 말씀과 "너희는 생육하고 번성하며 땅에 가득하여 그 중에서 번성하라"(창 9:7)라는 말씀이 실현되는 모습을 구체적으로 보여준다. 역사의 여명은 이렇게 동터왔다.

무지개는 '빨강 주홍 노랑 초록 파랑 남색 보라'등 7가지 색깔이다. 창세기 10장은 세상이 이렇게 다양한 사람들로 채워지는 모습을 보여준다. 그들의 피부색도 생각과 사상도 이렇게 다양해졌다.

10:1-32에는 노아 홍수 이후 점점 불어나 세상으로 퍼져나가는 인류의 모습이 그려져 있다. 11:1-9는 그렇게 늘어난 사람들이 '땅에 충만하라'는 하나님 명령에 따르지 않고 바벨탑을 쌓다가 하나님께 저지당하는 이야기다. 11:10부터 다시 족보 이야기가 이어진다. 이것은 아브람(아브라함) 집안 이야기를 주 내용으로 한다.

노아의 후손은 셈과 함과 야벳 순으로 기록되었다.(1절) 그 순서가 2절 이하에서는 야벳의 후손(2-5절) 함의 후손(6-20절) 셈의 후손(21-31절) 순으로 바뀐다. 야벳 함 셈의 후손에 관한 기록을 마칠 때마다 세 차례에 걸쳐 '그들의 가문(부족) 그들의 언어, 그들의 땅(나라) 그들의 민족(족속)이란' 표현이 쓰였다.(5, 20, 31절) 이는 인류의 인종 언어 지리 정치적 지형을 나타내는 것이다.

이로써 하나님의 선택(쓰임)을 받지 못한 사람들이 먼저 나온 다음에 하나님께서 불러 쓰시는 사람이 등장한 것이다. 하나님께서 들어 쓰신 아브라함은 셈의 후손이다. 하나님을 그를 가나안으로 불러서 세상 만민에게 하나님의 복을 전하는 통로로 삼으셨다.(창 12:1-2) 이런 현상은 창세기 전체에서

나타난다.(변순복, 토라 상 206)

1절에 나오는 아들들이란 말(bēn, bānīm)은 성경에 4850번 쓰였다. 이것은 아들과 딸을 모두 포괄하는 대표복수다. 더 나아가 손자 손녀 등 자손(후손)을 가리킨다. 그들은 인도-유럽으로 퍼져 나갔다. 야벳(예페트)이란 말은 넓게 벌리다 열리다 유혹하다 설득하다는 뜻을 지닌 동사 파타(pātâ)의 명사형이다. 이는 확장 증대라는 의미이다. "하나님이 야벳을 창대하게 하사 셈의 장막에 거하게 하시고 가나안은 그의 종이 되게 하시기를 원하노라 하였더라"(창 9:27)

5장과 10장을 비교할 때 가장 먼저 눈에 띄는 것은 동사 용법의 차이이다. 5장에서 낳다는 말(얄라드)은 히필형(사역형)으로 쓰였고, 10장에서 그것은 칼(기본형)로 사용되었다.

여기서는 5절에 집중해 보자.

> 이들에게서부터 바닷가의 사람들이 갈라졌다, 그들의 땅에, 사람이 각기 자신의 언어에 따라서, 각기 그들의 지파(부족)에 따라서, 그들의 민족대로.(5절 직역)

야벳의 후손의 경우에는 함과 셈의 후손들에 대해 내리는 결론(20, 31절)과는 그들의 삶의 환경이 기록되었다. 개역개정이 '바닷가의 땅'이 한 것은 본디 '바닷가의 사람들'(이예 학고임)이다. 아마도 해양민족 구체적으로는 지중해 연안에 사는 민족들을 가리키는 것이리라.(개역개정: 바닷가의 땅에 머물렀더라; NIV: maritime people)

언어(개역: 방언)라는 말(라숀 lāšôn)은 혀(출 4:10; 시 39:1) 언어라는 뜻이다. 이는 불꽃이 날름거리는 것을 비유하기도 한다.(사 5:24 르숀 에쉬) 창세기 10장에는 언어라는 뜻으로 쓰였다.(5, 20, 31절) 이는 문자 그대로 '말'을 가리키며 민족의 번영이라는 말맛을 지녔다.(특히 31절) 이로써 지중해 연안에 자리잡은 야벳의 후손들은 여러 부족(종족)으로 나뉘고, 각각의 언어를 사용했다는 것이다.

인구가 늘면서 자연스럽게 생겨나는 현상이 있다. 그것은 사람들이 세상 여러 곳으로 흩어지는 한편 계보가 나누어지는 것이다. 창세기 11장에도 '흩어지다 나누어지다'(푸츠)는 표현이 세 차례 쓰였다.(4, 8, 9절) 이를 창세기 9-10장에 연결시켜 음미해보자:

9:18 노아의 이 세 아들로부터 사람들이 온 땅에 퍼지니라(푸츠)

10:5a - 이들에게서 바다를 끼고 사는 백성들이 갈라져 나왔다(파라드)

10:18b - 가나안족은 뒤에 사방으로 흩어져 나갔다(푸츠)

10:20 - 이것이 씨족과 언어와 지방과 부족을 따라서 갈려 나간 함의 후손들이다(엘레 브네-함 르 …)

10:25ab - 에벨은 아들 둘을 낳았는데, 그 중의 한 아들은 벨렉이라 불리었다. 그의 시대에 인종이 갈라졌다고(팔라그) 해서 그렇게 부른 것이다

10:32 - 각 부족의 계보를 따라 나누어진 노아 후손들의 씨족은 위와 같다.(엘레 미쉬페호트 브네-노아흐 …) 그들에게서 부족들이 세상에 갈라져 나간(파라드) 것은 홍수가 있은 뒤의 일이었다

10:11-12 (참조) … 건설하였으니 이는 큰 성읍이라;

9:18-19 (참조) 배에서 나온 노아의 아들은 셈과 함과 야벳이었다. 함은 가나안의 조상이다. 이 세 사람이 노아의 아들인데, 온 세상 사람이 그들에게서 퍼져 나갔다.(공동번역)

Othmar Keel-Silvia Schroer, Schöpfung: biblische Theologien im Kontext altorientalischer Religionen(2008) 160

여기서 '갈라졌다(나누어지다) 흩어졌다'는 말이나 성읍(도시)을 건설하는 것에 대해 전혀 부정적이지 않다. 오히려 환호하고 긍정하는 분위기이다:

> 하나님이 그들에게 복을 주시며 하나님이 그들에게 이르시되 생육하고 번성하여 땅에 충만하라, 땅을 정복하라, 바다의 물고기와 하늘의 새와 땅에 움직이는 모든 생물을 다스리라 하시니라(창 1:28)

이 말씀에 비추어 보면, 바벨탑을 쌓던 사람들이 "우리끼리 똘똘 뭉쳐서 흩어지지 말자"고 한 것은 "번성하여, 온 땅에 퍼져라"는 하나님의 축복에 정면으로 거슬리는 행위였다. 하나님은 이런 사람들 대신에, 하나님이 그 이름을 떨치게 해 주시고, 남에게 복을 끼쳐주는 이름이 될 상대로 아브람(아브라함)을 선택하셨다.(12:2) 그가 자기 그룹과 똘똘 뭉쳐 자기 옹벽을 쌓으며(Getho 형성) 살지 않게 하셨다. 오히려 흩어져서(고향과 친척과 아비의 집을 떠나서) 넓은 세상에서 사람을 폭넓게 사귀며 살게 불러내셨다. 그는 '생육하고 번성하여 땅에 충만하게' 하시려는 하나님 목적에 따라 흩어져 나간 사람이다. 하나님께서 흩어지게 만든 사람, 그 이름을 크게 해주실(높여주실) 사람인 아브라함은 하나님의 복을 받은 사람이요, 하나님 창조의 목적을 실현할 도구(복의 근원)로 쓰임 받은 사람이다.

창 10:1-32는 문자로 표기된 세계 지도라 할 수 있다.(Brueggemann 91) 그 가운데 창 10:2-5는 야벳의 후손에 관한 이야기이다. 그는 노아의 큰아들이었다. 그에게서 14개 부족이 형성되었다. 이것은 함과 셈의 것에 비해 짧고 적은 내용을 담고 있다. 이는 그 자손의 숫자가 실제로 적기 때문이라기보다는 그들을 향한 관심이 적었기 때문이리라.(Brueggemann 92)

오늘의 적용

세월(시간)은 말없이 흐른다

窓光白窓光黑 (창광백창광흑)

창문빛 밝았다가 어두워지나니

膠難粘日長午 (교난점일장오)

한 낮의 긴 해를 아교로도 잡아둘 수 없네

閒坐一紙窓下 (한좌일지창하)

창호지 문 아래 한가롭게 앉아

便觀來今往古 (편관래금왕고)

찾아온 지금과 가버린 지난 날 다시 한번 들여다 보네(이언진)

사람은 결코 시간을 붙들어 맬 수 없다. 그냥 주어진 시간과 공간 안에서 살아갈 뿐이다. 이렇게 유수와 같이 흐르는 세월 속에 개개인의 경우는 물론 나라와 민족들의 흥망성쇠도 오고 간다.

100
퍼져 나가는 함의 후손들

(10:6–14)

개역개정	직역
6 함의 아들은 구스와 미스라임과 붓과 가나안이요	6 그리고 함의 아들들은 구스와 미스라임과 붓과 가나안이었다.
7 구스의 아들은 스바와 하윌라와 삽다와 라아마와 삽드가요 라아마의 아들은 스바와 드단이며	7 그리고 구스의 아들은 스바와 하윌라와 삽다와 라아마와 삽드가요 라아마의 아들은 스바와 드단이었다.
8 구스가 또 니므롯을 낳았으니 그는 세상에 첫 용사라	8 구스가 또 니므롯을 낳았다. 그는 세상에 처음으로 용사가 있게 했다.
9 그가 여호와 앞에서 용감한 사냥꾼이 되었으므로 속담에 이르기를 아무는 여호와 앞에 니므롯 같이 용감한 사냥꾼이로다 하더라	9 그는 이런 자 곧 여호와 앞에서 사냥의 용사였다. 그리고 '여호와 앞에서 니므롯과 같은 사냥의 용사'라는 말이 전해졌다.
10 그의 나라는 시날 땅의 바벨과 에렉과 악갓과 갈레에서 시작되었으며	10 그리고 그의 왕국의 시작은 시날 땅의 바벨과 에렉과 악갓과 갈레에서였다.
11 그가 그 땅에서 앗수르로 나아가 니느웨와 르호보딜과 갈라와	11 그 땅으로부터 그는 앗수르로 나아갔다. 그리고 그는 니느웨와 르호보딜과 갈라를 세웠다.

12 및 니느웨와 갈라 사이의 레센을 건설하였으니 이는 큰 성읍이라	12 그리고 그는 니느웨와 갈라 사이의 레센을 세웠다. 그것은 큰 도시였다.
13 미스라임은 루딤과 아나밈과 르하빔과 납두힘과	13 그리고 미스라임은 루딤과 아나밈과 르하빔과 납두힘을 낳았다.
14 바드루심과 가슬루힘과 갑도림을 낳았더라 (가슬루힘에게서 블레셋이 나왔더라)	14 그리고 바드루심과 가슬루힘 - 그에게서 블레셋이 나왔다 - 그리고 갑도림을 (낳았다)

이것은 함의 후손들이 퍼져나가는 이야기이다. 그는 노아의 둘째 아들이었다. 함으로부터 30민족이 형성되었다.

성경에는 족보(계보)가 많이 나온다. 대표적인 예는 창세기 4장 5장 10장 11장 25장 35장 36장 46장 출애굽기 1장 6장 민수기 3장 룻기 4장 등이다. 이것은 어떤 인물이나 집단의 조상과 뿌리를 밝히는 내용으로 되어 있다. 이를 통해 사람과 사람 집단과 집단의 성격이나 관계가 드러난다.

그 형식은 크게 i) 병렬식(segmentäre Genealogie)과 ii) 직렬식(lineare Genealogie)이 있다.(송병현 123) iii) 이야기식(genealogische Erzählung)도 있다. 앞엣것은 동일한 세대(형제들)를 옆으로 나열하는 것이다.(예: 대상 2:1) 가운데 것은 한 사람의 후손을 여러 세대에 걸쳐 나열하는 것이다.(예 대상 3:10) 뒤엣것은 족보와 이야기가 함께 나오는 것으로 창 4:25-26; 5:1-8; 29:1-30:24 등이 있다. 앞의 형식 두 가지가 섞여 있는 예는 창세기 10-11장에 있다. 성경에 나오는 톨레도트의 형식을 살펴보면 다음과 같다.

톨레도트 tôlᵊdôt		
형식	히브리어	실례
톨레도트 형식	톨레도트	족보(창 5:1; 6:9; 10:1 등)
얄라드 형식	얄라드 능동	낳다, 낳게 하다(창 4:22)
	얄라드 수동 (+ 전치사 르)	00에게 000가 태어나게 되었다(창 4:18, 26)
벤 형식	벤 + 바트 (하야)	아들/ 딸(창 10:2; 스 7:1-5)
	벤 + 바트 (하야)	아버지/ 어머니(창 9:18b)
형제자매 형식	벤 + 바트 (하야)	형제/ 자매(창 4:21, 22)

이것을 기록하는 목적은 대략 일곱 가지다.(송병현 124-126)

i) 이스라엘과 주변 민족의 관계를 나타낸다. 이를테면 에돔과 이스라엘은 모두 이삭의 아들인 에서와 야곱에서 비롯되었으니 같은 핏줄이다.

ii) 독립적으로 존재하는 여러 가지 정보(자료)를 하나로 모은 것이다. 이를테면 창세기에 톨레도트란 말이 11번 쓰였다. 그 모든 것의 출처가 다 같을까? 아마 아닐 것이다. 이는 여러 경로로 모아진 자료를 하나로 묶어낸 것이리라.

iii) 이야기를 부분적으로 건너뛰면서 앞으로 빠르게 나가려는 것이다. 이를테면 창세기 5장이다. 이것은 아담 이래 노아에 이르는 몇 천 년의 세월을 간단하게 정리하며 건너뛰었다.

iv) 성경 이야기의 역사성(시대성)을 살리는 것이다. 이 책에 등장하는 이들은 가

공의 인물들이 아니며 실존인물이라는 것, 더 나아가 여기 기록된 사건들이 허위가 아니라 실제 역사라는 것을 말해주는 것이다.

v) 족보는 하나님의 말씀이 말씀 그대로 실현되었음을 보여준다.

vi) 구체적인 인물들을 통해서 이스라엘 민족의 뿌리와 정체성을 밝혀준다.

vii) 하나님의 백성의 역사는 산전수전을 겪으면서도 끊임없이 이어져나간다는 사실을 보여준다.

창세기가 톨레도트란 말을 많이 쓰며 족보를 기록한 데에는 이것들보다 훨씬 더 중요한 목적이 있다. 그것은 인간존재의 가치를 밝히려는 것이다. 족보는 우리 모두가 갖는 물음 곧 '우리는 누구에게서 그리고 어디로부터 와서 누구에게로 그리고 어디로 가는가'에 대한 대답을 준다. 창세기는 "인간은 하나님으로부터 왔다. 그리고 하나님께로 돌아간다"고 명쾌하게 밝힌다.(송병현 160) 이보다 더 인간존재의 소중함을 가르치는 말씀이 있을까?

함의 후손들 가운데에서는 니므롯이 단연 눈에 띈다.(8-12절) 이것의 뿌리가 mrd라면 그 뜻은 아마 '우리가 반역하리라'일 것이다.(WBC 413; Brueggemann 92) 그는 최초로 전제군주이자 대제국의 건설자였다. 성경은 그를 용감한 사냥꾼(끼뽀르 차이드)이라고 소개한다. 이는 사냥에 걸출한 인물을 가리킨다. '용감'이란 말(끼뽀르)은 용사, 강력한 자, 우두머리, 영웅 지도자 강포한 자 등 뜻한다.

니므롯은 강력한 권력을 지닌 자였다. "그는 이런 자 곧 여호와 앞에서 사냥의 용사였다. 그리고 '여호와 앞에서 니므롯과 같은 사냥의 용사'라는 말이 전해졌다."(9절 직역) 여기에 두 번 쓰인 '여호와 앞에서'(리프네 야웨)란 표현을 니므롯이란 낱말의 뿌리와 함께 읽는다면 아마 여호와께 맞서는 자 또는 거역하는 자라는 말맞이다. 그가 노아에게 저주를 받은 함의 후손이라는 점도 마음에 걸린다. 혹시 그는 노아 시대의 대홍수 이전에 자신의 강력함 힘을 믿고 하나님의 권위를 무시하는 부류를 대표하는 것일까?

10절의 시작이란 말(레쉬트)는 창세기 1:1의 첫 낱말이기도 하다. 시간(역사), 만물에 관한 율법에도 이것이 쓰였다.(레 2:12; 신 26:2) 이것은 종종 가장 좋은 것을 나타내는 질적인 의미로도 사용되었다.(맏배, 첫 물, 첫 열매) 바벨론과 앗시리아 등 메소포타미아와 그 주변 나라들의 기원도 그에게로 거슬러 올라간다. 이를 통틀어 예언자 미가는 '니므롯 땅'(미 5:6)이라 불렀다.

학자들은 니므롯이 구체적으로 누구를 가리키는가를 토론했다. 이하의 내용은 월튼의 입장에 따랐다.(539-541)

어떤 사람은 그를 바벨론의 수호신 마르둑이나 사냥 및 전쟁의 신 니누르타라고 보았다. 그를 신화적인 인물이나 역사적인 왕이라고 보는 사람들은 아카드의 사르곤 1세, 사사시대에 앗시리아를 다스리던 투쿨티-니누르타 1세, 길가메쉬, 고바빌로니아 왕국의 함무라비 왕 등으로 보았다. 이런 제안들 가운데 어느 것도 모든 사람을 설득시키지 못했다. 창세기 본문과도 거리가 멀다.

그의 정체를 알려면 다음과 같은 기준을 만족시켜야 한다. i) 이것은 개인의 이름 또는 칭호라는 것이다. ii) 용감한 사냥꾼이 무엇을 가리키는지 설명되어야 한다. iii) 그 나라 영토의 범위와 확장에 관한 역사적 자료를 제시해야 한다. iv) 함(구스) 계보와의 연관성을 어느 정도 밝혀야 한다. 만일 그를 투쿨티-니누르타 1세라고 한다면 위의 물음들 가운데 ii)에만 답변을 준다. i) 과 iii)에는 의문의 절반도 풀리지 않는다. 사르곤의 아카드 제국이란 설명은 겨우 하나 iii)에만 부합될 뿐인데, 그것도 턱없이 부족하다. 니누르타나 마르둑 신이라는 대답은 i)과 ii)에만 해당되는데, 이를 위해서는 신화적인 배경 이야기가 첨부되어야 한다.

우리는 그를 메소포타미아인이 이상적으로 여기는 강력한 왕 정도로 이해하고 넘어가는 것이 좋으리라.(WBC 413) 그는 자신의 영토 곧 시날을 넘어 앗시리아로 나갔다.(11절)

12절의 '이는 큰 성읍(도시)이라'(히 하이르 학그돌라)는 표현은 욘 1:2; 3:2-3에서 앗시리아의 수도 니느웨를 가리킬 때에 쓰였다.

오늘의 적용

여말선초 성석린은 '금강산 일만 이천 봉(일만이천봉 一萬二千峰) 높낮이가 제 각각일세(고저자부동 高低自不同)'라고 노래했다. 산천이 그렇듯이 사람의 성향과 수명은 물론 사는 곳도 살아가는 모습도 천차만별이다. 그 가운데에는 바람직한 것(롤모델)과 그렇지 못한 것이 있다. 유명해지는 것(famous)과 악명이 높아지는 것(notorious)이 있다. 수명의 길이보다 이런 것들이 훨씬 더 중요하다.

101

가나안 족속의 형성과 번성

(창 10:15–20)

개역개정	직역
15 가나안은 장자 시돈과 헷을 낳고	15 그리고 가나안은 자신의 장남인 시돈과 헷 (조상)을 낳았다.
16 또 여부스 족속과 아모리 족속과 기르가스 족속과	16 그리고 여부스 조상과 아모리 조상과 기르가스 조상과
17 히위 족속과 알가 족속과 신 족속과	17 히위 조상과 알가 조상과 신 조상과
18 아르왓 족속과 스말 족속과 하맛 족속을 낳았더니 이 후로 가나안 자손의 족속이 흩어져 나아갔더라	18 아르왓 조상과 스말 조상과 하맛 조상을. (낳았다) 그리고 나중에 흩어졌다, 그 가나안 족속의 가족들이.
19 가나안의 경계는 시돈에서부터 그랄을 지나 가사까지와 소돔과 고모라와 아드마와 스보임을 지나 라사까지였더라	19 그리고 가나안의 경계는 시돈에서 그랄 쪽으로 가사까지, 소돔과 고모라와 아드마와 스보임을 지나 라사까지였다.
20 이들은 함의 자손이라 각기 족속과 언어와 지방과 나라대로였더라	20 그들은 이런 자들 곧 함의 자손들이었다, 그들은 자기 나라 안에서 자기들의 가문들과 언어들에 따랐다.

이것은 고대 근동의 민족들이 형성되는 이야기이다. 여기에는 야벳 족속 14명, 함 족속 30명, 셈 족속 26명 등 모두 70명이 있다. 지명도 20곳이 언급되었다.

창 10장에 나오는 사람 이름들은 주로 개인이라기보다는 자기 그룹을 대표하는 경우가 적지 않다.(특히 창 10:15-17) 또 어떤 이름들은 도시 이름(이를테면 15절의 시돈) 지역이름(이를테면 4절의 달시스 6절의 미스라임 7절의 스바 등)과 같다. 이런 현상은 그리 특이한 것은 아니다. 이미 가인의 시대에 그의 아들 에녹이란 이름은 그가 쌓은 성(에녹)과 이름이 같았다.(창 4:17) 고대 바빌론의 함무라비 왕의 족보에 나오는 이름들 중에도 부족 명 또는 지역이름과 같은 것이 많이 있다.(Wilson, Genealogy and History 107-114; 웬튼 538)

15-19절에는 낳다는 말(얄라드)이 강의 수동형(푸알)이 아니라 능동 기본형(칼)으로 쓰였다. 그 해석도 '…을 위하여(…에게서) …가 출생되었다'가 아니라 '…가 …을 낳았다'로 자연스럽게 바뀌었다.

16절에는 다른 족보에는 쓰이던 않던 낱말이 등장했다. '조상, 족속'이란 말(미쉬페코트)란 말이 그것이다.

이스라엘에게 가나안이 중요 관심사였다는 것은 그들에 관해 이곳에 두 차례나 언급된 것으로 알 수 있다. 창세기 10장과 11장은 주요 낱말들을 공유했다. 이를 테면 흩어지다는 말(푸츠)이 10:18; 11:4, 5, 8에 쓰였다. 시날 땅(10:10; 11:2) 세우다(바나 10:11; 11:4, 5, 8)도 그 예이다. 에레츠란 말도 양쪽에 15번 쓰였다. 그 가운데 8번은 지구나 세상을(10:8, 25, 32; 11:1, 4, 8, 9[2x]), 7번은 땅을 가리킨다.(10:5, 10, 11, 20, 31, 32; 11:2)

여기에 쓰인 특징적으로 낱말들 가운데 나뉘었다(파라드 5, 32절)와 흩어졌다(푸츠 18절)는 말에 주목해 보자.

파라드(pārad)는 아카드말 파라두(pāradu = 스스로 구별되다) 이디오피아말 파라다(farada = 분리하다)에서 나와 나뉘다 갈라지다 가지치다는 뜻이다. 이것은 자손의 번성(5, 32절) 민족의 나뉨과 확산(창 25:23) 등 긍정적인 의미로 쓰인다. 그리고 분리된다는 뜻에서 갈라짐(창 2:10) 떠나감(창 13:9, 11; 삿 4:11; 룻 1:17) 등 중립적인 말맛이다. 때로는 산산이 부수다, 멸망하다 등 (시 22:14; 92:9) 등 부정적인 뉘앙스로 사용되었다. 창세기 10장에 이것은 하나님의 창조 목적이 실현되는 과정을 나타낸다. 하나님은 인간의 거주지의 경계를 정하셨으며, 그에 따라 살게 하셨다.

> 지극히 높으신 자가 민족들에게 기업을 주실 때에, 인종을 나누실 때에 이스라엘 자손의 수효대로 백성들의 경계를 정하셨도다(신 32:8)

> 인류의 모든 족속을 한 혈통으로 만드사 온 땅에 살게 하시고 그들의 연대를 정하시며 거주의 경계를 한정하셨으니(행 17:26)

5절에서 이것은 수동형(니팔)이다. 곧 민족들이 나누어진 것은 그들이 스스로 한 것이 아니라 하나님의 섭리에 따라 된 일이다.

푸츠(pūṣ) 흘러넘치다, 널리 퍼지다는 뜻의 아랍어 파다(fāda[i])에서 나왔다.(ThWAT VI 544)

> 어찌하여 네 샘물을 집 밖으로 넘치게 하며 네 도랑물을 거리로 흘러가게 하겠느냐(잠 5:16)

> 백성이 애굽 온 땅에 흩어져 곡초 그루터기를 거두어다가 짚을 대신하니(출 5:12)

그 땅에서 사면으로 퍼져 싸웠으므로 그 날에 수풀에서 죽은 자가 칼에 죽은 자보다 많았더라(삼하 18:8)

때로 이 낱말은 나파츠(nāpaṣ)로 그 뜻을 대신하거나, 나란히 쓰이기도 했다.

노아의 이 세 아들로부터 사람들이 온 땅에 퍼지니라(창 9:19)

푸츠란 말은 성경에서 긍정적으로도 부정적으로 쓰였다.

5 목자가 없으므로 그것들이 흩어지고(푸츠) 흩어져서(푸츠) 모든 들짐승의 밥이
되었도다 6 내 양 떼가 모든 산과 높은 멧부리에마다 유리되었고 내 양 떼가 온
지면에 흩어졌으되(나파츠) 찾고 찾는 자가 없었도다(겔 34:5-6)

창세기 10장에서 갈라지고 나뉘며 흩어지는 것은 곧 번영이요 활동 및 거주 영역의 확장이다. 자칫하면 누군가의 번영과 확장이 다른 누군가에게는 피해가 되고 장애가 된다. 인류 역사에는 이런 일이 수없이 되풀이 되었다. 이제 우리는 묻는다. "번영과 확장이 하나님의 영광과 인류공영에 이바지하는 길은 어디에 있는가?"

송익필(宋翼弼1534~1599)

未圓常恨就圓遲(미원상한취원지) 더디게 둥그는 것 언제나 한이더니
圓後如何易就虧(원후여하이취휴) 둥글어진 뒤 어찌 그리 쉬 이지러지나
三十夜中圓一夜(삼십야중원일야) 서른 날 밤 가운데 단 하룻밤만 둥그나니
百年心思摠如斯(백년심사총여사) 백년 인생의 맘과 일도 이와 똑 닮았네

이 세상에는 뿌리 없이 나온 사람이 하나도 없다. 누구나 다 하늘에서 떨어진 것도 땅에서 솟은 것도 아니다. 다 자기 조상(족속)을 통해 이 세상에 태어났다. 그리고 그 조상은 하나님으로부터 왔다. 사람의 건강 · 건전한 인생은 자신의 뿌리를 알고 제대로 받아들이는데서부터 출발한다.

이에 비추어 볼 때 '생육하고 번성하여 땅에 충만하라'는 하나님의 말씀은 나(우리)에게 어떻게 적용되고 있는가? 나(우리)의 개방성과 포용성의 범위는 어디까지 일까?

102

셈족의 갈래들

(창 10:21–32)

개역개정	직역
21 셈은 에벨 온 자손의 조상이요 야벳의 형이라 그에게도 자녀가 출생하였으니	21 그리고 셈에게 두 아들이 낳아졌다. 그는 이런 자 곧 그 역시도 에벨의 모든 자손의 아버지였다. 그는 야벳의 형이었다.
22 셈의 아들은 엘람과 앗수르와 아르박삿과 룻과 아람이요	22 그리고 셈의 아들들은 엘람과 앗수르와 아르박삿과 룻과 아람이었다.
23 아람의 아들은 우스와 훌과 게델과 마스며	23 그리고 아람의 아들들은 우스와 훌과 게델과 마스였다.
24 아르박삿은 셀라를 낳고 셀라는 에벨을 낳았으며	24 그리고 아르박삿은 셀라를 낳았다. 그리고 셀라는 에벨을 낳았다.
25 에벨은 두 아들을 낳고 하나의 이름을 벨렉이라 하였으니 그 때에 세상이 나뉘었음이요 벨렉의 아우의 이름은 욕단이며	25 그리고 에벨에게서 두 아들이 태어났다. 그 하나의 이름은 벨렉이다. 왜냐하면 그의 때에 그 땅이 나뉘었기 때문이다. 그리고 그 형제의 아름은 욕단이었다.]
26 욕단은 알모닷과 셀렙과 하살마웨과 예라와	26 그리고 욕단은 욕단은 낳았다, 알모닷과 셀렙과 하살마웨과 예라와

27 하도람과 우살과 디글라와	27 하도람과 우살과 디글라와
28 오발과 아비마엘과 스바와	28 오발과 아비마엘과 스바와
29 오빌과 하윌라와 요밥을 낳았으니 이들은 다 욕단의 아들이며	29 오빌과 하윌라와 요밥을. 이들 모두가 다 욕단의 아들들이었다.
30 그들이 거주하는 곳은 메사에서부터 스발로 가는 길의 동쪽 산이었더라	30 그리고 그들의 거주지는 메사로부터 스발 방향으로 동쪽 산간 지방까지였다.
31 이들은 셈의 자손이니 그 족속과 언어와 지방과 나라대로였더라	31 이들은 곧 셈의 아들들이었다. 그들은 자기 가문들과 자기 언어들에 자기들의 땅 곧 자기 나라 안에서 있었다.
32 이들은 그 백성들의 족보에 따르면 노아 자손의 족속들이요 홍수 후에 이들에게서 그 땅의 백성들이 나뉘었더라	32 그들은 자기들의 계보에 다라 자기들의 민족대로 노아의 아들들의 가문들이었다. 그리고 그들로부터 그 땅 안의 그 민족들이 나누어졌다, 그 홍수 후에.

이것은 셈의 후손들이 확장되는 이야기이다. 그는 노아의 셋째 아들이었다. 그에게서 26개 민족이 나왔다. 그들이 번성하여 나중에 70개 민족이 형성되었다.(창 46:27; 출 24:1-9 참조)

참고로 야벳 함 셈의 계보(창 10:1 노아의 아들 셈과 함과 야벳의 족보는 이러하니라)와 그 특징들을 살펴보면 다음과 같다.

	야벳 (막내 아들)	함 (둘째 아들)	셈 (맏아들)
성경	창 10:2-5	창 10:6-20	창 10:21-31
아들의 수	7명	네 명	셈 (맏아들)
전체 인원	14명	30명	26명
세대의 수	3대	4대	6대
특징적인 인물	-	니므롯 (창 10:8-12)	벨렉(창 10:25)
약속 실현	… 여러 나라 백성으로 나뉘어서 각기 언어와 종족과 나라대로… (창 10:5)	18 … 이 후로 가나안 자손의 족속이 흩어져 나아갔더라 … 20 각기 족속과 언어와 지방과 나라대로였더라(창 10:18, 20)	25 … 그 때에 세상이 나뉘었음이요… 31 그 족속과 언어와 지방과 나라대로였더라(창 10:25, 31)
결론 형식	-	이들은 함의 자손이라 각기 족속과 언어와 지방과 나라대로였더라(창 10:20)	이들은 셈의 자손이니 그 족속과 언어와 지방과 나라대로였더라(창 10:31)
10장의 머리말	노아의 아들 셈과 함과 야벳의 족보는 이러하니라 홍수 후에 그들이 아들들을 낳았으니(창 10:1)		
10장의 결론	이들은 그 백성들의 족보에 따르면 노아 자손의 족속들이요 홍수 후에 이들에게서 그 땅의 백성들이 나뉘었더라(창 10:32)		

위 표에서 보듯이 노아의 후손이 모두 70명으로 나와 있다. 이 또한 매우 의미 있는 숫자다. 숫자 70은 이상적인 숫자다. 그것은 완전함과 충만함을 내포한다. 엘림의 종려나무 70그루(출 15:27) 기드온의 아들 70명(삿 8:30) 아합의 아들 70명(왕하 10:1) 이스라엘 장로 70인(민 11:16-25) 예수님의 칠십 문도(눅10:1) 등이 있다. 뿐만 아니라 칩십 이레(단 9:24) 바벨론 포로 70년(렘

29:10) 엘림의 종려나무 70주(출 15:27) 등 70이란 숫자는 특별한 의미로 사용되었다.

70이란 숫자(쉬브임)는 본디 숫자 7(쉐바)과 관련이 깊다. 쉐바(샤바)에는 저주하다는 뜻과 맹세하다는 뜻이 같이 들어 있다. 발음이 비슷한 사바에는 충만하다는 뜻이 있다. 아브라함은 아비멜렉과 언약을 맺을 때 서로 맹세하면서(창 21:24) 암양 새끼 일곱을 썼다.(창 21:29) 그곳 우물에 브엘세바(브에르쉐바 = 맹세의 우물 혹은 일곱의 우물)이라고 이름을 붙였다. 이는 숫자 7과 그 숫자의 의미를 긴밀하게 연관시킨 예이다. 숫자 7이 맹세나 저주와 깊이 관련된다는 것은 예레미야의 70년 예언 이해를 위해서도 매우 흥미로운 일이다. 그것은 예레미야의 70년이 언약파기로 인한 저주의 완전한 숫자를 의미하기 때문이다.

히브리 말에서 숫자 7은 완성, 완전함, 신적인 충만함, 만족인 동시에 복이요 안식이요 거룩함이다.

> 1 천지와 만물이 다 이루어지니라 2 하나님이 그가 하시던 일을 일곱째 날에 마치시니 그가 하시던 모든 일을 그치고 일곱째 날에 안식하시니라(창 2:1-2)

수메르 말이나 아카드 말에서 숫자 7은 온전함과 전체를 가리킨다. 우가릿 말에서도 이것은 완성 완결을 나타냈다. 숫자 7은 완전을 가리키는 숫자 3과 4가 합쳐진 것이다. 3은 삼위일체에서 확인할 수 있듯이 하나님 또는 하늘을 가리키는 완전수다. 4는 땅 또는 세상 또는 사방을 뜻하는 완전수다.

이집트로 피난 간 야곱의 가족은 70명이다. 이는 단순한 숫자가 아니다. 그것은 하나님의 백성으로 수없이 불어나고, 하나님의 민족으로 새롭게 형성될 씨앗(기초)이었다.

예언자 예레미야는 유다 백성의 바빌론 포로기간이 70년이라고 했다. 이것은 하나님과 맺은 언약을 깨뜨린 하나님의 백성이 겪어내야만 할 저주받은 시간이었다.

1 너희의 하나님이 이르시되 너희는 위로하라 내 백성을 위로하라 2 너희는 예루살렘의 마음에 닿도록 말하며 그것에게 외치라 그 노역의 때가 끝났고 그 죄악이 사함을 받았느니라 그의 모든 죄로 말미암아 여호와의 손에서 벌을 배나 받았느니라(사 40:1-2)

예언자 이사야는 그 저주의 기간에 노역을 치르는 하나님의 백성을 위로하는 역할을 맡았다. 이와 관련하여 예언자 예레미야와 이사야는 모두 '끝나다 마치다'는 말(말레)로 70년 뒤에 하나님께서 열어 가실 새로운 미래를 보여주었다. 예언자 스가랴에게도 이 70년은 중요한 의미를 지녔다.

12 여호와의 천사가 대답하여 이르되 만군의 여호와여 여호와께서 언제까지 예루살렘과 유다 성읍들을 불쌍히 여기지 아니하시려 하나이까 이를 노하신 지 칠십 년이 되었나이다 하매 13 여호와께서 내게 말하는 천사에게 선한 말씀, 위로하는 말씀으로 대답하시더라(슥 1:12-13)

하나님께서 예언자 예레미야를 통해 선포하신 70년(바빌론 포로기간)을 역대기는 '땅의 안식'으로 나타냈다.

20 칼에서 살아남은 자를 그가 바벨론으로 사로잡아가매 무리가 거기서 갈대아 왕과 그의 자손의 노예가 되어 바사국이 통치할 때까지 이르니라 21 이에 토지가 황폐하여 땅이 안식년을 누림 같이 안식하여 칠십 년을 지냈으니 여호와께서

예레미야의 입으로 하신 말씀이 이루어졌더라(대하 36:20-21)

유다 땅은 바빌론 포로를 당하면서 70년 동안 오히려 잠재력을 키워 새롭게 도약할 준비를 했다. 이것이 하나님의 심판이 지니는 긍정적인 힘이다.

70이란 숫자는 다니엘을 통해서도 창조적인 의미로 알려졌다.

네 백성과 네 거룩한 성을 위하여 일흔 이레를 기한으로 정하였나니 허물이 그치며 죄가 끝나며 죄악이 용서되며 영원한 의가 드러나며 환상과 예언이 응하며 또 지극히 거룩한 이가 기름 부음을 받으리라(단 9:24)

이와같이 성경 속 숫자는 연대(시간, 날짜) 수치 수량 등의 산술적 내용을 뜻하기도 하지만 기독교만의 상징을 나타내는 기능도 한다. 때로 그것은 영적인 의미를 전달하는 도구로 쓰였다.

4 몸이 하나요 성령도 한 분이시니 이와 같이 너희가 부르심의 한 소망 안에서
부르심을 받았느니라 5 주도 한 분이시요 믿음도 하나요 세례도 하나요 6 하나
님도 한 분이시니 곧 만유의 아버지시라 만유 위에 계시고 만유를 통일하시고
만유 가운데 계시도다(엡 4:4-6)

여기에는 '하나'라는 숫자가 여러 차례 등장한다. 하나란 무엇일까? 그것은 '하나 · 둘 · 셋…'을 셀 때의 하나가 아니다. 그것은 '매우 특별한, 유일한' 존재를 가리킨다. 더 나아가 흩어지지도 나누어지지도 않은 '온전한 일치'다. 그것은 전체를 하나로 통일시키는 힘이요, 완성에 이르는 길이다. 그것

은 전체 속에 있는 개체 하나 하나를 배려하고 살피는 능력이다. 그러므로 하나는 곧 '모든 것'이다. 모든 것이 그 하나로부터 배태되고 시작되며 세워지며 성취되기 때문이다. 4-5절의 하나는 6절의 만유와 상호작용을 한다.

《몽구 蒙求》〈배해청통 裴楷淸通〉에 나오는 말이다. "진(晉)나라 문제가 죽고 아들 무제가 즉위한 뒤 천자의 세대가 얼마나 갈지 점을 쳤다. 그때 하나(一)라는 점괘가 나왔다. 무제는 불길하다며 언짢은 표정을 지었다. 신하들도 두려움에 안색이 변했다. 그러자 배해가 나서서 말했다. '폐하, 저는 이렇게 알고 있습니다. 하늘은 하나를 얻음으로 맑아지고, 땅은 하나를 얻음으로 평안해지며, 임금은 하나를 얻음으로 천하를 지킨다(천득일이청 天得一以淸 지득일이녕 地得一以寧 왕후득일이위천하정 王侯得一以爲天下貞)는 말이 『노자』에 있습니다. 그러니 이는 좋은 징조라고 할 수 있습니다.' 무제가 크게 기뻐하였다."

그가 말한 내용은 『노자 老子』 39장에 있다. "옛날에 하나를 얻은 자들이 있다. 하늘은 하나를 터득해서 맑다. 땅은 하나를 터득해서 편안하다. 신은 하나를 터득해서 신령스럽다. 골짜기는 하나를 터득해서 충만하다. 만물은 하나를 터득해서 생장한다. 임금은 하나를 터득해야 비로소 천하를 바르게 다스린다. 그리 되게 하는 것이 바로 하나다.(석지득일자 昔之得一者 천득일이청 天得一以淸 지득일이녕 地得一以寧 신득일이영 神得一以靈 곡득일이성 谷得一以盈 만물득일이생 萬物得一以生 후왕득일이위천하정 侯王得一 以爲天下貞 기치지일야 其致之一也)"

하나님은 인간에게 "생육하고 번성하여 땅을 채우라"고 복을 주셨다. 이 축복의 말씀은 창세기 원역사(1-11장)에 세 번 되풀이 나온다.(1:28; 9:1, 9) 그것은 창세기 10장에 이르러 구체적으로 실현되었다. 창세기 10장은 번성 · 번영을 복으로 받아들인다. 그 결과로 흩어지고 퍼져나가는 역시 하나님께서 주시는 복이다.

이 과정에서 인간의 나약함이 노출되기도 했다. 그들은 자기만의 세계, 자기가 속한 집단만의 이익을 관철시키려 들곤 했던 것이다. 이렇게 집단 이기주의로 뭉친 이들은 '하고자 하는 것은 무엇이든 못할 일이 없을'(11:6) 정도였다.

성경에서 70은 세상 모든 나라를 상징하는 동시에 하나님의 계획과 섭리를 나타내는 숫자다. 우리는 여기서 모든 나라와 민족을 아담 및 노아로부터 유래하는 한 뿌리로 보는 놀라운 혜안을 발견한다. 이런 내용은 성경에만 실려 있다. 고대 근동 문헌에는 나오지 않는 매우 독특한 것이다.(Westermann 670)

오늘의 적용

창세기 10장은 인류가 한 사람으로부터 번성하고 퍼져나간 것을 보여준다. 이는 지구촌의 모든 사람의 뿌리가 하나라는 뜻이다. "천지여아동근(天地與我同根) 만물여아일체(萬物與我一體)"란 말이 있다.(승조 僧肇: 374~414, 후진 後晉) "하늘과 땅이 나와 같은 뿌리요, 만물이 나와 더불어 한 몸이라"는 뜻이다. 장자는 "천지여아병생(天地與我竝生) 이만물여아위일(而萬物與我爲一)"이라고 했다.(〈내편(內編) - 제물론편(齊物論篇)〉) " 하늘과 땅은 나와 더불어 생겼고, 온갖 사물도 나와 하나가 된다"는 말이다.

사람은 죄를 지으며 살아가는 연약함에서도 하나요, 하나님의 섭리를 이루어나가야 하는 데서도 하나이다. 더 나아가 각 사람이 다 구원받을 대상이요, 하나님의 쓰임을 받을 존재라는 뜻이다. 자연과만물도 다 이러하다.

하나님은 죄인을 구원하여 하나님의 형상을 빛내는 사람으로 재창조하려는 원대한 계획을 세우셨다. 그분은 이 일을 모든 인류 중에서 특별히 셈의 후손으로부터 다시 시작하셨다.

103

바벨탑

(창 11:1–4)

개역개정	직역
1 온 땅의 언어가 하나요 말이 하나였더라	1 그리고 이러하였다. 그 모든 땅에 오직 하나의 언어가 있었고 한 가지 말만 있었다.
2 이에 그들이 동방으로 옮기다가 시날 평지를 만나 거기 거류하며	2 그리고 그들이 동편으로 이동하였다. 그리고 시날 땅에서 골짜기를 발견하여 거기 살았다.
3 서로 말하되 자, 벽돌을 만들어 견고히 굽자 하고 이에 벽돌로 돌을 대신하며 역청으로 진흙을 대신하고	3 그리고 사람들이 서로 말하였다. '자, 우리가 벽돌을 만들고 단단하게 굽자.' 그리고 그들에게 돌 대신에 벽돌들이 있었다. 그리고 그 진흙 대신에 역청이 있었다.
4 또 말하되 자, 성읍과 탑을 건설하여 그 탑 꼭대기를 하늘에 닿게 하여 우리 이름을 내고 온 지면에 흩어짐을 면하자 하였더니	4 그리고 그들이 말하였다. '자, 우리가 우리를 위하여 짓자, 성과 그것의 꼭대기가 그 하늘에 닿는 탑을. 그리고 이름을 우리를 위하여 만들자. 그 모든 지면 위에 흩어지지 않게 하자.'

이것은 그 유명한 바벨탑 이야기의 첫 막이다. 어떤 사람이 싫어지면, 우리는 그 사람 하는 짓을 몽땅 다 밉게 본다: 우는 것도 웃는 것도, 잘하는 것

도 못하는 것도. 교회나 단체도 마찬가지다. 어느 교회나 다 잘하는 부분과 잘못하는 영역이 있다. 부정적인 시각을 가진 사람은 잘못하는 것 서너 가지를 보고는 다 싸잡아서 "교회가 틀렸다, 문제가 많다" 고 말한다. 우리는 이렇게 하기보다는 a는 a대로, b는 b대로 구분하여 분별할 필요가 있다. 창 11:1-9는 사람들의 대화와 계획(1-4절), 하나님의 협의와 계획(5-9절)로 나누어진다. 그 가운데 창 11:1-4절을 하나씩 짚어보자:

1. 사람들이 모두 한 가지 말을 썼다. 낱말도 같았다(1절).
2. 동쪽에서 옮겨왔다(이동 2a).
3. 한 들판(시날평야)에 이르러 자리를 잡았다(이주 및 정착 2b).
4. 서로 의논하였다(3a, 4a)
5. 돌 대신에 벽돌을 쓰고, 흙 대신에 역청을 사용하였다(3bc).
6. 도시와 탑을 세웠다(4bc).
7. 이름을 날리고자 하였다(4d).
8. 온 땅에 흩어지지 않으려 하였다(4e).

창세기 11:1-9에서 두 번째 낱말과 마지막 낱말이 '온 땅(온 세계 = 콜 하아레츠)'이다. 창 11:1은 '그리고 (옛날 옛날에) 온 세상이 이러하였다. 곧 (모두가) 같은 말을 하였다. 그리고 같은 낱말들을 쓰고 있었다(직역)' 라고 전한다. 이는 바벨탑 이야기의 무대가 온 세상이라는 뜻이다. 어떤 사람들은 그 무대를 어떤 마을(이르)과 그 탑(믹달)으로 축소시킨다.(물론 이 이야기에는 어떤 특정한 지역과 세상 전체에서 일어난 일이 팽팽한 긴장관계를 이루고 있다) 그 결과 이 이야기의 주제를 하나님을 대적하는 인간의 교만이라고 결론짓는다. 곧 이 바벨탑을 세우는 의도는 피조물인 인간이 하늘에 닿고자 하는 것, 곧 피조물인 인간이 감히 창조주이신 하나님의 영역에 도전하는, 신성을 모독하는 교만(hybris) 이라는 것이다. 이런 입장에서 폰 라드는 원역사(창 1-11장)의 다른 곳에는 징벌과 함께 은혜로운 보전이 기록되었고 "그 마지막 부분, 곧 바벨탑 이야기에서 만큼은, 위로와 보전이 전혀 없이, 인류에 대한 하나님의 가혹한 처벌로 마감되었다"(von Rad 117) 라고 말하였다. 정말 그럴까?

우리말로 '도시 또는 성'이라 번역되는 말(이르)은, 구약성경에 1092번 나오는데, 인간의 주거와 관련된 다의어(多意語)이다. 이를테면 HAL은 넓은 의미에서 거주지 또는 거주민을 가리키는 이 낱말이 i) (크기나 규모에 관계없이 일반적인) 거주지 ii) 도시 안의 구역(지구) iii) 주민 iv) 지명 등을 가리킨다고 하였다.(HAL, 1995. 776-777쪽) 그 사전에 따르면 i) 거주지는 다시 ① 방어시설이 없는 촌락(신 3:5); ② 방어시설을 갖춘 도성, 도시(레 25:29); ③ 생활 시설을 제대로 갖춘 도시(왕하 6;19); ⑥ 유목민의 체류지 (삼상 15:5) 등으로 나누어진다.

이 말이 ii) 시내의 구획 또는 보호구역 등을 의미할 때, 우가릿어 'r (ġr = 보호하다)의 의미가 잘 살아난다.(잠 10:2) 또한 이 낱말은 예루살렘 전체 혹은 예루살렘의 남동부 기슭을 가리키기도 한다.(삼하 6:10) 이 낱말이 iii) 거류민(주민)을 가리킬 때에는 집합명사로서 국적 신분 지위 성별 등을 구별하지 않고 그 지역의 인구 전체를 나타내곤 한다. 이 밖에도 '이르' 는 여러 가지 다른 낱말과 합쳐서 복합어로 쓰이는데(사 19:18 = 태양의 성읍, 멸망의 성읍) 그때마다 뉘앙스의 차이가 생겨난다.

정리하자면, 여기서 도시(또는 성)라는 말은 i) 인간의 크고 작은 주거지 ii) 성으로 둘러싸인 도시(항구적인 거류지), 시내 또는 성(벽)이 없는 평범한 거주지 iii) 도시 주민 iv) (지명과 함께) 지명 또는 마을 이름 등 다양하게 사용되었다. 이는 인간이 모여 사는 거주지요, 다양한 계층이 한데 모여 사는 도시(마을)을 나타낸다.

이런 뜻으로 미루어 볼 때 도시 또는 탑을 건설하거나 또는 문화(문명)의 발달 자체를 곧 인본주의 교만 심판의 대상이라고 몰아세우는 것은 어딘지 어설프다.

위의 8가지 내용을 자세히 살펴보니까, 심판받을 만한 대상은 ① "이름을 날리고자 한" 것(웨나아세 라누 쉠 = 그리고 우리 자신을 위하여 이름을 만들자)과 ② "온 땅에 흩어지지 않으려 하였다"(펜 나푸츠 알 프네 콜 하아레츠) 는 두 가지로 요약된다.

> **조명풍 (釣名諷 = 명성을 낚는 것에 대한 풍자)**
>
> 낚시질은 물고기를 먹으려는 것이지만
> 이름 낚아 무슨 이익을 보려는지
> 이름은 바로 실체의 객이니
> 주(실상) 있으면 저절로 객이 주인되네
> 실체 없으면서 헛이름만 누리며
> 결국 그 몸에 괴로움 되네 (이규보, 1168-1241)

첫째로 '자신의 이름을 얻다, 이름을 날린다'는 말에는 긍정적인 면과 부정적인 면이 있다. 흔히 '호랑이는 죽어서 가죽을 남기고 사람은 죽어서 이름을 남긴다'는 말은 사람이 자기 이름을 남기려는 마음으로 인생을 살 때, 스스로 삼가고 조심함으로써, 건전한 인생을 산다는 뜻이다. 그렇지만 지나친 명예욕은 허명(虛名)을 탐하거나, 위선 또는 추악한 자리다툼으로 나타난다. 그래서 이시선(李時善 1625-1715)은 명명(名銘, 이름을 경계하는 글)이란 글에서 "실상이 없으면서 이름을 얻는 자는, 마치 높은 나무에 올라가 사방을 바라보는 것과 같다. 한 때 유쾌할지 모르나, 폭풍이 불어오면 두려울 수밖에 없으리라" 하였다.

허명(虛名), 명불허전(名不虛傳), 명실상부(名實相符) 정명순행(正名順行) 명체불이(名體不離) 기세도명(欺世盜名) 등 명예(이름)와 관련된 격언이 참 많다. 바벨탑을 쌓던 사람들은 스스로 이름을 내려다가 오히려 악명만 높아졌다.

그러나 하나님의 부르심에 순종하여, 그 분이 부르신 목적과 뜻을 살려 나갔던 아브라함의 명성은 아주 높아졌다. 하나님께서 자신에게 복을 주시며 자기 이름을 높여주실 것을 믿는 아브라함은 세상적인 이익을 취할 수 있는 기회가 왔을 때에도 '이익'을 따라 움직이는 대신에 '믿음'(義)을 따라 움직였다.(공자도 '견리사의' 見利思義 = 이익이 눈앞에 보이거든 정의를 생각하라)고 가르쳤다) 창세기에는 그 예가 여러 차례 나온다:

계기가 된 일	아브라함의 선택	성경본문
아브람의 목자와 롯의 목자 사이에 다툼이 생겼을 때	우리는 한 친족이라 나나 너나 내 목자나 네 목자나 서로 다투게 하지 말자 네 앞에 온 땅이 있지 아니하냐 나를 떠나가라 네가 좌하면 나는 우하고 네가 우하면 나는 좌하리라(창 13:8-9)	창 13:5-18
멜기세덱이 전리품을 가지라고 권유할 때	천지의 주재이시요 지극히 높으신 하나님 여호와께 내가 손을 들어 맹세하노니 네 말이 내가 아브람으로 치부하게 하였다 할까 하여 네게 속한 것은 실 한 오라기나 들메끈 한 가닥도 내가 가지지 아니하리라(창 14:22-23)	창 14:17-24

사라의 무덤을 장만할 때	당신이 합당히 여기면 청하건대 내 말을 들으시오 내가 그 밭 값을 당신에게 주리니 당신은 내게서 받으시오 내가 나의 죽은 자를 거기 장사하겠노라(창 23:13)	창 23:3-20

모세도 하나님의 백성과 함께 고난받기를 잠시 죄악의 낙을 누리는 것보다 더 좋아하였다(히 11:24-26 참조).

둘째로 바벨탑을 쌓던 사람들을 하나님이 흩어지게 만드셨다는 점에서, "온 땅에 흩어지지 않으려 하였다"는 것이 곧 심판의 주요한 대상이다. 이 말을 좋게 받아들이면 단결이 잘되는 것이고, 나쁘게 말하면 자기들끼리만 뭉치고, 자기들끼리만 무엇을 독차지하겠다는 태도다.(폐쇄성, 편협성) 하나님은 인간에게 '생육하고 번성하여 땅에 충만하게' 하려는 목적을 세우셨다.

움베트토 에코는《장미의 이름》에서 말한다.

> 우주가 아름다운 까닭은 다양한 현상 가운데에도 통일된 법칙이 하나 있기 때문이기도 하겠지만, 그 통일된 법칙이 놀랍도록 다양한 현상을 만들어내기 때문일 수도 있다.

지난 날 우리나라도 "뭉치면 살고 흩어지면 죽는다(총화단결)"는 말을 많이 하였다. 그 때 그 말은 매우 전투적인 뜻이었다. 사실 이 말 자체만 놓고 보면, 경우에 따라 유익하기도 하고, 매우 위험하기도 하다. 예를 들어 게르만 민

> 창 11:9에서 바벨이란 말은 아카드어(밥루 bab-lu)에서 신의 문(Gottespforte), 신바빌론어(밥일라니 bab-ilani)에서 신들의 문(Götterspforte)를 뜻이다. 히브리말로 이것은 오다(보)와 혼란스럽다, 뒤섞다(발랄)란 낱말이 합쳐진 것이다.

족주의를 중심에 놓고 독일민족이 뭉쳤을 때, 나치시대가 열렸다. 이 밖에도 인류 역사에는 국가(민족)의 이익이 사람의 생각과 시야를 협소하게 만들 뿐만 아니라, 인간존중의 정신과 인권을 무시하는 예가 수없이 많았다. 곧 인간을 중심으로, 이데올로기를 중심으로 행동한다면, 뭉쳐도 문제, 흩어져도 문제이다. 교회 안에도 끼리끼리는 잘 뭉치는 데, 전체 교회의 분위기를 고려하지 않는 사람들이 있다. 그리고 자신이 나가는 교회에 대한 자부심은 대단한데 비해, 다른 교회나 다른 교인들을 인정하지 않으려는 편협한 모습도 보인다.

오늘의 적용

시날 평야 사람들은 스스로 이름을 내려다가 악명만 높아졌다. 성경은 각 민족들 가운데 셈족, 그 가운데서도 한 무리 곧 우르를 떠나 하란으로 간 데라의 집안에 초점을 둔다.(창 11:10이하) 하나님은 아브라함을 흩어져(고향과 친척과 아비의 집을 떠나) 넓은 세상에서 사람들과 폭넓게 사귀며 살라고 불러내셨다. 그에게 복을 주시며 그의 이름을 창대하게 해주시마고 약속하셨다.(창 12:2) 실제로 그는 세계 3대 종교(기독교 유대교 이슬람교)에서 믿음의 조상이 되었다. 만물에게 이름을 주신 하나님(엡 3:14 참조)은 그의 이름을 위대하게 만드셨다.

탈무드는 말한다. '사람은 세 가지 이름을 갖는다: 양친이 태어났을 때 붙여 주는 이름, 친구들이 우정을 담아 부르는 이름, 생애를 마친 뒤 주어지는 명성(名聲).' 우리(나)의 이름은 어떨까?

명성을 낚으려는 자 치고 덕 있고 유능한 사람 없다.(鉤名之人, 無賢士焉(구명지인, 무현사언)

『관자』(管子) 「법법」(法法)에 나오는 말이다. 이에 이어 관중은 "이익을 구하는 군주 치고 왕업을 이루는 군주는 없다. 현명한 사람의 행동은 그 몸을 바르게 하지 그 명성은 잊는다. 왕업을 이루는 군주는 도를 행하되 공을 생각하지 않는다"고 했다. 만일 그가 하는 일이 옳다면 그에 따른 명예나 이익은 염두에 두지 않아야 제대로 행할 수 있다. 옛사람들도 명성을 추구했고 필요로 하기도 했다. 다만 명성이 실질을 앞지르는 것(명성과실 名聲過實)을 경계했다. 명성은 실제 선행과 함께 올 때에만 오래 가는 법이다.

104
찾아오시는 하나님

(창 11:5–6)

개역개정	직역
5 여호와께서 사람들이 건설하는 그 성읍과 탑을 보려고 내려오셨더라	5 그리고 여호와께서 내려 오셨다, 그 사람의 아들들이 짓는 그 성과 그 탑을 보시려고.
6 여호와께서 이르시되 이 무리가 한 족속이요 언어도 하나이므로 이같이 시작하였으니 이 후로는 그 하고자 하는 일을 막을 수 없으리로다	6 그리고 여호와께서 말씀하셨다. '보라, 모두가 한 민족이고 한 언어이다. 그리고 그들이 이렇게 행하기 시작하였다. 자 이제는 막아내지 못하리라, 그들이 행하려고 꾀하는 모든 것을.

이것은 바벨탑을 짓는 인간에게 하나님께서 직접 찾아오시는 이야기이다. 바벨탑 이야기의 중심은 이것이다. 이 이야기의 다음과 같은 짜임새에 관해서는, 구체적인 내용에 차이가 조금 있더라도, 거의 모든 사람이 다 동의한다.

당시 사람들끼리는 소통(모의)이 잘 이루어졌다. 그 반면에 하나님과의 소통은 전혀 이루어지지 않았다. 하나님 뜻에 어긋나는 소통이 활발한 곳에서는 당연히 하나님과 대화가 이루어질 리가 없는 것일까?

가 온 땅의 언어가 하나요 말이 하나였더라(11:1)

나 거기(11:2)

다 '서로'(11:3)

라 '자, 벽돌을 만들어 견고히 굽자'(11:3)

마 '자, 우리가 우리를 위하여 짓자'(11:4)

바 성읍과 탑(11:4)

사 그리고 여호와께서 내려 오셨다(11:5)

바' 성읍과 탑(11:5)

마' 그 사람의 아들들이 짓는(11:5)

라' '자, 그들의 언어를 혼동하게 하자'(11:7)

다' 서로(11:7)

나' 거기서(11:8)

가' 온 땅의 언어를 혼잡하게 하셨음이니라(11:9)

위에서 보듯이 창11:1-9의 핵심은 인간세상을 찾아오시는 하나님이시다. 하나님은 인간을 찾아오시는 분이다. 하나님은 죄를 짓고 숨어 사는 아담과 하와에게, 거절당할 예물을 드린 가인 그리고 동생을 죽인 가인에게, 아브라함에게,

그리고 소돔과 고모라의 성의 롯에게 찾아오셨다. 사람을 찾아오시는 하나님의 모습은 독생자 예수님의 탄생에서 절정을 보여주었다.

사람들은 탑과 도시를 건설하여 자신의 생활기반을 든든히 세우고자 했다. 자기들 말고 다른 이들이 거기 들어와 함께 어울려 살지 못하게 자기들만의 아성을 굳건하게 쌓으려 했다. 그들은 하고자 하는 바를 반드시 이루려는 의욕과 힘을 가지고 있었다.(7절)

그 천박한 곳으로 하나님께서 몸소 내려 오셨다. 그 목적은 무엇인가? 세상에서 바벨탑을 쌓으며 사는 사람들을 영원한 하나님의 도성으로 인도하시기 위함이다.

내려오다는 말(야라드)은 종종 하나님의 나타나심을 가리킨다. 출애굽 한 이스라엘 백성이 시내산에 이르렀을 때 하나님께서 그들에게 내려 오셨다.(출 19:11)

그가 또 하늘을 드리우시고 강림하시니 그의 발 아래는 어두캄캄하도다(시 18:9)

이 낱말은 또한 사람이 산에서 내려오거나(출 19:14) 어떤 장소에 일정한 목적을 가지고 가는 것(룻 3:3)을 나타내기도 한다. 때로는 자연현상 곧 이슬리 내리는 것을 묘사하기도 한다.(민 11:9)

사람은 자신의 거처(생활터전)를 든든히 세우려는 본성을 가지고 있다. 더 많이 소유하려는 속성을 타고 났다. 튼튼하고 넓고 큰 집을 마다할 사람은 아무도 없다. 그렇더라도 인생의 목표가 그런 것이라면, 너무나 초라하다. 장차 '네가 무엇을 하다 왔느냐, 너는 무엇을 소유하다 왔느냐'고 하나님께서 물으실 때, 아파트 몇 평, 통장 잔고 얼마, 성도 몇 천명(몇 만명) 등 세상에 속한 숫자 밖에 대답할 것이 없다면, 참 부끄러울 것이다.

믿음의 조상들은 더 나은 본향, 하나님께서 친히 마련해 놓으신 처소를 바라보며, 이 땅에서는 외국이자 나그네로 살았다(히 11:13-16). 특히 요한계시록 22장에는 하나님께서 성도를 위해 예비하신 거처(도성)에 관한 말씀이 나온다(계 21:22-26). 하나님이 주실 영원한 거처를 바라보는 사람은 '초막이나 궁궐이나 내 주 예수 모신 곳이 그 어디나 하늘나라'라는 심정으로 살아갈 것이다.

바벨탑을 쌓는 사람들에게 하나님은 직접 내려오셨다.(창 11:5, 7) 그리고 창조 때부터 주신 복(창 1:28; 9:1, 9)을 실현할 도구로 쓰고자 그들을 흩어놓으셨다. 이집트에서 학대받는 히브리민족을 구원하고자 하나님은 그들이 있는 곳으로 내려오셨다.(출 3:8) 인류를 죄에서 구원하여 참 인생으로 회복시키고, 영생을 주려고 예수님은 인간의 몸을 입고 친히 이 세상으로 내려오셨다.(요 1:14; 3:16; 빌 2:5-11) 우리가 믿는 하나님은 이렇게 낮아지시는 분이요, 낮은 곳으로 찾아오시는 분이다.

믿음의 조상들은 더 나은 본향, 하나님께서 친히 마련해 놓으신 처소를 바라보며, 이 땅에서는 외국이자 나그네로 살았다(히 11:13-16). 특히 요한계시록 22장에는 하나님께서 성도를 위해 예비하신 거처(도성)에 관한 말씀이 나온다(계 21:22-26).

오늘의 적용

미수(眉叟) 허목(許穆, 1595-1682)

머리 허연 늙은이가 경기도 연천의 녹봉(鹿峯) 아래 살았다. 그 집이 낮고 좁으며 또 허물어져서 기둥은 주저앉고 문지방은 뒤틀어졌으며, 토담벽 창문 밑으로 사람이 기어 들어가면 일어설 수도 없어서 항상 앉아 있거나 누워 있어야 하고, 일어서려면 허리를 구부려야 하였다. 그런데도 이 늙은이는 편안히 살고 있었다.

같은 마을의 늙은이들이 이를 비웃으며 말하기를 '집이 저렇게 좁은 것은 키 큰 자의 근심거리이다. 항상 구부리고 지내니 누구를 위하여 경례(

敬禮)를 하는 것인가. 허리가 마치 경쇠같이 굽었도다' 하였다. 늙은이가 그 말은 듣고 웃으며 말하기를 '내가 스스로 이렇게 하기를 좋아하는데, 근심될 것이 무엇이랴' 하고 드디어 집 이름을 구루암(傴僂庵)이라고 칭하였다.

구루는 병명(病名 = 곱사등이)이다. 구부리고 펴지 못하는 뜻을 취하여 스스로 희롱한 것이며, 또한 이 늙은이가 집을 지을 줄 몰라서 남의 웃음거리가 되는 것을 달게 받겠다는 뜻이다. 그 벽에 다음과 같이 명(銘)한다:

낙타의 등이 굽어진 것이냐
곡식 이삭이 머리를 숙인 것이냐
집의 높이가 이마에도 닿지 못하여
나로 하여금 누워서 쉬고
구부리고 앉아서 즐기게 하니
넓고 큰 집이 또한 무슨 소용이 있으랴
- 기언별집 권지십일(記言別集卷之十一) 〉 구루암명(傴僂庵銘)

한 나라의 영의정까지 지낸 사람이 이렇게 살았다. 고대광실은 아니더라도 번듯한 집을 지을 수 없어서가 아니다. 그가 일부러 가난을 선택하고, 불편함을 감수했던 모습은 오늘날 생태계의 위기를 피부로 느끼며 사는 우리 시대에 더욱 더 필요하다. 환경오염이나 (초)미세먼지는 우리가 조금이라도 더 많이 소유하면서 더 편리하고 더 편안하게 살려고 하기 때문에 생겨나는 것이기 때문이다.

105

언어가 분화되다

(창 11:7)

개역개정	직역
7 자, 우리가 내려가서 거기서 그들의 언어를 혼잡하게 하여 그들이 서로 알아듣지 못하게 하자 하시고	7 자, 우리가 내려가자, 그들의 언어를 혼동하게 하자, 거기서 그들이 서로 언어를 알아듣지 못하도록.

이것은 바벨탑을 쌓던 사람들에게 내린 하나님의 징벌을 알려준다. 이 이야기에는 언어 혼란(7a와 9a)과 흩어놓으심(8a와 9b)이 각각 두 번 나왔다. 이것이 바벨탑을 쌓기 이전과 이후에 완전히 달라진 현상이다.

온 땅의 언어가 하나요 말이 하나였더라(창 11:1)

그러므로 그 이름을 바벨이라 하니 이는 여호와께서 거기서 온 땅의 언어를 혼잡하게 하셨음이니라(창 11:9)

중고등학생 시절이다. 외국어(영어와 독일어)를 배우다 힘들면, 바벨탑을 쌓던 사람을 원망하였다. 그들 탓에 각각 다른 언어가 생겨나 생고생을 하게 되었다고. 이것도 전혀 틀린 말은 아니지만, 눈이 많이 오는 시베리아에는 눈에 관한 낱말이 많고, 비가 많이 오는 정글지대에는 비에 관한 낱말이 많듯이, 각각 다른 언어들은 인류의 사고방식과 문화를 풍부하게 만드는 도구이자 축복이다.

각각의 언어는 그 나라와 민족이 지닌 고유한 특성과 관심사를 반영한다. 우리나라 말은 어떤가? 서양 말에 비해 형용사가 발달했다. 이는 눈에 띄는 사물 및 상황을 세심하게 관찰하고, 그 모양과 움직임을 자세하게 전달하려는 것이다. 이를테면 서양말에서 붉다는 red, rot 하나로 충분하다. 우리말은 그것을 '검붉다, 불그스레하다, 불그죽죽하다, 빨갛다, 빨깃하다, 뻘겄다, 시뻘겋다, 발그스레하다, 발깃발깃하다 …' 등 아주 다양하게 표현해낸다.

서인석은 말한다. "다른 말을 하는 것이 결코 하나님의 저주가 아니다. 하나님의 저주는 '다른 말'하는 것을 인정하지 않고 '하나의 말'을 통해 하나님을 거역하는 행위를 일삼는 것이라고 할 수 있다."(성서와 언어과학, 성 바오르 출판사, 230; 하경택 180)

사람은 말로 죄도 짓고 말로 선도 이룬다. 엄격하게 말하자면, 사람이 같은 말(언어)을 쓰느냐 다른 말을 쓰느냐가 보다는, 사람의 마음에서 나오는 말의 내용이 무엇이냐가 훨씬 더 중요하다. 시날 평원에 모인 사람들은 바벨탑을 쌓으며, 서로 대화를 나누었다. 일방통행이 아니라, 그 자체는 참 좋았다. 그런데 그 대화의 내용이 문제였다. 이런 뜻에서 대화를 나누되, 하나님의 뜻을 살려나가는 방향, 하나님 목적을 염두에 둔 대화가 정말 소중하다.

예수님은 '내가 너희에게 이르노니 사람이 무슨 무익한 말을 하든지 심판 날에 이에 대하여 심문을 받으리니 네 말로 의롭다 함을 받고 네 말로 정죄함을 받으리라'라고 말씀하셨다(마 12:36-37). 사도 바울은 '너희 말을 항상 은혜(감사) 가운데서 소금으로 맛을 냄과 같이 하라'라고 교훈하셨다.(골 4:6)

언어에는 다양한 특성이 있다. 간단히 요약하자면 거기에는 기호성, 자의성, 사회성, 역사성, 규칙성, 창조성 등이 있다. 언어는 또한 여러 가지 역할을 한다. 이를테면 정보기능 정서기능 친교기능 명령기능 미적기능 등이다.

사람의 생각은 상상의 나래를 펴고 무한히 뻗어나갈 수도 있다. 그 반면에 "그의 마음으로 생각하는 모든 계획이 항상 악할 뿐임을 보시고(창 6:5)," "사람의 마음이 계획하는 바가 어려서부터 악함이라(창 8:21)" 라고 하나님께서 판단하신대로 자칫 어떤 틀에 갇혀 한없이 작아지기도 한다. 특히 이해관계를 염두에 둘 때, 사람은 밴댕이 속알딱지같이 쪼그라든다. 개인만이 아니라, 어떤 집단이나 민족도 그렇다.(집단 이기주의, 쇼비니즘) 이런 때에는 거의 대부분 말이 통하지 않는다.

바벨탑을 쌓는 사람들은 이기적인 목적으로 그 탑을 쌓았다. 인류 역사에는 어떤 지도자가 인간의 심성 속에 감추어져 있는 이런 속성을 의도적으로 자극하여(특히 선거나 정치적 위기를 당할 때), 자신의 욕망을 채우고, 나라를 그릇된 방향으로 끌어간 적이 가끔 있다.

이기심에 지배당할 때 우리는 말이 통하지 않는 것을 경험한다. 자기 목적이 아주 분명하여 그것을 끝까지 관철시키려는 사람과 대화를 나눌 때에도 그렇다.

오늘의 적용

≪책상은 책상이다≫라는 소설이 있다.(페터 빅셀) 그 소설의 주인공은 일상이 너무나 지루했다. 그 생활에 변화를 주기 위해 그는 사물의 이름을 자신이 정한 낱말로 바꿔 부르기로 했다. 그는 '침대'를 '사진'이라 불렀다. "침대에 누울거야." 대신에 "사진 속으로 누울 거야."라고 했다. 의자를 괘종시계, 책상을 '양탄자'라고 했다. 그 소설은 다음과 같이 끝난다.

회색 외투를 걸친 이 늙은 남자가 이제는 사람들을 이해할 수 없게 되었다는 것은 그렇게 나쁘지 않았다. 이보다 훨씬 더 심각한 것은 사람들이 이제는 그를 이해할 수 없게 된 것이었다. 그 결과 그는 이제 말을 하지 않았다. 그는 침묵했고, 자기 자신하고만 이야기했고, 인사조차 하지 않게 되어 버렸다.

상대방을 고려하지 않는 대화, 사회성을 잃은 언어는 더 이상 소통의 수단이 되지 못한다. 우리들의 말은 어디서 막히는가? 어느 때 소통이 불통으로 되는가?

106

문명의 발달이 구세주인가?

(창 11:8)

개역개정	직역
8 여호와께서 거기서 그들을 온 지면에 흩으셨으므로 그들이 그 도시를 건설하기를 그쳤더라	8 여호와께서 그들을 거기서부터 그 모든 지면 위로 흩어놓으셨다. 그리고 그들이 그 도시 건설을 그쳤다.

이것은 바벨탑 건설이 좌절되는 이야기이다. 어떤 사람들은 이를 과학기술문명의 발달로 보기도 한다. 그리고 그에 대한 하나님의 심판이라고 결론을 내린다. 이에 따라 과학기술 및 문명을 거부한다. 기독교 신앙이 그런 것일까? 아니다. 앞서 보았듯이 흩어지고(널리 퍼져서) 사는 것은 하나님께서 주신 복이다. 바벨탑 이야기는 인간이 지은 죄로 인하여 가로막혔던 하나님의 축복이 다시 회복되었다는 것이 그 결론이다.

이것은 인간의 죄(교만?)로 인하여 창조질서가 흔들리는 이야기이다. 본문을 중심으로 이렇게 해석하거나 설교하는 것을 우리는 아주 많이 들었다. 피조물인 인간이 자기 분수를 모르고 감히 하나님과 같아지려고 하였다는 것이다. 교만이나 스스로 높아지려는 태도가 하나님 뜻에 어긋나는 것은 분명하다.(사 14:13; 마 4:1-11; 11:23 참조)

히브리 말 까아(gā'â) 가바흐(gāboeah) 룸(rûm) 등이 우리말로 교만(驕慢)이라 번역된다. 그 뜻은 대개 '우쭐대다 자기를 높이다'는 의미이다. 그리스 말

휴페레파니아(hyperēphania) 알라조네이아(alazoneia) 등은 오만 교만으로 옮겨진다. 튜포오(tuphōō) 퓨시오(phusiōō)는 '부풀다 자고하다 연막치다 우쭐대다 자랑스럽게 여기다'는 의미다. 이러 낱말들이 영어로는 pride(자만) haughtiness(건방짐) elegance arrogance(거만) loftiness(자고) boasting(자랑) 등으로 번역된다. 국어사전에서 교만은 '잘난 체하여 뽐내고 버릇이 없음. 거만' 또는 '젠체하고 뽐내며 방자함'이라고 했다. 방자하다는 말은 우리말 사전에 '주제넘다 건방지다' 로 되어 있다.

불교는 교만의 종류를 넷으로 나누었다.(사만 四慢) 그것은 i) 증상만(增上慢 : 진리를 제대로 깨닫지 못하고도 이미 도달한 것처럼 우쭐대는 일) ii) 비하만(卑下慢: 실제로는 남보다 훨씬 하면서도 자기가 약간만 못하다고 생각하는 일) iii) 아만(我慢: 스스로를 높여서 잘난 체하고 남을 업신여기는 마음) iv) 사만(邪慢: 실제로는 덕이 없으면서도 자기가 덕스럽다고 생각하는 것) 등이다.

니버(R. Niebuhr)는 인간이란 본디 교만한 존재라고 했다. 그것을 네 가지로 분류했다. i) 지식의 교만이다. 배운 사람은 배운 것이 교만의 원인이 될 수 있다. ii) 신앙의 교만이다. 영적인 체험을 했거나 우월감을 느끼는 상대적으로 교만하기 쉽다. iii) 힘의 교만이다. 권력을 쥔 사람, 힘이 센 사람은 상대적으로 그렇지 않은 사람에 비해 일반적으로 교만하다. iv) 도덕의 교만이다. 도덕적으로 비교적 깨끗하다고 할 수 있는 사람은 그렇지 않은 사람에 비해서 상대적으로 교만하기 쉽다. 이밖에도 그가 다섯 번째로 분류하지는 않았으나 집단적 교만에 대해서도 이야기했다. 인간은 어떤 집단에 속했는가에 따라서 자신의 위치가 달라진다고 생각하는 경향 곧 집단적 교만을 가지고 있다.(집단 이기주의, 국수주의)

사람 중에는 "자기가 옳다, 자기가 안다, 자기는 바르게 살고 있다"고 생각하는 사람도 있다. 이런 사람은 정말 까다로운 사람이요, 관계를 해치는 사람이요, 말이 잘 통하지 않는 사람이다. 빌리 그래함 목사는 말했다. "제가 은혜 받은 것은 수십만 명의 영혼을 살렸던 전도자였기 때문이 아닙니다. 저는 그저 하나님이 없으면 살 수 없는 줄 알았던 죄인이었습니다."

창11:1-9에는 교만이란 뜻의 낱말이 단 하나도 쓰이지 않았다. 그렇다면 이 부분을 놓고 인간의 교만에 대한 하나님의 심판이라고 보는 것에는 무리가 있다. 만일 도시건설과 하늘높이 솟아오르는 탑을 세우기가 이런 뜻으로 해석될 수 있다면 이 본문의 메시지를 그렇게 풀어도 되리라. 이런 해석은 자칫 '창세기 원역사의 다른 부분과 달리 바벨탑 이야기에는 은총이 전혀 나타나지 않고 오직 심판만 있다'는 폰 라드의 해석을 그대로 따를 위험이 있다.

여기서는 하나님께서 사람들을 흩으신 것(퍼져나가게 하신 것)이 곧 은총임을 기억할 필요가 있다. 그러므로 이 이야기를 창 12장과 연결시켜 아브라함으로 대안을 마련하시는 하나님 은총을 이야기하는 것도 좋지만, 그보다는 이 자체 안에서 하나님 은총을 찾아내는 것이 더 좋을 것이다.

사람마다 중요한 것이 있다. 그 중에도 '우리, 우리 것'이 소중하다. 그 속에서 사람은 안정감과 자신의 존재가치를 느낀다. 시날 평야에 도시를 세우고 바벨탑을 쌓는 사람들은 이 '우리끼리'라는 세속적 안전망에 높은 비중을 두었다. 사실 하나님과 함께라면, 사람이 뭉치면 뭉칠수록 복이다. 그리고 하나님과 함께라면 사람이 흩어지면 흩어질수록 복이다. 곧 모이거나 흩어지거나, 그 중심에 누가 있고, 무엇이 있느냐가 아주 중요하다. 흩어지든 뭉치든 그 중심에 하나님이 계시고, 하나님을 신뢰하는 믿음이 있으면, 그것은 어떤 모습이라도 축복이다.

이런 뜻에서 위대한 믿음의 사람은 '우리끼리'라는 세속적인 안전장치를 초월한다. 믿음의 사람은 이 세상 어디나 다 창조주 하나님의 손길이 미친 곳이요, 이 세상 누구든지 다 하나님의 피조물로 받아들이기 때문이다. 초등학교 시절, 각 종교의 특징을 말할 때, 우리는 불교 - 자비, 유교 - 인, 그리고 기독교 - 박애라고 배웠다. 그렇다. 박애, 곧 지역과 인종, 나이와 학력과 소유 등 세상적인 울타리(경계선)을 초월하여 그리스도의 사랑을 나타내는데 기독교의 핵심이 있다.

예수님은 승천하시기 전에 제자들에게 대강령을 주셨다.(마 28:19-20) 이것을 요즘말로 표현하면, 세계화(Globalization)되라는 뜻이다. 물론 지금의 세계화 추세에는 염려스러운 점도 있지만, 기본적으로 이 현상은 위기인 동시에 기회이다. 비록 세계화라는 거대한 물결이 우리에게 두려움을 안겨주기도 하지만, 우리는 진행되는 세계화의 빛과 그림자, 그 어느 쪽이라도 놓치면 곤란하다. 신앙의 정신으로 이 양달과 음지를 직시하면서 우리는 세상과 사람들에게 나아가, 자신이 머무는 시간과 장소를 하나님께서 기뻐하실 방향으로 만드는데 일익을 담당해야 할 것이다.(행 1:8 참조)

변화무쌍한 인간의 마음

동쪽엔 해가 뜨고 서쪽에선 비가오니

東邊日出西邊雨(동변일출서변우)

흐리다고 해야 할지 개었다고 해야 할지

道是無晴卻有晴(도시무청각유청)

- 劉禹錫(유우석 772-842), 竹枝詞(죽지사)

* 竹枝詞 : 고대 사천(四川)지방에서 전래된 일종의 민가다. 이는 주로 농민의 생활감정을 노래했다.

주님으로부터 사명을 받은 자라도 그 마음가짐과 생활이 항상 똑같을 수는 없다. 정도의 차이는 있을지언정 인생길 걷는 사람의 발걸음은 모두가 다 오락가락 갈지(之)자를 그린다. 하나님은 시시때때로 바라보며 의지하는 자라야 그나마 흔들리는 정도가 적을 뿐이다. 하나님은 인간의 실수와 범죄를 보시면서도 변함없이 인간을 사랑하시는 분이다. 그 은혜를 감지하는 순간만큼은 아무리 죄인이라도 하나님의 목적을 깨닫고 바른 길로 향해 나아갈 수 있다.

107
흩어지는 축복

(창 11:9)

개역개정	직역
그러므로 그 이름을 바벨이라 하니 이는 여호와께서 거기서 온 땅의 언어를 혼잡하게 하셨음이니라 여호와께서 거기서 그들을 온 지면에 흩으셨더라	그러므로 그것의 이름을 바벨이라 불렀다. 이는 거기서 여호와가 그 온 땅의 언어를 혼동하게 하셨기 때문이었다. 그리고 거기서부터 여호와가 그 온 땅 위로 그들을 흩어놓으셨다.

이것은 하나님께서 바벨탑을 쌓는 사람들을 흩으시는 이야기이다. 문학가들과 예술가들은 바벨탑 이야기를 건축하는 (문명을 건설하는) 방향으로 끌어갔다. 이것은 사실이 아니다. 바벨탑이야기는 자신만의 거처(겟토)를 형성하려 시도하는 사람들의 이야기이다. 이미 살펴보았듯이 창세기 10장에는 '갈라졌다(나누어지다) 흩어졌다'는 말이나 성읍(도시)을 건설하는 것에는 부정적 뉘앙스가 전혀 들어 있지 않다. 오히려 환호하고 긍정하는 분위기이다.

그러던 것이 창 11장 9절에 와서 완전히 바뀌었다. '알-켄 카라 쉬마흐 빠벨 키-샴 빨랄 야웨 세파트 콜-하아렛츠 우밋샴 헤피참 야웨 알-프네 콜-하아렛츠'(= 그러므로 그는 그곳 이름을 바벨이라 불렀다. 왜냐하면 거기서 여호와가 그 온 땅의 언어를 혼동하게 하셨기 때문이었다. 그리고 거기로부터 여호와는 그들을 그 온 땅 위로 흩어놓으셨다.) 이렇게 하기 전에 하나님은 말씀하셨다. '하바 네르다 브나블라 샴 세파탐 아쉐르 로 이쉬메우 이쉬 세파트 레에후'(창 11:7 = 오라, 우리가 내려가자. 그리고 거기서 그들의 언어를 혼동하게 하자. 이로써 그들이 서로의 말을 알아듣지 못하게 하자.)

여기서 브나블라(접속사 바프 +발랄 동의사 PK 1인칭 복수 청유형 hlˀb.n") = 그리고 혼동시키자)는 아랍말로 블라 블라(بلز), 영어로 블라 블라(blah blah)가 되었다. 또 '아블라 바블라'(Ablah Bablah)라고도 한다. 이는 각자 떠드는 것을 나타낸다. 곧 소통이 되지 않는 것이다. 말의 혼돈은 상대방이 '어쩌구'했는데 듣는 사람은 '저쩌구'로 알아듣는 것 곧 와전(訛傳)이나 왜곡(歪曲)을 가리킨다.

그리고 알아들을 수 없는 말이나 의미 없는 말을 주저리주저리 읊는 것을 가리키기도 한다. 이는 제대로 알아듣지 못하고 '어쩌구 저쩌구…'라고 비아냥거리는 것이다. 다른 한편 여기서 창 11:7-9에는 발음이 비슷한 발랄과 바벨이란 말이 세 차례나 쓰이면서 언어놀이 기법(word play)이 사용되었다.

바벨탑 이야기는 아마 지구라트 건축에서 영감을 받았을 것이다. 고대 메소포타미아 시대에는 도시들마다 제 각기 신전이 있었다. 그곳에서 가장 중심이 지구라트였다. 그 가운데 가장 오래된 것은 약 5000년 전 것이다. 오늘날 우리가 볼 수 있는 지구라트의 전형은 우르 제3왕조의 초대 왕인 우르-남무(주전 2112-2095)가 세운 것이다. 그는 우르, 에리두, 우룩, 니푸르에 지구라트를 건설하였다. 그것들은 모두 직사각형의 구조물(사방이 91m, 높이도 91m)이 겹쳐져 있으며, 그 사이를 연결하는 계단으로 꼭대기로 갈 수 있게 되어 있다. 지구라트는 주전 18세기경부터 "하늘과 땅의 기초가 되는 성전"이라고 불려졌다.

이것은 느부갓네살 2세와 바벨탑 건설에 관한 비석이다.(EBS, 위대한 바빌론

화면 캡쳐) '에 테멘 앙키'란 하늘과 땅의 기초가 되는 집 곧 이 집이 우주의 중심이며 이것이 없으면 우주가 무너진다는 뜻이다. '지구라트'란 메소포타미아 문명에서 도시 한 가운데 있는 거대한 신전(탑)이며, '카 딩기르 라 키'

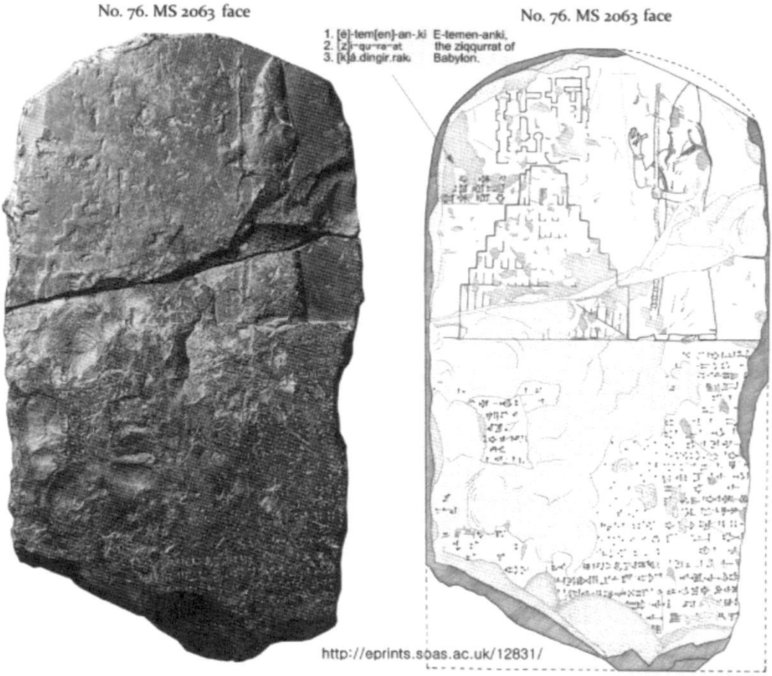

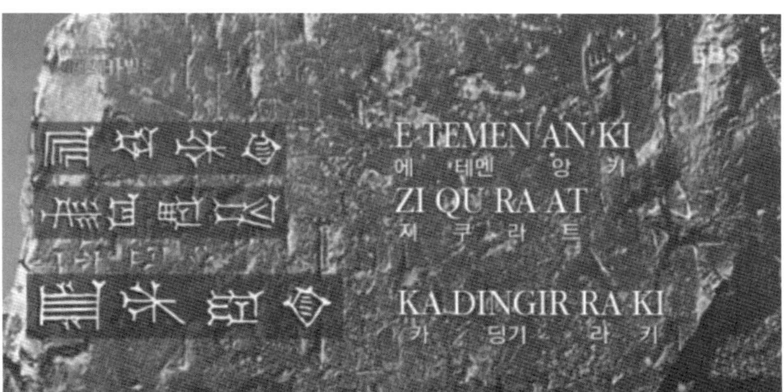

는 아카드말로 바빌루이다.

언어 및 말이 하나여서 대화 및 소통이 잘되던 상태가 언어의 혼란에 따라 불통으로 변하였다.(창 11:1, 9) 이는 인간의 복을 하나님의 복보다 더 앞세운 결과이다. 오늘날에도 누군가가 자신의 욕심이나 고집을 앞세우면, 같은 언어를 쓰더라도, 말이 통하지 않는다. 이럴 때 얼마나 답답한 지 우리는 잘 알고 있다. 오순절 마가의 다락방에 성령이 오셔서 이루신 첫 번째 일이 예수님 제자와 세상 사람 사이의 소통이었다. 성령님은 초대교회 성도들 사이에는 물론 그 때 예루살렘에 모였던 사람들 사이에 말이 통하고 대화가 이루어지게 하셨다. 성령님은 불통을 소통으로 바꾸어 놓으셨다.(행 2:1-11)

사람과 사람의 소통에는 어떤 도구가 있어야 할까? 우선 시야와 생각의 높이와 깊이, 그 넓이를 확장시키는 과정이 있어야 한다는 생각이 퍼뜩 떠오른다. 사람의 생각은 상상의 나래를 펴고 무한히 뻗어나갈 수도 있는 반면, 자칫 어떤 틀에 갇혀 한없이 작아지기도 한다. 특히 이해관계를 염두에 둘 때, 사람은 밴댕이 속알딱지같이 쪼그라든다. 개인만이 아니라, 어떤 집단이나 민족도 그렇다.(집단 이기주의, 쇼비니즘)

바벨탑을 쌓는 사람들은 이기적인 목적으로 그 탑을 쌓았다. 인류 역사에는 어떤 지도자가 인간의 심성 속에 감추어져 있는 이런 속성을 의도적으로 자극하여(특히 선거나 정치적 위기를 당할 때) 자신의 욕망을 채우고, 나라를 그릇된 방향으로 끌어간 적이 가끔 있다.

우리는 바벨탑 이야기를 '건설 · 건축'으로 읽어서는 곤란하다. 이것은 문명이 발달하거나 도시가 건설되는 이야기가 아니다. 그보다는 오히려 사람이 지닌 세계관의 문제요 행동양식의 문제를 다룬다.

일찍이 율곡 이이 선생은 "내 마음이 좋아하는 것이지만, 하늘의 이치(天理)에 합당하지 않는 것을 기(己)라 한다" 고 말하며, 자기 마음에 들지만 객관적 진리나 이치에 합당하지 않은 이 '기'를 극복하며, 하늘의 뜻에 발맞추어 나아가는 것을 '극기(克己)'라고 설파하였다(격몽요결).

신앙생활에도 이런 태도가 절실하게 필요하다. 하나님은 인류를 하나로 창조하셨으며(창 1:26-28), 같은 소망을 품게 하셨으며, 동일한 시민이 되게 하셨다.(엡 2:11-22) 하나님은 모든 차이와 차별을 뛰어넘어 화목하게 지내는 것을 기뻐하시는 분이다.(골 1:19-20; 3:10-11) 이런 믿음으로 사는 사람이 신앙인이요 새로운 피조물이다. 창세기 1장, 5장, 9장, 10장, 11장에서 강조하는 복은 바로 이런 것이다.

오늘의 적용

우리 생활에는 (교회생활에도) '끼리끼리' 모이는 경향이 있다. 그래서 초록동색(草綠同色) 이라 했다. 아마 이것은 사람이 타고난 본성일지도 모른다. '끼리끼리'에도 개방적인 것이 있는가 하면 폐쇄적인 것이 있다. 나(우리)의 모임(그룹, 소모임)은 어떠한가?

다 그런 것은 아니더라도 대체로 유유상종(類類相從)한다. 내 마음의 순수함이나 혼탁한 정도에 따라 내가 만나는 상대방도 그에 맞게 감응이 된다. 그 결과 벗과 벗이 맺어지기도 결별하기도 하는 것이다. 만일 내가 가까이 하는 이가 욕심이 많거나 추한자라면, 나의 숨겨진 마음도 그런 것이다.

108

생육하고 번성하라

(창 11:10–26)

개역개정	직역
10 셈의 족보는 이러하니라 셈은 백 세 곧 홍수 후 이 년에 아르박삿을 낳았고	10 그리고 이것들이 셈의 계보다. 그리고 그는 아르박삿을 낳게 했다, 홍수 이후에 2년 뒤에.
11 아르박삿을 낳은 후에 오백 년을 지내며 자녀를 낳았으며	11 그리고 셈은 이러했다. 곧 아르박삿의 아버지가 된 뒤 그는 500년을 더 살았다. 그리고 그는 아들들과 딸들을 낳게 했다.
12 아르박삿은 삼십오 세에 셀라를 낳았고	12 그리고 아르박삿은 삼십오년을 살았다. 그리고 셀라를 낳게 했다.
13 셀라를 낳은 후에 사백삼 년을 지내며 자녀를 낳았으며	13 그리고 아르박삿은 셀라를 낳게 한 뒤 403년을 더 살았다. 그리고 그는 아들들과 딸들을 낳게 했다.
14 셀라는 삼십 세에 에벨을 낳았고	14 그리고 셀라가 30년을 살았다. 그리고 그가 에벨을 낳게 했다.
15 에벨을 낳은 후에 사백삼 년을 지내며 자녀를 낳았으며	15 그리고 셀라는 자신이 에벨을 낳게 한 뒤 403년을 더 살았다. 그리고 그는 아들들과 딸들을 낳게 했다.

16 에벨은 삼십사 세에 벨렉을 낳았
고

16 그리고 에벨은 34년을 살았다.
그리고 그는 벨렉을 낳게 했다.

17 벨렉을 낳은 후에 사백삼십 년을
지내며 자녀를 낳았으며

17 그리고 에벨은 벨렉을 낳게 한
뒤 430년을 더 살았다. 그리고
그는 아들들과 딸들을 낳게 했
다.

18 벨렉은 삼십 세에 르우를 낳았고

18 그리고 벨렉은 30년을 살았다.
그리고 그는 레우를 낳게 했다.

19 르우를 낳은 후에 이백구 년을
지내며 자녀를 낳았으며

19 그리고 벨렉은 레우를 낳게 한
뒤 209년을 더 살았다. 그리고
그는 아들들과 딸들을 낳게 했
다.

20 르우는 삼십이 세에 스룩을 낳았
고

20 그리고 레우는 32년을 살았다.
그리고 그는 스룩을 낳게 했다.

21 스룩을 낳은 후에 이백칠 년을
지내며 자녀를 낳았으며

21 그리고 레우는 스룩을 낳게 한
뒤 207년을 더 살았다. 그리고
그는 아들들과 딸들을 낳게 했
다.

22 스룩은 삼십 세에 나홀을 낳았고

22 그리고 스룩은 30년을 살았다.
그리고 그는 나홀을 낳게 했다.

23 나홀을 낳은 후에 이백 년을 지
내며 자녀를 낳았으며

23 그리고 스룩은 나홀을 낳게 한
뒤 200년을 더 살았다. 그리고
그는 아들들과 딸들을 낳게 했
다.

24 나홀은 이십구 세에 데라를 낳았고	24 그리고 나홀은 29년을 살았다. 그리고 그는 데라를 낳게 했다.
25 데라를 낳은 후에 백십구 년을 지내며 자녀를 낳았으며	25 그리고 너홀은 데라를 낳게 한 뒤 119년을 더 살았다. 그리고 그는 아들들과 딸들을 낳게 했다.
26 데라는 칠십 세에 아브람과 나홀과 하란을 낳았더라	26 그리고 데라가 70년을 살았다. 그리고 그는 아브람과 나홀과 하란을 낳게 했다.

이것은 셈의 후손들에 관한 기록이다. 창 11:10-29은 10장에 나온 족보에서 빠져 있던 셈족 곧 나중에 이스라엘 민족을 형성한 셈족의 계보를 다루고 있다. 여기에 사용된 용어는 얄라드(jālad 낳다)이다. 그것의 히필 봐프 연속법(봐욜레드 = 그리고 그가 …을 낳게 했다)는 구약성경에 40회 쓰였다.(창세기 5장에 23회, 11장에 8회, 기타 9회) 창세기 5장의 족보는 아담에서 노아까지 10세대를 다루었다. 창 11:10-32의 족보는 노아의 아들(셈)부터 아브람(아브라함)까지 10세대를 언급했다.

어느 사람에게나 이름은 참 중요하다. 우리는 이스라엘 사람에게는 …야, …엘, 여호… 엘… 등이 들어가는 이름이 많은 것을 알고 있다. 이것들은 모두 이스라엘의 하나님의 호칭이나 이름을 딴 것이다.(theophonic name) 그것은 그들의 언어, 그들이 경배하는 하나님, 더 나아가 인생과 인간을 향한 그들의 신앙을 엿보게 한다. 이런 이름들은 하나님의 본성을 증거하거나 그분의 속성을 나타내거나 그분으로부터 오는 복을 바라는 것이다.(월튼 410)

창세기 앞부분에 나오는 이름들 곧 아담 하와 가인 아벨 셋 에노스(에노쉬) 등에는 아직 신의 호칭이나 이름이 반영되지 않았다. 창세기 5장에 있는 므후야엘 므후사엘 마할랄렐 등이 가나안의 신(엘)의 이름을 반영하고 있을 뿐이다. 10-11장에 있는 이름들에도 그것이 충분히 나타나지 않았다. 이런 경우 사람 이름에는 그 이름을 지어준 사람의 소망이나 축복이 담겨 있을 것이다.

창세기 10장의 그것과 비교하면 이것은 족보의 범위가 좁아졌다는 것이다. 뒤로 갈수록 그 범위가 점점 더 축소된다. 나중에는 아브라함의 한 가정(한 부족)으로 된다. 창세기 5장에 나오는 족보의 형식과 이것을 비교하면 같으면서도 다르다.

00가 00살에 000를 낳았다.

00는 000를 낳은 뒤 000년을 더 살며 자녀를 낳았다.

여기까지는 같은데 '00가 몇 세를 살고 죽었다'는 부분이 빠져 있다.

10장에는 홍수 후부터의 셈족 족보가 기록되어 있다. 여기에는 아브라함 직전까지 9명(아브람까지 포함하면 10명)이 나온다. 이 열 명은 아담에서 노아까지 열 세대(5장)와 평행을 이룬다. 그리고 이 족보는 창 10:21-31에 나오는 셈의 후손과도 평행을 이룬다. 이 기록의 특징은 누가 몇 살에 장자를 낳았는지, 또 몇 살까지 살았는지 등 두 가지만 쓰였다는 데 있다. 또 하나의 특징은 모든 피조물의 역사가 어찌하여 오직 한 가지 약속, 곧 한 민족과 한 사람을 향해 움직이는가를 보여준다. 10장에서는 인류가 생육하고 번성하는 역사를 기록한 반면에 이것은 아브람이라는 한 인물을 향해 초점을 맞추었다. 다시 말해 모든 민족을 창조하시고 보살피시는 하나님의 우주전체에 미치는 주권(섭리), 그리고 특별한 한 민족에게 주목하시는 하나님의 선

택이 멋진 조화를 이루고 있다.(Brueggemann 95)

창 11:10-29에서 우리는 세 가지 사항에 주목하고자 한다.(이하의 묘사는 Brueggemann 94-96에 따랐다)

i) 이 족보 전체의 목표는 이스라엘을 향해 있다. 여기서는 창조(첫 번째 부르심)와 이스라엘 사이(두 번째 부르심)가 별도의 것이 아니라 서로 연관되어 있다. 이에 대한 관심은 신약시대에도 계속되었다.

> 2 사랑하는 자들아 우리가 지금은 하나님의 자녀라 장래에 어떻게 될지는 아직 나타나지 아니하였으나 그가 나타나시면 우리가 그와 같을 줄을 아는 것은 그의 참모습 그대로 볼 것이기 때문이니 3 주를 향하여 이 소망을 가진 자마다 그의 깨끗하심과 같이 자기를 깨끗하게 하느니라 (요일 3:2-3)

> 피조물이 고대하는 바는 하나님의 아들들이 나타나는 것이니 (롬 8:19)

ii) 이 족보 목표가 이스라엘 민족이기는 하더라도, 이스라엘의 출현 그 자체는 전혀 특별하거나 신비하지 않았다. 이는 하나님의 자유로운 선택과 은총으로 이스라엘이 생겨났다는 뜻이다. 그래서 델리취는 암 9:7과 겔 16:3과 이 부분을 연관시켜 해석하였다. 그는 말하였다: "만일 은총이라는 요소를 빼버린다면 그 기원이나 형성과정에서 이스라엘은 다른 민족들과 하나도 다를 것이 없다."(Delitzsch 376)

iii) 우주를 창조하신 하나님께서 주신 생육하고 번성하라는 축복이 창 11:30에 와서 갑자기 단절되었다. 곧 사라가 잉태하지 못한 것이었다. 이는 하나님께서 본디 의도하신 것과는 사뭇 다른 현실인 것이었다. 이스라엘 민족의 형성을 목표로 나가던 이야기가 암초에 부딪혔다. 이런 뜻에서 창

11:30에는 매우 신학적인 의도가 들어 있다.

족보(族譜) · 가계(家系)를 기록하는 일은 세계의 보편적인 문화 현상이다. 그것의 특징은 특별한 재능이나 업적이 없어도 누구나 이름을 남길 수 있다는 점이다. 서양의 족보는 보통 직계 조상 혹은 특정 가문의 역사 인물을 기록한다. 우리나라의 족보는 역사의 뒤안길에서 잊혀진 수많은 사람을 모두 다 담고 있다. 이는 한 가문뿐만 아니라 한 사회와 국가의 역사를 만들고 지탱해온 이름이 알려지지 않은 사람들을 모두 다 포함하고 있다.

그 숫자를 나열하면 대략 이렇다. 셈 100세 600년, 아르박삿 35세 438년, 셀라 30세 433년, 에벨 34세 464년, 벨렉 30세 239년, 르우 32세 239년, 스룩 30세 230년, 나홀 29세 148년, 데라 70세 205년 등이다.

이 기록을 분석해 보면 흥미로운 결과가 나온다.

i) 장자를 낳은 나이이다. 셈만 유일하게 100세가 넘어 장자를 낳았다. 데라는 70세에 낳은 아들은 첫째인지 셋째인지 분명하지 않다. 설마 세쌍둥이는 아니리라. 나머지는 대략 29세에서 35세 사이에 장자를 낳았다. 오늘날 출산 연령과 거의 비슷하였다. 왜 장자를 낳은 연령을 기록하였을까? 잘 모르겠다. 어쨌든 장자를 낳은 시점의 연령을 모두 합치면 셈에서부터 데라까지 총 290년이다. 그러므로 아브라함 시대에 10대조 할아버지인 셈이나 9대조인 아르박삿이 살아있었다는 결론이 나왔다. 셈으로부터 아브라함까지는 10대였다. 그 연수가 290년이므로 한 세대는 대략 30년 정도였다. 이는 오늘날의 그것과 비슷하다. 물론 10대에 걸치는 세대가 함께 생존하였다는 사실이 특이할 뿐이다.

ii) 사람들의 수명이다. 셈만이 600세까지 살았고, 그 다음은 400년, 그 다음은 200년대로 짧아졌다. 205세를 산 데라 이후에는 200년 이상 산 사람이 성경 기록에 없다. 아브라함 175세, 이삭 180세, 야곱 147세 등이었다.

홍수 이전의 조상들은 대체로 900세 이상을 살았다. 거기에 비하면 거의 5분의 1 이하로 수명이 줄었다. 이렇게 수명이 줄어든 이유는 뭘까? 아마 홍수로 인한 환경(오존층)의 변화가 그 원인이 아닌가 생각된다. 하나님은 노아에게 사람은 120세 정도 살리라고 말씀하셨다.

현대 의학 · 과학자들은 인간의 수명을 얼마나 연장할 수 있는지 관심이 많다. 의학이 발전해서 웬만한 질병을 고칠 수 있다고 가정하면 사람들은 얼마나 살 수 있을까? 아마 120년 정도가 아닐까 생각된다.

모세가 드린 기도에는 '우리의 연수가 칠십이요 강건하면 팔십이라도 그 연수의 자랑은 수고와 슬픔뿐이요 신속히 가니 우리가 날아가나이다' (시 90:10) 라고 하였다. 그 당시에 인간의 수명은 70~80으로 줄어들었던 것이다.

iii) 이 계보를 기록한 목적은 무엇일까? 이 족보에서 마지막으로 언급된 사람은 아브람(아브라함)이다. 그는 선민 이스라엘의 조상이었다. 창세기의 내용을 구분할 때 어떤 사람은 3장을 기준으로 하고, 다른 사람은 12장을 기준으로 삼는다. 인류 역사를 타락 이전과 이후로 나눈다면 창세기 3장이 기준이리라. 만일 하나님의 선택(혹은 選民을 부르신 것)을 기준으로 한다면 12장이 기준이 될 것이다. 아브라함 이전과 아브라함 이후! 대부분의 성경 주석가는 창세기 12장을 기준으로 한다. 이런 뜻에서 이 족보는 아브라함 이야기로 넘어가는 징검다리인 것이다.

오늘의 적용

하나님께서 자기 백성을 선택하시는 일은 오늘도 계속되고 있다. 우리도 그 선택 안에 있다. 하나님께서 나(우리)를 하나님 자녀로 선택하시고 부르신 목적은 과연 무엇일까?

하나님의 은사와 부르심에는 후회하심이 없다(롬 11:29)고 했다. 인생에 실패나 좌절이나 어둠이 찾아올 때 우리 신앙은 흔들리기 쉽다. '하나님이 살아 계시다면… 하나님의나의 하나님이시라면…' 등의 회의가 들기도 한다.

성경을 보면 하나님께서 우리를 사랑하시는 데에는 상실과 회복이 쌍곡선을 그린다. 미국 백악관 법률고문이었던 찰스 콜슨(1931~2012)이 있다. 그는 워터게이트 사건 관련 혐의로 1974년 유죄선고를 받고 연방교도소에 수감됐다. 이후 회심해 교도소선교회(Prison Fellowship)를 설립해 전 세계 재소자, 전과자, 범죄 희생자와 그 가족을 도왔다. 그는 "하나님의 나라는 역설적이다. 십자가의 비참한 패배를 통해 거룩한 하나님이 더욱 영광을 받으시고, 실패를 통해 승리를 얻게 되고, 깨어짐으로 나음을 얻게 되고, 나를 잃어버림으로 나를 찾게 된다"고 말했다.

하나님은 말씀하셨다.

"7 오직 강하고 극히 담대하여 나의 종 모세가 네게 명령한 그 율법을 다 지켜 행하고 우로나 좌로나 치우치지 말라 그리하면 어디로 가든지 형통하리니 8 이 율법책을 네 입에서 떠나지 말게 하며 주야로 그것을 묵상하여 그 안에 기록된 대로 다 지켜 행하라 그리하면 네 길이 평탄하게 될 것이며 네가 형통하리라"(수 1:7-8)

109
어떤 가족

(창 11:27–30)

개역개정	직역
27 데라의 족보는 이러하니라 데라는 아브람과 나홀과 하란을 낳고 하란은 롯을 낳았으며	27 그리고 이것들이 데라의 톨레도트다. 데라는 아브람과 나홀 그리고 하란을 낳게 했다. 그리고 하란이 롯을 낳게 했다.
28 하란은 그 아비 데라보다 먼저 고향 (그의 출생지) 갈대아인의 우르에서 죽었더라	28 그리고 하란은 죽었다, 자기 아버지 데라의 면전에서, 자기가 태어난 갈대아 우르에서.
29 아브람과 나홀이 장가 들었으니 아브람의 아내의 이름은 사래며 나홀의 아내의 이름은 밀가니 하란의 딸이요 하란은 밀가의 아버지이며 또 이스가의 아버지더라	29 그리고 아브람과 나홀은 자신들을 위하여 아내들을 취했다. 아브람 아내의 이름은 사래였다. 그리고 나홀의 부인 이름은 밀가였다. (그녀는) 하란의 딸이었다. (그는) 밀가의 아버지였다. 그리고 이스가의 아버지였다.
30 사래는 임신하지 못하므로 자식이 없었더라	30 그리고 사래는 아기를 낳지 못하는 여자였다. 그리고 그녀에게는 자식이 없었다.

이것은 데라 집안의 이야기이다. "그리고 이것들이 데라의 톨레도트다"(

창 11:27a)라는 말로 창세기에 나오는 11개 톨레도트 가운데 여섯 번째가 시작된다. 이를 중심으로 앞에 다섯 개 뒤에 다섯 개의 톨레도트가 있다. 이곳의 중심에 아브라함이 있다.(창 11:27-25:11) 여기서부터 성경은 본격적으로 한 가족(부족)의 이야기를 펼쳤다. 그만큼 가족관계가 중요한 위치를 차지한다. 중국속담에 "먼데 가서 분향을 하는 것보다 가정에서 친절한 것이 낫다"고 했다. 밖에서 잘하는 것보다 자기 집 식구들에게 잘하라는 말이다.

노아처럼 데라도 아들 셋을 두었다. 그 가운데 하나가 아브라함이다. 데라의 행적(신앙)은 크게 셋으로 나누어진다. 첫 번째 시기에 그는 갈대아 우르에서 살았다. 두 번째 시기에는 믿음으로 갈대아 우르를 떠나 하란으로 향하는 시기였다. 세 번째 시기에 그는 하란에 거주하다 죽는 것이다.

데라의 고향인 갈대아 우르는 지금의 이라크 남부지방이다. 그곳은 페르시아 만에서부터 북서쪽으로 240km, 이라크 중앙의 바그다드로부터는 동남쪽으로 약340km 떨어져 있다. 이 지역은 유프라테스 강과 티그리스 강이 합쳐지는 하류 지대이다. 두 강은 터키에서 발원하여 이라크 중앙부를 서북쪽에서 동남쪽으로 관통하여 페르시아만으로 흘러들어간다. 이 두 강 사이에는 비옥한 토지가 있어서 사람들이 살기에 좋았다. 그 평야와 강을 끼고 고대문명의 4대 발상지였던 메소포타미아 문명이 발달했다. 이 두 강을 따라 페르시아만에서부터 지중해까지 펼쳐진 평지가 마치 초승달 모양과 같다하여 비옥한 초승달이라고도 불리웠다. 이 지역에는 마리 왕국, 앗시리아 왕국, 바빌론 왕국 들이 차례로 세워졌다.

아브라함이 나온 갈대아 우르는 1854년도 이전에는 전혀 알려지지 않았다. 그 때까지도 성경을 믿지 않는 신학자들은 아브라함 이야기는 그냥 신화라고 주장했다. 1918년 홀(H. R. Hall)이 1922-1934년까지 울리(C. L. Wooley)가 그 지역 유적을 발굴했다. 이로써 우르가 바벨론에서도 문화가 아주

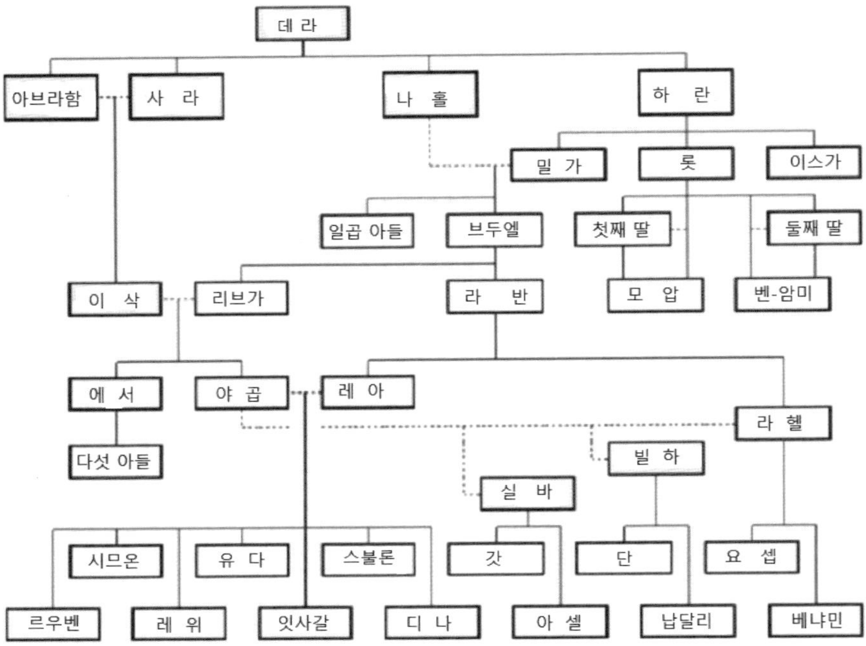

발달한 지역이었다는 사실이 밝혀졌다.

사천 여 년 전에 그곳에는 도시가 이미 세워졌을 뿐만 아니라 문화가 매우 발달하였다. 그 도시는 상업과 무역이 발달하고 인구가 30만 명에 이를 정도였다. 이 도시는 다신숭배가 성행했다. 수많은 우상 가운데서도 그들은 달신(月神)으로 알려진 '나나/ 난나'(Sin, Nanna)라는 우상을 섬겼다.

이 지역에는 "지구라트"라고 하는 고대 유적이 다수 남아 있다. 현재 발견된 것만도 20개가 넘는다. 지구라트는 흙벽돌로 쌓아서 만든 거대한 탑이다. 창세기 11장에 나오는 바벨탑도 그런 탑이었을 것으로 추측된다. 발굴된 지구라트 유적을 보면 3~7층의 구조로 되어 있으며 그 높이가 98m나 되는 것도 있다. 그 탑의 맨 꼭대기에는 신전이 있었다. 지구라트는 층별로 행성을 상징하는 신들을 새겼다. 1층에는 토성을 상징하는 닌니프 신을 흑색으로, 2층에는 목성을 상징하는 마르닥 신을 진황색으로, 3층에는 화성을 상징하는 네르가르신을 진홍색으로, 4층에는 태양을 상징하는 샤마슈 신을 황금색으로, 5층에는 금성을 상징하는 이슈탈 신을 담황색으로, 6층에는 수성을 상징하는 네보신을 남색으로, 7층에는 달을 상징하는 신(Sin)을 은색으로 새겨놓았다. 그 탑이 곧 신전이었다.

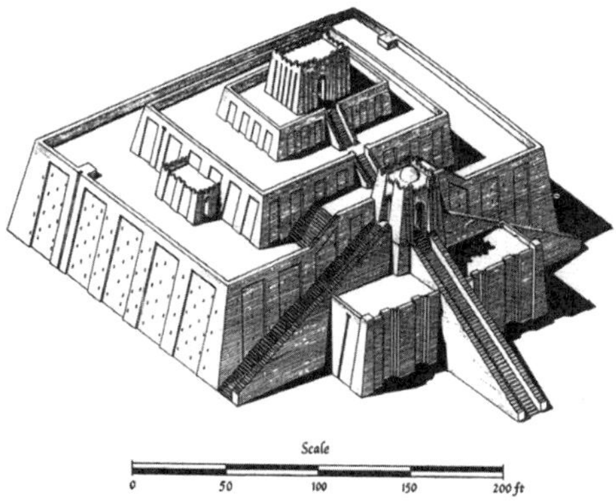

이런 환경에서 데라와 그 가족도 아마 우상을 섬겼을 것이다. 어떤 이들은 데라의 집안이 달신을 그냥 섬기는 정도가 아니라 그 형상(우상)을 만들어 팔아서 먹고 살았다고 말한다. 물론 이것은 순전히 추측에 의존한 후대의 해석일 뿐(미드라쉬) 그것을 증명할 길이 전혀 없다.

우르라는 말이 영어로는 건조하다 목마르다(dry, thirsty)라는 뜻을 가지고 있다. 이 도시는 겉보기에 상당히 부요한 도시였다. 만일 이것을 영적인 의미로 해석한다면, 이 도시는 매우 삭막하고 황량(荒凉)한 도시였다. 이 도시는 사람을 목마르게 만드는 도시였다.

원역사에는 여러 가지 일과 사건들이 기록되었다. 사람들이 죄와 악에 심하게 빠져 있을 때 하나님은 그들을 징계하시는 한편 은혜를 베풀어 새롭게 출발할 길을 열어주셨다. 하나님의 징계(벌, 심판)의 끝은 항상 은혜였다. 이를 살펴보면 다음과 같다:

원래상태	실패(타락)	심판(징벌)	은총(새 출발)
하나님의 형상, 에덴동산(2:8-9, 15-17)			창 13:5-18
한 형제(4:1-2)	형제살해(4:8)	저주, 추방 (4:11-12)	가인 이마의 표(4:15)
가인의 후손들 (4:17-24)	칼과 보복 (4:24-24)	역사무대에서 사라짐	셋과 에노스의 탄생 (4:25-26)
땅 위에 사람들이 불어남(생육하고 번성함. 6:1)	죄악이 가득함 (6:5)	대홍수-40일 홍수로 모든 것 죽고, 폐허가 됨 (6-8장)	방주를 만들게 하시며, 무지개를 보여주시고, 새계약 및 축복(9:1-17)
한 가지 말을 사용하며 한 곳에 모여 삶(11:1)	스스로 이름을 떨치고, 흩어지지 않으려고 바벨탑을 쌓음 (11:4)	언어의 혼란, 도시와 탑 건설이 좌절됨 (11:8-9)	사람들을 퍼져 나가게 하심. 아브람을 부르심 (12:1-4)

이에서 보듯이 하나님은 인간의 죄와 악을 심판하시면서도 항상 새로운 출발을 위한 출구를 마련해 주셨다. 하나님의 심판과 은혜는 동전의 양면과 같았다.

나의 어머니 (브레히트)

그녀가 죽었을 때, 사람들은 그녀를 땅 속에 묻었다.

꽃이 자라고, 나비가 그 위로 날아 간다

체중이 가벼워진 그녀는 땅을 거의 누르지도 않았다.

그녀가 이처럼 가볍게 되기까지, 얼마나 많은 고통을 겪었을까?

110

사람이 어떻게 사는가?

(창 11:31–32)

개역개정	직역
31 데라가 그 아들 아브람과 하란의 아들인 그의 손자 롯과 그의 며느리 아브람의 아내 사래를 데리고 갈대아인의 우르를 떠나 가나안 땅으로 가고자 하더니 하란에 이르러 거기 거류하였으며	31 그리고 데라는 취하였다, 자기 아들 아브람과 자기의 다른 아들인 하란의 아들 롯 그리고 자기 아들 아브람의 아내 사래를. 그리고 그는 그들과 함께 나갔다, 갈대아인의 우르로부터 가나안 땅으로 가려고. 그리고 하란까지 왔다. 그리고 거기 살았다.
32 데라는 나이가 이백오 세가 되어 하란에서 죽었더라	32 그리고 데라의 날들이 205세가 되었다. 그리고 데라가 하란에서 죽었다.

이것은 데라가 가족들을 데리고 우르를 떠나 하란으로 간 이야기이다. 그 가족은 나그네 생활을 시작하였다. 구약성경에서 나그네는 세 종류 있다: i) 고향을 떠나되 고국의 영토 안에 머무는 사람 ii) 외국에 나가 사는 사람(이주민) iii) 포로(노예)가 되어 외국에 사는 사람.

이행대상(일시적 대상, transitional object)이란 말이 있다. 데라가 갈대아 우르를 떠나 하란으로 갔다는 사실을 이 범주에 넣을 수 있을까?

'하란은 그 아비 데라보다 먼저 본토 갈대아인의 우르에서 죽었더라'(28

절) 이를 직역하면 '데라는 아버지 면전에서 죽었다'(ESV Haran died in the presence of his father Terah)이다. 무슨 이유로 하란은 아버지 면전에서 죽었을까? 미드라쉬에 이런 얘기가 있다.

> 어느 날 아브라함의 아버지 데라는 용사 니므롯 앞에서 불평을 하였다. 아브라함이 부친 데라가 만든 우상들을 다 때려 부쉈다는 것이다. 이 얘기를 들은 니므롯은 당장 아브라함을 들어서 풀무불 속에 던져버렸다. 이 광경을 바라본 데라의 막내아들 하란은 당황하였다. 아브라함을 건질 것인지, 니므롯 편을 들어야 하는지? 망설이던 그는 대결에서 이기는 자 편을 들기로 하였다. 잠시 후에 보니 아브라함이 불꽃 속에서 죽지 않고 살아났다. 이에 그는 아브라함 편을 들었다. 그러자 니므롯이 하란을 불에 던져버렸다. 하란은 불에서 살아나지 못하고 아버지 면전에서 죽었다. 그는 믿음으로 아브라함 편을 든 것이 아니라 기회주의적으로 아브라함 편을 들었기 때문이었다. 아무튼지 막내아들 하란은 데라의 면전에서 죽었고, 이 사건 때문에 데라는 상당한 충격을 받았다. 당장 보따리를 싸서 두 아들과 자부를 데리고 갈대아 우르를 떠났다.

여기에는 데라의 남은 아들 아브라함과 나홀이 장가든 가족사가 잠깐 언급되었다. 나홀의 아내는 막내아들 하란의 딸인 밀가였다. 미드라쉬에 보면 아브라함의 아내였던 사라 역시 하란의 딸 이스가라고 단정하였다. 하란의 두 딸을 삼촌들과 결혼시켰다는 말이다. 삼촌과 조카 사이면 상당히 나이차이가 날 텐데 어떻게 결혼을 시켰을까? 더구나 근친혼 아닌가?

나중에 아브라함 스스로 근친혼을 밝혔다. "또 그는 정말로 나의 이복 누이로서 내 아내가 되었음이니라"(창 20:12) 미드라쉬는 이런 근친혼의 이유가 데라의 슬픔을 위로하기 위해서라고 하였다. 다시 말해 하란의 자식들을 삼촌이 거두어주기 위한 결혼이라는 것이다. 이런 식의 결혼은 고대 사회에서 흔히 있었다.(아담의 자손들, 혹은 노아의 자손들처럼) 모세 시대에 오면 근친혼은 율법으로 금지되었다. 비록 이런 일이 세상에서는 있을 수 있는 것이라도 성경에는 없는 이야기이다.

데라가 언제쯤 갈대아 우르를 떠났는지 우리는 모른다. 갈대아 우르를 떠난 그는 하란으로 갔다. 우르는 유프라테스 강 하류이고, 하란은 유프라테스 강 상류였다. 아마, 데라는 강의 골짜기를 따라서 계속 북상한 것으로 생각된다. 당시에 갈대아 우르에서 가나안으로 가는 길은 강을 따라 평지로 이동하는 길이 가장 좋았다.

하란은 초승달 지역의 북쪽에 위치하고 있으며 지금의 시리아 지역으로 추측된다. 갈대아 우르에서 하란까지는 약 일천 km에 이르는 먼 길이다. 하란 역시 근세까지 잘 알려지지 않았다. 1935년 고고학자 울리(Wooley)가 마리문서(Mari 토판)를 발견하면서부터 널리 알려졌다. 토판은 주전 18세기에 만들어진 것이었다. 거기에는 나홀의 흙더미(둑), 리브가의 집, 데라의 흙더미 등이 언급되었다. 창세기에 하란을 밧단아람(창25:20)이라고도 했는데, 아람어로 밧단(Paddana)은 평야라는 뜻이다. 곧 밧단아람이란 아람의 평야란 뜻이었다.(하란이란 말은 '사람을 위하여'란 뜻)

여기서 우리는 데라의 결단에 주목할 필요가 있다. 당시 갈대아 우르는

하란의 민속촌 (흙집)

요즘으로 하면 서울, 뉴욕, 파리, 런던과 같은 거대 도시였다. 그런 문명 도시를 떠나 어딘지도 모르는 곳으로 간다는 것은 보통 결심이 아니고는 할 수 없다, 거기 어떤 위협이나 위험이 도사리고 잇을지도 모르면서. 더구나 데라에게는 가족들이 있었다. 그렇게 길을 떠난 데라는 가나안으로 가지 않고 하란에 주저앉았다. 무슨 이유이지 우리는 알 수 없다. 이에 어떤 사람들은 그를 도중하차 또는 중도포기한 사람으로 깎아내리기도 한다. 이런 평가는 천부당만부당하다. 아무런 근거도 없는 주장이다.

데라는 하란에 살다가 죽었다. 그 때 나이 205세였다. 그는 70세 이후에 아브라함과 나홀과 하란을 낳았다. 아브라함이 하란을 떠날 때의 나이는 75세였다. 그때 데라의 나이는 145세였다. 데라는 그 이후에도 60년이나 더 살았다. 아브라함이 하나님의 명령을 받고 가나안으로 떠날 때에 데라는 아브라함과 동행하지 않았다.

믿음에는 결단이 필요하다. 아브라함이 하나님께 인정받은 것은 결단하는 믿음이었다. 결단 중에 가장 힘든 결단은 버리는 결단이다. 데라와 아브라함은 고향을 떠났다. 도시 문명의 편리함을 버렸다. 친척, 아비집의 인간관계를 버렸다. 그 대신 그들은 하나님 중심으로 사는 일에 자기 삶의 더 많은 부분을 쏟아 넣었다. 이것이 영적 성장이다.(월튼 566)

영적 성장을 목표로 길 떠나는 사람이 빠지기 쉬운 함정이 두 가지 있다. 하나는 하나님을 머리로만 이해하려 한다. 성경을 보다 더 깊이 이해하려는 욕심에 하나님께서 요구하시는 선택이나 생활방식에서는 점점 멀어진다. 이런 이들에게는 헌신과 자기희생이 부족하다. 다른 하나는 하나님과 그분의 명령에 자기 생활과 세계관을 일치시키려는 욕심이 앞선 나머지 자칫 성경말씀의 어떤 부분에 지나치게 매달리는 것이다. 이런 사람은 헌신과 자기희생에는 열심인데 비해 하나님관의 왜곡과 편향된 신앙으로 고통을 당

할 수도 있다.(월튼 566)

아브라함은 히브리인의 조상이 되었다. 히브리라는 말의 뿌리는 '건너다'라는 말에 있다. 데라 일행은 신앙을 위해 강을 건넜다. 강 이편은 신앙의 땅이요, 강 저편은 우상의 땅이었다. 불신앙에서 신앙으로 강을 건넌 사람! 그것이 바로 히브리인이었다. 출애굽 시절 이스라엘은 신앙을 위해 홍해를 건너고, 요단강을 건넜다.

우르를 떠난 데라는 바빌론이 주겠다는 그 모든 유혹과 욕심의 자리를 뒤로 한 인물이었다. 그는 세상 풍조를 닮지 말라(롬 12:2 참조)는 사도 바울의 메시지에 걸맞게 결단하였다. 그리고는 세상이 보기에는 그 무슨 대단한 희망이나 가능성이 있을 리 없다고 여길 저 먼 벽촌의 땅으로 훌훌 아무 미련 없이 떠났다.

여호와 하나님의 마음과 만나 그 마음이 이끄시는 세상을 향해 가려는 씨앗이 그에게 싹트고 있었다. 그 싹은 아들 아브라함에게 이어져 줄기가 뻗고 꽃이 피며 열매가 맺어지는 세월을 기다리게 되었다. 세상이 중심이라고 여긴 자리에서 떠나 하나님이 중심인 곳으로 가는 것, 그것이 신앙을 가진 사람들에게 주어진 꿈의 정체이다. 믿음은 이 꿈이 헛되지 않다고 믿는 것이다.

그것이 우리의 오늘을 열정으로 채우고 내일을 희망으로 세워나가는 원동력이다. 그러다가 우리의 발걸음이 비록 하란에서 멈추고 만다 해도 이를 두고 좌절과 실패로 여기지 않을 것이다. 하나님께서 한번 시작하신 일, 기어코 그 끝을 보신다는 것을 확신하기 때문이다. 이래서 꿈과 믿음을 가진 사람은 세상에 쉽사리 굴복하지 않는다. 세상이 중심이라고 자처하는 곳을 향해 노예처럼 머리를 숙이지 않는다. 가다가 중도에 그 어느 곳에 머무는 한이 있다 해도, 하나님이 주시는 꿈을 버리지 않는다. 그리고 언젠가는 그 꿈을 이어나갈 뒷사람들의 행렬이 있음을 즐겁게 받아들인다.

데라가 머문 하란은 가나안으로 가는 아브라함에게는 출발지가 되었다. 그가 미완성으로 남겨놓은 일은 그 다음 사람에게 아주 중요한 발판이 되었다. 세상 일이 대체로 다 이렇다. 우리 세대의 발전이나 전진은 이전 세대가 일구어놓은 성과 또는 실패에서 비롯된다. 흔히 말하는 위대한 업적은 혼자 힘으로, 자기 세대만의 능력으로 달성되지 않는다.

이런 사실을 제대로 깨달아야 사람이 제대로 된다. 이 깨달음이 바로 영적인 성공이다. 영적인 성공은 자신의 업적에 다른 사람의 협력이 들어 있음을 아는 데에서 시작된다. 세상이 제공하는 꿈으로 달려가는 인생이 아니라, 하나님께서 그 마음에 심어주신 꿈을 이 땅에서 끊임없이 일으켜 세우며 나아가는 열정 속에서 피어나는 것이다.

호적(胡適 1891-1962)은 '공성불필재아(功成不必在我)'라고 말했다.(《独立评论》七号 1932년) 일의 성공(완성)을 반드시 나 한 사람이 만들어내야만 하는 것이 아니라는 뜻이다. 모든 이가 혁명을 성공시키려고 분투하더라도 그것이 꼭 '나'란 사람으로 인해 이뤄지는 것은 아니다. 또는 '내' 때 이뤄지지 않을 수도 있다는 말이다. 우리는 무슨 일을 하든지 최선을 다하되 '내 대'에 반드시 그 일을 완성시켜야 한다는 의식을 접어야 한다.

그렇다. 꿈꾸는 데라가 있었다. 그가 그 꿈을 안고 하란에까지 왔다. 그것을 발판으로 그 아들 아브라함이 가나안을 향해 출발했고, 마침내 거기에 도달할 수 있었다. 예수님은 말씀하셨다.

아무라도 나를 따르려거든 자기를 부인하고 자기 십자가를 지고 나를 따르라 오늘 내(우리) 믿음과 인생은 내(우리)가 만들어낸 것도 얻어낸 것도 아니다. 믿음의 선배들이 조금씩 조금씩 이루어왔던 것을 기본바탕으로 하여 천천히 진보한 것이다. 오늘 우리(내) 업적은 나만의 성과가 아니다. 오랜 시간 두고두고 쌓아온 실패들과 성공들이 '나(우리)'라는 사람에게서 작은 결실로 맺어진 것이다.

그래서일까? 온고이지신(溫故而知新)이라 했다. 옛것을 익히고 그것을 미루어서 새것을 알고 만들어 간다는 뜻이다.《논어》의 〈위정편(爲政篇)〉에 나오는 공자의 말이다. 조선 후기 실학파 문인 박지원도 문학을 창작할 때 옛글을 본받아 새로운 문학 세계를 창조한다는 '법고창신(法古創新)'을 강조했다.(《초정집(草亭集)》 서 序) 그는 "법고자(法古者) 병니적(病泥跡) 창신자(刱新者) 환불경(患不經) 구능법고이지변(苟能法古而知變) 창신이능전(刱新而能典) 옛것을 본받는다는 자는 과거의 흔적에 얽매이는 문제가 있고, 새것을 만든다는 자는 규칙을 지키지 않는 문제가 있다. 진실로 옛것을 본받으면서도 변화할 줄 알고, 새것을 만들면서도 법도에 맞아야 한다."고 했다.

이를 이어받아 다산 정약용은 변례창신(變例創新)을, 갑오경쟁을 일으킨 김옥균은 구본신참(舊本新參)을 주장했다.

스티브 잡스는 말한다. "소크라테스와 한 끼 식사를 할 수 있다면 애플의 모든 기술을 내놓을 수 있다. 애플을 애플답게 하는 것은 기술과 인문학의 결합이다." 빌 게이츠도 어렸을 때 고전 탐독에 심취한 것이 마이크로소프트(MS)회사를 탄생시킨 동기라고 말했다.

우리가 성경을 읽고 묵상하며, 우리 자신에게 그 말씀을 적용하는 것도 이와 같다.

| 참고문헌 |

- Gesenius, W., Hebräisches und Aramäisches Handwörterbuch über die Schriften des Alten Testaments(GM), Berlin/ Heidelberg, 2013^{18} (1810-12, 1917^{17})

- Delitzsch, F., Die Genesis, Leipzig, Dörffling&Franke, 1872^{4}(1852)
- Gunkel, H., Genesis. übersetzt und erklärt, Göttingen. 1910^{3}, 1967^{7}
- J. Skinner, Genesis(ICC), New Pork, 1910.
- Eissfeldt, O., Hexateuch-Synopse. Die Erzählung der Fünf Bücher Mose und des Buches Josua mit dem Anfange des Richterbuches, Leipzig J. C. HINRICHS'sche BUCHHANDLUNG, 1922
- Fabry, H.-J., Theologische Wörterbuch zum Alten Testament I-IX(ThWAT), Stuttgart, Verlag W. Kohlhammer, 1972-1995
- Jenni, E.-Westermann, C., Theologisches Handwörterbuch zum Alten Testament(THAT), Gütersloher Verlagshaus 1-2. 2004^{6}(1971)
- Koehler & Baumgartner, Hebraisches Und Aramaisches Lexikon: Zum Alten Testament I, II (HAL) Leiden, 1995^{3}(1953)

- Zimmerli, W.: 1. Mose 1-11. Urgeschichte(ZBK), Zürich 1967^3 1984^4
- Schmidt, W. H., Die Schöpfungsgeschichte. Der Priesterschrift. Zur Überlieferungsgeschichte von Genesis 1,1-2,4a und 2,4b-3,24, 1967^2
- von Rad, G. Das 1. Buch Mose Genesis(ATD), Göttingen, V&R, 1987^{12}(1972)
- Mathews, K. A., Genesis 1-11:26(The New Americam Ccommentary), Nashville, 1996.
- Soggin, A., Das buch Genesis: kommentar, Darmstadt, 1997.
- van der Toorn, K., Dictionary od deities and demons in the Bible(DDD), Brill, 1999^2.
- Westermann, C.: Genesis 1-11. BK AT I/1. Neukirchen-Vluyn, 1999^4(1974)
- Cassuto, U., A Commentary on the Book of Genesis 1(Gn 1-6:8) 2(Gn 6,9-11:32), The Magness Press, 1978^3
- 김이곤, 신의 약속은 파기될 수 없다. 창세기의 현대적 이해, 한국신학연구소, 1980.
- Kraus, H.-J., Geschichte der historisch-kritischen Erforschung des Alten Testament, Neukirchener Vluyn, 1988^4(1956)
- Ross, A.(김창동 옮김), Creation and Blessing(창조와 축복), Baker Book House(디모데), 1988(2005).
- Brueggemann, W(강성열 옮김), Genesis. Interpretation: A Bible Commentary for Teaching and Preaching. Atlanta, Georgia: John Knox Press, 1982
- Wenham, G. J.(박영호 옮김), Genesis 1-15(WBC), Zondervan, 1987(2017)
- Hamilton, Victor P., The Book of Genesis: Chapters 1-17. New International Commentary on the Old Testament. Grand Rapids, Michigan: Eerdmans, 1990.
- Ruppert, L., Genesis., Ein kritischer und theologischer Kommentar. Bd.

1-4, Würzburg 1992 - 2008

- Wolff, H. W., Anthropologie des Alten Testament, Chr. Kaiser/ Güterloh, 1994[6]
- 장일선, 구약성서와 현대생활, 대한기독교서회, 1995
- Seebass, H., Genesis I: Urgeschichte(1:1-11:24), Neukirchen-Vluyn, 1997
- Karel van der Toorn, K. & B. Becking, P. W. van der Horst, Dictionary of Deities and Demons in the Bible(DDD), Brill, Leiden/ Boston/ Köln, 1999[2]
- Löning, Karl & Erich Zenger, To Begin With, God Created: Biblical Theologies of Creation, Liturgical Press, 2000
- Merters, H. A., Handbuch der Bibelkunde, Düsseldorf, 1997[2]
- 천사무엘, 창세기, 대한기독교서회, 2001
- 월튼, J. H., Genesis(창세기 NIV 적용주석), 성서유니온선교회, 2001(2007)
- Hughes, R. K., Genesis. Beginning and Blessing, Crossway, Wheaton/ Illinois, 2004.
- M. Kessler & K. A. Deurlo, A Commentary on Genesis: The Book of Beginnings, 2004.
- Hamilton, Victor P., Handbook on the Pentateuch, Rand Rapids Michigan, 2005[2]
- Zenger, E.(u. a.), Einleitung in das Alte Testament, Stuttgart, 2008[8]
- Mckeown, J., Genesis. The Two Horizons Old Testament Commentary, Grand Rapids, Michigan, 2008
- 목회와신학 편집부 엮음, 창세기 어떻게 설교할 것인가? 두란노, 2008
- 송병현, 엑스포지멘터리 창세기, 국제제자훈련원, 2010.
- 월튼, J. H.(강성열 옮김), 창세기 1장과 고대 근동 우주론, 새물결 플러스, 2011(2017)

- 방석종, 창세기 역주. 구약성경 본문비평 및 번역비평, 전통문화연구회, 2011
- 하경택, 정경적 관점에서 본 창세기(1-12장). 장로회신학대학교 출판부, 2013
- Kuruvilla, A., Genesis. A Theological Commentary for Preachers, Resource Publication, Eugene Oregon, 2014
- Wenham, G. J., Rethinking Genesis 1-11. Gateway to the Bible, Eugene, Oregon, 2015
- Sarfati, J. D., The Genesis Account. A theological, historical and scientific commentary on Genesis 1-11, Creation Ministiries International(USA), 2015
- 왕대일, 창조신앙의 복음, 창조신앙의 영성. 창세기 1-11장의 물음 부름 푸름, 대한기독교서회, 2016
- 김창주, 창세기 마루, 서울, 목회와경건연구소, 2017

일러두기

성경본문은 따로 표기하지 않는 한 모두 개역성경에 따릅니다.

창세기 원역사와 손잡고 거닐기 2

세상 안에서 세상과 다르게

초판 1쇄 인쇄 _ 2018년 11월 6일
초판 1쇄 발행 _ 2018년 11월 13일

지은이 _ 정현진
펴낸곳 _ 바이북스
펴낸이 _ 윤옥초
책임편집 _ 김태윤
책임디자인 _ 이민영

ISBN _ 979-11-5877-067-9 03230

등록 _ 2005. 7. 12 | 제 313-2005-000148호

서울시 영등포구 선유로49길 23 아이에스비즈타워2차 1005호
편집 02)333-0812 | 마케팅 02)333-9918 | 팩스 02)333-9960
이메일 postmaster@bybooks.co.kr
홈페이지 www.bybooks.co.kr

책값은 뒤표지에 있습니다.

책으로 아름다운 세상을 만듭니다. — 바이북스

* 바이북스 플러스는 기독교 신앙의 본질을 담아내려는 글을 선별하여 출판하는 브랜드입니다.